Georges Pompidou et l’éducation

Georges Pompidou – Études

Vol. 14

Bruno Poucet et Philippe Nivet (dir.)

Georges Pompidou et l'éducation

PETER LANG

Bruxelles · Berlin · Chennai · Lausanne · New York · Oxford

Information bibliographique publiée par « Die Deutschen Nationalbibliothek »
« Die Deutschen Nationalbibliothek » répertorie cette publication dans la « Deutsche Nationalbibliografie » ; les données bibliographiques détaillées sont disponibles sur le site <http://dnb.ddb.de>.

Couverture:
Lycée Henri IV, 1940-41, classe de 3e. Source: Archives nationales fonds 555AP

Financement: Institut Georges Pompidou

Cette publication a fait l'objet d'une évaluation par les pairs.

publié par P.I.E. PETER LANG s.a., Bruxelles (Belgique)
info@peterlang.com

ISSN 1782-4931
ISBN 978-3-0343-5501-8 (Print)
E-ISBN 978-3-0343-5502-5 (ePDF)
E-ISBN 978-3-0343-5503-2 (ePUB)
DOI 10.3726/b22867
D/2025/5678/17

www.peterlang.com

Table des matières

Introduction

Bruno Poucet, Philippe Nivet

Autant Charles de Gaulle a fait l'objet d'études approfondies, mais parcellaires, en matière éducative[1], voire de témoignages[2], autant l'action de Georges Pompidou en matière éducative a été l'objet de beaucoup moins d'investigations. En effet les grandes biographies ou les ouvrages généraux qui lui sont consacrées abordent très peu la question[3], un certain nombre d'études parcellaires ont été publiées[4], un témoignage de première main est

1 Françoise Mayeur, « De Gaulle et l'Éducation nationale », Actes du colloque *De Gaulle en son Siècle. Moderniser la France*, t. 3, Plon, 1992, p. 587-597 ; *Espoir* n° 163, « De Gaulle et l'éducation » ; Antoine Prost, *L'Enseignement s'est-il démocratisé ? Les élèves des lycées et des collèges de l'agglomération d'Orléans de 1945 à 1980*, Paris, Presses universitaires de France, 1986 ; Claude Lelièvre, Christian Nique, *L'École des Présidents*, Paris, Odile Jacob, 1995, p. 89-102 ; Jacques Narbonne, *De Gaulle et l'éducation: Une rencontre manquée*, Paris, édition Denoël, 1994.

2 Alain Peyrefitte, *C'était de Gaulle*, t. 3, Paris, éditions de Fallois/Fayard, 2000.

3 Éric Roussel, *Georges Pompidou*, Paris, Perrin, 2004, coll. « Tempus » ; Christine Manigand, Vivien Richard (dir.), *Dans l'intimité du pouvoir, la présidence de Georges Pompidou*, Paris, Nouveau Monde éditions, 2019 ; Stéphane Rials, *Les idées politiques du président Georges Pompidou*, Paris, Presses universitaires de France, 1977 ; Olivier Faye, *La conseillère, Marie-France Garaud, la femme la plus puissante de la Ve République*, Paris, Pluriel, 2022 ; Sabrina Tricaud, *Les Années Pompidou*, Paris, Belin, 2014 ; Christine Manigand, Olivier Sibre (dir.), *Dictionnaire Pompidou*, Paris, Robert Laffont, 2024 : deux notices y sont consacrées spécifiquement à l'éducation : « Éducation nationale » et « Enseignant » ; Jean-Pierre Bat et Pascal Geneste, *Georges Pompidou. Une certaine idée de la modernité*, Paris, Belin, 2016.

4 Vincent Léonard, « Georges Pompidou et les mutations de l'enseignement secondaire », dans Jean-Claude Groshens et Jean-François Sirinelli, *Culture et action chez Georges Pompidou*, Paris, Presses universitaires de France, 2000, p. 217-232 ; Françoise Mayeur, « Les mutations et les réformes de l'enseignement supérieur », *ibid*., p. 233-247 ; Vincent Léonard, *Georges Pompidou et l'Éducation nationale (1962-1974)*, mémoire de maîtrise sous la direction de Bernard Lachaise, université Bordeaux III, 1992 ; Sabrina Tricaud, « L'éducation, un domaine réservé pour Georges Pompidou (1962-1968) », dans Bruno Poucet et David Valence (dir.), *La loi Edgar Faure*, Rennes, PUR, 2018 ; François Dubasque « Des collèges à la campagne : démocratiser l'enseignement par l'aménagement scolaire en milieu rural au début de la Ve République », dans Frédéric Chauvaud, Yves Jean et Laurent Willemez, *Justice et sociétés rurales*, Rennes, PUR, p. 53-64.

proposé par l'ancien Président lui-même[5] ainsi que les témoignages recueillis réalisés dans le cadre du programme d'archives orales de l'Association Georges Pompidou[6] ou des mémoires de certains des six ministres avec lesquels il a travaillé et gouverné : Pierre Sudreau (15 avril-15 octobre 1962), Christian Fouchet[7] (6 décembre 1962-1er avril 1967), Alain Peyrefitte[8] (7 avril 1967-28 mai 1968), François-Xavier Ortoli (31 mai 1968-10 juillet 1968), Olivier Guichard[9] (22 juin 1969-5 juillet 1972), Joseph Fontanet (6 juillet 1972-28 mai 1974), auxquels il faudrait ajouter les deux ministres intérimaires et les sept secrétaires d'État[10]. En revanche, aucune synthèse lui étant spécifiquement consacrée en matière éducative n'existe, pas plus, d'ailleurs, que pour Charles de Gaulle. C'est dans le cadre de grandes synthèses que l'on aborde la manière dont ces hommes d'État ont pris en compte directement la question éducative[11].

Georges Pompidou, à la différence de Charles de Gaulle, connaissait de l'intérieur l'Éducation nationale et très précisément l'enseignement secondaire. Il a été professeur agrégé de lettres dans le secondaire pendant dix ans entre 1935 et 1944, à Marseille puis à Paris. Il fréquente de nombreux universitaires. Son regard sur le milieu est contrasté. Après mai 1968, il partage le désarroi de « l'immense majorité des enseignants, quelles que soient leurs idées politiques,

---

[5] Georges Pompidou, *Pour rétablir une vérité*, Paris, Flammarion, 1982 ; *Lettres, notes et portraits* (1958-1974) avec Éric Roussel et Alain Pompidou, Paris, Robert Laffont, 2012 ; *Entretiens et discours* (1968-1974), Paris, Plon, 1975, 2 vol.

[6] Voir aussi Lucien Geminard, *L'unification du système enseignant français (1963-1985). Souvenir d'un inspecteur général*, Paris, INRP, 2002 ; « Henri Domerg », *Témoins et acteurs des politiques de l'éducation depuis la Libération. T. 2 - Inventaire de soixante-six entretiens*, 2000, notice 18, p. 60-63.

[7] Christian Fouchet, *Mémoires d'hier et de demain*, t. 2, *Les lauriers sont coupés*, Paris, Plon, 1973.

[8] Alain Peyrefitte, *Rue d'Ulm, chroniques de la vie normalienne*, Paris, Fayard, 1994 [1946], *C'était de Gaulle*, Paris, Fayard, 1994-2000.

[9] Olivier Guichard, *Un chemin tranquille*, Paris, Flammarion, 1975.

[10] Pour les biographies de ces ministres et l'étude de leur action, *Dictionnaire des ministres de l'Instruction publique et de l'éducation nationale* (dir. B.Poucet, Julien Cahon, Jean-François Condette, Maryse Cuvillier, Ismail Ferhat), Lille, Presses universitaires du Septentrion, 2025.

[11] Antoine Prost, *Du changement dans l'école*, Paris, Seuil, 2013 ; *Historie de l'enseignement et de l'éducation, depuis 1939*, Paris, Tempus, 2004 [1981] ; Jean-Noël Luc (dir.), Jean-François Condette, Yves Verneuil, *Histoire de l'enseignement en France*, Armand Colin, 2020, Paris ; André Robert, *L'École en France de 1945 à nos jours*, Grenoble, PUG, 2015 ; Pierre Albertini, *L'École en France*, Paris, Hachette supérieur, 2014 [1992].

[qui] souffrent d'être bafoués, insultés, ridiculisés et d'être hors d'état de distribuer un enseignement profitable », à l'instar du professeur Plumesec du lycée de Romorantin mis en cause par l'élève Girondas, dans la très amusante nouvelle éponyme qu'il rédige pendant ses vacances à Cajarc en 1971 et qui a été publiée pour la première fois dans *Le Point* le 2 avril 1984, pour les dix ans de la mort du président[12]. La rédaction de cette nouvelle est aussi l'occasion pour lui d'ironiser sur les multiples circulaires produites par le ministère de l'Éducation nationale. Mais, au-delà de cette empathie pour les enseignants déstabilisés par les conséquences de mai 1968, Georges Pompidou a un regard très critique sur le milieu éducatif et ses membres, en particulier sur l'université, « où le manque absolu de conscience devient la règle »[13] : « Un professeur de faculté qui doit en principe trois heures de cours, et cela six mois par an en moyenne, qui fréquemment, pour peu qu'il enseigne dans une faculté de province pas trop éloignée, ne réside pas, mais habite Paris et va un jour par semaine faire ses cours, finit par considérer que l'enseignement constitue dans sa vie un désagréable intermède »[14]. Certaines disciplines suscitent ses sarcasmes, en particulier la sociologie, « une science balbutiante, dont beaucoup de spécialistes ont d'autant plus d'assurance que leurs connaissances sont plus incertaines et bien souvent, en France au moins, mal assimilées. Comme les sophistes de Platon, les scolastiques du XVe siècle, ou les médecins de Molière, ils cherchent leur autorité et leur prestige dans un jargon spécifique, inaccessible au profane, et appliquent leur intelligence et les détours de leur esprit à critiquer une société où de fait ils n'ont aucune utilité clairement définie »[15].

Comme chargé de mission auprès du général de Gaulle en 1944, puis directeur de cabinet en 1958, comme Premier ministre de 1962 à 1968 et Président de la République de 1969 à 1974, Georges Pompidou a eu à connaître les questions éducatives à des moments clefs de l'évolution du système éducatif en France : reconstruction du système après la guerre, remise en cause des subventions octroyées à l'enseignement primaire privé, transformation de

---

12 Cette nouvelle est en ligne sur le site de l'Institut Georges-Pompidou et figure en annexe 8 dans le présent ouvrage.

13 Lettre à Robert Pujol, 27 janvier 1963, citée dans Georges Pompidou, *Lettres, notes et portraits 1928-1974*, Paris, Robert Laffont, 2012, p. 366. Il note : « phrase à garder strictement pour toi ».

14 Georges Pompidou, *Le nœud gordien*, Paris, Plon, 1974, p. 80.

15 *Ibid.*, p. 22.

l'enseignement secondaire avec la prolongation de la scolarité obligatoire jusqu'à seize ans, création des CHU, mutation et naissance de l'Université contemporaine dans les années 1970, transformation pédagogique de l'enseignement primaire, reconfiguration de l'enseignement technique et professionnel, création des IUT, réaménagement de la loi Debré sur l'enseignement privé. Tout cela a nécessité un effort budgétaire considérable, qu'il rappelle dans *Le Nœud gordien* : « Le budget de l'Éducation nationale atteignait, en 1958, 4,5 milliards. Il est en 1968 de 20,5 milliards. Le budget d'équipement de l'enseignement supérieur, recherche scientifique non comprise, est passé dans le même temps de 250 millions à plus d'un milliard. De 1962 à 1968, mon seul gouvernement a créé 180000 emplois à l'Éducation nationale, ouvert 55000 classes primaires et quelque 1500 établissements du second degré »[16].

Quand il est en responsabilité, Georges Pompidou ne considérait pas les questions éducatives comme un « domaine réservé » du Premier ministre ou du président de la République : « Ce n'est pas que je veuille créer un domaine réservé, malgré l'intérêt que je porte à l'Éducation nationale » écrit-il le 10 septembre 1964 à son ministre Christian Fouchet. Il n'empêche que c'était pour lui une préoccupation importante. Il est intervenu, à maintes reprises, avec plus ou moins de succès, à un des moments décisifs. Il a finalement accepté la création des collèges d'enseignement secondaire, en dépit de ses profondes réticences. Député, il a voté plus par solidarité avec la majorité plus que par conviction la loi Faure qui crée l'enseignement supérieur contemporain : il craignait une baisse de niveau des étudiants. Il s'est opposé à la suppression de l'agrégation. Moins intéressé par l'enseignement primaire, il a laissé faire une réforme pédagogique importante menée à bien par le ministre Olivier Guichard. En revanche, il a très clairement infléchi le projet de réécriture de la loi Debré sur l'enseignement privé.

Plusieurs de ses écrits attestent son intérêt pour les questions d'éducation. Il consacre dans *Le Nœud Gordien*[17] plus d'une vingtaine de pages à l'université et y développe des propositions d'une étonnante modernité, en résonance avec des propositions de réforme actuelles portées notamment par l'alliance Udice, « alliance de dix grandes universités françaises œuvrant pour une recherche d'excellence », quand il propose trois types d'établissements d'enseignement

---

[16] *Ibid.*, p. 83.

[17] *Ibid.*, p. 75-97.

supérieur : des « collèges » limités au premier cycle, suffisamment nombreux et décentralisés pour exercer une attraction sur les familles dans les petites villes ou à la campagne ; des facultés où l'enseignement s'arrêterait à la fin du second cycle et ne comprendrait aucune spécialisation excessive ; un petit nombre d'universités « du premier rang » où se développerait une recherche de haut niveau. En mars 1971, « face à une situation qui se détériore à tous égards et dont les conséquences seront graves », il rédige une note sur la situation dans les lycées[18].

De ses prises de position et de ses écrits, apparaît un homme attaché à une sorte d'élitisme républicain, réservé sur une trop grande sélection à l'entrée de l'Université, contrairement au président de Gaulle, mais soucieux de l'insertion des élèves et des étudiants.

On voit donc l'importance de consacrer un ouvrage à « Georges Pompidou et l'éducation », d'autant plus que les archives Pompidou, même si elles ne sont pas complètes – rien n'était défini à l'époque par la législation pour ce qui est des hommes politiques et de leurs collaborateurs – sont suffisamment conséquentes pour permettre d'avoir une idée plus juste de son action en matière éducative[19].

Le livre, reprenant pour partie le texte de communications prononcées lors du colloque « Georges Pompidou et la jeunesse » organisé le 16 novembre 2012 par l'Institut Georges Pompidou, en collaboration avec le Centre d'histoire de Sciences-Po, dont les actes n'ont jamais été publiés, commence par présenter le professeur Pompidou qui a enseigné après sa réussite à l'agrégation de lettres à Marseille, puis à Paris : Philippe Nivet propose ainsi une découverte de la pratique de l'enseignant qui a été également éditeur de petits classiques à destination des élèves se préparant au baccalauréat. Bien entendu l'essentiel de l'ouvrage porte sur l'homme politique qui a eu à traiter des questions éducatives. Quatre domaines sont explorés où il est

---

18 « Note sur la situation dans les lycées », dans Georges Pompidou, *Lettres, notes et portraits 1928-1974*, *op. cit.*, p. 446.

19 AN, AG5/2 : fonds de la Présidence Pompidou et de ses collaborateurs ; 555AP : fonds Pompidou ; 543AP : fonds Édouard Balladur ; 574AP : fonds Henri Domerg ; 110AJ : fonds René Brouillet. ; 89AJ : fonds Michel Jobert. F/60, 19830739, 19860682 et 20080479 ; fonds Matignon ; 20080243/91 : dossier de carrière de Georges Pompidou ; voir Jean Mireille, « Archives de la Présidence de la publique. Georges Pompidou », *Gazette des Archives*, 1997, n° 176, p. 125-126.

particulièrement intervenu avec plus ou moins de succès : l'enseignement secondaire avec Bruno Poucet ; l'enseignement supérieur avec Sabrina Tricaud sur l'université et Pierre Allorant abordant la question des grandes écoles dans sa contribution sur « Georges Pompidou et la formation des élites » ; l'enseignement professionnel et technique avec Stéphane Lembré et enfin l'enseignement privé avec Bruno Poucet. Nous n'avons pas cru bon de développer son intervention dans l'enseignement primaire compte tenu de son implication plus réduite : Bruno Poucet a rédigé une brève note synthétique sur la question. En revanche, il nous est paru indispensable de prendre en compte un aspect trop souvent oublié alors même que les établissements primaires et secondaires se multipliaient, à savoir les constructions scolaires que nous présente ici Julien Cahon. Restait à comprendre comment ces réformes ont été acceptées par le corps enseignant aussi bien de la part des syndicats que des associations professionnelles, notamment la société des agrégés ainsi que les associations de spécialistes, telle l'association des professeurs d'histoire et de géographie. C'est à quoi s'est employé Yves Verneuil.

Le volume ne serait pas complet si l'on ne disposait pas de sources primaires : Jean-François Saglio[20] s'est entretenu des questions éducatives, tandis qu'un échantillon de discours et de notes de Georges Pompidou est proposé à votre lecture. Bibliographie et chronologie complètent le tout et forment ainsi un ouvrage scientifique qui s'efforce d'être le plus accessible possible.

---

[20] Né en 1936, Jean-François Saglio est polytechnicien, ingénieur des Mines, chargé de mission pour l'Éducation à la Présidence de la République de 1969 à 1973. Il est directeur de l'Industrie au ministère de 1987 à 1989, puis directeur et fondateur d'entreprises privées. Voir Jean-François Saglio, entretien n° 57 avec Françoise Armand et Danièle Bernard, *Témoins et acteurs des politiques de l'éducation depuis la Libération. T. 2 - Inventaire de soixante-six entretiens*, 2000, t.2, p. 153-156.

Georges Pompidou professeur, ou comment l'enseignement mène à tout, à condition d'en sortir

Philippe Nivet

Étudier la politique éducative de Georges Pompidou, comme le fait ce livre, c'est étudier la politique du seul président de la Ve République qui ait exercé le métier d'enseignant préalablement à son entrée en politique, tout en étant issu d'une famille d'enseignants : ses parents étaient professeurs, sa sœur, Madeleine (1920-2014) sera agrégée de lettres, comme son mari Henri Domerg. Cet article retracera les différentes étapes de sa carrière d'enseignant, qui a duré moins d'une décennie (1935-1944) ; il tentera ensuite, à l'aide de témoignages, d'évaluer quel professeur était Georges Pompidou, avant de montrer l'insatisfaction que lui procurait cette fonction, lui qui cherchait « quelque chose » pour en sortir.

Agrégé de lettres et professeur de lycée

Par ses parents, Georges Pompidou a, très jeune, connu le milieu enseignant. Son père, Léon Pompidou (1887-1969), premier à l'École Normale d'instituteurs d'Aurillac, maître d'écoles à Murat, devint professeur de lettres à l'École Primaire Supérieure de garçons d'Albi, tandis que sa mère, Marie-Louise, était nommée à l'École Primaire Supérieure de filles. Son père enseignait les lettres et l'espagnol ; sa mère les sciences. Léon Pompidou avait été, en effet, reçu au professorat d'espagnol dans l'enseignement primaire supérieur en 1910 et au professorat de lettres en 1911. Peu après la naissance du futur Président, il a été nommé professeur de lettres et d'espagnol à l'École Primaire Supérieure d'Albi. En 1913, il a été reçu au concours du professorat d'espagnol dans les lycées et collèges et devint dès lors professeur d'espagnol à Albi. En 1936, il sera nommé à Paris, au collège devenu bientôt lycée Lavoisier[1].

---

1 Jean-François Sirinelli, *Génération intellectuelle, khâgneux et normaliens dans l'entre-deux-guerres*, Paris, Fayard, 1988, p. 184 (avec une erreur sur la date de nomination de Léon Pompidou à Paris : 1926 au lieu de 1936).

Léon Pompidou souhaite passer l'agrégation d'espagnol créée en 1900, mais il doit renoncer à ce projet après la guerre de 1914-1918, notamment en raison de la maladie de sa femme[2]. Il reporte alors ses ambitions sur son fils Georges, qui témoignera ainsi, en 1963, dans une interview donnée à Jack Chargelègue pour *Paris Match* : « C'était de naissance ; j'ai été élevé dans cette idée ; il paraît qu'à l'âge de sept ou huit ans, quand on me demandait ce que je ferais, je disais : Normale Supérieure ; je ne savais pas ce que c'était ; cela m'avait été inculqué, le résultat d'ailleurs a été atteint »[3].

En effet, après une hypokhâgne à Toulouse et deux années de khâgne au lycée Louis-le-Grand à Paris, établissement qui a rassemblé, entre 1921 et 1930, un tiers environ des candidats à la rue d'Ulm et s'est adjugé 45 % des reçus[4], Georges Pompidou, qui avait été classé 36ᵉ sur 32 admis au concours de 1930, est admis, en 1931, à l'École Normale Supérieure de la rue d'Ulm, en huitième position. Ce classement représente pour lui et pour les enseignants qui l'avaient préparé une certaine déception, alors que la première place était visée.

Comme nombre de normaliens, Georges Pompidou, après avoir soutenu un Diplôme d'Études Supérieures sur le poète belge Émile Verhaeren, dirigé par le professeur Fortunat Strowski (1866-1952)[5], prépare l'agrégation. En 1934, il est reçu à l'agrégation de lettres, dans la même promotion que le futur ministre René Billères. Cette fois, il est premier, « cacique ». L'appréciation du président de jury est élogieuse : « Très bon concours à l'écrit et à l'oral. De l'acquis, de la sûreté, de la facilité, de l'adresse dans l'art de présenter les idées. Aptitudes littéraires certaines. M. Pompidou ne peut manquer de réussir et remarquablement dans une chaire de première »[6], mais, selon Merry Bromberger, un des membres du jury lui aurait dit : « Nous n'avons pu faire autrement que de vous accorder cette place, mais c'est à notre grand regret. De tous les normaliens, vous êtes celui qui a le moins travaillé »[7]. Ce succès

---

2 En 1919, il y a cinq reçus dont Jean Sarrailh, futur recteur des académies de Grenoble, Montpellier, puis Paris.

3 Cité dans Claude Lelièvre, Christian Nique, *L'école des présidents, de Charles de Gaulle à François Mitterrand*, Paris, Odile Jacob, 1995, p. 95-96.

4 Jean-François Sirinelli, *op. cit.*, p. 71.

5 Éric Roussel, *Georges Pompidou*, Paris, Lattès, 1984, p. 40.

6 Dossier de carrière de Georges Pompidou, Archives nationales (AN), 20080243/91.

7 Merry Bromberger, *Le destin secret de Georges Pompidou*, Paris, Fayard, 1965, p. 64.

le conduit à devoir prendre, après son service militaire, qu'il effectue du 20 octobre 1934 au 12 octobre 1935, un poste de professeur de lycée, première expérience pédagogique devant une classe pour celui qui avait donné beaucoup de cours particuliers, beaucoup « tapirisé » pour ajouter des revenus à son pécule de normalien : une élève à qui Georges Pompidou avait donné des cours particuliers a remis en 2012 au professeur Alain Pompidou deux cahiers de la classe de philosophie qu'il lui avait donnés[8].

À la rentrée 1935, il est nommé professeur au lycée Saint-Charles de Marseille, où il reste trois ans[9]. « Pour des raisons de santé et de famille », il avait fait savoir au directeur de l'enseignement secondaire, dans une lettre du 12 mai 1935, sa préférence pour un lycée de la côte méditerranéenne orientale, en tout premier lieu Nice, ensuite Marseille, avant de lui signifier qu'il serait très heureux d'être nommé au lycée de Clermont-Ferrand où il avait appris qu'un poste serait vacant en octobre 1935[10]. Dans la cité phocéenne, il enseigne d'abord au cours de l'année scolaire 1935-1936 aux élèves de la troisième A et de la troisième A' – deux classes de 39 et 37 élèves pour un total d'enseignements hebdomadaires de seize heures. En 1936-1937, il enseigne à la classe de 2e A – 24 élèves – et de 3e B – 38 élèves, soit dix-heures par semaine (dix heures et demi en seconde, six heures et demi en troisième). En 1937-1938, il devient professeur de première, enseignant en 1ère A (35 élèves) et 1ère A' (29 élèves) pour un total de seize heures hebdomadaires. Ce passage de professeur de troisième à professeur de seconde puis à professeur de première a des conséquences pédagogiques : « Cela veut dire que les mêmes élèves m'eurent comme professeur pendant trois ans, à raison d'une douzaine d'heures par semaine. Il y avait de quoi les dégoûter », écrit-il dans son livre de mémoires, *Pour rétablir une vérité*[11]. Ceux-ci ne sont guère moins âgés que leur professeur – « il n'avait que dix ou douze ans de plus que nous » se souvient l'un d'entre eux, Philippe Sénart[12], ce qui explique qu'il ait pu ambitionner d'entretenir avec eux « des relations fraternelles »[13]. Parmi ses élèves, on peut signaler la

8 AN, 555AP/1.

9 L'amphithéâtre du lycée Saint-Charles porte depuis septembre 2019 le nom de Georges-Pompidou.

10 Dossier de carrière de Georges Pompidou.

11 Georges Pompidou, *Pour rétablir une vérité*, Paris, Flammarion, 1982, p. 21.

12 Philippe Sénart, « La leçon d'un jeune professeur d'humanité », *Le Figaro*, 2 avril 1976.

13 *Ibid.*

présence de Raymond Long (1920-2000), qui deviendra brièvement son chef de cabinet d'avril à septembre 1962, avant d'être nommé préfet du Cantal. Georges Pompidou fréquente surtout trois collègues de son lycée marseillais : Pierre Colotte (1907-1977), futur professeur de littérature française à la faculté d'Aix, Jean-Paul de Dadelsen (1913-1957), agrégé d'allemand, traducteur de Brentano et de Hermann von Keyserling, qui s'engagera dans les Forces Françaises Libres et collaborera après la guerre au journal *Combat*[14], et Pierre Guiral (1909-1996), agrégé d'histoire, qui occupera à partir de 1956 la chaire d'histoire contemporaine à la faculté d'Aix[15] et avec qui Georges Pompidou restera en relation une fois élu président de la République[16]. Pierre Guiral rapporte à Merry Bromberger : « Il n'était pas de semaine où nous ne mangions et ne sortions ensemble, souvent plusieurs fois, nous retrouvant tantôt chez Dadelsen, tantôt chez moi, tantôt chez lui, parfois dans un restaurant des Catalans »[17].

« Repris par la nostalgie de Paris », Georges Pompidou cherche un poste en région parisienne. Dès novembre 1936, il mentionne comme vœu, en signant sa notice individuelle : « Obtenir une chaire dans un lycée de Paris ». Il réitère sa demande en juillet 1937, en renvoyant l'accusé de réception de sa nomination comme professeur de première au lycée Saint-Charles : « Je me permets de rappeler à votre haute bienveillance que j'ai posé ma candidature à une chaire de lettres dans un lycée de Paris. Comme je l'ai précisé dans ma demande, je reste candidat à ladite chaire ». Sa demande est appuyée par une lettre, probablement au ministre, du sénateur-maire d'Albi Laurent Camboulives, ami de Léon Pompidou, qui regrette que le jeune Georges Pompidou ne soit même pas sur la liste supplémentaire, alors que « deux de ses camarades de promotion, Brabant et Jouany, reçus bien après lui à

---

14 Merry Bromberger note : « Georges Pompidou, humoriste réservé, était éberlué par ce collègue d'une fantaisie exubérante, ce feu roulant de bons mots, d'illuminations poétiques, d'idées bouffonnes, de jugements cocasses et de blagues énormes. Ce qui plaisait à Dadelsen en Pompidou, c'était l'esprit critique, jamais méchant mais incisif, un certain détachement supérieur, et une culture sœur de la sienne » (*op. cit.*, p. 75).

15 Maurice Gontard (sous la direction de), *Histoire des lycées de Marseille*, Aix, Édisud, 1982, p. 201. Y est publiée (p. 200) une photographie de Georges Pompidou au milieu de sa classe de 1ère A en 1937-1938.

16 Entretien de Jean-François Saglio avec Vincent Léonard et Noëlline Castagnez-Ruggiu, 1998, archives orales de l'Association Georges-Pompidou.

17 Merry Bromberger, *op. cit.*, p. 79.

l'agrégation », y figurent[18], En 1938, après trois ans à Marseille (14 octobre 1935-30 septembre 1938), il est nommé au lycée Hoche de Versailles comme professeur agrégé de troisième et signe l'accusé de réception de sa nomination. Mais un professeur de lettres, Charles Guérin, qui se faisait chahuter au lycée Henri-IV, lui propose de permuter avec lui[19]. Il devient ainsi, à vingt-sept ans, professeur dans l'un des lycées les plus réputés de France, au cœur du Quartier Latin. En avril 1939, ayant dû « à cause de la santé fragile de sa femme prendre un appartement à la porte de Saint-Cloud », il sollicite toutefois une nomination qui lui permettrait de se rapprocher de son domicile, soit au lycée Claude-Bernard, récemment ouvert, soit à Janson-de-Sailly, les longs déplacements vers le Quartier Latin étant selon lui incompatibles avec le travail de lycée et la préparation d'une thèse. Mais cette demande n'a pas de suite et Georges Pompidou va enseigner à Henri IV pendant toute la durée de la Seconde Guerre mondiale, comme il le rappelle dans ses mémoires :

> Mon rang d'agrégation (quoique mes notes d'inspection fussent moyennes, on s'en doute) et le hasard d'une permutation me permirent d'être nommé à Henri-IV. J'avais vingt-sept ans et me trouvai le plus jeune professeur titulaire de tous les lycées parisiens, à plus forte raison d'un lycée illustre comme Henri-IV. Je devais y exercer durant cinq années scolaires, d'abord en troisième A, puis en seconde A[20], en même temps qu'on me confiait, en alternance avec mon ami Raoul Audibert[21], l'enseignement du français dans la classe préparant à l'École coloniale[22].

Il a notamment parmi ses élèves Georges Lemarchand, résistant à « Défense de la France », frère aîné du futur député Pierre Lemarchand, Guy Bayet, futur président de la Société des agrégés, et Jacques Patault (1924-2004), qui prépare alors l'École nationale de la France d'outre-mer : « le premier de la classe »[23], membre de plusieurs cabinets ministériels sous les IVe et Ve Républiques, sera chargé de mission au cabinet de Georges Pompidou de

---

[18] Dossier de carrière de Georges Pompidou, AN 20080243/91.

[19] Claude Lelièvre, Christian Nique, *op. cit.*, p. 35.

[20] Il est nommé professeur de seconde par arrêté ministériel du 29 septembre 1942.

[21] Raoul Audibert (1905-1982), normalien en 1927, agrégé des lettres en 1932, professeur au lycée Thiers à Marseille, puis à Henri IV, inspecteur général de lettres, coauteur du Lagarde et Michard XXe siècle.

[22] Claude Lelièvre, Christian Nique, *op. cit.*, p. 35.

[23] Merry Bromberger, *op. cit.*, p. 87.

1962 à 1968, avant d'être préfet de la Drôme, puis de Saône-et-Loire, et de finir sa carrière comme trésorier-payeur-général.

Pendant cette période, pour s'occuper intellectuellement et accroître ses ressources, Pompidou se livre à des travaux d'édition en cohérence avec le professorat de lettres, par exemple en préparant une nouvelle édition critique de *Britannicus* pour la collection « Classique France » de la maison Hachette[24], parue en 1944, ou une édition des *Origines de la France contemporaine* de Hippolyte Taine.

Quel professeur était Georges Pompidou ?

Pour appréhender quel professeur était Georges Pompidou, l'historien dispose des quelques lignes qu'il écrit à ce sujet dans *Pour rétablir une vérité*, du témoignage de plusieurs de ses élèves[25] et collègues[26], ainsi que de documents administratifs émanant de ses supérieurs.

---

[24] Georges Pompidou avait fait des cours sur *Britannicus* aux élèves préparant le concours d'entrée à l'École Nationale de la France d'Outre-Mer en 1941-1942, puisque la tragédie de Racine était au programme. Jacques Patault se souvient que Georges Pompidou appréciait particulièrement cette pièce : « Tout l'intéressait dans *Britannicus*, le fond, le style, l'auteur, aussi » (Entretien de Jacques Patault avec Jean-Pierre Williot, 30 mai 1995, archives orales de l'Association Georges-Pompidou).

[25] Au lendemain de l'élection à la présidence de la République de Georges Pompidou, *L'Express* publie, le 16 juin 1969, un encadré « Le professeur du lycée Henri-IV » avec des témoignages et la photographie de Georges Pompidou au milieu de sa classe de 3e A. Après le décès du président de la République, le magistrat, président de Chambre de la Cour d'appel de Paris, et chroniqueur Philippe Sénart (pseudonyme de Guy Poulon, 1922-2013), qui l'eut comme professeur au lycée de Marseille, publie à trois reprises son témoignage sur Georges Pompidou enseignant : dans *Combat*, le 11 avril 1974, « Georges Pompidou, mon maître » ; dans *Le Figaro*, le 1er août 1975, « Trois ans avec Pompidou » ; dans *Le Figaro* le 2 avril 1976, « Les leçons d'un jeune professeur d'humanité » (sur Philippe Sénart, voir François d'Orcival, « Philippe Sénart, chroniqueur cévenol (1922-2013) », *Commentaire*, vol. 146, n° 2, 2014, pp. 409-410). Éric Roussel avait recueilli les témoignages de deux élèves de Georges Pompidou à Henri-IV : Guy Bayet, futur président de la Société des Agrégés, et Bernard Pagnez, futur directeur du centre de télé-enseignement à Vanves (*op. cit.*, p. 54-55). Le préfet Jacques Patault évoque Georges Pompidou professeur dans l'entretien qu'il a eu le 30 mai 1995 avec Jean-Pierre Williot dans le cadre de la campagne d'enquêtes orales de l'Association Georges-Pompidou.

[26] Éric Roussel publie en annexe de son livre le témoignage de l'historien Pierre Guiral, futur professeur à la faculté d'Aix-en-Provence, qui fut le collègue de Georges Pompidou au lycée Saint-Charles à Marseille (*op. cit.*, p. 520 et sq).

D'après Jacques Patault, Georges Pompidou, sans doute le plus jeune des professeurs d'Henri-IV, fraye peu avec ses collègues :

> Je n'avais pas à l'époque, et je n'ai toujours pas, l'idée qu'il se liait volontiers aux autres professeurs… D'abord […] il arrivait en général juste à l'heure, donc il n'avait pas l'occasion des quelques minutes de bavardage avant le début du cours avec des collègues. Mais il était très souriant, très aimable avec chacun, y compris avec ses collègues. […] Mon sentiment, mon souvenir, n'est pas de l'avoir vu longuement bavarder avec des collègues. En tous cas, jamais il ne nous parlait de ce qu'aurait pu lui dire un collègue. Il ne faisait pas allusion à quoi que ce soit. L'impression d'une certaine autonomie, une autonomie souriante […]. Ça ne veut pas dire qu'il les méprisait ou que les autres l'ignoraient. Ce n'est pas ça du tout. Je pense qu'il n'évitait pas ses collègues, […] mais il n'allait pas au-devant.

Georges Pompidou aime la discipline et sait la faire respecter : « En 1938, j'ai vu un jeune professeur entrer dans la classe de 2e B du lycée Henri-IV. À tout hasard, un chahut l'accueille. Pendant un long quart d'heure, l'œil ironique et froid, il attend le silence. Puis commence son cours. Dès cette minute, M. Pompidou n'a plus jamais eu besoin de faire acte d'autorité », rapporte un ancien élève rencontré par *L'Express*. « C'était un professeur qu'on ne chahutait pas », confirme Léon Aichaud, un de ses anciens élèves de troisième[27]. Jacques Patault abonde : « Georges Pompidou n'était pas chahuté », attribuant aussi ce respect au « regard » du professeur : « Le regard y faisait beaucoup, je crois. Quand le regard un peu dur se posait sur un élève, le calme revenait immédiatement ».

Guy Bayet se souvient de l'exigence de Georges Pompidou comme enseignant : « D'une manière générale, ce n'était guère un professeur commode. En seconde, par exemple, j'eus quelques faiblesses à la suite d'une crise d'appendicite, mais très vite il m'obligea à rentrer dans le circuit. Il ne laissait rien passer et, sans être distant, il était peu liant »[28], tandis que Bernard Pagnez souligne son souci de l'ordre, en se souvenant de sa réaction quand ses élèves avaient décroché le portrait du maréchal Pétain :

> Cette affaire l'avait rendu de mauvaise humeur ; pendant environ une semaine, il marqua par un ton sec, exempt de toute complicité, comment il désapprouvait ce geste. Dès le lendemain, il me parla de cette histoire – cela était normal parce que

---

[27] Cité par Claude Lelièvre, Christian Nique, *op. cit.*, p. 103.
[28] Cité par Éric Roussel, *op. cit.*, p. 54.

> j'étais chef de classe – et me fit observer que ce que nous avions fait n'était pas très intelligent et qu'il valait mieux que l'exploit ne se reproduise pas[29].

Le futur député « républicain indépendant » des Bouches-du-Rhône Robert Gardeil, qui eut Georges Pompidou comme professeur à Saint-Charles, se souvenait avoir été envoyé par lui devant le conseil de discipline pour avoir joué en classe à la bataille navale[30].

Ce professeur exigeant séduit ses élèves par l'impression de force tranquille qu'il dégage, son élégance[31], sa maîtrise des disciplines qu'il enseigne et son apparente décontraction. Le long témoignage de Philippe Sénart paru dans *Combat* en 1974 est éloquent :

> Georges Pompidou est entré le 2 octobre 1935 dans la classe de troisième A du lycée Saint-Charles à Marseille. Aucun de ses élèves n'a oublié ce jour. Après avoir refermé la porte vitrée de la salle où trente garçons provinciaux et curieux attendaient le jeune professeur frais émoulu de l'École Normale, Georges Pompidou traversa rapidement l'espace qui le séparait de la chaire, enjamba les deux marches puis, avant de s'asseoir, embrassa de son regard noir le champ de cette nouvelle bataille.
>
> Il avait déjà fait la guerre du Péloponnèse et celles des Gaules et les guerres puniques ; il s'était battu sur le lac Trasimène et à Cannes. Il avait rapporté de ces valeureux combats d'insignes médailles. Mais il n'avait jamais encore commandé en chef. Ici,

---

29 *Ibid.*, p. 55. Un tel comportement peut être mis en relation avec l'hypothèse qu'avance Pierre Rouanet pour expliquer le non-engagement de Pompidou dans la Résistance : « Homme d'ordre et de rendement, Pompidou, dans son subconscient, a peut-être retenu de la Résistance un gaspillage d'énergie, et même, pour reprendre un mot dont il a lancé bien plus tard la mode, un air de chienlit » (*Pompidou*, Grasset, 1969, p. 45). Pierre Lemarchand rapporte ceci à propos de Georges Pompidou, professeur de son frère Georges, qu'il qualifie de « prudent » : « Comme nous n'arrivions pas à classer politiquement cet élégant dandy, à l'époque mince, coiffé à "l'embusqué" (cheveux en arrière) et souvent vêtu de tweed, nous avions imaginé de lui prêter un propos apocryphe. Nous racontions partout qu'il disait à ses amis : "Pourquoi voulez-vous que je risque ma vie pour libérer mon pays alors que les Américains le font si bien ?" Certains de ses collègues s'émurent de la rumeur et lui demandèrent ce qu'il en était. Interloqué d'abord, il fut ensuite scandalisé et catalogua pour toujours les frères Lemarchand dans la catégorie des agitateurs irresponsables et des fabricants de ragots » (Pierre Lemarchand, *« Barbouze » du Général*, Paris, Le Cherche Midi, 2005, p. 10).

30 Témoignage de Pierre Guiral dans Éric Roussel, *op. cit.*, p. 523.

31 Pierre Rouanet note : « Pompidou risque une teinte de dandysme : il introduit au lycée de Marseille le chapeau à bords roulés et les gants beurre frais de Sciences-Po, comme il avait arboré le smoking à Normale et même un jour, en philo à Albi, le monocle » (*op. cit.*, p. 43).

> il assumait pour la première fois une responsabilité. Il se dirigea vers le tableau noir. Il y inscrivit son ordre de bataille. Jules César et Scipion et Pompée, les meilleurs généraux du monde, tous, ils étaient sous ses ordres. Les cohortes et les légions s'avançaient en rangs serrés. Georges Pompidou ne faisait pas la classe, il passait une revue. Ce jeune professeur avait l'air d'un consul victorieux. Il nous subjugua.
>
> Il ne tarda pas à nous charmer. C'était un dandy. Il était habillé à la dernière mode. Il portait un costume couleur rouille. Quand il paraissait en grande tenue, c'était dans un costume bleu marine, avec une cravate à larges rayures, crème et mauve. Il était coiffé à l'embusqué. Nous avions déjà vu au cinéma des jeunes premiers élégants auxquels les grandes stars daignaient s'intéresser, et nous croyions juger en connaisseurs celui-ci. Mais je l'imaginais plutôt sortant du salon de Mme de Beauséant, avec d'Ajuda Pinto[32].
>
> Georges Pompidou allait et venait dans sa classe, les mains dans les poches. Il ne cessait de parler à bâtons rompus, semble-t-il, de Racine et de Ronsard, de Diderot et de Baudelaire, de Choderlos de Laclos et de Giraudoux. Parfois, il s'asseyait sur un banc parmi nous et il nous invitait à prendre sa place dans la chaire pour faire des exposés. Il était encore assez peu habituel de donner la parole aux élèves. Pourtant, la classe de M. Pompidou n'était pas une classe où les élèves dialoguaient avec le maître. On l'écoutait, on l'admirait, on n'aurait pas osé lui donner la réplique, même s'il nous y encourageait.

Ce qui séduit particulièrement ses élèves dans l'enseignement de Georges Pompidou, c'est sa pratique de la lecture d'écrivains, notamment d'écrivains contemporains. À Marseille comme à Paris, il partage avec ses élèves son goût pour Jean Giraudoux, comme en témoignent Philippe Sénart – « la littérature contemporaine s'arrêtait pour nous à Albert Samain[33]. Il nous découvrit Giraudoux et, quand nous avions été bien sages, c'est *Elpénor*[34] qu'il nous lisait »[35] – et Bernard Pagniez :

> Tous les samedis, nous passions deux heures avec lui et ce moment était attendu par le plus grand nombre avec impatience, car il nous faisait une lecture. Il arrivait avec un livre, souvent de Giraudoux, et le lisait à haute voix. À la fin de la classe,

---

32 Allusion à *La Comédie humaine* de Balzac.

33 Albert Samain (1858-1900), poète symboliste français, connu notamment pour ses sonnets à quinze vers.

34 Roman de Jean Giraudoux, paru en 1919, reprenant le personnage d'Elpénor, compagnon d'Ulysse, dans un récit humoristique.

35 Philippe Sénart, « Trois ans avec Pompidou », *Le Figaro*, 1er août 1975.

> il nous demandait ce que nous voulions entendre la semaine suivante, mais, en définitive, c'est toujours lui qui décidait[36].

S'il souhaite transmettre à ses élèves sa passion pour Giraudoux, si, à Henri-IV, il leur fait connaître *Le Silence de la mer*, qui vient de paraître, il leur lit également des extraits du roman canularesque de Jules Romains, normalien comme lui, *Les Copains*, comprenant notamment une apologie de la luxure. Comme Léon Aichaud[37], Philippe Sénart s'en souvenait :

> Certaines de ses audaces [provoquèrent] des vagues parmi les parents d'élèves : ainsi, lorsqu'il nous lut en classe *Les Copains* de Jules Romains, j'ai le souvenir que certains d'entre eux protestèrent, indignés qu'un professeur ait pu proposer à ses élèves un texte aussi leste. Pour s'en tirer, Georges Pompidou prit une mesure symbolique : il décida que le plus jeune de la classe sortirait au moment de ces lectures scandaleuses[38].

Il fait également découvrir à ses élèves d'autres œuvres de Jules Romains, comme *Knock*, « pour qui il avait une prédilection »[39], ou *Les hommes de bonne volonté* : Philippe Sénart se souvient de l'émotion de son professeur quand « il nous racontait l'arrivée de Jerphanion à Paris dans le train de Saint-Etienne »[40].

Georges Pompidou appréciait visiblement ces moments où, en classe, il « subjuguait », il « charmait » ses élèves, leur transmettait son goût de la littérature et son intérêt pour la vie culturelle parisienne. Il ne souhaitait pas leur transmettre simplement des connaissances – Guy Bayet témoigne que Georges Pompidou ne mettait guère l'accent sur l'histoire littéraire – mais voulait jouer le rôle d'éveilleur, écrit-il dans ses mémoires : « J'ai la faiblesse de croire que ma manière, faite de grande liberté dans les rapports et dans les méthodes, leur plut. Je leur apprenais l'essentiel, ce dont ils avaient besoin pour leur bachot, auquel ils furent reçus en quasi-totalité, mais je leur ouvrais l'esprit ou du moins j'essayais »[41]. Son fils Alain résume ainsi l'ambition de

---

[36] Cité par Éric Roussel, *op. cit.*, p. 55.

[37] Claude Lelièvre, Christian Nique, *op. cit.*, p. 103.

[38] Cité par Éric Roussel, *op. cit.*, p. 47-48.

[39] Merry Bromberger, *op. cit.*, p. 80.

[40] Philippe Sénart, « Trois ans avec Pompidou », *Le Figaro*, 1er août 1975. C'est probablement parce que, dans son train, Jean Jerphanion songe à son entrée prochaine à l'École normale supérieure que Georges Pompidou est ému.

[41] Georges Pompidou, *Pour rétablir une vérité*, *op. cit.*, p. 21.

son père quand il était enseignant : « Ce que cherchait mon père, malgré ses airs de dandy parisien désinvolte, c'était ouvrir l'esprit et le regard de ses élèves au monde qui s'étendait au-delà de leur province, comme il en avait fait l'expérience quelques années plus tôt »[42].

C'est pourquoi ses méthodes pédagogiques donnaient plus de place aux élèves que celles de certains de ses collègues, comme en témoigne Jacques Patault :

> On pourrait dire qu'Audibert était très dirigiste dans son enseignement. Pompidou était très libéral. [...] Audibert arrivait avec une espèce de cours préparé et il le reprenait. C'était lui, le professeur. C'était le cours magistral. Chez Pompidou, c'était différent. Il y avait une introduction à chaque fois. Et puis il avait demandé, dans le cours précédent, qui se chargerait de l'exposé oral suivant. [...] L'élève, à ce moment-là, était appelé à prendre la place du professeur sur la chaire. Et le professeur se mettait au fond de la classe parmi les élèves pour écouter. Ça, c'était le style Pompidou. Bien sûr, après, il y avait un corrigé. Sinon, ça aurait été un peu léger.

La correction de copies, en revanche, l'ennuyait profondément, et élèves comme collègues en avaient conscience. Guy Bayet se souvient :

> S'il faisait preuve d'une certaine désinvolture, c'était surtout dans la correction des copies. Il n'était pas de ces professeurs qui annotent beaucoup. Il mettait des appréciations cursives. Si rigoureux qu'il fût parfois, il donnait aussi, de manière générale, beaucoup moins de travail que certains de ses collègues[43].

Tandis que Pierre Guiral rapporte :

> Pompidou faisait honnêtement sa tâche, mais sa tâche ne l'absorbait pas, ne l'inquiétait pas, ne le dévorait pas. Il corrigeait ses copies, mais ne s'attardait pas à peser la notation. Fallait-il enlever trois quarts de point pour un faux sens et un point et demi pour un contresens ? Ce n'était pas son style[44].

Ainsi, Georges Pompidou est un professeur apprécié de ses élèves, et aussi, dès sa période marseillaise, de ses supérieurs. Certes, sa première inspection, en janvier 1936, quelques mois après qu'il a pris son premier poste, donne

---

[42] Alain Pompidou, *C'était Georges, mon père*, Paris, Robert Laffont, 2023, p. 23.
[43] Cité par Éric Roussel, *op. cit.*, p. 54.
[44] *Ibid.*, p. 524.

lieu à un rapport mitigé de l'inspecteur général André Fontaine, quoique confiant en l'avenir du fait de son rang d'agrégation :

> En 3ème, explication de quelques vers de Virgile. La présence simultanée d'un recteur et d'un inspecteur général dans sa classe a certainement gêné M. Pompidou qui est un débutant. Par une discrétion véritablement excessive, il n'a pas pris réellement la direction de sa classe même quand j'ai déclaré que je ne dirais plus rien, formule polie qui ne pouvait causer aucun doute sur mon désir de voir Monsieur Pompidou non seulement traduire le texte, mais s'assurer que les élèves avaient compris les nuances du sens, le mécanisme de telle ou telle tournure insolite, sans négliger la valeur littéraire du passage. Ne jamais oublier, en traduisant Virgile, que c'est un grand poète. La tâche est d'autant plus intéressante que Monsieur Pompidou a d'excellents élèves très travailleurs et très bien doués. Il est évident qu'on ne pourra porter un jugement autorisé que dans une inspection postérieure. Son rang d'agrégation est à lui seul une garantie[45].

Quelques mois plus tard, en novembre 1936, le rapport de l'inspecteur général Pierre Poux, qui a entendu Georges Pompidou commenter un passage du *Pro Archia* de Cicéron devant sa classe de seconde, est déjà beaucoup plus positif :

> C'est une fort bonne explication où le commentaire gagnerait seulement à être, par endroits, plus étoffé et plus appuyé. M. Pompidou n'est point dépourvu d'action pédagogique. Celle-ci serait plus vive encore, plus entraînante, plus efficace, s'il apportait un peu plus de chaleur et d'accent à un enseignement d'une qualité intellectuelle, d'ailleurs, fort distinguée.

Le proviseur du lycée Saint-Charles souligne également les qualités de son enseignant quand il soutient ses demandes auprès de l'inspecteur d'académie, en juin 1936 quand Georges Pompidou postule à une chaire de seconde :

> M. Pompidou, qui s'est familiarisé avec l'enseignement durant cette première année d'exercice et dont la méthode me paraît dès maintenant en progrès, a toutes les qualités de culture et de distinction d'esprit nécessaires pour faire un bon professeur de seconde,

puis en juin 1937, alors qu'il sollicite une chaire de première, :

> M. Pompidou est un jeune professeur, de fine culture et d'esprit distingué. Il a acquis de l'assurance. Il est plus à son aise dans sa classe et sait mieux s'assurer la

[45] Dossier de carrière de Georges Pompidou.

> collaboration dans l'ensemble. Il exerce sur ses élèves une action plus efficace. Le travail écrit est toujours bien préparé et contrôlé consciencieusement. Monsieur Pompidou est donc en progrès très net et j'exprime un avis favorable à son vœu,

enfin en janvier 1938 quand il réitère son souhait d'obtenir un poste parisien :

> Jeune maître très bien doué, qui met autant d'érudition que de goût dans l'explication des auteurs proposés à ses élèves et qu'il sait d'ailleurs bien choisir. Sa classe est disciplinée sans contrainte et participe heureusement à l'étude des textes dont la valeur artistique et morale est finement mise en valeur autant que le texte exact. Le vœu exprimé par M. Pompidou me paraît mériter d'être examiné avec bienveillance[46].

Quand Georges Pompidou est nommé à Paris, les appréciations sont d'abord un peu mitigées de la part des inspecteurs et du chef d'établissement, qui soulignent globalement sa froideur – jugement qui contraste quelque peu avec les témoignages des anciens élèves : « Assez bon professeur, travailleur et sérieux, un peu froid peut-être. Cahier de textes excellent » note le proviseur Émile Jolibois en janvier 1939.

Georges Pompidou est inspecté à Henri-IV une première fois le 17 janvier 1939, lors d'un cours où il fait commenter le portrait d'Arrias, tiré du chapitre de la société et de la conversation dans *Les Caractères* de La Bruyère. L'inspecteur général René Chevaillier note dans son rapport :

> Le professeur avait demandé de chercher notamment ce qui fait de cette page un portrait en action. L'explication de détail était, pour une bonne part, improvisée. Cet exercice d'un genre un peu équivoque, qui n'était ni une explication préparée et précise, ni une simple lecture, ne permettait guère au professeur d'appliquer la méthode qui convient à l'explication française. On en était réduit à planer au-dessus du texte, au lieu de le suivre dans la continuité et dans son progrès. Le sens général du morceau et son caractère ont été bien saisis ; nombre de détails – dans un texte qui vaut surtout par ses détails – devaient forcément échapper. Du moins M. Pompidou s'est-il employé à animer quelque peu la classe par des interrogations collectives auxquelles les élèves ont répondu, sinon avec beaucoup d'entrain, du moins avec pertinence. L'examen du cahier de texte de la classe me donne la meilleure opinion du soin avec lequel le professeur prépare et corrige les travaux écrits de ses élèves.

46 Ces trois appréciations figurent dans le dossier de carrière de Georges Pompidou. AN 20080243/91.

Après sa démobilisation, il est à nouveau inspecté le 14 janvier 1941, par l'inspecteur général Émile Abry, cette fois en cours de latin. Le rapport souligne de nouveau tout à la fois la grande compétence de Georges Pompidou et une certaine froideur :

> M. Pompidou s'applique avec beaucoup de sérieux et de conscience à sa tâche. J'en ai eu pour témoignage les corrigés soignés qui figurent au cahier de textes, l'heureux choix des sujets de version et de devoirs français, variés comme il faut et bien adaptés à la classe, la méthode judicieuse enfin avec laquelle il a conduit l'explication latine à laquelle j'ai assisté. Il s'agissait de la rupture entre Enée et Didon au IVe chant de *L'Enéide.* Les élèves interrogés se tirent honnêtement du mot à mot, d'une façon un peu lâche parfois au point de vue de la langue et de la syntaxe. Ils ne sont pas non plus encore très exercés à scander les hexamètres. Mais il est bien d'y songer et il ne faudra pas craindre, en dehors de l'explication, de multiplier les énergies. Passant ensuite à l'étude littéraire du morceau, M. Pompidou fait analyser avec précision l'argumentation d'Enée. C'est un travail correct, utile, mais froid. Je sais toute la valeur à la fois brillante et sûre de M. Pompidou. C'est pourquoi je n'hésite pas à lui demander de restituer plus de pathétique à une scène si dramatique qui est une des pages essentielles du patrimoine classique. Qu'il fasse comprendre à ses élèves le caractère d'Enée, esclave de sa mission, et que c'est dur parce qu'il se contracte dans sa lutte contre la tentation. Et quand il aura ainsi fait vibrer son jeune auditoire, qu'il lui demande d'essayer de rendre un peu de cet art consommé en traduisant une phrase essentielle et difficile du passage. Il sera récompensé de cet effort par l'ardeur de ses élèves, par leurs progrès et par une reconnaissance aussi qui s'ajoutera aux sentiments de sympathie qu'ils lui portent déjà et qu'il mérite.

Ce jugement est repris en janvier 1942 par l'inspecteur d'académie qui a assisté à un cours de Georges Pompidou en classe « coloniale », où il expliquait un extrait du *Quart Livre* de Rabelais :

> Professeur distingué, mais un peu timide, qui n'a pas encore l'autorité nécessaire pour dominer une classe de 50 grands élèves [...]. Un élève bavarde avec une bonne volonté assez vaine sur le texte proposé. Le professeur le reprend avec précision et justesse : ses remarques témoignent d'une culture délicate. On souhaiterait seulement qu'il eût, pour dominer et entraîner cette lourde classe, un peu plus de chaleur et d'autorité.

En janvier 1944, l'inspecteur général Desjardins, qui a assisté à un cours de latin donné par Georges Pompidou au lycée Henri-IV – une explication d'un texte de Pline Le Jeune « sur la mort d'une jeune fille de quatorze ans » – est bien plus positif :

> Dans l'interprétation et la traduction de cette page d'une qualité délicate et souvent émouvante, M. Pompidou a guidé ses élèves avec une grande sûreté de main. Toutes ses réactions m'ont paru justes et fines, et à peine ai-je regretté une ou deux fois une remarque, non pas moins bonne en soi, mais venue un peu trop tôt et interrompant le déroulement du sens. Les élèves, de leur côté, sont bien entraînés et saisissent aisément les suggestions de leur professeur. On les voudrait seulement mieux formés à la lecture expressive. Je ne doute pas que, sous la direction d'un excellent maître, ils ne fassent, sur ce point comme sur d'autres, de rapides progrès[47].

Un professeur insatisfait, avec d'autres ambitions

Bien qu'apprécié de ses élèves et qualifié d'excellent maître par son inspecteur en 1944, Georges Pompidou ne s'épanouit pas dans son métier. Certes, à Marseille, il apprécie le temps libre que celui-ci lui laisse pour parcourir le pays, ainsi que les longues vacances :

> Le métier de professeur, n'en déplaise aux représentants syndicaux, laisse d'énormes loisirs. Quoique l'enseignement des lettres – français, latin, grec – comporte plus que tout autre des heures de préparation et surtout de correction de copies, sans compter les contacts avec les parents qui viennent voir « le professeur principal », je disposais de deux ou trois jours par semaine, sans parler des vacances, pour parcourir l'arrière-pays ou profiter de la mer. Les Baux, alors déserts, Saint-Tropez, plus désert encore si possible, étaient mes lieux préférés[48].

Mais cette profession ne satisfait ni ses ambitions matérielles, ni ses ambitions intellectuelles, ni son désir de faire carrière, de réussir dans « le monde », y compris en séduisant de jolies femmes.

Ces doutes sur la profession, il les avait exprimés avant même sa réussite à l'agrégation, comme l'atteste, dès 1930, sa correspondance avec son ami Robert Pujol, qu'il avait connu au lycée d'Albi en 1927, qui sera professeur à Marseille, puis à Draguignan et avec qui il échangera de 1927 à 1974.

---

47 AN, 555AP/1.

48 Georges Pompidou, *Pour rétablir une vérité*, *op. cit.*, p. 20-21.

Le 9 avril 1930, il lui écrit : « Si j'ai la guigne, je finirai prof licencié dans un petit lycée, comme Mercadier[49] et, à quarante ans, je serai conseiller municipal et officier d'académie ». Puis, le 20 décembre :

> Les plus belles facultés peuvent s'annihiler, l'encroûtement guette tout le monde, il manque la volonté. Prenons garde. Nous pouvons demain être des profs de quatrième à Morlaix ou à Châteauroux, peut-être à Condom. Il nous faut vouloir autre chose. Il nous faut gagner de l'argent ; il nous faut faire de la littérature ; il nous faut faire de la politique ; il faut nous faire aimer des femmes, et de quelques amis ou amies. Et au moins lorsque nous mourrons nous pourrons nous dire que nous aurons tiré le meilleur parti possible de la vie et que nous nous serons ennuyés le moins possible[50].

Sa réussite à l'agrégation ne le comble pas, même s'il sait qu'elle réjouit ses parents :

> La fin de cette époque heureuse fut marquée par l'agrégation de lettres en 1934. J'étais reçu premier, malgré une bonne partie du jury qui avait l'impression que je n'avais pas fourni autant d'efforts que mes concurrents. On pensera que j'en fus heureux pour mes parents, pour mon père, que mes succès à Normale puis à l'agrégation consolaient de sa propre carrière entravée par la pauvreté et arrêtée dans son cours par la guerre. Mais, en ce qui me concerne, j'avais le cafard. Je savais que ma jeunesse était finie, qu'il allait falloir entrer dans la vie, la gagner. Ce qui, pour beaucoup, était un départ m'apparaissait comme un terme et une limitation [...][51].

Peut-être avait-il eu cette interrogation sur la pertinence de ses choix par rapport à ses ambitions dès son succès à Normale, comme le laisserait entendre cette phrase qu'il écrira en août 1963 dans la préface à la deuxième édition du livre d'Alain Peyrefitte, *Rue d'Ulm* :

> Qu'on n'imagine point pour autant que la qualité de normalien prédestine aux situations brillantes. La plupart des écoles sont des portes sur l'avenir. Pas Normale. Les exceptions sur ce point ne font qu'illustrer la loi des grands nombres, qui veut qu'il y ait fatalement, par le choix du hasard, quelque normalien à chaque étage de notre Tour de Babel. Mais, par vocation, le normalien habite l'entresol[52].

---

[49] Camarade de Georges Pompidou en hypokhâgne.

[50] Georges Pompidou, *Lettres, notes et portraits*, Paris, Robert Laffont, 2012, p. 98 et p. 121.

[51] Georges Pompidou, *Pour rétablir une vérité*, *op. cit.*, p. 19.

[52] Repris dans Alain Peyrefitte, *Rue d'Ulm, chroniques de la vie normalienne*, *Édition du bicentenaire*, Paris, Fayard, 1994, p. 14.

Et, en 1968, devant la Société des agrégés, il confirme que sa satisfaction d'être agrégé ne fut que temporaire, évoquant « la satisfaction qu'a pu nous donner à un certain moment la possession de ce titre d'agrégé, que nos parents et nos professeurs nous avaient présenté comme le signe de la supériorité intellectuelle et de la réussite dans les études »[53].

Lorsqu'il effectue son service militaire avant de prendre une classe, les doutes continuent à l'assaillir, comme le montre cette lettre à Robert Pujol du 26 novembre 1934, adressée depuis Saint-Maixent. Y apparaît sa réflexion sur l'opportunité de passer le concours de l'Inspection des Finances – il est vraisemblable que l'École Nationale d'Administration, créée après la guerre, l'aurait intéressé, lui qui avait préparé le diplôme de l'École libre des sciences politiques en même temps que la fréquentation de l'École Normale Supérieure :

> Mon cher vieux,
>
> [...] Ces temps-ci, je suis terriblement préoccupé par ce que je vais faire. Tout m'ennuie. Voici comment se pose le problème (je te le dis, car je compte sur tes conseils).
>
> Fondation Thiers et école d'Athènes : ne me tentent pas ; École de Rome : id ; agrégé à Normale ; impossible actuellement ; en Sorbonne : idem.
>
> Donc, ou bien l'enseignement ; avantages : les vacances ; ennuis : peu d'argent, boulot emmerdant, situation sociale médiocre (tu ne peux imaginer ce qu'un prof a l'air con aux yeux « du monde »). De plus, risque de ne pas préparer de thèse par flemme et alors condamné toute ma vie aux 15 heures et copies. Si je fais une thèse, j'attends dix ans un poste ou alors je m'emmerde sur une thèse de latin et me voilà collé au latin pour le reste de mes jours.
>
> Ou bien l'Inspection des Finances : avantages : situation matérielle égale au début, vite supérieure. Situation sociale bien plus élevée. Fréquentation du monde. Paris. Possibilité pour mariage comme pour liaison de jolies femmes, très chics. Milieu un peu con, mais pas beaucoup plus que l'universitaire moyen.
>
> Inconvénients : moins de vacances. Boulot un peu rasoir ou, si je m'y intéresse, risque d'abandonner la culture, d'oublier le grec, de ne plus lire, etc. Je suis tiraillé entre l'intellectuel et le type qui aime vivre largement et les jolies femmes. Il y aurait une solution parfaite : atteindre la célébrité en littérature. Mais hélas !!! Je t'assure que cela m'ennuie beaucoup et je me sens le cafard devant la vie[54].

---

53 Cité dans Pierre Rouanet, *op. cit.*, p. 41. C'est nous qui soulignons.
54 Georges Pompidou, *Lettres, notes et portraits*, *op. cit.*, p. 144.

À la même période, il aurait confié à son camarade normalien René Brouillet, lui aussi ancien de Louis-le-Grand : « Je me sens foutu ; décliner *rosa, rosa, rosam* ; traduire peut-être Cicéron ; avec un peu de chance, expliquer Platon ; c'est cela mon lot maintenant »[55].

Pendant la guerre, alors qu'il exerce à Henri-IV, il redit à Robert Pujol son insatisfaction, le 8 mars 1943 : « Le métier ne m'emballe pas, loin de là. Je ne m'ennuie pas en classe mais j'abhorre les copies et j'ai de plus en plus l'impression d'être fait pour autre chose [...]. Projets personnels : pour l'instant, gagner de l'argent. D'où « tapin », travaux de basse librairie, etc.[56] » Il trouve visiblement insuffisant le salaire qu'il touche, comme le montrent les vœux qu'il exprime sur la notice individuelle destinée à l'inspection générale pour l'année 1940-1941 : « Avant tout, être promu à la cinquième classe. Sans la guerre j'aurais été promu à l'ancienneté lors des promotions du 1er janvier 1940. N'ayant pas une heure supplémentaire, mariée à une femme sans situation ni fortune, j'ai le plus grand besoin de cette promotion »[57], puis pour l'année 1942-1943 : « Promotion en 4ème classe[58] : du fait de la guerre, j'ai perdu un an d'ancienneté au point de vue financier ; de plus, j'ai un bébé de six mois qui n'étant pas encore adopté à cause de mon âge insuffisant ne me compte ni pour l'indemnité de résidence, ni pour l'indemnité dite de salaire unique – ma femme ne travaille pas ».

Il aspire donc, selon une formule qu'il emploie à plusieurs reprises, à « faire quelque chose ».

Dans un premier temps, il cherche à évoluer dans le monde de l'enseignement et aimerait obtenir une classe de première à Paris. Quand il exprime ce vœu sur les documents administratifs, il rappelle qu'il a enseigné en première à Marseille. Pensant sans doute accroître ses chances, il sollicite un rendez-vous auprès de Gustave Cayrou, dont il avait été l'élève à Louis-le-Grand. Originaire d'Albi, agrégé de lettres, Gustave Cayrou (1880-1966), après avoir

---

55 Cité par Merry Bromberger, *op. cit.*, p. 64 et par Claude Lelièvre et Christian Nique, *op. cit.*, p. 103 qui précisent que c'est à René Brouillet qu'il se confie ainsi.

56 Georges Pompidou, *Lettres, notes et portraits*, *op. cit.*, p. 157. C'est bien le terme de « tapin » qui figure dans cette édition. On peut se demander toutefois si Georges Pompidou n'avait pas en fait écrit « tapir », soit, en argot normalien, client de cours particulier.

57 Dossier de carrière de Georges Pompidou, AN 20080243/91.

58 Souligné dans le texte.

été professeur aux lycées d'Aurillac (1907), Toulouse (1910), Janson-de-Sailly (1920), puis Louis-le-Grand (1927), était devenu en 1936 inspecteur général de l'Instruction publique (enseignement secondaire)[59]. Mais le rendez-vous, en mars 1943, tourne au fiasco :

> Je continue le récit des corvées : dimanche, j'ai été voir (sur rendez-vous) Cayrou : six étages (sans ascenseur, pas d'électricité !) pour trouver au bout le plus beau cuistre que la terre ait porté. Si vraiment c'est là la fleur de l'enseignement secondaire, je commence à croire que je ficherai le camp. Il a été aimable, mais, manifestement, me trouve terriblement jeune pour une chose aussi capitale qu'une première à Paris. Cela se comprend d'un type arrivé à Paris à 40 ans[60]. Résultat : une première libre l'an dernier à H. IV, on y a mis le doyen des profs de seconde, 40 ans de carrière et le chahut le plus sensationnel qui soit. Ô ancienneté, que de crèmes…[61] !

Le rapport, un peu condescendant, de Gustave Cayrou, qui inspecte Georges Pompidou quelques semaines plus tard, le 4 mai 1943, confirme ses réticences à ce qu'il obtienne une classe de première : « De bonnes promesses, mais la formation n'est pas encore complète et une nomination en Première serait prématurée ». Il exprime des réserves sur le commentaire d'un extrait de Pline Le Jeune qu'il avait entendu :

> L'explication de M. Pompidou n'est sans doute pas tout à fait au point ; on la souhaiterait parfois plus précise, plus attentive à marquer la valeur des mots et des tours, ainsi qu'à faire sortir, détail par détail, les mérites littéraires du texte traduit, mais elle est dirigée d'une main assez ferme ; M. Pompidou a du sens pédagogique, il interroge avec adresse, il redresse les erreurs avec tact et netteté, il sait associer toute la classe aux exercices, et les résultats qu'il obtient sont très satisfaisants. Le cahier de textes, tenu avec beaucoup de soins, témoigne d'une bonne organisation générale de l'enseignement. On sent que M. Pompidou aime son métier, il y a en lui l'étoffe d'un fort bon professeur[62].

---

59 Guy Caplat, *L'Inspection générale de l'Instruction publique au XXe siècle. Dictionnaire biographique des inspecteurs généraux et des inspecteurs de l'académie de Paris, 1914-1939*, Paris, Institut national de recherche pédagogique, 1997, p. 197 et sq.

60 Né en 1880, Cayrou était en effet arrivé comme professeur à Paris à quarante ans, nommé en 1920 au lycée Janson-de-Sailly.

61 Lettre de Georges Pompidou à Robert Pujol, 27 mars 1943, dans Georges Pompidou, *Lettres, notes et portraits*, *op. cit.*, p. 160. C'est bien le terme de « crèmes » qui figure dans l'édition, mais on peut se demander si Pompidou n'avait pas en fait écrit « crimes ».

62 Dossier de carrière de Georges Pompidou, AN 20080243/91.

Une autre possibilité pour Georges Pompidou aurait été de devenir professeur à l'Université. Il est conscient qu'une chaire de grec était réservée aux anciens élèves de l'École française d'Athènes :

> Les chaires de grec de la faculté étaient, au fond, réservées à ceux qui avaient fait l'École d'Athènes et s'étaient tournés vers l'archéologie. Or, moi, ce qui m'intéressait, c'était beaucoup plus la littérature grecque que l'archéologie proprement dite. J'avais l'impression que, si on ne faisait pas d'archéologie, on n'avait pas les portes ouvertes dans les facultés[63].

De ce fait, il commence une thèse de littérature française sur Barbey d'Aurevilly. Mais, comme il le redoutait dans sa lettre de 1934 à Robert Pujol, celle-ci n'aboutit pas. « La guerre et l'ennui devaient l'interrompre à jamais », note-t-il dans *Pour rétablir une vérité*[64]. Son collègue et ami Pierre Guiral doute même du véritable commencement de ce travail : « Je dois reconnaître que, l'ayant souvent surpris chez lui, je ne l'ai jamais trouvé en train de lire Barbey, d'amasser, de classer, de comparer des fiches »[65].

C'est à une activité dans un autre milieu que scolaire ou universitaire qu'il aspire en fait. Il veut se mettre au service de l'État et de la reconstruction du pays. À la Libération, il note dans ses mémoires :

> Je vis arriver à moi des amis dont les uns venaient de Londres, d'autres de cette Résistance mystérieuse et me demandaient de travailler avec eux, qui au ministère de l'Information, qui au ministère de l'Intérieur. J'étais prêt à tout, bien entendu. L'idée de rentrer à Henri-IV alors que la France ressuscitait ne me venait pas à l'esprit[66].

Le 11 septembre 1944, il écrit à René Brouillet : « J'ai cependant autre chose à te dire. Plus exactement, une demande à te faire : j'aimerais que tu me trouves quelque chose. Dans les circonstances actuelles, je me résigne mal à décliner *rosa la rose*. Il me semble que je puis faire – momentanément au moins – autre chose[67]. »

---

[63] Pierre Rouanet, *op. cit.*, p. 43.
[64] Georges Pompidou, *Pour rétablir une vérité*, *op. cit.*, p. 21.
[65] Cité dans Éric Roussel, *op. cit.*, p. 524.
[66] Georges Pompidou, *Pour rétablir une vérité*, *op. cit.*, p. 31.
[67] Georges Pompidou, *Lettres, notes et portraits*, *op. cit.*, p. 161.

Selon un de ses anciens élèves rencontrés en 1969 par *L'Express*, il lui aurait confié alors : « Je crois que je peux faire mieux que ce que je fais actuellement. Il faut savoir oser ».

Le 3 octobre 1944, son épouse Claude, déjà réticente à l'engagement politique de son mari, peut écrire à leur ami Robert Pujol : « Que je vous dise tout de suite que Georges a quitté l'enseignement et qu'il est chargé de mission au cabinet du général de Gaulle ; c'est très intéressant, mais il est terriblement pris et je ne le vois pas »[68].

Georges Pompidou a en effet été nommé par arrêté du 1er octobre 1944 « chargé de mission auprès du président du Gouvernement Provisoire de la République Française », en charge en particulier des projets de réforme de l'enseignement, puis de l'information. En service détaché du corps des agrégés, il cherche à régulariser sa situation administrative et, après un passage au Commissariat au Tourisme consécutif à la démission du général de Gaulle de la présidence du GPRF, il est nommé en septembre 1946 maître des requêtes au Conseil d'État[69]. Il ne reviendra jamais statutairement à l'enseignement, même s'il sera maître de conférences à l'Institut d'études politiques, soit une sorte de chargé de cours[70]. Merry Bromberger évoque « son don d'exposition qui lui attache les jeunes auditoires de Sciences Po »[71].

Même si le métier de professeur ne satisfait pas ses ambitions et qu'il cherchera rapidement « quelque chose » pour en sortir, étant un exemple, encore cité de nos jours, d'agrégé ayant quitté l'enseignement pour la politique[72], Georges Pompidou, au lycée Saint-Charles comme au lycée Henri-IV, a été un professeur apprécié, « un jeune professeur d'humanité » (Philippe Sénart), sachant subjuguer ses étudiants par son style « à la fois très moderne et très classique » (Guy Bayet). Lui-même a eu le sentiment d'une liberté pédagogique certaine pendant ses années d'exercice du métier d'enseignant. D'où son grand scepticisme face à des débats auxquels il assistera quand il sera au pouvoir :

---

68 Ibid.

69 Claude Lelièvre, Christian Nique, *op. cit.*, p. 106.

70 Alain Pompidou, *C'était Georges, mon père*, Paris, Robert Laffont, 2023.

71 Merry Bromberger, *op. cit.*, p. 140.

72 Violaine Morin, « Ces agrégés ayant quitté l'enseignement », *Le Monde*, 21 septembre 2021.

> On a beaucoup parlé, depuis, de modernisation de la pédagogie. Rien de ce qui a été proposé ne m'a paru nouveau et que je n'aie pratiqué d'instinct, sinon le laisser-aller dans le raisonnement et l'imprécision dans les connaissances. Je crois m'être prouvé à moi-même qu'on pouvait être efficace, ne pas être ennuyeux, et être ouvert sur le monde, sans verser dans la vulgarité ni dans le désordre intellectuel[73].

Mais, en 1944, il a épuisé ce qu'une existence de professeur peut lui donner, il a eu le temps de voir ce qu'elle ne lui donnerait pas[74]. Ce n'est donc pas un « véritable dégoût du métier d'enseignant », provoqué par « le fossé qui s'élargit insensiblement entre [les professeurs] et leurs élèves », qu'il évoquera plus tard dans *Le Nœud gordien*[75], qui le pousse à partir, mais une volonté d'engagement, qui le conduira finalement à Matignon, puis à l'Élysée, où il aura à traiter les mutations du monde éducatif que connaît la France dans les années 1960 et 1970. Son parcours valide les propos de Gaston Cayrou sur l'enseignement des lettres :

> L'enseignement des lettres ne prépare à rien et conduit à tout. Il cultive les facultés essentielles, le raisonnement surtout, par la pratique des langues mortes, les sentiments, le jugement par l'interprétation des textes, la comparaison des hommes et des idées. L'agrégation mène à tout, si l'on n'en reste pas prisonnier[76].

Ce passé de professeur a-t-il eu un impact sur sa manière d'être, sur sa façon d'appréhender les dossiers concernant l'éducation quand il est devenu Premier ministre, puis président de la République ?

Selon Jacques Patault, la manière dont il annote les documents reçus de ses collaborateurs pouvait rappeler la correction de copies :

> J'ai [...] le souvenir [d'] une note que je lui avais faite lorsque j'étais à son cabinet à Matignon. C'était une note que je jugeais vraiment sans importance. [...] Mais je n'avais pas dû y attacher, justement, suffisamment d'importance. Cette fois-là, parce que c'est la seule qui me soit revenue comme ça, il y avait simplement : « Je ne signe pas une lettre dont tous les paragraphes commencent par je » [...] C'était le professeur qui ressortait [...] C'est sûr que quand on reçoit ça, ensuite on ne remet pas le coup une autre fois.

---

73 Georges Pompidou, *Pour rétablir une vérité*, *op. cit.*, p. 21.

74 Pierre Rouanet, *op. cit.*, p. 47.

75 Georges Pompidou, *Le nœud gordien*, Paris, Plon, 1974, p. 78-79.

76 Cité par Merry Bromberger, *op. cit.*, p. 65.

Son conseiller sur les questions d'éducation, Jean-François Saglio, est plus nuancé, dans l'entretien qu'il a donné en 1998 à l'Association Georges-Pompidou :

> Hormis une culture encyclopédique, je n'ai pas vu de traces de son passé de professeur. Ni dans sa façon d'être. C'était un homme parfaitement bien élevé et courtois. Je n'ai jamais vu donner des leçons, même à ses ministres. Dieu sait qu'il devait en avoir envie. Bien qu'il connaisse bien le fonctionnement de l'Éducation nationale, il laissait chacun s'exprimer dans ce domaine.

Mais Georges Pompidou a pu faire le parallèle entre la maîtrise d'une classe et la maîtrise de l'Assemblée nationale, où il avait été mal à l'aise lors de sa première intervention :

> La tribune a cessé de m'impressionner le jour où je me suis aperçu qu'il n'est pas plus difficile de se faire entendre de l'Assemblée que d'une classe disposée à vous chahuter. Le tout, c'est de connaître son cours, sans avoir besoin de son texte. Je n'ai pas la mémoire facile des choses apprises par cœur, sauf quand il s'agit de poésie. Mais, sur un sujet que je possède, il m'a toujours été facile d'improviser[77].

Et, selon Merry Bromberger, son passé professionnel l'éclaire lorsqu'avec Christian Fouchet il entame les réformes de l'Éducation et les échanges avec les syndicats : « Georges Pompidou aborde la réforme avec des vues essentiellement pratiques, nourries de son expérience personnelle – il ne se tuait pas à la tâche et aucun de ses collègues non plus – et la volonté bien arrêtée de ne pas se laisser prendre les pieds dans les théories »[78].

Enfin, sa réussite à l'École normale supérieure, puis à l'agrégation, expliquent son attachement au concours[79].

Ainsi, l'étude du début de sa carrière, au-delà de l'apport biographique, éclaire l'action du futur homme d'État, notamment en matière d'éducation.

---

[77] *Ibid.*, p. 209.

[78] Merry Bromberger, *op. cit.*, p. 322. Voir Philippe Nivet, « Christian Fouchet », dans Bruno Poucet (dir.), *Dictionnaire des ministres de l'Éducation nationale*, Villeneuve-d'Ascq, Presses universitaires du Septentrion, 2025 (à paraître).

[79] Voir la communication de Pierre Allorant dans ce volume.

Georges Pompidou et l'enseignement secondaire : contenus, méthode et objectifs

Bruno Poucet

Très tôt, de par les fonctions politiques qu'il a occupées, Georges Pompidou s'est intéressé à l'enseignement : dès octobre 1944, il est chargé de mission[1] au cabinet du général de Gaulle, sur les questions relatives au devenir de l'enseignement privé et sur la réforme de l'enseignement. Il n'aura de cesse ensuite de jouer un rôle en matière d'enseignement secondaire, soit comme directeur de cabinet du général de Gaulle en juin 1958, ou ultérieurement comme Premier ministre. Élu président de la République, il rappelle, dans son message du 25 juin 1969 au Parlement, qu'il est le premier universitaire à accéder à la charge suprême de l'État[2] et qu'il ne saurait « passer sous silence les difficultés que traverse notre Université ». Il interviendra encore de façon directe sur la question de l'enseignement privé, mais également sur la réforme de l'enseignement secondaire initiée par Joseph Fontanet.

---

1 Georges Pompidou a adressé ses offres de service à René Brouillet le 11 septembre 1944 ; le 4 octobre, ; le ministère de l'Éducation nationale reçoit de la part de Gaston Palewski, chef de cabinet, une lettre de demande de mise à disposition en tant que chargé de mission (Archives Nationales, 20080243). Voir aussi Georges Pompidou, *Pour rétablir une vérité*, Paris, Flammarion, 1982, p. 35 et Éric Roussel, *Georges Pompidou*, Paris, Perrin, « Tempus », 2004 (1994), p. 65-66 ; Georges Pompidou, *Lettres, notes et portraits*, Paris, Robert Laffont, 2012, p. 161.

2 En réalité, ce n'est pas exact : Paul Doumer, élu président de la République en 1931 (et assassiné en 1932), avait été professeur de collège entre 1877 et 1883.

Des témoignages et des études déjà nombreuses ont été publiés sur l'action du général de Gaulle[3] ; il y en a moins en revanche sur l'attitude et l'action de Georges Pompidou en matière éducative[4], à l'exception de celle de Vincent Léonard lors d'un colloque de l'Association Georges-Pompidou[5] : sans en remettre en cause les conclusions, nous en prolongerons les analyses en distinguant l'action du Premier ministre de celle du Président.

Quelle a été en effet l'action particulière du Premier ministre qui connaissait de l'intérieur l'Éducation nationale pour y avoir enseigné, sans d'ailleurs

---

[3] Claude Lelièvre, *L'école des Présidents : de Charles de Gaulle à François Mitterrand*, Paris, Odile Jacob, 1995 ; Antoine Prost, *Éducation, société et politiques, une histoire de l'enseignement en France*, Paris, Seuil, 1992 ; Institut Charles De Gaulle, *De Gaulle en son siècle, t. 3 : Moderniser la France*, Paris, Plon/La Documentation française, p. 585-640 ; on peut aussi faire état des entretiens auprès de 120 personnes réalisés par le service d'histoire de l'éducation, Martine Allaire, Marie-Thérèse Frank, *Témoins et acteurs des politiques de l'éducation depuis la Libération*, Paris, INRP, 1995-2000, 2 t.; Roger Belin, *Lorsqu'une République chasse l'autre, souvenirs d'un témoin, 1958-1962*, Paris, éditions Michalon, 1999 ; Michel Debré, *Trois Républiques pour une France* : *Mémoires : t. 3 : Gouverner*, Paris, Albin Michel, 1988 ; Charles de Gaulle, *Mémoires*, Paris, NRF, 2000 [1972], *Lettres, notes et carnets*, Paris, Plon, 1980-1997, 13 t. ; Jean-Marcel Jeanneney, *Une mémoire républicaine : entretiens avec Jean Lacouture*, Paris, Seuil, 1997 ; Jacques Narbonne, *De Gaulle et l'éducation*, Paris, Denoël, 1994 ; Alain Peyrefitte, *C'était De Gaulle*, Paris, Fallois/Fayard, 1994, 3 t.

[4] Christian Fouchet, *Mémoires d'hier et de demain*, Paris, Plon, 1971-1973, 2 t. ; René Haby, *Combat pour les jeunes français*, Paris, Julliard, 1981 ; Georges Pompidou, *Pour rétablir une vérité*, Paris, Flammarion, 1982 ; Claude Lelièvre, *L'école des Présidents*, *op. cit.* ; Antoine Prost, *Histoire de l'enseignement et de l'éducation depuis 1930*, t. IV, Paris, Perrin, « Tempus », 2004 (1981), *Regards historiques sur l'éducation en France*, Belin, 2007 ; Éric Roussel, *Georges Pompidou*, *op. cit.* ; *Georges Pompidou, hier et aujourd'hui*, Neuilly-sur-Seine, éd. Breet, 1990 ; Jean-Claude Groshens, Jean-François Sirinelli (dir.), *Culture et action chez Georges Pompidou*, Paris, PUF, 2000 ; Elisa Capdevila, Jean-François Sirinelli (dir.), *Georges Pompidou et la culture*, Bruxelles, Peter-Lang, 2011, p. 49-55 ; Bruno Poucet, « Un enseignement pour une seule jeunesse », dans Fondation Charles de Gaulle, *De Gaulle et la jeunesse*, Paris, Plon, 2005, p. 257-276 ; Sandrine Bula et al., *Archives de la Présidence de la République, Georges Pompidou*, Archives nationales, 1996, notamment les notes de Jean-François Saglio ; archives Henri Domerg, Archives nationales, 574 AP. Ont été successivement chargés de mission pour l'Éducation nationale, à Matignon : Henri Domerg (1962-1968) ; à la Présidence : Jean-François Saglio (27 juin 1969-8 février 1973), Gilbert Léoutre (10 mai 1973-2 avril 1974).

[5] Vincent Léonard, « Georges Pompidou et les mutations de l'enseignement secondaire », dans Jean-Claude Groshens, Jean-François Sirinelli (dir.), *Culture et action chez Georges Pompidou*, Paris, PUF, 2000, p. 217-247.

grande conviction[6] ? Quelle philosophie de l'éducation a servi de fil conducteur à son action ? Quelle impulsion particulière a-t-il donnée, lorsqu'il a été élu président de la République, alors qu'il s'agissait, selon le mot d'Antoine Prost, de recruter les élites sur une base démocratique[7] ?

Un Premier ministre interventionniste

Il y a d'abord un état de fait. L'arrivée des enfants nés après-guerre et le désir de prolonger la scolarité provoquent un engorgement de plus en plus important des structures scolaires dans l'enseignement public[8] : bâtiments, professeurs font souvent défaut, les classes sont surchargées, notamment dans le second degré. Écoles maternelles et classes enfantines font le plein[9], mais également l'enseignement supérieur[10]. C'est d'abord cet afflux aux deux extrémités des structures scolaires que doit gérer le Gouvernement[11]. Par ailleurs, le Gouvernement n'arrête pas, mais au contraire, amplifie cet afflux : la prolongation de la scolarité obligatoire dans le second degré, décidée par l'ordonnance Berthoin, entre en vigueur en 1967.

Chef du Gouvernement à partir du 15 avril 1962, Georges Pompidou hérite de cette situation et partage, pour l'essentiel, les choix doctrinaux du Président : il s'agissait, en reprenant à leur compte les propositions des Compagnons pour une Université nouvelle, d'élargir le recrutement de l'élite

---

6 Voir l'article de Philippe Nivet dans ce volume.

7 Antoine Prost, *Éducation, société et politiques, une histoire de l'enseignement en France*, *op. cit*, p. 99. Voir aussi l'article de Pierre Allorant dans ce volume.

8 Les CEG passent de 410000 élèves en 1959 à 678000 dix ans plus tard, auxquels il faut ajouter en 1969, les 516000 élèves des CES et les 539000 élèves de premier cycle de lycée. Dans le même temps, les CET passent de 170000 élèves à 377000, les seconds cycles des lycées de 262000 à 627000. L'ensemble de ces statistiques est emprunté ici et dans les notes suivantes à *Tableaux de l'Éducation nationale, statistiques rétrospectives, 1958-1969*, ministère de l'Éducation nationale, 1969.

9 On passe ainsi (tous types d'établissements confondus) de 1,1 million d'élèves en 1959 à 1,7 million en 1968.

10 Toutes structures confondues, on passe de 200000 étudiants à 509000.

11 Ainsi, pour la population scolaire totale, si l'on prend l'indice 100 en 1959 pour les effectifs d'élèves de 2 ans, on atteint l'indice 163 en 1968 et 280 pour ceux âgés de 21 ans.

à l'école en s'appuyant sur le mérite et non sur des considérations sociales[12]. On peut d'ailleurs dire que fils de professeur d'espagnol et d'institutrice, normalien et agrégé, il est l'exemple même de cette excellence méritocratique qu'il défend et revendique. En revanche, le chef du Gouvernement n'est pas toujours en accord[13] avec le président de la République sur les moyens pour mener à bien la politique éducative, comme on le constate à de multiples reprises[14]. Georges Pompidou doit ainsi apprendre à gérer un Gouvernement dont le mode d'exercice s'inventait et à exister politiquement en matière d'éducation par rapport à de Gaulle.

Dans le *Nœud Gordien*, Georges Pompidou admet que le Président a la prééminence du pouvoir sur le Premier ministre[15]. Le général de Gaulle s'intéresse en effet de plus en plus aux questions éducatives[16] : un conseiller technique a été nommé à cet effet, Jacques Narbonne. Néanmoins, le centre de décision n'est pas, comme le pense le conseiller, passé entièrement à l'Élysée, le Premier ministre se contentant d'enregistrer « les directives du Général[17] » : le Premier ministre, en effet, n'avait pas renoncé à jouer sa partition et souhaitait réellement conduire la politique en matière scolaire[18]. Il s'agit plutôt, en définitive, d'un exercice commun du pouvoir[19] entre l'Élysée, Matignon et la rue de Grenelle, avec des différences plus ou moins affirmées en matière

12 Le discours du 23 juin 1966 de distribution des prix du Concours général est à cet égard éclairant : « Puissiez-vous seulement garder de votre passage sur les bancs de l'université la leçon fondamentale de la culture classique, je veux dire la conscience qu'il existe une hiérarchie des valeurs. », Archives Nationales, AG/5(2)/1087.

13 Arch. nat. 5 AG2 article 1003 : notes éducation nationale, 1962-1969.

14 Antoine Prost, *Éducation, société et politiques*, *op. cit.* p. 104 et bien entendu le témoignage de Jacques Narbonne, au point que ce dernier a émis le souhait que Christian Fouchet soit remplacé (*De Gaulle et l'éducation*, *op.cit.* p. 132).

15 Georges Pompidou, *Le Nœud Gordien*, *op. cit.*, p. 63-65.

16 Éric Roussel, *Georges Pompidou*, *op. cit.*, p. 164-165.

17 Jacques Narbonne, *De Gaulle et l'éducation*, *op. cit.*, p. 13.

18 Archives Nationales (AN), 574AP/4. Ainsi lorsqu'en avril 1963, Jacques Narbonne souhaite être associé aux travaux de réforme du second degré, Henri Domerg se demande « est-ce bien normal ? Mais s'il l'était [associé] il faudrait que le représentant du Premier ministre le soit aussi. », note d'Henri Domerg, préparation de la réunion du 1er avril 1963.

19 Selon l'expression de Noëlline Castagnez-Ruggiu et Anne Leboucher-Sebbab, dans Jean-Paul Cointet et *al.* (dir.), *Un politique, Georges Pompidou*, Paris, PUF, 2001, p. 123.

de conception éducative et surtout de moyens à mettre en œuvre : cela permet d'expliquer les difficultés et les tensions.

Affirmer la prééminence des choix gouvernementaux en matière éducative

En 1962, dès sa prise de fonction, le Premier ministre entend marquer ses orientations et se heurte au ministre de l'Éducation nationale. Pierre Sudreau qui avait, avec l'aide de Jean Capelle, engagé une véritable réforme du premier cycle, sans consulter réellement le Gouvernement : il souhaitait en effet unifier les programmes des classes de quatrième et de troisième et supprimer les premiers cycles des lycées. Or, ce n'est pas ce que souhaitait le chef du Gouvernement, partisan de maintenir un fort niveau de culture générale et de distinguer, au fond, un enseignement primaire supérieur de celui du lycée, les programmes étant différents. Toutefois, son conseiller à l'éducation, Henri Domerg, lui explique que la réforme est trop avancée pour revenir en arrière[20] : elle entrera donc en vigueur[21].

On comprend ainsi que Georges Pompidou, voulant éviter la répétition de telles pratiques, n'aura de cesse de rappeler que la politique doit se faire au Gouvernement et non reposer entre les mains de l'administration ou du seul ministre. Profitant de la démission de Sudreau, il fixe ainsi, à l'intention de ses successeurs, la méthode de travail qu'il entend voir suivie afin de prendre la main. Toute décision importante doit être prise avec l'accord du chef du Gouvernement[22]. Désormais,

> qu'il s'agisse de définir pour les établissements du second degré et leurs différentes sections une structure permettant d'assurer à la fois la continuité et la diversité des enseignements [...] ou d'étudier les moyens propres à orienter les enfants, [...] ce sont des problèmes si importants que la responsabilité gouvernementale doit y être consciemment engagée. [...] Ceci est d'autant plus fâcheux qu'en présence des nécessités du moment, l'administration est amenée à prendre des décisions qui

[20] AN, 574AP/4, note d'Henri Domerg du 6 juin 1962.

[21] En 1967, lors de la nomination d'Alain Peyrefitte, Georges Pompidou rappellera son opposition absolue à ce principe, alors que les CES sont bien en place (*C'était de Gaulle*, *op. cit.* p. 405).

[22] AN, 574AP/4, en définitive dans une note du 22 mars 1967, Henri Domerg en vient à affirmer « on pourrait considérer comme bénéfique l'institution d'une tutelle stricte, en liaison avec l'Élysée. »

> risquent d'engager l'avenir. C'est pourquoi je crois indispensable que le problème soit repris à l'échelon gouvernemental et vous suggère qu'une réunion se tienne prochainement à Matignon pour faire le point de la situation actuelle et définir les questions qui devront être résolues dans les prochains mois[23].

De cette injonction, il en résulta l'organisation d'une « conférence pédagogique » entre Matignon et l'Éducation nationale et ce, dès le 12 novembre 1962, car il lui semble indispensable « que les projets importants, même lorsqu'il ne s'agit, dans la forme, que d'une simple circulaire, soient portés à la connaissance du Premier ministre au cours même de leur élaboration »[24]. Or, Christian Fouchet, soucieux de l'indépendance de son département ministériel, tente d'échapper à cette procédure[25] : à plusieurs reprises, le conseiller technique de Georges Pompidou, Henri Domerg, devra lui rappeler la décision prise. Sans grand succès : les textes officiels sont parus au *Bulletin* et il est trop tard pour revenir en arrière. Le chef du gouvernement lui rappelle encore en 1964 : « Il faut donc que nous prenions l'habitude d'avoir un rendez-vous à date régulière pour que vous me mettiez au courant de ce que vous faites »[26]. Et, de souligner qu'il faut travailler sur les programmes, les horaires, le baccalauréat, l'orientation. Pour affirmer encore ses prérogatives et harmoniser la tâche du Gouvernement, Georges Pompidou tentera d'organiser une coordination entre ses services,

---

23 AN, 574AP/6, lettre de Georges Pompidou du 2 novembre 1962. Cette lettre sera adressée sous une forme identique à Christian Fouchet, après sa nomination, le 7 décembre 1962.

24 AN, 574AP/4, note d'Henri Domerg préalable à une conférence pédagogique du 12 novembre 1962. Et lorsque le 17 mai 1963, une réunion a lieu à Matignon sur l'enseignement supérieur, en l'absence du représentant de l'Élysée, c'est peu dire que Jacques Narbonne apprécie peu (*De Gaulle et l'éducation*, *op. cit.* p. 117). De ce point de vue la séquence mai-juin 1963 est particulièrement significative de ces rapports internes : 17 mai, réunion à Matignon ; 27 mai note de Jacques Narbonne à De Gaulle sur l'enseignement supérieur ; 6 juin, réunion à l'Élysée ; 21 juin lettre de Georges Pompidou à Christian Fouchet où il précise quelques compléments aux conclusions du 6 juin…

25 Aussi bien ne me paraît-il pas « épouser le point de vue de Matignon » (cf. Antoine Prost, *Éducation, société et politiques*, *op. cit.*, p. 101), mais avait sa propre appréciation.

26 Lettre du 10 septembre 1964, dans Georges Pompidou, *Lettres, notes et portraits*, *op. cit.* p. 372.

l'Éducation nationale et l'Élysée[27] qui, parfois, agit sans tenir compte de l'avis du chef de Gouvernement. La méthode de travail étant établie, sur quoi porte le débat ?

De la réforme Berthoin à la création du collège

On sait que l'ordonnance et le décret Berthoin du 6 janvier 1959 prévoyaient une réorganisation de la scolarité avec un modeste premier trimestre commun, mais également la création de Groupes d'observation dispersée (GOD), véritable innovation : là où n'existait jusqu'à présent qu'une école élémentaire, on aurait désormais aussi des classes secondaires. La formule était souple. En effet, si les CEG (collège d'enseignement général) et les CET (collège d'enseignement technique) étaient nés, ils ne rompaient pas avec l'élitisme républicain des lycées. L'humanisme traditionnel était sauvegardé : les lycées conservaient leur premier cycle où se pratiquait le latin. Les CEG enseignaient les humanités modernes où le latin était absent. En revanche, la réforme répondait à un besoin social : dans les CEG et les GOD, les élèves ont afflué, en particulier à la campagne –il s'agissait, de fait, d'établissements de proximité. Ce fut une véritable démocratisation : l'accès au second degré était offert à tous[28]. Une telle réforme convenait donc parfaitement à Georges Pompidou, même s'il fallait l'améliorer : le vivier de recrutement pour la poursuite d'études secondaires longues demeurait encore trop restreint, notamment à la campagne.

Les collèges d'enseignement secondaire : le refus d'un véritable enseignement moyen

Fin 1961, De Gaulle intervient donc directement auprès des services de Michel Debré afin d'amplifier le processus de démocratisation[29]. Après bien

---

[27] AN, 574AP/5, note d'Henri Domerg et Jacques Narbonne des 16 et 17 juin 1964. Après le conseil restreint du 5 juin 1964, les deux conseillers techniques partagent l'idée que Christian Fouchet a dénaturé l'esprit des décisions prises. Jacques Narbonne en conclut que « [les modifications proposées] reviennent à vouloir une orientation sélective sans en vouloir les moyens. » Bien souvent, Henri Domerg se plaint que tout s'élabore « en dehors de nous et de l'Élysée » (cf. note d'Henri Domerg du 6 juin 1965).

[28] Voir l'étude d'Antoine Prost sur le Loiret qui confirme très clairement cette analyse, *L'Enseignement secondaire s'est-il démocratisé ?*, Paris, PUF, « Sociologies », 1986.

[29] Archives Debré, 2DE/41 et 21, note de Jacques Narbonne du 15 octobre 1961, à l'attention du général de Gaulle et lettre de De Gaulle convoquant une réunion sur la question de la réforme de l'enseignement, le 28 février 1962.

des résistances dont il a déjà été fait état précédemment[30], par le décret du 3 août 1963, sont créés les collèges d'enseignement secondaire (CES) : un enseignement général classique était désormais offert à tous, dans le même établissement de premier cycle.

Or, ce n'était pas le choix souhaité par Georges Pompidou : il estimait que pour faciliter l'entrée en sixième, trois mesures devaient être prises qui réformaient le décret Berthoin. Il fallait d'abord sauvegarder l'existence d'une voie « classique » dès la classe de sixième et implantée en lycée. Il n'a de cesse de réclamer la suppression du trimestre commun[31] (sans latin). Car sa grande crainte est que se mette en place un tronc commun qui structure la totalité du premier cycle du second degré[32]. Ensuite, il souhaitait favoriser l'orientation des meilleurs élèves vers l'enseignement classique dès la fin de la classe de cinquième, en augmentant les aides telles que les bourses ainsi que la gratuité des livres scolaires, en informant mieux les familles, en améliorant le fonctionnement des conseils d'orientation[33]. Enfin, il voulait créer une classe terminale de CEG pour les élèves les moins doués, en introduisant dans les seuls CEG une initiation à l'enseignement technologique, l'enseignement technique serait alors le débouché naturel des élèves de CEG.

Il n'y aurait ainsi pas concurrence à l'excellence représentée par les lycées[34]. La philosophie générale du Premier ministre peut être résumée de

---

30 Antoine Prost, *Éducation, société et politiques*, *op. cit.* p. 98-116 ; témoignages de Jacques Narbonne et de Roger Belin ; AN, CAC/870191, articles 1 à 17 : création des CES, réforme du baccalauréat – dossiers de Pierre Laurent.

31 AN, 574AP/4, note d'Henri Domerg sur les problèmes pédagogiques au niveau des 1er et 2nd degré.

32 Ibid., note non signée du 29 avril 1963 où il est rappelé « que le Premier ministre a exprimé très clairement sa volonté de ne pas voir, par ce biais, se constituer "un tronc commun"… c'est dans cet esprit qu'a été décidée la création de "CES" ».

33 Ibid., conférence pédagogique du 21 décembre 1962 où Jean Capelle, précise qu'environ 1% des élèves du cycle court ont été réorientés en cycle long. C'était une façon de souligner l'échec de 1959 : on comprend que Georges Pompidou lui rétorque qu'il est encore trop tôt pour en juger.

34 Ibid., Henri Domerg, son conseiller technique, lui fait remarquer dans une note du 8 mai 1962 que Lucien Paye s'est rapproché des « conceptions du tronc commun » ce qui ferait perdre toute originalité à l'enseignement secondaire. Par ailleurs dans la note déjà citée du 12 novembre 1963, il précise que « l'enseignement de la technologie s'il était institué dans les CEG pourrait donner vocation à ceux-ci d'être une pépinière d'élèves de l'enseignement technique ». Et de se demander si les hauts fonctionnaires, partisans du tronc comme Jean Capelle ou Louis Cros, sont les mieux à même de conduire la réforme, c'est-à-dire l'amélioration du décret Berthoin.

la manière suivante : démocratiser le second cycle long, c'est-à-dire en accroître le taux de scolarisation, mais lentement et surtout renforcer l'enseignement technique, afin d'éviter l'encombrement de l'enseignement supérieur. C'était maintenir les deux voies traditionnelles : le primaire supérieur d'un côté, le secondaire de l'autre. Aucun tronc commun n'était prévu.

Or, telle n'est pas la conception de Christian Fouchet qui est entré dans le gouvernement que dirige Georges Pompidou et qui avait favorisé la création des CES. Démocratiser, c'est « faciliter l'accès aux divers types d'établissements. Le premier cycle d'observation a été créé pour cela[35] ». La création d'établissements polyvalents est donc indispensable : à l'encontre des souhaits du Premier ministre, l'orientation serait ainsi repoussée en classe de seconde.

Si en définitive, lors de la conférence pédagogique de décembre 1962, le Premier ministre accepte, avec beaucoup de réticences et de limites, la création de collèges polyvalents qui prendront le nom de collèges d'enseignement secondaire (CES), il estime que leur création doit maintenir la possibilité « de pousser les enfants qui peuvent aller vite et que l'on n'aboutisse pas à les aligner tous sur les moins doués »[36]. Henri Domerg alerte le Premier ministre sur les risques encourus, en particulier de « primarisation rapide de l'enseignement secondaire »[37]. Le Premier ministre estime, à titre de concession, que la création de ces établissements ne doit l'être qu'à titre expérimental (ce serait vingt établissements, la première année, dans l'académie de Poitiers) et surtout qu'ils ne doivent être situés qu'en milieu rural et non en ville, afin de ne pas concurrencer les lycées. Ce serait, en quelque sorte, des annexes des lycées, mais à la campagne, dans la prolongation de ce qu'avait prévu le décret Berthoin de janvier 1959. En réalité, le cabinet de Georges Pompidou, s'apercevra, trop tard[38], qu'il n'en est rien : les CES s'ouvriront aussi en ville. C'étaient les prémices de la disparition des premiers cycles des lycées. Incontestablement Georges Pompidou a perdu cette bataille : on n'aménagera donc pas seulement le décret de 1959, comme il le souhaitait.

---

35 Ibid., conférence pédagogique du 21 décembre 1962.

36 Ibid., note de Jean Capelle.

37 AN, 574AP/4, note d'Henri Domerg du 14 février 1963.

38 Ibid., note du 28 janvier 1963 où il explique au Premier ministre : « Quant aux établissements polyvalents ou associés suggérés avec prudence, ils constituent un des moyens de faciliter l'orientation. Les points de vue me paraissent donc se rapprocher. » Toutefois, il prend soin de préciser que « la vigilance s'impose à propos des mesures qui permettront de traduire ces idées dans les faits ».

Les CES, lors du conseil restreint du 4 avril 1963, ne seront pas créés à titre expérimental. De Gaulle imposera leur généralisation[39].

Mais Georges Pompidou ne renonce pas à son projet : il demande que les futurs CES soient dirigés par un professeur certifié et non par un directeur de CEG et que dans la section type « CEG », les mathématiques remplacent le latin pour opérer la sélection[40]. Bref, si les premiers cycles de lycée disparaissent, ce sera la pédagogie des lycées qui sera pratiquée dans les collèges et non celle des anciennes écoles primaires supérieures, alors même qu'enseignent aussi des professeurs issus de l'enseignement primaire, les PEGC (professeur d'enseignement général de collège), tous bivalents. On comprend ainsi qu'en juin 1963, Georges Pompidou approuve une note rédigée par René Haby, alors conseiller de Jean Capelle. Elle concluait par ces mots qui confortaient ses positions :

> Cela crée pratiquement la nécessité d'ajouter, dans la formation de tous les jeunes, le contenu d'un enseignement moyen à celui d'un enseignement élémentaire ; en même temps, il est nécessaire d'utiliser cette large diffusion de la culture pour sélectionner progressivement – mais en commençant le plus tôt possible – une véritable élite intellectuelle à la formation de laquelle tous les soins et les garanties devront être apportés[41].

Georges Pompidou est donc très réservé sur les transformations en cours de l'enseignement secondaire : la volonté réformatrice du ministre s'appuyant sur les pédagogues de l'INRP ne laisse pas de l'inquiéter, notamment en matière d'enseignement du français (commission Rouchette en 1963), des mathématiques (commission Lichnérowicz en 1966), et plus largement de rénovation pédagogique (commission Gauthier). Ces commissions aboutissent à des propositions qui inquiètent fortement le Premier ministre au point qu'il estime nécessaire « d'alerter l'Élysée là-dessus »[42]. Il était en effet prévu de supprimer les compositions, les redoublements, les classements, le travail à la maison, de noter de A à E et d'introduire la mixité.

---

39 Jacques Narbonne, *De Gaulle et l'éducation, op. cit.*, p 103-109.

40 AN, 574AP/4, note manuscrite de Georges Pompidou sur le précédent document.

41 Ibid., commission de réflexion Sudreau, texte de René Haby. Dans la marge, Georges Pompidou a écrit « oui » en face de cette conclusion.

42 AN, 574AP/31, annotation manuscrite de Georges Pompidou sur un compte rendu de la commission pédagogique du 25 mars 1968.

Le colloque de Caen (novembre 1966), avant celui d'Amiens (avril 1968), couronne cette volonté réformatrice, notamment en matière de formation des maîtres. Cette volonté effraie le conseiller technique du Premier ministre : les audaces du colloque de Caen lui paraissent, à proprement parler, révolutionnaires, même s'il admet que « ce fut un bouillonnement d'idées hardiment novatrices dont beaucoup méritent certainement d'être sincèrement examinées »[43].

La réforme du premier cycle offre des perspectives, redoutées par le Premier ministre, de mise en place d'un collège unique, creuset de la jeunesse où une même classe d'âge se formerait et partagerait des valeurs communes. Reste à concevoir le lycée : la question de la sélection est l'objet de débats nourris.

Quelle orientation ?

De Gaulle souhaitait que l'élargissement du recrutement en collège rende possible, dans le second cycle, une sélection rigoureuse[44] : il ne s'agissait pas de donner droit aux désirs des parents ou des enfants, d'abord, mais de faire droit aux exigences de la Nation. Et d'éviter ensuite que des élèves poursuivent, en vain, de longues études. Bref, il s'agissait de recruter les élèves en fonction des places disponibles selon les calculs des planificateurs : le IVe plan (1962-1965) prenait réellement en compte « l'explosion scolaire » pour reprendre l'expression de Louis Cros, en mettant la priorité aux investissements dans l'Éducation nationale. Le Ve plan (1966-1970) prévoyait de scolariser tous les enfants dans le premier cycle du second degré dont 80 % des enfants dans les CES, le reste dans les CEG ; dans l'enseignement supérieur, 20 % d'une classe d'âge, dont 25% des étudiants dans les IUT. Il fallait donc orienter, indépendamment de la volonté des individus : c'était procéder à une sélection.

Or, Georges Pompidou était opposé à ce type d'orientation autoritaire, technocratique et sélective. Il avait une position libérale qui tenait compte des désirs des adolescents et ne souhaitait pas imposer une orientation « autoritaire » sous forme d'un *numerus clausus*, mais une orientation

43 Ibid., note d'Henri Domerg lors de la séance de clôture du colloque de Caen.

44 Sur cette question, on peut se reporter à Jacques Narbonne, *De Gaulle et l'éducation*, *op. cit.*, p. 170-202, et à Alain Peyrefitte, *C'était De Gaulle*, t. 1, *op. cit.*, p. 396-399.

progressive, respectueuse des hésitations et des interrogations des jeunes[45]. Efforçons-nous de clarifier les éléments du débat.

De Gaulle et Pompidou étaient certes d'accord sur un principe, sur la philosophie générale : pour démocratiser l'accès à l'enseignement, il fallait mieux orienter[46]. C'est exactement ce que disait le Premier ministre dans le discours prononcé devant l'Assemblée nationale, le 20 juin 1963 :

> Quels doivent être nos objectifs dans le domaine de l'Éducation nationale ? Selon moi, ils doivent être au nombre de trois : nous devrons d'abord démocratiser pleinement l'enseignement ; nous devons ensuite faire en sorte que cet enseignement réponde aux besoins de la nation ; nous devons enfin maintenir la tradition d'une culture générale qui est celle de l'enseignement français à tous les degrés. [...] Démocratiser l'enseignement, ce n'est pas seulement [...] fournir à tous les enfants une école où ils trouvent tous les enseignements possibles, c'est aussi leur assurer un enseignement adapté à leurs moyens propres, à leurs capacités, sans oublier une notion qui risque d'être en contradiction avec celles que je viens d'énoncer, à savoir les besoins de la nation. [...] Allier la démocratisation à l'adaptation aux besoins économiques, techniques, scientifiques et autres de la nation, c'est en fin de compte le problème de l'orientation. Il est au centre de l'enseignement aujourd'hui[47].

D'accord sur le principe général, en revanche, ils divergent quant à la méthode à utiliser. Le premier débat portait sur le conseil d'orientation à la fin de la classe de troisième : aurait-il un réel pouvoir de décision sur les élèves ? Les parents auront-ils leur mot à dire ? Que faire du second cycle des lycées ? De Gaulle a arrêté sa religion : il faut sélectionner les meilleurs et renforcer la difficulté du baccalauréat afin d'empêcher l'arrivée d'élèves trop nombreux dans l'enseignement supérieur, dans la mesure où ils étaient inaptes à le suivre. Georges Pompidou partageait également cette position. Christian Fouchet, en revanche, estime, qu'il est nécessaire de poursuivre le développement des universités en accroissant de façon sensible le nombre d'étudiants (800000 et non 500000 comme il est prévu au plan)[48].

---

[45] Alain Peyrefitte, *C'était De Gaulle*, *op. cit.*, p. 396, et aussi De Gaulle, lettre à Georges Pompidou du 3 mars 1964 au sujet d'une politique de l'enseignement secondaire, dans *Lettres, notes et carnets, 1964-1966*, Paris, Plon, 1987, p. 42-43.

[46] Cela apparaît très nettement dans le témoignage d'Alain Peyrefitte, pour la fin du septennat (*C'était De Gaulle*, *op. cit.*, p. 408).

[47] AN, 574AP/6, discours de Georges Pompidou.

[48] Ibid., note du ministre de l'Éducation nationale du 5 juin 1963.

À la suite de la réunion du conseil retreint du 6 juin 1963 à l'Élysée, Georges Pompidou prend donc soin de rappeler à son ministre qu'il faut revoir les conditions d'accès à l'enseignement supérieur et en conséquence de quoi redonner au baccalauréat toute sa signification afin « d'aboutir à un système cohérent permettant d'accueillir et de canaliser le flot d'étudiants et de satisfaire aux impératifs économiques, en même temps qu'aux exigences de la culture.[49] »

Une commission de réforme de l'enseignement supérieur est créée à cet effet en novembre 1963. Le ministre précise que l'un des cinq problèmes à traiter est celui de l'accès à l'enseignement supérieur, avec la question du baccalauréat et de son articulation au 1er cycle, la sélection et l'introduction éventuelle d'un *numerus clausus*[50]. Or, très vite, il apparaît que la majorité des membres de la commission est favorable à l'idée que l'enseignement supérieur est une suite logique de l'enseignement secondaire. Or, le Premier ministre pense préférable de favoriser l'entrée dans des écoles professionnelles ou techniques[51]. Il soutiendra ainsi fermement la création des IUT, conçus comme aboutissement de la filière technique de l'enseignement secondaire.

Georges Pompidou, en définitive, impose son point de vue. En effet, l'organisation en cinq filières générales et trois filières techniques organise la continuité des études entre le secondaire et le supérieur, sans réelle sélection. Le 23 février 1966, on limitera les redoublements en premier cycle. Seul en faculté de sciences est prévue un examen d'entrée pour les élèves non titulaires d'un baccalauréat scientifique. En revanche, en lettres, il n'y a aucun barrage.

L'action de Georges Pompidou en tant que Premier ministre a été réelle, mais elle n'a pas abouti, se heurtant à des nombreux obstacles : il voulait orienter les choix gouvernementaux, s'érigea en défenseur des humanités classiques, mais il se heurta à la résistance du ministère de l'Éducation nationale et de

[49] Ibid., lettre de Georges Pompidou à l'Éducation nationale du 21 juin 1963.

[50] Ibid., compte-rendu d'Henri Domerg de la première réunion de la commission. Dans une note du 2 décembre 1963 à Georges Pompidou, il en vient à prendre la même position que Jacques Narbonne : « enseignement de masse au début, la sélection intervenant ensuite pour une très forte proportion de l'effectif initial ». Là aussi, on a renoncé au barrage dans le secondaire, au moins à court terme.

[51] AN, 571AP/6, note d'Henri Domerg à Georges Pompidou à propos de l'orientation au niveau du baccalauréat. Celui-ci prévoit la mise en place d'un conseil d'orientation. Dans une annotation manuscrite marginale, Georges Pompidou précise : « M. Capelle a raison. Le dire au cabinet de Fouchet. »

ses ministres, plus largement des attentes de la société civile. Son élection à la présidence de la République lui permet-elle de tracer une orientation franche en matière éducative ?

Un Président et l'éducation

Pendant la campagne pour les élections présidentielles, Georges Pompidou déclara être partisan de la culture générale et des humanités, dans le cadre d'une adaptation au monde moderne, soucieux d'une réforme de l'université dans le cadre d'une très large autonomie, mais désireux que tout se passe dans l'ordre, en évitant les initiatives pédagogiques intempestives[52]. Les réformateurs souhaitaient le maintien en fonction d'Edgar Faure[53] qui avait réussi l'impossible en matière universitaire : Georges Pompidou, qui ne partageait pas toutes ses vues, lui préféra un ministre proche de lui, Olivier Guichard. Or, ce dernier qui avait accepté avec une certaine réticence la fonction – succéder à Edgar Faure, ce n'était pas rien – ne se montra pas nécessairement en « accord intime sur tous les sujets[54] ». Il temporisa, refusa toute remise en ordre brutale : « il faut agir précautionneusement, en conservant le sens de la relativité », déclarait-il.

Par ailleurs, le nouveau Président a, dès sa prise de fonction, précisé, dans une conférence de presse du 12 juillet 1969, le mode de gouvernement qu'il entend exercer différemment de son prestigieux prédécesseur. Il affirme en effet que « l'Éducation nationale est d'abord le fait du ministre de l'Éducation nationale. Ensuite du Gouvernement. Et quant au chef de l'État, là comme ailleurs, il peut avoir des lignes directrices générales, mais il n'a pas à intervenir pour imposer une politique.[55] » De fait, il semble qu'il ait laissé son ministre agir comme il l'entendait, fusse dans des voies différentes de celles qu'il affectionnait[56]. Pour autant, Georges Pompidou ne se désintéressait pas

---

52 *Le Monde*, 12 et 13 juin 1969.

53 Edgar Faure avait souhaité rester au ministère, on lui proposa de succéder à André Malraux à la Culture. Il refusa. Cf. *Le Monde*, 26 juin 1969. Sur la réforme Edgar Faure, voir Bruno Poucet, David Valence (dir.), *La loi Edgar Faure. Réformer l'université après 1968*, Rennes, PUR, « Histoire », 2016.

54 Olivier Guichard, *Un chemin tranquille*, Paris, Flammarion, 1975, p. 136.

55 *Le Monde*, 12 juillet 1969.

56 Éric Roussel, *Georges Pompidou*, *op. cit.* p. 127.

des questions éducatives et échangeait à ce propos régulièrement avec son ministre. Il prit aussi des positions publiques, afin d'infléchir telle position qui ne lui paraissait pas nécessairement aller dans le sens qu'il attendait : ainsi, lors de sa visité au lycée d'Albi dont il fut élève, Georges Pompidou précisa que « l'enseignement secondaire d[evait] être la base solide et la force de notre université », que le baccalauréat pourrait ne plus permettre l'entrée à l'Université mais d'ajouter « qu'il y a plusieurs solutions. Je ne sais pas s'il y en a une meilleure que l'autre[57] ».Dès le lendemain, le directeur de cabinet du ministre précise que bien entendu le Président n'a fait que poser des questions et que, par exemple, aucun changement n'était prévu pour le baccalauréat… De subtils compromis en résultèrent alors même que le Président était inquiet sur les évolutions en cours du système éducatif, trop laxiste à ses yeux, ne mettant pas en place une réelle hiérarchie des intelligences[58]. Il lui fallait aussi éviter de mettre le feu aux poudres en prenant des décisions qui rencontreraient l'opposition du monde enseignant et des lycées alors même que les tensions étaient fortes, les manifestations nombreuses, les grèves fréquentes. Il fallait d'abord rétablir l'ordre aux yeux du Président qui déclarait à la télévision le 24 juin 1971 « que l'État devait savoir mettre au pas et, s'il le faut, à la porte, ces quelques enseignants qui prennent leur chaire pour une tribune politique.[59] » Quelques mois auparavant, Georges Pompidou avait rédigé une note à destination de son ministre, puis de Jacques Chaban-Delmas où il avançait des « suggestions précises » sur les lycées et où il précisait que « face à une situation qui se détériore à tous égards, il est nécessaire de prendre des mesures de redressement en profondeur[60]. » Il faut donc rétablir l'autorité des chefs d'établissement, sanctionner les professeurs qui bafouent l'autorité et rétablir graduellement la discipline en mettant la politique à l'extérieur des établissements. Avec doigté, le ministre le suivit sur ce terrain, mais s'efforça de ne pas trop sanctionner les enseignants qui refusaient les inspections (une vingtaine encoururent un blâme ou une suspension).

---

57 *Le Monde*, 7 avril 1970, prise de parole au lycée d'Albi. Voir Annexe 6.

58 « Discours d'Albi » du 7 avril 1970, lettre à Roger Ikor du 20 février 1971 (Éric Roussel, *Georges Pompidou, op. cit.* p. 420).

59 Intervention TV, 24 juin 1971.

60 Georges Pompidou, *Lettres, notes et portraits*, *op. cit*, p. 446-450.

La réforme pédagogique en collège

Georges Pompidou était très ouvert à l'usage de l'audiovisuel[61] et a regretté que cette nouvelle technique n'ait pas réussi à transformer fondamentalement le paysage éducatif. Il s'intéressa vivement, conformément à ses positions, à la réforme de l'enseignement technique et professionnelle et son ministre fit aboutir la réforme de la formation continue en 1971.

En revanche, Georges Pompidou était foncièrement rétif aux méthodes d'éducation nouvelle, fondée sur la pédagogie active et partisan, par exemple, du maintien des compositions trimestrielles[62]. En juin 1972, le retrait de la subvention allouée aux *Cahiers pédagogiques* sera emblématique, à cet égard. Dès le premier conseil restreint sur l'éducation qu'il convoque le 15 juillet 1969, le chef de l'État manifeste en effet sa volonté de ne pas poursuivre dans les voies ouvertes par les pédagogues de l'IPN (Institut pédagogique national) dont il se méfie : il insiste sur le rôle que doit jouer la mémoire, remet en cause les programmes d'histoire-géographie fondés sur une approche thématique issue de l'école des Annales. Il souhaite revenir à une histoire plus chronologique et nationale[63]. Les thèses sur la reproduction sociale développées par Pierre Bourdieu et très en vogue dans les milieux intellectuels ne recueillent guère l'assentiment de ce « conservateur éclairé ». C'est plutôt la position de Guy Bayet, président de la Société des agrégés, qui a ses faveurs[64], puisque pour lui « toute pédagogie doit être directive ». Néanmoins, s'il est défenseur d'une haute conception de la culture, ce n'est pas pour autant un opposant à toute évolution : il lui semble nécessaire d'adapter les humanités au monde contemporain, en offrant une place plus grande aux sciences, aux techniques et aux langues vivantes.

Il restait à voir comment son ministre allait mettre en œuvre ces orientations. Dès sa prise de fonction, trois décisions prises sont emblématiques à cet égard : la question du latin, la notation et les concours de recrutement.

Edgar Faure avait repoussé l'apprentissage du latin en classe de quatrième. Compte tenu de la philosophie personnelle du Président, une telle décision ne pouvait convenir. Il souhaitait revenir à ce qu'il avait souhaité toujours :

---

61 Vincent Léonard, « Georges Pompidou et les mutations de l'enseignement secondaire », *op. cit.* p. 226.

62 *Le Monde*, 12 décembre 1970, arbre de Noël de l'Élysée.

63 AN, AG/5(2)/1061, note de Jean-François Saglio du 20 novembre 1971.

64 Yves Verneuil, *Les Agrégés*, Paris, Belin, 2005.

la restauration d'une véritable filière d'élite avec un enseignement du latin dès la classe de sixième. Le front des réformateurs y était opposé. Le nouveau ministre de l'Éducation nationale, Olivier Guichard, qui avait toute sa confiance, trancha en adoptant une position intermédiaire : le latin commencerait dès la classe de cinquième, sous forme d'une initiation pour tous les élèves : ce n'était pas le rétablissement d'une section d'élite, mais il y avait une victoire symbolique d'un côté, l'absence de défaite de l'autre : c'était habile. Ce n'était pas la position du Président, mais il n'insista pas et, après hésitation, finit même par accepter en avril 1970 la suppression du latin en classe de seconde scientifique.

Olivier Guichard, par la circulaire du 9 juillet 1969, supprima la notation par des lettres et revint à la notation chiffrée traditionnelle. Toutefois par souci de compromis, la décision n'est obligatoire que dans les classes à examen.

En revanche, le chef de l'État s'efforça de maintenir les concours de recrutement et de sauvegarder le rôle et le poids de l'agrégation dans l'enseignement secondaire et obtint gain de cause. Il refusa toute idée de liste d'aptitude pour accéder à ce grade et s'opposa, bien entendu, à toute idée de suppression, idée jadis avancée par Edgar Faure[65] et que ne défendit pas Olivier Guichard. Celui-ci engagea, en revanche, un projet de réorganisation de la formation des maîtres de lycée (avec recrutement après les deux premières années universitaires) : ce projet rencontrant l'hostilité quasi généralisée de l'ensemble de la communauté universitaire, le ministre fit marche arrière et proposa une nouvelle réflexion.

La réforme universitaire

Néanmoins, l'essentiel de l'action d'Olivier Guichard a été de mettre en œuvre la loi Faure sur l'université. Nous limiterons nos analyses sur ce point au lien secondaire-université. Certes, le député Georges Pompidou l'avait votée, mais il n'en partageait pas réellement les objectifs et avait procédé à une critique en règle des événements de 1968 dans *Le Nœud Gordien*. Il aurait en effet souhaité une véritable concurrence entre les universités afin que les choix des étudiants se fassent en fonction de la qualité des enseignements offerts et du niveau des étudiants. Il souhaitait que trois types d'établissement

---

65 AN, AG/5(2)/1061, note de Jean-François Saglio du 26 août 1971 avec annotation de Georges Pompidou.

soient mis en place : des collèges de premier cycle ouverts au grand nombre, des universités de second cycle moins largement ouvertes, un petit nombre « d'universités de premier rang » préparant à la recherche. Le baccalauréat dans cette hypothèse n'était plus qu'un examen de fin d'études ne permettant pas d'entrer à l'université : il est clairement favorable à la suppression de cet examen national[66]. Ces perspectives n'aboutirent pas.

Olivier Guichard soutint en effet le développement des universités, obtint la création de nombreux postes d'enseignants et créa en 1971 la Conférence des présidents des universités, ce qui était une manière de reconnaître l'importance de leur fonction. Il crée également des diplômes qui différencient les débouchés possibles : maîtrise d'informatique appliquée à la gestion, maîtrise des sciences et techniques. La tâche du ministre a été notamment d'organiser une orientation entre le lycée et l'enseignement supérieur, compatible avec les souhaits présidentiels : pas d'orientation brutale, mais des choix progressifs. À cet effet est créé, en 1970, l'ONISEP (Office national d'information sur les enseignements et les professions) : il s'agit avant tout d'informer et de former le jugement afin de mieux choisir. Mais, en 1973, dans la procédure d'orientation mise en place au lycée, par le décret du 12 février 1973, les enseignants garderont le dernier mot : les décisions des conseils de classe seront seulement susceptibles d'appel. C'est exactement ce que souhaitait le Président.

Hésitant entre une perspective parfaitement conforme aux orientations présidentielles et une position plus ouverte aux transformations en cours dans l'Éducation nationale et dans la société, Olivier Guichard, en voulant maintenir l'ordre, tout en réformant, arrive ainsi à maintenir un équilibre, mais qui ne peut guère recevoir l'aval du Président. Son passage à un autre poste gouvernemental s'explique ainsi.

Une nouvelle réforme du secondaire ?

Joseph Fontanet, démocrate-chrétien, est nommé en 1972 : « c'est un type très bien. J'espère qu'il redressera certaines choses et nous rendra un enseignement secondaire non pas à la mode ancienne, mais raisonnable et a adapté »[67]

---

66 Georges Pompidou, *Le Nœud gordien*, *op. cit.*, p. 93.

67 Georges Pompidou, *Lettres, notes et portraits*, *op. cit*, p. 459.

espère le chef de l'État. D'entrée de jeu, le ministre déclare vouloir accélérer la réforme du second cycle et développer les enseignements techniques et professionnels.

Il consacra en effet l'essentiel de sa tâche à la réforme de l'enseignement secondaire, s'appuyant notamment sur les conclusions des travaux de la commission Joxe créée par son prédécesseur : favorable à une plus grande autonomie donnée aux établissements secondaires et aux professeurs, il procède à la création en mars 1973 des centres de documentation, des 10%, des centres universitaires de formation des maîtres, à la création des délégués à la formation continue en 1973. Cette réforme est, en partie, conforme aux souhaits présidentiels, mais diverge sur les conceptions pédagogiques à mettre en œuvre. Il souhaite notamment réduire l'importance du cours magistral, faire éclater la classe traditionnelle, développer le travail indépendant laissant une marge d'initiative aux élèves. L'affaire étant loin de recueillir l'assentiment des uns et des autres, une longue période de consultation des différents acteurs de l'éducation s'acheva par un colloque en novembre 1973. Le colloque souligne la nécessité d'une réforme d'ensemble de l'Éducation nationale. Des propositions novatrices sont émises, dans les rapports préliminaires. Ainsi, le rapport préliminaire du thème 2 consacré aux enseignements scolaires propose que soit créé jusqu'à la fin de la classe de troisième « un tronc commun donnant les connaissances de base, créant et révélant les aptitudes pour tous les enfants. Tronc commun ne signifie pas identité absolue des programmes. Il signifie seulement que les notions de base – le noyau – de chaque discipline jugée essentielle [...] doivent être acquises. Ces notions de base sont des langages et un certain arsenal de concepts »[68]. Une continuité dans l'approche du tronc commun, l'exigence de sa possession par tous les élèves est patente. C'était reprendre les idées déjà émises, en mars 1968, au cours du colloque d'Amiens, où lors de la séance inaugurale, André Lichnerowicz, professeur au Collège de France et président de l'association organisatrice, plaida pour un « enseignement véritablement primaire » dont nul enfant ne devrait normalement être écarté, enseignement se caractérisant

[68] Colloque national sur l'éducation, thème 2, 1973, Documentation française, 1974, p. 21.

par un « large tronc commun préliminaire »[69]. Ce n'était pas tout à fait ce qui correspondait aux idées présidentielles. Les propositions retenues n'allaient pas nécessairement dans le sens souhaité par le Président qui craignait le risque de la mise en place du collège unique.

Le projet avait ainsi l'ampleur d'une réforme qui hésitait entre deux orientations : donner crédit aux réformateurs, apporter son soutien à une position plus conservatrice qui est souvent celle du Président. En premier cycle, les filières sont supprimées, un corps unique des professeurs était envisagé ; en second cycle subsisteraient trois filières : lettres, économie, sciences. Le baccalauréat ne donnerait plus accès à toutes les formations de l'enseignement supérieur : des profils pourraient être exigés. Selon le texte présenté lors du conseil des ministres du 16 janvier 1974, le baccalauréat prendrait modèle sur le système britannique : les élèves obtenant la moyenne seraient pourvus du titre de bachelier ; en revanche, pour entrer dans l'enseignement supérieur, il faudrait avoir obtenu un certain niveau dans les spécialités choisies. Le diplôme cessait de *facto* d'être le premier grade universitaire et devenait un diplôme de fin d'études secondaires. Le 13 mars 1974, la réforme d'ensemble est présentée devant le Conseil des ministres, mais le décès du président ajourna *sine die* sa mise en œuvre.

En définitive, si le Président n'a pas hésité publiquement à prendre position, s'il a réussi à freiner certaines initiatives pédagogiques, il n'a pas réussi à imposer la politique qu'il souhaitait mener. Compte tenu des circonstances particulières, il est difficile de se prononcer sur l'efficacité de la méthode proposée par Joseph Fontanet. Néanmoins, on peut souligner que dans les dernières semaines qui ont précédé l'interruption du projet, l'accueil fut plus que réservé : de nombreuses manifestations des lycéens et des professeurs eurent lieu – les mouvements pédagogiques, les principaux syndicats enseignants étaient opposés. Le projet aurait-il pu se mettre en place ? Rien n'est assuré.

Si le Premier ministre a tenté de jouer sa partition mais a souvent rencontré l'opposition du président de la République, en revanche le Président a dû

---

[69] Ce tronc commun comprendrait le français, une langue étrangère, des mathématiques, du travail manuel expérimental, voir AEERS, *Pour une école nouvelle, formation des maîtres et recherche en éducation, actes du colloque national Amiens, mars 1968*, Paris, Dunod, 1969, p. 17.

composer avec ses ministres : il ne leur a pas imposé une doctrine, même s'il n'a eu de cesse d'en décliner les éléments. La doctrine présidentielle en matière éducative est restée relativement constante pendant toute cette période : démocratiser, mais en favorisant les élèves les meilleurs, en tentant de sauver ce qui pouvait encore l'être des humanités classiques ; développer l'enseignement technique et la formation continue, à un moment de l'Éducation nationale était en effervescence, où les initiatives, variées et parfois brouillonnes, ne rendaient pas très facile la tâche de gouverner. Démocratiser sans renoncer à l'élitisme républicain, telle est la ligne de force d'une doctrine qui fut reprise imparfaitement par les ministres successifs, que Georges Pompidou ait été Premier ministre ou Président.

Note
Pompidou et l'enseignement primaire

BRUNO POUCET

Si le chargé de mission, le Premier ministre, puis le Président de la République s'est préoccupé de l'enseignement privé, mais aussi de l'enseignement secondaire et de l'enseignement supérieur, faisant de ceux-ci une extension du domaine réservé, suivant en cela l'exemple de De Gaulle, en revanche, il a laissé faire ses ministres pour l'enseignement primaire et n'a pas pris position en ce domaine. Or, la période de la présidence de Georges Pompidou se caractérise par des réformes importantes pour l'enseignement primaire.

L'enseignement primaire change progressivement de fonction

Les écoles normales primaires sont rétablies par un arrêté du 20 août 1944. Certes, le 3 mars 1945, un arrêté supprime les petites classes des lycées – il ne prendra réellement effet qu'en 1964 – mais les programmes sont, à l'exception de quelques retouches, toujours ceux de 1923. Ils se caractérisent par leur lourdeur, les élèves ayant un temps scolaire de 30 heures par semaine. Les élèves doivent ajouter à cela environ une heure de devoir par jour, en dépit de l'instruction du 29 décembre 1956 qui les interdit formellement. Environ un tiers des élèves est amené à redoubler au moins une classe. On constate aussi sur toute la période une augmentation importante du nombre d'élèves placés en classe dite spéciale : on passe de 1,4% des effectifs à presque 5% en 1974. Un concours spécifique est créé, le CAEI (Certificat d'aptitude pour les enfants déficients ou inadaptés). Un certificat d'aptitude aux classes de transition est créé par un décret du 27 juin 1966. En 1972 par arrêté du 10 mars sont créées les CPPN (classes pré-professionnelles de niveau) et les CPA (classe préparatoire à l'apprentissage). Néanmoins, la croissance importante des effectifs conduit à organiser une meilleure répartition des élèves dans les écoles avec la création de la carte scolaire par une circulaire du 3 mai 1963. On passe en effet de 4,5 millions d'élèves en 1946 à 5,4 millions en 1975.

Une réforme pédagogique d'ampleur

Aussi, l'école primaire a-t-elle changé de fonction : elle n'est plus une fin en soi dont le certificat d'études représentait le couronnement, mais un passage vers le secondaire. Elle perd ainsi sa vocation encyclopédique. Une réforme d'ampleur est alors mise en œuvre sous l'égide d'Olivier Guichard : un arrêté du 7 août 1969 ramène l'horaire à 27 heures par suppression du mercredi après-midi. Est instaurée une innovation pédagogique importante : le tiers temps pédagogique – français et calcul, activités d'éveil, éducation physique et sportive. Pour accompagner cette réforme, par une circulaire du 6 juin 1969, les élèves normaliens voient leur scolarité professionnelle augmentée d'une année et pour les instituteurs en fonction, par circulaire du 20 juin 1972, il est prévu 36 semaines de formation tout au long de leur carrière. Désormais, les normaliens suivent les cours au lycée et non plus à l'école normale avec la fermeture progressive des classes du secondaire qui y étaient implantées. Néanmoins, ces écoles ne forment environ que la moitié des futurs instituteurs, les autres, après leur baccalauréat, sont d'abord remplaçants sans aucune formation avant d'être titularisés. Le corps des instituteurs se féminise.

Les nouveaux programmes du 2 janvier 1970 innovent considérablement en introduisant les mathématiques modernes : faute de formation des maîtres, ce fut un échec. En français, la commission Rouchette installée en 1963 innove de façon radicale dans les instructions de décembre 1972. Priorité était désormais donnée à la langue orale et à l'expression des élèves, au décloisonnement des matières (grammaire, lecture, écriture, orthographe, lecture). Ce plan provoqua de multiples réactions la plupart du temps négatives. Néanmoins, l'école du XIXe siècle avait vécu.

L'université selon Georges Pompidou

Sabrina Tricaud

Dans le *Nœud gordien*, Georges Pompidou consacre un chapitre à l'Université, où il établit le diagnostic de ses maux et propose des pistes pour y remédier, traçant les grandes lignes de l'Université future[1]. À la faveur des événements de mai 1968, il eut l'occasion de s'exprimer sur le sujet, notamment dans son célèbre discours prononcé à l'Assemblée nationale le 14 mai 1968, où il a analysé la crise universitaire comme le reflet d'une « crise de civilisation »[2]. Lorsqu'il succède au général de Gaulle à la présidence de la République, sa pensée en matière d'enseignement supérieur est le fruit d'une réflexion de longue durée. Il entretient avec les questions éducatives une relation spéciale à tel point qu'on peut parler d'un véritable « domaine réservé » du Président. Il s'agit ici de réfléchir à l'Université que Georges Pompidou a voulu façonner pour la jeunesse après mai 1968. Si les conceptions pompidoliennes sont largement connues et ont fait l'objet de plusieurs travaux[3], elles sont éclairées d'un jour nouveau par les témoignages les plus récents, en particulier la correspondance de Georges Pompidou publiée par Alain Pompidou et Éric Roussel. Ces écrits viennent compléter les archives orales de l'Association Georges Pompidou et les documents issus des fonds présidentiels 5AG2.

---

1 Georges Pompidou, *Le Nœud gordien*, Paris, Flammarion, 1984, p. 73-97.

2 Ce discours est reproduit dans Georges Pompidou, *Entretiens et discours 1968-1974*, Paris, Flammarion, 1984, p. 42 et suivantes.

3 Françoise Mayeur, « Les mutations et les réformes de l'enseignement supérieur », dans Jean-Claude Groshens, Jean-François Sirinelli (dir.), *Culture et action chez Georges Pompidou*, Paris, Presses universitaires de France, « Politique d'aujourd'hui », 2000, p. 233-247. Vincent Léonard, « Georges Pompidou et les mutations de l'enseignement secondaire », dans *ibid.*, p. 217-232. Vincent Léonard, *Georges Pompidou et l'Éducation nationale (1962-1974)*, mémoire de maîtrise sous la direction de Bernard Lachaise, université Bordeaux III, 1992. Sabrina Tricaud, « L'éducation, un "domaine réservé" pour Georges Pompidou (1962-1968) ? », dans Bruno Poucet, David Valence (dir.), *La loi Edgar Faure. Réformer l'université après 1968*, Rennes, Presses universitaires de Rennes, « Histoire », 2016, p. 51-58.

Entre déférence et mépris

Georges Pompidou, « par tradition, par éducation, par vocation » était particulièrement féru des questions scolaires[4]. Fils d'enseignant, Georges Pompidou, agrégé de lettres, commença sa carrière comme professeur au lycée Saint-Charles de Marseille puis au lycée Henri-IV à Paris. Georges Pompidou témoigne d'un profond respect pour le corps enseignant et les universitaires, qui sont les dépositaires d'une mission de service public, d'un « devoir de transmission » de connaissances et de raisonnements[5]. Il les fréquente pourtant relativement peu, de ses débuts dans la profession à sa carrière politique. L'analyse de ses agendas[6] montre que, dans ses fonctions de Premier ministre puis de chef de l'État, il accorde peu d'audiences à des représentants du monde universitaire. Ses relations avec l'Université se résument à quelques noms : le mathématicien Marc Zamansky, doyen de la Faculté des Sciences de Paris, René Rémond, le doyen Gaston Meyniel, André Lichnérowicz, qui présida la « commission ministérielle sur l'enseignement des mathématiques de 1966 à 1973 », le recteur Robert Mallet, connu pour avoir l'oreille du président Pompidou[7].

S'il respecte le savoir universitaire[8], Georges Pompidou n'en porte pas moins un regard particulièrement critique sur les enseignants. Dans le *Nœud*

---

4 « Par tradition, par éducation, par vocation, je me sens particulièrement attaché à ces problèmes. », *Journal officiel de la République française, compte-rendu des débats parlementaires*, intervention de Georges Pompidou Premier ministre à l'Assemblée nationale le 20 juin 1963, 21 juin 1963, p. 3602.

5 « Nous avions tous conscience que nos professeurs étaient dévoués à leur tâche, qu'ils s'y consacraient passionnément. Ils ne faisaient pas seulement un métier pour gagner leur vie. Ils avaient conscience qu'ils remplissaient un devoir en transmettant un certain nombre de connaissances et des habitudes de raisonnement. » Allocution prononcée à l'Assemblée générale des anciens élèves du lycée d'Albi par le président Pompidou, le 5 avril 1970, reproduite dans Georges Pompidou, *Entretiens et discours*, *op. cit.*, p. 219 et suivantes.

6 Archives Nationales, 5AG2/1086, Agendas de Georges Pompidou tenus par Madeleine Négrel.

7 Sur Robert Mallet, voir Bruno Poucet (dir.), *Robert Mallet, poète, recteur et homme d'engagements*, Amiens, Encrage, « Hier », 2017. Le journal de Robert Mallet, qui sera consultable en 2032, évoque ses conversations avec Georges Pompidou.

8 Entretien de Jean-François Saglio avec Noëlline Castagnez-Ruggiu et Vincent Léonard, les 22 janvier, 5 février et 5 mars 1998, archives orales de l'Association Georges-Pompidou.

gordien, il pointe du doigt l'incapacité des universitaires à se réformer et à remettre en cause les conditions intellectuelles et matérielles de leur enseignement. Il dénonce une sorte de sclérose du monde universitaire, replié sur lui-même :

> Dans leur grande majorité, les universitaires se sentent frustrés. [...] Ils ne se posent qu'exceptionnellement le problème de leurs méthodes et de l'adaptation de ces méthodes à un univers transformé. L'action syndicale [...] les conduit à demander des traitements plus élevés, des horaires allégés, [...] la création de postes plus nombreux, [...] mais à aucun moment ne touche au fond des problèmes ni en tout à l'autocritique. [...] Un professeur de faculté, qui doit en principe trois heures de cours, et cela six mois par an en moyenne, [...] finit par considérer que l'enseignement constitue dans sa vie un désagréable intermède. Ce n'est pas vrai de tous, bien entendu, mais l'est de beaucoup[9].

On pourrait penser que cette sévère appréciation est fille des événements de mai 1968, puisque le *Nœud gordien* a été écrit entre juillet 1968 et avril 1969. La correspondance privée de Georges Pompidou infirme cette hypothèse. En 1934, alors que Georges Pompidou effectue son service militaire à Saint-Maixent, il écrit à son ami Robert Pujol en ces termes :

> Ces temps-ci, je suis terriblement préoccupé par ce que je vais faire. [...] Ou bien l'enseignement ; avantages : les vacances ; ennuis : peu d'argent, boulot emmerdant, situation sociale médiocre. [...] De plus, risque de ne pas préparer de thèse par flemme et alors condamné toute ma vie aux 15 heures et aux copies. Si je fais une thèse, j'attends dix ans un poste ou alors je m'emmerde sur une thèse de latin et me voilà collé au latin pour le reste de mes jours. Ou bien l'inspection des finances : avantages : situation matérielle égale au début, vite supérieure. Situation sociale bien plus élevée. [...] Milieu un peu con mais pas beaucoup plus que l'universitaire moyen[10].

À plusieurs reprises, Georges Pompidou confie à son ami son ennui et son aspiration à une autre carrière[11].

---

9 Georges Pompidou, *Le Nœud gordien*, *op. cit.*, p. 79-81.

10 Lettre de Georges Pompidou à Robert Pujol, le 26 novembre 1934. Georges Pompidou, *Lettres, notes et portraits 1928-1974*, textes réunis et commentés par Alain Pompidou et Éric Roussel, Paris, Robert Laffont, 2012, p. 144.

11 Lettre de Georges Pompidou à Robert Pujol du 8 mars 1943, *ibid.*, p. 157 ; à René Brouillet du 14 juillet 1946, p. 179 ; à Robert Pujol du 24 août 1961, p. 346. Voir l'article de Philippe Nivet dans ce volume.

En 1959, après avoir quitté le cabinet du général de Gaulle, Georges Pompidou rédige une note sur l'Université[12]. L'ancien directeur de cabinet de Charles de Gaulle y déplore l'hostilité du monde universitaire au retour au pouvoir du Général, ainsi que ses préventions à l'égard d'une réforme de l'Université. Il écrit : « On peut penser aussi qu'inconsciemment, beaucoup d'universitaires confondent la liberté et l'anarchie, dans tous les domaines. Hommes probes et austères, ils se complaisent dans une sorte de dévergondage mental qu'ils prennent pour la liberté de l'esprit. » Il exhorte *in fine* ses « camarades universitaires » à soutenir l'action et l'œuvre de rénovation engagée par le Général pour le salut de la nation. Cette défiance initiale du monde universitaire à l'égard du pouvoir gaulliste marque durablement la pensée de Georges Pompidou. L'université, avant, pendant et après mai 1968, demeure pour lui ce milieu hostile au gaullisme, gauchisant voire communisant, sclérosé par son conservatisme. De ce point de vue, les événements de mai 1968 n'ont pas modifié son opinion ; ils ont plutôt renforcé ses convictions et démontré la véracité de ses analyses *ante*.

Un enjeu éducatif, mais aussi social, économique et territorial

« C'est qu'il ne s'agit pas simplement de réformer l'Université, disait Georges Pompidou à la tribune de l'Assemblée nationale le 14 mai 1968. À travers les étudiants, c'est le problème même de la jeunesse qui est posé, de sa place dans la société, de ses obligations et de ses droits. » L'Université n'est donc pas un problème isolé ou autonome. Elle est dans sa pensée un enjeu multiple, à la fois éducatif, social, économique et territorial.

Il n'est pas un hasard que le Président ait confié en 1969 à Olivier Guichard le portefeuille de l'Éducation nationale, qui, à l'époque, n'est pas disjoint de celui sur l'Enseignement supérieur et la recherche. Il s'en justifie d'ailleurs dans sa conférence de presse du 10 juillet 1969 :

> Je crois que dans la politique de l'Éducation nationale, telle qu'elle va devoir se préciser, s'adapter, il est en particulier des problèmes d'implantation régionale, de décentralisation régionale, que l'autonomie des universités rendra nécessaires,

---

[12] Georges Pompidou, « De l'Université (1959) », *Lettres, notes et portraits, op. cit.*, p. 290-293.

> que l'expérience de monsieur Guichard à l'aménagement du territoire peut être importante pour faciliter cette adaptation, aussi bien intellectuelle qu'économique, de nos universités à la géographie française[13].

Dans le *Nœud gordien*, Georges Pompidou appelait de ses vœux une forme de décentralisation de l'enseignement supérieur, allant de pair avec l'autonomie des universités[14]. Selon le témoignage de son collaborateur Jean-François Saglio, le président Pompidou pensait que le niveau intellectuel se dégraderait si l'on créait une cinquantaine d'universités en France. Or, en vertu de la loi d'Orientation sur l'enseignement supérieur (Loi Faure), plus d'une cinquantaine d'Unités d'enseignement et de recherches (UER) avaient été créées. Pour le Président, il s'agissait de mettre en place des Instituts universitaires technologiques, voire des premiers cycles universitaires rattachés à des grands pôles centralisés au chef-lieu de région (selon le principe d'une université par région). Le chef de l'État espérait que se créerait ainsi une certaine compétition entre les grandes universités et une « sélection positive » permettant d'éliminer les « universités laxistes », de « déclasser les mauvaises »[15] et de créer des « pôles d'excellence » dans certains domaines[16].

Georges Pompidou avait également à cœur d'ouvrir l'Université sur le monde économique et industriel, en relation avec sa politique d'industrialisation et de modernisation de la France. C'était en quelque sorte la responsabilité

---

13 Archives Nationales, 5AG2/1090, Conférence de presse du président Pompidou, 10 juillet 1969.

14 Il faut « faciliter la venue à l'Université des enfants des campagnes par la multiplication des établissements. [...] Il faut avoir trois types d'établissement d'enseignement supérieur : des collèges limités au premier cycle, suffisamment nombreux et décentralisés pour exercer une attraction sur les familles dans les petites villes ou à la campagne [...]. Un second type d'établissement comprendra la majorité de nos facultés actuelles. L'enseignement devrait s'arrêter à la fin du second cycle et ne comprendre aucune spécialisation excessive [...] Le troisième cycle enfin – celui de la Recherche – devrait être réservé à un petit nombre d'universités du premier rang, où seraient concentrés les équipements coûteux et importants, les bibliothèques spécialisées, où enseigneraient les professeurs hautement qualifiés. Là, également, seraient concentrés, au moins à partir du second cycle, les enseignements dont la qualification intellectuelle ne correspond pas à des possibilités d'emplois nombreuses, je pense à la philosophie, à la psychologie, à la sociologie, aux langues vivantes autres que les principales, etc. », Georges Pompidou, *Le Nœud gordien*, *op. cit.*, p. 84-87.

15 Selon les expressions du *Nœud gordien*, *op. cit.*, p. 95.

16 Entretien de Jean-François Saglio, réf. cit.

sociale de l'enseignement supérieur que de préparer les jeunes à la vie active, et de former des ingénieurs pour l'industrie[17]. Georges Pompidou a ainsi soutenu l'initiative d'Olivier Guichard dans la création de l'université de technologie de Compiègne, en octobre 1972[18]. Elle reflète à maints égards la vision pompidolienne de l'Université, autour de trois grandes idées.

Premièrement, la sélection. L'accès à l'Université technologique était organisé. Elle recrutait librement ses professeurs et sélectionnait sur dossier ses étudiants. Georges Pompidou, Premier ministre, s'était prononcé contre la sélection à plusieurs reprises, notamment à travers sa célèbre formule : « Je n'encasernerai pas la jeunesse française.[19] » Selon Henri Domerg, son conseiller à Matignon pour les questions d'éducation, le Premier ministre était alors opposé à l'instauration de quotas d'étudiants à l'entrée dans telle ou telle filière. Mais d'un autre côté, il ne voulait pas non plus avoir une attitude laxiste[20]. Devenu président de la République, Georges Pompidou se montre moins hostile à une sélection plus ferme[21], voire partisan de celle-ci, si l'on suit le témoignage de son collaborateur Jean-François Saglio. Selon le conseiller technique, le chef de l'État était prêt à laisser toute liberté aux responsables universitaires pour sélectionner sur dossier sans le dire... Et il accepta, bon an, mal an, la mise en place d'un *numerus clausus* en médecine en 1971.

Deuxièmement, la promotion de disciplines nouvelles telles que la biologie, l'informatique et leur ancrage dans le monde économique et industriel. Université de technologie supérieure, l'université de Compiègne était inspirée du Massachusetts Institute of Technology. Elle fut, se réjouit Olivier Guichard

---

17 Ibid. Voir également l'allocution prononcée par Georges Pompidou à l'occasion de l'inauguration de l'École centrale des arts et manufactures à Chatenay-Malabry : « la vocation du centralien, (...) c'est l'industrie, et il n'est pas d'objectif plus urgent, aujourd'hui, que de doter la France d'une grande industrie. », Georges Pompidou, *Entretiens et discours*, *op. cit.*, p. 218.

18 Olivier Guichard, *Un chemin tranquille*, Paris, Flammarion, 1975, p. 141.

19 Alain Peyreffitte, *C'était de Gaulle*, tome 3, Paris, Éditions de Fallois/Fayard, 2000, p. 391-392. Sur ces aspects, se reporter à Jacques Narbonne, *De Gaulle et l'éducation. Une rencontre manquée*, Paris, Denoël, « Documents » 1994, ainsi qu'à Sabrina Tricaud, « L'éducation nationale, "domaine réservé" pour Georges Pompidou ? », *op. cit.*

20 Entretien d'Henri Domerg par Vincent Léonard le 13 février 1997, dans Vincent Léonard, *Georges Pompidou et l'Éducation nationale*, *op. cit.*, p. 9 du volume d'annexes.

21 Ce que confirme le témoignage de Jacques Narbonne, *De Gaulle et l'éducation*, *op. cit.*, p. 262.

dans *Un chemin tranquille*, une des rares universités à former des spécialistes du développement urbain[22]. Ce soutien aux nouvelles disciplines contraste avec l'hostilité du Président à l'introduction des apports les plus récents des sciences sociales dans les programmes scolaires de l'enseignement secondaire. Le chef de l'État a ainsi mis fin aux travaux de la « commission Braudel » sur l'enseignement de l'histoire et de la géographie au collège et lycée. Il se prononce pour une histoire événementielle et politique, contre une histoire des faits économiques et sociaux telle que l'école des Annales la pratique alors[23].

Troisièmement : une université dirigée par un directeur disposant d'une réelle autorité et nommé par le ministre. Le premier directeur de l'université de Compiègne fut Guy Deniélou, ingénieur et chercheur au Commissariat à l'énergie atomique (CEA). Dans l'esprit du Président Pompidou, l'autonomie des universités ne signifiait pas l'autogestion des universités. Il fallait un capitaine à bord du navire. Le chef de l'État était soucieux de maintenir l'autorité des professeurs, à tous les échelons du système éducatif. Mais s'il lui semblait normal d'écouter les étudiants, il n'était en revanche pas favorable à leur participation à des actes de gestion fondamentaux, tels que les notations ou le choix des enseignements. Son conseiller Jean-François Saglio résume ainsi : « Les étudiants sont là pour passer à l'université ; les professeurs la construisent et la font. »[24]

Les conceptions pompidoliennes sur l'Université montrent, comme dans de nombreux autres domaines de sa pensée et de son action, un mélange subtil entre libéralisme et autorité. C'est d'ailleurs en ce sens que le président Pompidou géra le lourd héritage laissé par la loi d'orientation de l'enseignement supérieur – communément appelée loi Faure – votée au Parlement en octobre 1968, alors que Georges Pompidou était député du Cantal.

L'Université, un vrai-faux problème ?

Lorsque Georges Pompidou est élu à la présidence de la République, en juin 1969, la situation dans les universités françaises s'est pacifiée. Il s'agit donc

22 Olivier Guichard, *Un chemin tranquille*, *op. cit.*, p. 142.

23 Patricia Legris, « Blocages sur la commission Braudel (1968-1969) : l'histoire scolaire au cœur des enjeux des sciences de l'homme », *Histoire@Politique*, n° 37, 2019, disponible en ligne sur <http://journals.openedition.org/histoirepolitique/4545>.

24 Entretien de Jean-François Saglio, réf. cit.

pour le nouveau ministre de l'Éducation nationale, Olivier Guichard, et son secrétaire d'État aux universités, Pierre Billecocq, de faire appliquer la loi Faure. Georges Pompidou a voté cette loi avec l'ensemble du groupe UDR[25], mais non sans réticence. L'ancien Premier ministre du général de Gaulle désapprouvait cette réforme, et s'il ne s'y est pas publiquement opposé, il n'a pas caché en privé son désaccord[26]. Georges Pompidou lui reconnaissait néanmoins le mérite d'avoir rétabli le calme et le dialogue entre l'État, les organisations syndicales, les professeurs et les étudiants. Il pensait de ce fait qu'elle devait être respectée et appliquée.

Dès son élection, ses priorités sont doubles : d'une part, maintenir, et si nécessaire restaurer, l'ordre dans les universités. C'est la consigne qu'il donne à Olivier Guichard. Lors de la constitution de l'équipe de collaborateurs du Président, Michel Jobert recrute un nouveau conseiller pour les questions d'éducation en la personne de Jean-François Saglio. Cet ingénieur du corps des mines dirige alors l'agence financière du bassin Rhin-Meuse. Il ignore donc tout des questions liées à l'enseignement, de son propre aveu. Mais il a fait la connaissance de Georges Pompidou, en 1968, par le biais d'Alain Pompidou[27]. Quelques jours après l'élection présidentielle de 1969, il est contacté par Michel Jobert, qui lui propose de rejoindre l'équipe des collaborateurs du nouveau chef de l'État. Après avoir accepté la proposition qui lui est faite de rejoindre l'entourage présidentiel, Jean-François Saglio s'enquiert du poste qui lui sera confié. Michel Jobert lui aurait alors répondu : « Vous êtes un ingénieur, donc vous êtes organisé, or l'éducation nationale est désorganisée

---

[25] Voir *Journal officiel de la République française*, vote du 10 octobre 1968, 11 octobre 1968, p. 3274-3275.

[26] Henri Domerg nous l'a confirmé. Voir également les témoignages d'Olivier Guichard dans Vincent Léonard, *Georges Pompidou et l'Éducation nationale*, *op. cit.*, et de Jean-François Saglio, réf. cit.

[27] La femme du futur chargé de mission avait fait ses études de médecine avec Alain Pompidou, qui a été témoin au mariage de Jean-François Saglio en 1968. Il avait ainsi eu l'occasion de rencontrer le Premier ministre au cours d'un dîner familial chez Alain Pompidou. L'ingénieur des mines avait alors partagé ses goûts artistiques pour la peinture contemporaine avec Georges Pompidou, entretien de Jean-François Saglio, réf. cit. Sur ces aspects, se reporter à Sabrina Tricaud, *L'entourage de Georges Pompidou (1962-1974)*, Bruxelles, Peter Lang, 2014.

et a besoin d'ordre. Vous aurez en charge les questions d'éducation nationale, de l'enseignement primaire au supérieur inclus.[28] »

Parallèlement, il s'agit de mettre en œuvre l'autonomie des universités prescrite par la loi Faure. Un conseil restreint sur l'enseignement supérieur a lieu à l'Élysée le 2 avril 1970. Un certain nombre de décisions furent arrêtées : les statuts des universités devraient être approuvés dans les meilleurs délais, en stricte conformité avec la Loi d'orientation. Le Conseil national de l'Enseignement supérieur et de la Recherche serait constitué et ses règles de fonctionnement établies. Enfin, le Président souhaitait revoir le rôle du baccalauréat et mettre en œuvre le principe de la formation des enseignants du second degré dans des instituts recrutant par concours après deux années d'études supérieures. Le chef de l'État s'exprime par ailleurs sur le sujet le 5 avril 1970, à l'occasion de son allocution devant l'assemblée générale des anciens élèves du lycée d'Albi. Le constat est sans appel : « Je pense qu'il faudra longtemps pour que l'Université retrouve son assiette, la certitude de ce qu'elle est, de ce qu'elle doit être. » Mais d'ajouter : « c'est pourquoi je pense qu'il est capital que l'enseignement secondaire soit la base solide de notre Université.[29] »

De fait, les problèmes universitaires passent, à partir de 1971, au second plan tandis que les initiatives présidentielles se concentrent sur la réforme de l'enseignement secondaire. Lors de son entretien télévisé avec le journaliste Jean Ferniot le 24 juin 1971, Georges Pompidou insiste par exemple sur la situation préoccupante des lycées, où l'agitation se multiplie, après avoir expliqué que la loi Faure, bien qu'imparfaite, a remis sur pied l'Université. Ainsi, sur les six conseils restreints concernant l'éducation nationale qui ont eu lieu à l'Élysée entre juin 1969 et décembre 1973, un seul fut consacré à l'enseignement supérieur, celui du 2 avril 1970. De même, le secrétaire d'État aux Universités disparaît en 1972 lors de la formation du gouvernement Messmer où Joseph Fontanet succède à Olivier Guichard à l'Éducation.

---

28 Entretien de Jean-François Saglio, réf. cit.

29 Allocution prononcée à l'Assemblée générale des anciens élèves du lycée d'Albi par le président Pompidou, le 5 avril 1970, Georges Pompidou, *Entretiens et discours*, *op. cit.*, p. 219 et suivantes.

En définitive, il apparaît que l'Université n'a pas, pour Georges Pompidou vocation à recruter et à former les futures élites de la nation et de l'État. Elle a pour mission de former la jeunesse au monde du travail, mais aussi de former les enseignants du second degré. En revanche, les grandes écoles, qui sélectionnent sur concours, ce que Georges Pompidou appelait la « sélection positive », et non sur dossier ou par la voie d'examens, recrutent les élites[30]. Le président Pompidou eut à cœur de restaurer l'ordre dans les Universités tout en les aidant à retrouver un équilibre. Ce paragraphe d'une lettre qu'il écrivit le 24 avril 1972 résume sa pensée :

> Si j'ai souvent médité cette phrase de Péguy : « l'ordre et l'ordre seul fait en définitive la liberté, le désordre fait la servitude », elle m'a aussi toujours paru trop simple. Car l'ordre n'est pas une fin en soi. Ce qui peut être bon dans l'ordre est la cause qui le crée, l'assentiment et le dévouement du plus grand nombre à un but commun, et le respect d'une éthique commune dont l'aspect le plus élémentaire est un ensemble de règles sociales et morales simples[31].

[30] Voir le chapitre de Pierre Allorant dans ce volume.

[31] Cité dans la note de synthèse sur l'éducation nationale rédigée en avril 1974 après le décès du Président Pompidou à la demande d'Édouard Balladur, cf. Archives Nationales, 5AG2/1169.

Georges Pompidou et la formation des élites

Pierre Allorant

« Dans une société, ceux qui ont des lumières, de l'aisance et de la conscience ne sont qu'une petite élite »[1]. Commencer par une citation des *Origines de la France contemporaine* est tout sauf fortuit quand on connaît l'attachement précoce de Georges Pompidou à la pensée de Taine. C'est pourtant paradoxalement sur les élites que leurs conceptions s'opposent au point d'avoir éloigné le jeune normalien de l'étude d'une philosophie de l'histoire trop fixiste et déterminée par le milieu à son goût. Assurément, Georges Pompidou se reconnaît mieux dans la vision de Jules Romains qui considère que c'est « faire du tort à Normale, dont le tamis sans pareil extrait de l'élite même une poignée, que de la comparer à Polytechnique, où l'on est bien forcé de croire qu'il se glisse, dans le tas, pas mal de tout venant »[2].

Le terme d'élite a été utilisé pour caractériser l'action de choisir, d'élire, dans un ensemble de personnes ce qui est le meilleur, le plus digne, en premier lieu la fine fleur des groupes militaires ou nobiliaires, avant que cette distinction ne s'étende à la bonne société jouissant d'une position particulièrement élevée, celle qui « a des nausées devant le peuple qui peine et sent la fatigue humaine »[3]. La formation est un processus, la manière dont s'élabore, se compose et se développe un corps ou un groupe, mais aussi les moyens par lesquels sont dirigés l'éducation et l'apprentissage d'une instruction et d'une profession. La formation des élites est devenue avec Pareto partie prenante d'une véritable théorie explicative des transformations d'une société, en distinguant le rôle particulier de l'élite dirigeante, au pouvoir. Pour Raymond Aron, la diversité des élites modernes au sein des sociétés pluralistes repose sur leur recrutement démocratique et sur la compétition entre les élites politiques, administratives et des affaires. Précisément, le parcours singulier de Georges Pompidou, du professorat à Matignon en passant par la banque et le Conseil d'État, lui a valu le reproche, y compris chez certains de ses

---

1 Hippolyte Taine, *Origines de la France contemporaine*, t. 1, Paris, Hachette, 1875-1893, p. 110.

2 Jules Romains, *Les Hommes de bonne volonté*, t. 1, « Éros de Paris », Paris, Le Grand livre du mois, 1999, p. 613.

3 Guy de Maupassant, *La vie errante. Lassitude*, Paris, Paul Ollendorff, 1890.

compagnons gaullistes, de confusion des genres, voire des intérêts. Il incarne un moment particulier dans l'histoire de la formation des élites françaises, un cheminement exceptionnel par ses qualités intellectuelles, mais représentatif de l'ascension d'un normalien d'autrefois dans la France de la reconstruction. Ce parcours a profondément ancré ses convictions sur l'importance du rôle directeur des élites en démocratie, sur la qualité de leur éducation première, la solidité de leur instruction, les conditions de leur recrutement et la nécessité de leur renouvellement pour assurer prospérité et modernisation de la nation. En vrai classique et en libéral hermétique à tout enfermement doctrinal, Pompidou est ouvert à l'histoire comme à la géographie des élites : fidèle à la tradition française de leur sélection et de leur éducation, il se montre attentif au souci de renouvellement afin de dépasser le monopole classique du vivier de la bourgeoisie parisienne pour leur recrutement, mais sans verser dans la démagogie du jeunisme.

Georges Pompidou et l'adhésion au modèle français de formation des élites : instruire, recruter, former

Pour Georges Pompidou, la formation des élites à la française est un « trésor historique de l'État »[4]. Il n'envisage pas de plus juste et de plus bel exercice de sélection que le concours, puis la formation des jeunes élites dans les grandes écoles de la République, porte d'entrée vers les grands corps de l'État.

L'horizon indépassable du concours, voie méritocratique par excellence

Le paradoxe tient à la profusion des témoignages sur sa formation, la fréquence de ses interventions, de Matignon à l'Élysée, qui ont pour thème la jeunesse, les grands corps, les grandes écoles, et la difficulté à isoler de grandes réformes de structures associées à son action sur la formation des élites. L'explication est au moins double : pragmatique, loin du normalien qui « croit à la réalité des idées », Pompidou compte plus sur les hommes que sur les changements de structures ; en outre, il entend conserver l'excellence du recrutement méritocratique des élites par concours et réformer

---

[4] Pour reprendre la belle formule de Pierre Legendre, *Trésor historique de l'État en France : l'administration classique*, Paris, Fayard, 1992.

le moins possible. Profondément humaniste, viscéralement libéral, Georges Pompidou n'est-il pas resté, selon la grille proposée par Jean Touchard, fidèle à la fermentation intellectuelle de ses années de jeunesse, les années 1930 des « non-conformistes », avec les efforts des élites, particulièrement des polytechniciens d'X-Crise pour moderniser le traditionalisme, pour injecter dans le libéralisme une technocratie maîtrisée[5] ?

Le thème de la formation des élites est très présent dans ses discours comme dans ses ouvrages posthumes, intérêt lié à la jeunesse, à sa jeunesse, à ses amis rencontrés à Normale, à sa relation étroite à des collaborateurs issus des grandes écoles et destinés aux grands corps de l'État. C'est ce qui l'a fait, qui l'entoure et auquel il croit. Ainsi dans *Pour rétablir une vérité*, la première partie, intitulée significativement « Vers l'Avenir », fourmille d'éléments concernant les valeurs de ses parents, instituteurs républicains, ces « saints sans espérance »[6]. Leur aspiration est forte à ce qu'il intègre par le mérite, le travail et la réussite au concours ce monde des élites très éloigné de leur point de départ. Il y évoque aussi sa bifurcation précoce du professorat vers l'élite administrative du Conseil d'État, puis de ce tremplin vers la politique active au service du général de Gaulle. Il écrit et dit à toutes les occasions son attachement à la voie méritocratique, aux lauréats du concours général comme à la Société des agrégés, mais il manie volontiers le paradoxe : « on naît normalien comme on naissait prince de sang » est une formule certes ironique mais peu méritocratique ; de même, si la vie rue d'Ulm reste à ses yeux l'image terrestre du Paradis, c'est qu'il y travaille peu, d'où son « remords » de n'avoir pas été cacique au concours. Pour autant, il ne saurait être question de remettre en cause le concours, raison pour laquelle il s'oppose à l'attribution de l'agrégation, qui n'est pas un titre, mais un concours. Il se montre sensible au fait que les gens de son entourage aient passé des concours, gage de solidité de la formation intellectuelle, mais aussi d'une force de caractère pour surmonter l'épreuve[7]. Cette conviction marque également une forme de fidélité à sa jeunesse, et bien sûr à ses amis

---

5 Jean Touchard, *L'esprit des années 30. Tendances politiques dans la vie française depuis 1789*, Paris, Hachette, 1960.

6 « Mon père attachait aux études une telle importance qu'il faisait à mes yeux figure de persécuteur », dans Georges Duveau, *Les instituteurs*, Paris, Seuil, « Le temps qui court », 1957, p. 111.

7 Entretien avec Olivier Stirn, le 18 octobre 2012.

normaliens, invités, soutenus, secourus et correspondants fidèles à l'instar de René Brouillet[8]. La lettre que celui-ci adresse à Georges Pompidou en 1967 en dit beaucoup sur les arguments que l'un de ses meilleurs et plus vieux amis de Louis-le-Grand estime décisifs pour convaincre le chef du gouvernement d'y maintenir Jean-Marcel Jeanneney : la considération des universitaires et des intellectuels, la sympathie de la jeunesse normalienne, et même l'importance de ne pas réduire le gaullisme à la droite[9]. Depuis sa jeunesse, Georges Pompidou s'est fait une certaine idée des élites, de leur rôle en démocratie et dans la modernisation du pays, de la nécessité de leur formation et régénération.

Manifestement heureux de se replonger dans l'atmosphère universitaire, Georges Pompidou participe en juin 1966 à la remise solennelle des prix du concours général en compagnie de Christian Fouchet. Dans le grand amphithéâtre de la Sorbonne, il salue dans ce concours « le plus authentique bastion de l'amateurisme sportif », s'offrant un franc-succès. Sa conclusion en dit beaucoup sur sa conception du rôle des élites dans l'adaptation d'une société

---

8 Entretien avec Jean Charbonnel, le 13 septembre 2012.

9 « Mon cher Georges, […] La lecture de nos ignorantes gazettes incite à penser que parmi les membres de ton équipe qui seraient menacés de n'être pas reconduits figure Jean-Marcel Jeanneney. […] Notre ami paraît, dans ton équipe, incarner un type d'homme dont il semble très utile que demeure assurée la présence au sein des conseils du Gouvernement. Sans s'intituler, avec plus ou moins d'ostentation, gaulliste de gauche, il n'en est pas moins, par ses fibres et ses attaches, un homme de gauche au bon sens du terme. Il est entouré, dans notre intelligentsia, notamment dans le corps des facultés de Droit et de Sciences Économiques et Politiques, d'une estime et d'une considération qui ne sont pas communes. Tout le groupe de normaliens de la jeune génération qui gravite autour de son fils est également des plus sympathiques. Dans l'un et l'autre de ces milieux, son éventuel départ serait considéré pour le gaullisme comme un appauvrissement. » Lettre du 28 mars 1967, dans Georges Pompidou, *Lettres, notes et portraits, 1928-1974*, Paris, Robert Laffont, 2012, p. 390. René Brouillet, né en 1909, entre à la Cour des comptes à sa sortie de Normale. Il est chef adjoint du cabinet de Jules Jeanneney, président du Sénat, en 1939-1940, puis directeur de cabinet du président du CNR, Georges Bidault, en 1943-1944. Il est en août 1944 directeur de cabinet adjoint du chef du GPRF. Secrétaire général du gouvernement tunisien, Brouillet revient auprès du général de Gaulle en 1958 en tant que secrétaire général de la présidence du conseil pour les affaires algériennes, directeur de cabinet du général de Gaulle, président de la République, de 1959 à 1961, avant d'être nommé ambassadeur à Vienne, puis ambassadeur près le Saint-Siège (1963 à 1974).

à la modernité[10]. Toutefois, il rejette l'excès d'élitisme à l'anglaise des collèges tout autant que le morcellement américain par excès de spécialisation[11]. Sa pensée ouverte et évolutive reste attachée au maintien de la hiérarchie, aussi bien entre universitaires (avec un grand respect des mandarins, au moment où les agrégés commencent à fuir le secondaire) qu'entre établissements, et du principe du concours d'agrégation et d'entrée dans les grandes écoles, mais sans dogmatisme, regardant avec méfiance les travers non-méritocratiques des agrégations de médecine et de droit. Toutefois, seuls les systèmes sélectifs trouvent grâce à ses yeux, le reste de l'université lui apparaissant démoli par « l'illusionniste Edgar Faure »[12].

Les grandes écoles : une diversité de compétences au service de la puissance de l'État

Lorsque Georges Pompidou évoque ses conférences de méthode rue Saint-Guillaume, c'est pour dire le plaisir d'enseigner et surtout d'y côtoyer la jeunesse, en l'occurrence dorée et alors très parisienne. Selon Jacques Chapsal « c'est un homme merveilleux, et un merveilleux maître de conférences » et Bernard Chenot l'a connu, très affable, mettant à l'aise les élèves, pédagogue, répondant aux attentes des élèves de Sciences Po en livrant avec un humour distancié des anecdotes, des histoires de pouvoir.

Si la formation délivrée par Sciences Po l'a moins façonné et marqué, elle est sans doute à l'origine de la tentation du service public, non plus dans l'enseignement, mais par l'administration active. D'une génération d'avant l'ENA, Pompidou a très tôt la conviction que les déclinaisons latines ne suffiront à satisfaire ni ses ambitions nourries par la conviction de sa supériorité, ni son goût pour le commandement et la décision, ni même son appétence pour le droit administratif, qu'il apprend vite. Il envisage d'autres

10 « À chaque âge ses capacités et ses responsabilités. Pour nous, il nous appartient d'essayer de construire la France de demain. À vous de vous préparer à la continuer en essayant de concilier la tradition humaniste que vous a transmise l'enseignement secondaire dont vous allez sortir avec ce permanent et profond renouvellement qu'exige notre époque », la leçon fondamentale à retenir de la culture classique étant l'existence d'une hiérarchie des valeurs. Remise des prix du concours général à la Sorbonne, 23 juin 1966, Archives INA.

11 Entretien de Jean-François Saglio avec Vincent Léonard et Noëlline Castagnez-Ruggiu, 5 mars 1998, archives orales de l'Association Georges-Pompidou.

12 Entretien avec Jean-François Saglio, le 13 septembre 2012.

voies que le professorat et évoque une possible candidature au concours de l'inspection des Finances[13]. Son refus du déterminisme social, d'une élite d'héritiers ou d'une société bloquée, est à l'origine de la distance prise par Pompidou à l'égard de la pensée de Taine et de Barrès. Et dans sa sortie de l'orbite socialiste d'un Joseph Paul-Boncour, et au-delà dans sa critique féroce de la classe politique de la défaite, l'analyse du verbalisme et de la faillite des élites joue le premier rôle.

La qualité de « fonctionnaire » a longtemps été réservée aux seuls agents publics investis d'une part de l'autorité et de la puissance publique, exerçant une relation de subordination hiérarchique au sein d'un corps[14]. Paradoxalement, c'est Émile Boutmy, farouchement opposé aux grandes écoles, qui a régénéré leur modèle avec Sciences Po et leur a fourni un argumentaire structuré autour de l'urgence à former des élites « utiles, supérieures et prestigieuses »[15]. Dans les années Pompidou, l'ascension de Sciences Po et d'HEC s'accompagne d'une nette élévation du niveau social de leur recrutement, très centré sur la haute bourgeoisie parisienne, là où Polytechnique se démocratise et où l'université fournit de larges bataillons de cadres moyens à l'administration[16]. Et pourtant la création des IEP de province et de l'ENA, la massification de l'accès aux

---

13 « Ces temps-ci, je suis terriblement occupé par ce que je vais faire. Tout m'ennuie. Voici comment se pose le problème [...] Donc, ou bien l'enseignement ; avantages : les vacances ; ennuis : peu d'argent, boulot emmerdant, situation sociale médiocre (tu ne peux t'imaginer ce qu'un prof a l'air con aux yeux « du monde »). De plus, risque de ne pas préparer de thèse par flemme et alors condamné toute ma vie aux quinze heures et aux copies. Si je fais une thèse, j'attends dix ans un poste, ou alors je m'emmerde sur une thèse de latin et me voilà collé au latin pour le reste de mes jours. Ou bien l'inspection des Finances : avantages : situation matérielle égale au début, vite supérieure. Situation sociale bien plus élevée. Fréquentation du monde. Paris. Possibilité pour mariage comme pour liaison de jolies femmes, très chics. Milieu un peu con mais pas beaucoup plus que l'universitaire moyen. Inconvénients : moins de vacances. Boulot un peu rasoir ou, si je m'y intéresse, risque d'abandonner la culture, d'oublier le grec, de ne plus lire, etc. », lettre de Georges Pompidou à Robert Pujol en 1934, dans Georges Pompidou, *Lettres, notes et portraits, 1928-1974*, *op. cit.*, p. 144-145.

14 Maurice Block, *Dictionnaire de l'administration française*, Paris, Berger-Levrault, 1877, p. 971 et 1057.

15 Cité par Ezra Suleiman, *Les élites en France. Grands corps et grandes écoles*, Paris, Seuil, « Sociologie politique », 1979, p. 37.

16 Antoine Prost, *Histoire générale de l'éducation en France*, tome 4, « L'école et la famille dans une société en mutation », Paris, Nouvelle librairie de France, 1981, p. 398.

études supérieures ont élargi le vivier de recrutement des plus hauts fonctionnaires aux enfants des professions libérales et intellectuelles. La contradiction apparente en démocratie entre la notion de minorité supérieure et l'égalité de la masse des citoyens suppose pour être dépassée la circulation des élites, le changement de composition des groupes dirigeants, le renouvellement sur le critère de la compétence et non de la naissance, du concours et non plus de la recommandation népotiste. Cette volonté de rénover le recrutement et la formation des élites est fortement associée à la pratique gaullienne du pouvoir : en 1944, auprès du ministre d'État Jules Jeanneney, Michel Debré et Jean-Marcel Jeanneney sont chargés de mettre un terme au népotisme de la grande bourgeoisie parisienne et à l'esprit de corps excessivement entretenu par les concours des différents ministères, tout en fournissant aux jeunes hauts fonctionnaires de vrais savoir-faire professionnels adossés à une solide culture générale[17]. L'idée de Michel Debré est de « rajeunir le recrutement de la haute fonction publique et rénover l'enseignement de notre droit public et de l'économie », projets qu'il porte en lui depuis 1937.

En février 1969, Jean Charbonnel, préoccupé des critiques à l'égard de l'ENA, en particulier de l'injustice et de l'arbitraire du concours de sortie, élabore un projet de réforme qui préconise le rétablissement des concours spéciaux, mais débarrassés des travers de la cooptation sociale et de la connivence politique de « hobereaux », sur le modèle peu contesté de celui du Conseil d'État. Comme Normale Sup pour les agrégations, l'ENA assurerait une préparation des candidats sans monopole à cinq concours correspondant aux grandes fonctions de l'État. Viansson-Ponté y accorde une page dans *Le*

---

[17] Dans *Trois Républiques pour une France*, Michel Debré consacre sa cinquième partie « au cœur de l'État ». S'entretenant avec le général de Gaulle en avril 1945 rue Saint-Dominique de ses intentions pour l'administration, Debré le surprend en traçant deux axes majeurs de réformes : « le recrutement de la haute fonction civile et la décentralisation ». Sur l'amélioration de la qualité des élites des corps des ministères et des préfectures, Debré précise que « la plupart seront issus d'une grande école », d'où la nécessité de commencer par créer « une grande École d'administration » pour les futurs jeunes fonctionnaires, reprenant l'ambition de février 1848, de 1871 et de Jean Zay. C'est au cours de ces neuf mois passés au cabinet du Général que Debré fait « la connaissance d'un jeune chargé de mission, ami de René Brouillet, le normalien Georges Pompidou, avec lequel (il) se lie. Sa route croisera la mienne et son intelligence le mènera à un grand destin », cf. *Trois Républiques pour une France. Mémoire*, t. 1, « Combattre », Paris, Albin Michel, p. 364-365.

Monde, ce qui attire l'attention de Pompidou, mais la campagne référendaire éloigne le sujet[18].

L'action de Georges Pompidou dans le domaine de la formation des élites s'inscrit dans le contexte de l'État keynésien. Si Pompidou reste fondamentalement pragmatique, il adhère profondément aux objectifs de croissance, de plein emploi et d'élévation du pouvoir d'achat visés par les modes d'intervention de l'État guidé par l'impératif de modernisation, mais sans sacraliser le plan. Rejetant le malthusianisme, cet éloge de la modernisation a le mérite de légitimer l'action des nouvelles élites technocratiques en donnant une nouvelle jeunesse à une forme d'élitisme capacitaire dépassant le clivage droite/gauche[19]. Partant du présupposé du retard et de l'incapacité des entreprises françaises à le rattraper d'elles-mêmes, l'État doit se faire instituteur de l'industrie, en mettant à profit l'homogénéité des élites dirigeantes issues des mêmes grands corps (Mines, Ponts, inspection des Finances) pour accélérer fusion, investissement, ouverture et grands projets productifs mobilisateurs. Ce « rural de souche et universitaire de formation » est le premier homme d'État français à tenir un discours industrialiste cohérent en insistant à la fois sur la reconversion des mentalités de la fonction publique et sur la conciliation souhaitable de l'intérêt général et des intérêts privés[20]. Le rapport Montjoie-Ortoli, qu'il commande en tant que Premier ministre, pointe comme « facteur essentiel » du développement « l'existence et la diffusion, dans l'ensemble de la société, d'une mentalité, d'un état esprit d'industriel »[21]. Cette conviction de Pompidou est telle qu'il emprunte parfois

---

18 « Elle n'est pas mauvaise, votre idée ! Qu'en pense Bernard Chenot ? » « Il est tout à fait pour ». « Il faudrait que vous m'en reparliez ». Entretien de l'auteur avec Jean Charbonnel, le 13 septembre 2012.

19 Simon Nora, « Servir l'État », *Le Débat*, n° 40, mai-septembre 1986, p. 102. Le rapport Rueff-Armand synthétise le credo de ce camp de la modernisation qui regroupe selon Michel Winock « tous les spectateurs du progrès, les ingénieurs saint-simoniens, les polytechniciens, les amis du genre humain, les curés progressistes, les femmes savantes, les élèves de l'ENA, les constructeurs d'automobiles, les syndicalistes, les lecteurs de Fourastié, les économistes de la croissance, les chanteurs marxistes, les professeurs keynésiens, les sidérurgistes, les fonctionnaires de l'INSEE, les journalistes du *Monde*, les éditions du Seuil et les militants du *birth control* », cité par Pierre Rosanvallon, *L'État en France de 1789 à nos jours*, Paris, Seuil, « Points. Histoire », 1990, p. 259.

20 Discours à l'assemblée des CCI, *Le Monde*, 1er mars 1969, p. 20.

21 Rapport Montjoie-Ortoli, *Le développement industriel*, 1968, p. 43.

un ton lyrique peu habituel dans sa bouche. Ainsi face aux centraliens en octobre 1969, il évoque la « vocation » et même la « religion » de l'industrie, en un véritable appel au rôle social de l'ingénieur[22]. Résolument hostile aux prophéties millénaristes du Club de Rome, il rejette le malthusianisme de la croissance zéro au profit d'une croissance « vigoureuse », du pari d'une nouvelle révolution industrielle seule apte à renouveler les atouts nationaux[23]. De même à HEC, il salue « la jeunesse intelligente, éclairée, entreprenante, qui entre dans cette école après un concours difficile et qui en sort après trois années d'études étendues et approfondies, [qui] est appelée, j'en suis convaincu, à encadrer et à conduire une des plus fécondes réussites de ce temps, je veux dire celle de la France comme grande puissance économique moderne au sein d'une Europe qui doit s'unir et d'un monde avide de progrès. » Les élites politiques et intellectuelles sont seules aptes à mener la France vers une modernité non réduite au machinisme, au progrès fondé sur le développement des recherches scientifiques et de leurs applications techniques[24].

Les grands corps, point d'appui de la modernisation et de l'industrialisation

Dans les dernières pages de *Mon général*, Olivier Guichard rappelle qu'en 1945, lorsque René Brouillet avait

> amené Pompidou au cabinet du Général, (c'était) pour suivre les questions d'éducation nationale. [...] Puis le jeune normalien était devenu maître des requêtes. Sa formation se complétait, il avait un peu de temps parce qu'il travaillait vite, tout le monde l'aimait bien : le Général en fit son cabinet civil à lui tout seul [...] Ce normalien passionné de poésie, qui avait été pédagogue, qui avait appris l'administration au Conseil d'État puis les finances à la banque Rothschild, et dont il aimait depuis douze ans la qualité et la discrétion, lui paraissait un homme irremplaçable[25].

---

22 Georges Pompidou, Allocution pour l'inauguration de l'École Centrale à Châtenay-Malabry, 17 octobre 1969.

23 Georges Pompidou, Conférence de presse du 21 septembre 1972.

24 Allocution prononcée à l'inauguration de l'École des Hautes Etudes Commerciales à Jouy-en-Josas le 9 juillet 1964, dans Georges Pompidou, *Entretiens et discours, 1968-1974*, Paris, Plon, 1975, p. 219-220.

25 Olivier Guichard, *Mon Général*, Paris, Grasset, 1980, p. 444-445.

Lors de son allocution à l'audience solennelle de la Cour des comptes le 24 septembre 1969, Pompidou expose sa volonté de réformer l'administration en la plaçant au service de tous[26]. Georges Pompidou établit un lien entre les simplifications administratives indispensables à l'intérêt des administrés et l'amélioration de l'enseignement du droit administratif à l'ENA : il exhorte les futurs maîtres qui se lèveront dans les grandes écoles à « chasser des esprits qu'elles forment le goût de la complexité et de l'abstraction » ; elles doivent être au contraire, pour les futures élites administratives, un instrument d'apprentissage des « recettes d'une action, économe du temps et des moyens de tous, destinée à aider et non à entraver », bref, un enseignement « clair, précis, utile, et finalement humain »[27]. Devant « le premier Corps de l'État », le Conseil d'État, le 28 avril 1970, Georges Pompidou salue l'évolution de la jurisprudence des sages du Palais-Royal au profit de la protection des libertés individuelles des citoyens, mais avec le souci de l'équilibre entre cette préoccupation légitime et le maintien de l'efficacité de la puissance publique dans ses interventions démultipliées par l'expansion économique[28]. L'esprit de réforme et de renouvellement est à nouveau au cœur de son allocution aux corps constitués du 1er janvier 1973. Évoquant le proche renouvellement du personnel parlementaire à la faveur des élections à l'Assemblée nationale, il fait le vœu d'une adaptation de l'administration au monde moderne, mais dans le respect de l'obligation de réserve qui lie les serviteurs de l'État Républicain[29].

La composition des cabinets de Georges Pompidou est marquée par une grande stabilité, une continuité avec ceux du Général, et par la présence de collaborateurs représentant toute la diversité des grands corps, issus des grandes écoles ou agrégés, recouvrant aussi une large palette politique, des mendésistes

---

26 « L'autorité que vous avez gagnée, vous engage sans retour sur le chemin du service public, et plus encore le service de tous », et il leur demande de « mettre tout cela » conscience, ingéniosité, expérience, au service de « la simplification de l'administration et, par voie de conséquence, de la vie quotidienne de nos concitoyens », Archives Nationales, 5AG2/1089.

27 Allocution prononcée à l'audience solennelle de la Cour des comptes le 24 septembre 1969, Georges Pompidou, *Entretiens et discours*, *op. cit.*, p. 136.

28 *Ibid.*, p. 137.

29 *Ibid.*, p. 147.

tels Michel Jobert et Bernard Ésambert aux gaullistes historiques[30]. Une forme de renouvellement notable est apportée par une présence féminine marquée, avec Simonne Servais, Anne-Marie Dupuy ou Marie-France Garaud. Georges Pompidou aborde explicitement la question du renouvellement des élites par la place accrue faite aux femmes lors de la campagne présidentielle de 1969[31].

Georges Pompidou et le renouvellement de la circulation territoriale des élites au sein de la nouvelle République

Si Georges Pompidou entend préserver le modèle républicain français fondé sur le recrutement des élites par les concours et leur formation au sein des grandes écoles, sa conviction modernisatrice le pousse à les renouveler et à les rajeunir en favorisant la circulation territoriale des élites provinciales par la déconcentration administrative, la régionalisation universitaire et l'attention portée aux jeunes élus provinciaux.

Déconcentrer l'administration : la réforme et les préfets en action

Les hauts fonctionnaires n'ont pas montré d'emblée un attachement majoritaire à la nouvelle République gaullienne, ce qui ne contredit pas la montée en puissance générationnelle des énarques au sein du personnel politique, des entourages et des milieux ministériels[32]. Au cabinet de Georges Pompidou,

---

[30] Comme l'a très clairement souligné Sabrina Tricaud, *L'entourage de Georges Pompidou : Institutions, hommes et pratiques*, thèse pour le doctorat en histoire, sous la direction de Gilles le Béguec, Université de Nanterre, 2011.

[31] Au cours de l'entretien télévisé du 23 mai 1969, en réponse à une question d'Annick Beauchamp, Georges Pompidou affirme sa croyance en la libération de la femme par le vote et surtout par l'éducation qui lui donne dans le travail un rôle croissant. Il appelle les femmes à faire valoir leur droit à la formation et rappelle que dans son entourage, il a toujours donné aux femmes des « postes très importants : le chef de mon cabinet, le chef de mon service parlementaire, le chef de mon service de presse » à Matignon étaient trois femmes. Il évoque également la présence au gouvernement de la secrétaire d'État aux Affaires sociales, Marie-Madeleine Dienesch, sans noter le fait qu'elle est l'unique femme ministre. Jean-François Saglio confirme qu'il approuve immédiatement l'idée d'ouvrir Polytechnique aux femmes.

[32] Luc Rouban, « Le gaullisme des hauts fonctionnaires », *Vingtième siècle. Revue d'Histoire*, n° 116, octobre-décembre 2012, p. 37-51.

le travail est très segmenté, distribué savamment par Michel Jobert ; Paul Masson[33] et Jacques Corbon[34] sont en charge des relations avec le corps préfectoral. Selon Robert Poujade, Pompidou « avait l'œil sur les affaires, sur les mouvements préfectoraux », tout en étant « sans illusion sur les hommes : la fonction étant de serviteur de l'État au bon sens du terme, un préfet devait être avant tout un fidèle serviteur, afin de ne pas avoir à s'interroger sur son degré de loyauté ». Il apprécie beaucoup le très dévoué Somveille, directeur de cabinet de Maurice Papon puis de Maurice Grimaud, conseiller technique au cabinet de Pompidou à Matignon[35].

En revanche, Georges Pompidou n'est pas viscéralement attaché aux collectivités territoriales ni aux élus locaux. Il tente même de dissuader Robert Poujade de briguer un mandat municipal : « Ne vous engluez pas dans les affaires locales, vous manquerez à un destin national. Méfiez-vous ![36] » Et pourtant, Georges Pompidou entretient des relations apaisées avec les notables, plus conciliantes que celles du général de Gaulle, souhaitant même que la France ne fût pas la « République des ingénieurs, des technocrates, ni même des savants, mais des "politiques" au sens vrai du terme, de ceux pour qui les problèmes humains l'emportent sur tous les autres, ceux qui ont de ces problèmes une connaissance concrète, née du contact avec les hommes, non d'une analyse abstraite ou pseudo-scientifique de l'homme »[37].

Plutôt qu'une décentralisation résolue, il préfère envisager des voies de contournement pour renouveler et diversifier les élites : la déconcentration préfectorale, la régionalisation universitaire et l'appui sur les forces vives de la société avec le Conseil économique et social et les Comités d'expansion. L'enjeu est de doter la France industrialisée des élites technologiques nécessaires à son expansion.

---

[33] René Bargeton, *Dictionnaire biographique des préfets (septembre 1870-mai 1982)*, Paris, Archives Nationales, 1994, p. 386-387.

[34] Secrétaire général de la conférence d'Évian, chargé de mission au cabinet du Premier ministre en juin 1964, préfet du Cantal en 1967. René Bargeton, *Dictionnaire biographique des préfets (septembre 1870-mai 1982), op. cit.*, p. 167.

[35] Avant de diriger le cabinet de Raymond Marcellin et de finir sa carrière à la préfecture de Provence Alpes Côte d'Azur de 1981 à 1986. Préfecture de police, E A/178 II. René Bargeton, *Dictionnaire biographique des préfets (septembre 1870-mai 1982), op. cit.*, p. 508.

[36] Entretien avec Robert Poujade le jeudi 20 septembre 2012.

[37] Georges Pompidou, *Le Nœud gordien*, Paris, Plon, 1974, p. 202.

Diversifier les élites territoriales par la formation régionale et technologique

La démocratisation passe avant tout par la couverture du territoire national par les collèges et lycées et par la réhabilitation d'un enseignement technologique culturellement moins inégalitaire dans ses prérequis. Les outils de cette démocratisation sont une décentralisation sans saupoudrage, dotant chaque chef-lieu de région d'une université, et les départements d'antennes de proximité qui viendront compléter le réseau des Instituts universitaires de technologie. Ainsi lors de sa conférence de presse du 22 septembre 1969, Georges Pompidou en appelle-t-il non seulement à orienter le plus possible notre jeunesse vers l'industrie, « lui donner une formation professionnelle adaptée », mais aussi à « instaurer et favoriser l'esprit d'initiative et l'imagination »[38].

Pour moderniser l'enseignement supérieur, Michel Debré a poussé à la création de nouvelles universités dans les anciens entrepôts de Paris, sur la Loire et sur la Seine, à Orléans et à Rouen[39]. Mais la volonté de sélection se heurte au souhait de Christian Fouchet de continuer à développer grâce à la décentralisation régionale. Georges Pompidou craint avant tout l'engorgement des facultés par des bacheliers en échec en licence, et entend « canaliser le flot d'étudiants » vers la satisfaction des besoins économiques en freinant l'éparpillement des implantations universitaires et en réorientant les moyens

[38] « Il faut surtout aider l'industrie, ce qui veut dire lui donner les moyens matériels, financiers, de se développer, ce qui suppose une politique fiscale, une politique de crédit, une politique de l'épargne qui favorise l'investissement. Il faut ensuite lui donner les moyens humains ce qui suppose depuis le collège technique jusqu'aux grandes écoles en passant par les Instituts universitaires de technologie, d'orienter le plus possible notre jeunesse vers l'industrie, de lui donner une formation professionnelle adaptée, de faire que cette formation professionnelle puisse sans cesse être reprise par un contact permanent. Il faut ensuite donner à cette industrie les moyens, je dirais psychologiques de son développement, en la libérant des contraintes excessives des contrôles *a priori*, aussi bien dans le secteur privé que dans le secteur public, et instaurer et favoriser l'esprit d'initiative et l'imagination, à condition qu'à tous les échelons de ces entreprises on soit pénétré de l'indispensable notion de rentabilité et non pas simplement de rentabilité immédiate, financière, matérielle, mais aussi de rentabilité à court terme, technique, intellectuelle, par la recherche notamment », conférence de presse du président Pompidou le 22 septembre 1969 au palais de l'Élysée.

[39] Fonds Michel Debré, Centre d'histoire de Sciences Po, 2DE/41, Étude de la carte universitaire du 15 avril 1961.

en faveur de l'enseignement technique et des écoles professionnelles[40] afin d'éviter que démocratisation ne rime avec sélection par l'échec. Toutefois, Georges Pompidou souhaite que chaque région de programme bénéficie de la « presque totalité des enseignements », déclinés en centres universitaires départementaux. En revanche, il n'aime guère les grands campus à l'américaine, extraire les étudiants hors de la ville et de la vie sociale, ce qui ne favorise pas la croissance de « l'Oxford français » orléanais, d'autant que le recteur Antoine « sent le fagot ».

En effet, la décentralisation est pour Georges Pompidou le pendant de la simplification des règles administratives et du renouvellement du personnel de la haute fonction publique, compléments naturels de l'efficacité redoublée des interventions d'un État désormais doté de stabilité institutionnelle[41].

Rajeunir la classe politique provinciale ?

La volonté de renouvellement des élites de Georges Pompidou passe également par l'attention bienveillante qu'il accorde aux parlementaires néophytes[42], et par le suivi de l'Opération Jeunes loups et la majorité pompidolienne : ces scènes de la vie politique de province d'Oc se déroulent sous « l'œil de l'homme du Massif central ». Georges Pompidou a en partage avec Edgard Pisani la conviction de la fin inéluctable des vieilles élites, de la France des notables élus de cantons ruraux. Afin de renouveler le vivier politique, mais aussi pour contrecarrer l'influence de Michel Debré sur la majorité, il montre d'abord son intérêt pour les jeunes gaullistes, levier important de conquête de l'influence. Pierre Juillet l'incite à s'occuper des jeunes, il participe au banquet de l'UJP le 21 mars 1968 et soutient Jean Charbonnel dans la remise en ordre de ce mouvement, appuyant son choix de Robert Grossmann. Mais les relations de Pompidou avec l'UJP sont vite devenues « incertaines, car elle n'était pas fondamentalement pompidolienne et certains ont été tentés

---

40 Archives Nationales, 564AP/6, Lettre de Georges Pompidou à l'Éducation nationale du 21 juin 1963.

41 Allocution prononcée à l'occasion de la présentation des vœux des corps constitués, 1er janvier 1972, Georges Pompidou, *Entretiens et discours, 1968-1974*, *op. cit.*, p. 144.

42 Entretien avec Olivier Stirn, le 18 octobre 2012.

de prendre parti dans la querelle d'humeurs et de tempéraments entre De Gaulle et Pompidou »[43]. Si ce dernier n'a « jamais été porté sur le jeunisme », il a porté un regard attentif et une sympathie amusée sur l'opération des « Jeunes loups », en terre de mission dans l'ensemble des terres d'Oc, du Limousin au Quercy.

Conclusion

S'interroger sur la formation et le renouvellement des élites politico-administratives en France, c'est tenter de mieux appréhender la nature de l'État dans un pays où, comme le rappelait après d'autres Georges Pompidou, son action uniformisatrice a d'abord précédé et favorisé l'émergence d'une nation, puis a pris en mains la reconstruction et l'industrialisation du pays, au prix d'une interpénétration des élites publiques et privées[44]. Mais la question devient particulièrement complexe dès lors que l'homme d'État en question s'est défini lui-même comme « le dernier libéral », héritier de Montaigne et de Tocqueville, tout en s'inscrivant dans les traces du général de Gaulle, identifié à la restauration de l'autorité de l'État. L'une des clés d'interprétation réside sans doute dans l'idée de modernisation, de renouvellement et de rajeunissement, qui trace une continuité incontestable entre la geste gaullienne et le pragmatisme pompidolien. Pourquoi Pompidou s'est-il senti « appelé » vers cette ambition publique, cette fonction dirigeante alors que la « tentation de la Provence » exerçait ses puissants attraits, de la fréquentation des jeunes aux larges loisirs culturels autorisés par l'enseignement ? Sans doute, sa conception du rôle des élites méritocratiques au sein d'une nation démocratique, de leur responsabilité particulière et historique s'est-elle forgée sous le trauma du moment 1940, en une retraite au pont de Sully-sur-Loire qu'a éprouvée, au même moment mais bien plus jeune, Jean Charbonnel[45]. Finalement, le basculement du jeune professeur socialiste fraîchement émoulu de Normale, admirateur de Paul-Boncour, en un collaborateur fidèle du général de Gaulle

---

43 Entretien avec Robert Poujade, le 20 septembre 2012.

44 Pierre Birnbaum, *Les sommets de l'État. Essai sur l'élite du pouvoir en France*, Paris, Seuil, « Points. Politique », 1977.

45 Entretien avec Jean Charbonnel, le 13 septembre 2012.

n'est-il pas en grande partie interprétable sous cet angle de la capacité d'un régime politique à recruter, éduquer, renouveler et rajeunir ses élites tout en suscitant leur adhésion et leur mobilisation autour d'objectifs ambitieux de modernisation du pays et de l'État[46] ?

Premier et seul chef de l'État universitaire, Georges Pompidou est aussi pleinement intégré aux élites parisiennes que sensible aux talents ignorés en Province, en un classicisme modernisateur fidèle à la tradition méritocratique, mais attentif aux formes possibles de régénération humaine des sommets de l'État, « sorte de Jerphanion se métamorphosant en Jallez, en un parcours le menant du statut de boursier à celui d'héritier »[47]. Désireux d'assurer « le progrès dans l'ordre », Pompidou est avant tout un réformiste traditionaliste, soucieux de « trouver en toutes choses un équilibre », un libéral pessimiste déterminé à agir pour acclimater la modernité à la société traditionnelle par l'action vigoureuse[48]. Ce balancement entre le bon sens et l'esprit révolutionnaire, il y voit l'esprit profondément français dans sa difficile et chaotique recherche d'un subtil équilibre entre l'autorité et les libertés, idée qu'il développe tant à l'occasion du centenaire de l'École des sciences politiques le 8 décembre 1972 que devant les corps constitués le 1er janvier 1970.

---

46 Brossant en 1958 pour ses carnets un portrait du général de Gaulle, Georges Pompidou distingue les catégories d'opposants auxquelles il s'est heurté, et insiste sur ceux qu'il appelle « normaux », les conservateurs, « espèce variée » qui va des réactionnaires hostiles à 1789 à « ceux qui haïssent le mouvement, qui, installés dans un ordre social donné, ne craignent qu'une chose, c'est qu'il soit troublé », catégorie qui recouvre l'essentiel des élites traditionnelles : « Cette catégorie englobe à peu près tous les cadres de la nation, notamment les cadres élus. Parlementaires et notamment chefs de partis, représentants officiels des syndicats patronaux, ouvriers ou paysans, des anciens combattants et des professions libérales, des étudiants comme de la fonction publique, des gens de lettres comme des petites et moyennes entreprises, tous ces cadres, élus ou cooptés, sont unis dans la même complicité par la peur du changement. C'est pourquoi le gaullisme leur est étranger et ils ne s'y rallient qu'un court moment, dans les périodes où l'ordre social leur paraît au bord de la subversion ». Cf. *Lettres, notes et portraits*, *op. cit.*, p. 281-282.

47 Selon la formule de Jean-François Sirinelli, « Un boursier conquérant », dans Jean-Claude Groshens, Jean-François Sirinelli (dir.), *Culture et action chez Georges Pompidou*, Paris, Presses universitaires de France, « Politique d'aujourd'hui », 2000, p. 15-22.

48 Henri Domerg, cité par Stéphane Rials, *Les idées politiques du Président Georges Pompidou*, Paris, Presses universitaires de France, 1977, p. 43.

La formation des élites est bien ce miroir d'une nation analysé par Pierre Legendre à partir du cas de l'ENA, cette « école de jalousie pour fils et filles de chefs. Atelier des futurs rentiers du pouvoir, mais aussi instrument de démocratie, qui si souvent en France signifie démocratisation des privilèges par collage à la fonction publique, [...] point de mire [...] qui reçoit des coups sans succomber, [...] qui « porte le chapeau » dans les moments difficiles, mais reste le vivier où les chefferies de la bureaucratie, publique ou privée, viennent puiser », sous les railleries de « prébendiers universitaires ». Et de s'interroger : « que comprennent les élites des pouvoirs en France, au-delà de suivre le courant au jour le jour ? Croient-elles à la formation cohérente, anticipatrice, non ignorante du tréfonds des traditions qui portent la planète et dessinent ses conflits[49] ? » Loin de ces critiques, Georges Pompidou est toujours resté fidèle à une certaine idée de la méritocratie républicaine, artère la plus naturelle pour revivifier la circulation des élites françaises. Jamais il ne l'a exprimé plus clairement que lors de sa visite à la Société des agrégés le 15 janvier 1968, à l'occasion du double anniversaire du cinquantenaire de la Société et du bicentenaire de l'agrégation. Alors que le président Guy Bayet préconise une réforme du concours, il affirme avec force que l'agrégation doit rester « un concours comportant un minimum de culture générale, une certaine ouverture sur l'enseignement, mais ce doit être surtout un concours difficile, car, pour nous Français, le concours est la forme la plus juste de la promotion sociale »[50].

Un demi-siècle après, à l'heure où la confiance dans la capacité des élites à remettre le pays dans les voies du progrès s'étiole, où le conformisme des enseignements et du rang de sortie à l'ENA a conduit à sa suppression démagogique, où les dérives gestionnaires de Sciences Po sont abondamment dénoncées, où les HEC investissent tous les lieux de pouvoir, privé comme public, le modèle universitaire anglo-saxon remet en question la traditionnelle fracture française entre grandes écoles et universités. La contestation de la formation des élites est devenue une question mondiale et un thème politique majeur, reflet dans l'univers scolaire de l'explosion contemporaine

49 Pierre Legendre, *Miroir d'une nation. L'École Nationale d'Administration*, Paris, Mille-et-une Nuits, 1999, p. 11 et 41.

50 Archives INA, visite à la Société des Agrégés le 15 janvier 1968.

des inégalités sociales[51]. Ne serait-ce pas le moment de réfléchir aux moyens de donner sa chance à la jeunesse, comme Georges Pompidou y incitait en 1969, interrogé par Jacqueline Baudrier : « la jeunesse n'est pas un état, c'est un passage, et très court. L'inévitable est sur elle suspendu ». Il s'agit de « faire comprendre aux jeunes gens que la société a envers eux des devoirs de formation, formation intellectuelle, formation technique, formation civique [...] Quant à la comprendre, la jeunesse, je crois que l'essentiel, au fond, c'est de l'aimer, c'est-à-dire de rester jeune »[52].

51 Bruno Belhoste, « Entre souplesse pédagogique et poids des traditions. Universités et grandes écoles », *Le Monde*, 15 novembre 2012, p. 18.

52 « Conférence de presse tenue à l'Élysée le 10 juillet 1969 », *Entretiens et discours, 1968-1974*, *op. cit.*, p. 205-206.

Georges Pompidou et les enseignements techniques et professionnels

Stéphane Lembré

Dans un discours prononcé à l'occasion de l'inauguration du lycée technique d'Albi, le 15 mai 1964, Georges Pompidou notait l'ampleur des mutations en cours dans le monde scolaire, et notamment pour l'enseignement secondaire, dont les effectifs étaient passés de 440000 élèves en 1939 à 1,8 million à peine un quart de siècle plus tard. Pour le seul enseignement technique, le nombre d'élèves atteignait 510000, alors qu'il n'était que de 70000 avant la Deuxième Guerre mondiale. Le Premier ministre, rappelant à la fois sa jeunesse tarnaise et sa connaissance du monde éducatif, affirme par la même occasion une conception de l'enseignement technique, « qui ne doit pas apparaître comme destiné à recueillir ceux qu'a rejetés l'enseignement général, mais comme un enseignement essentiel préparant aux carrières et donnant la formation dont la civilisation moderne a le plus besoin »[1].

Au jeu des coïncidences chronologiques, il serait aisé d'observer que Georges Pompidou est né en 1911, l'année de la création du Certificat de capacité professionnelle, précurseur du Certificat d'aptitude professionnelle (CAP) dont le rôle fut structurant pour l'enseignement professionnel français au XXe siècle. Néanmoins, au terme d'études bien éloignées des enseignements techniques et professionnels et couronnées par l'entrée à l'École normale supérieure et l'obtention de l'agrégation de lettres classiques, la jeunesse du futur président de la République le classe parmi les « brillants élèves » symboles des humanités classiques. Si ce parcours académique d'excellence le rendait certainement étranger à des enseignements définis par leur visée professionnelle et leurs contenus ajustés de manière plus ou moins étroite à un métier ou une famille de métiers, y fut-il toutefois indifférent durant sa carrière professionnelle et dans l'exercice de responsabilités politiques au plus haut niveau ? En tant que fils d'enseignants, devenu lui-même professeur

---

1 Cf. Annexe 2, p. 175.

de français, latin et grec d'abord au lycée Saint-Charles à Marseille puis en classe préparatoire au lycée Henri-IV à Paris, Georges Pompidou a certes peu d'occasions de découvrir ces enseignements, si l'on excepte la préparation d'élèves à l'École coloniale, dont les futurs diplômés pouvaient certes espérer des carrières dans l'administration des territoires sous domination coloniale, mais étaient aussi susceptibles, pour certains d'entre eux, d'occuper des postes d'encadrement dans des entreprises commerciales ou industrielles actives dans ces territoires[2]. Sa carrière au Conseil d'État ou dans la banque ne l'y prédispose sans doute pas davantage.

Pourtant, le Premier ministre nommé en avril 1962 par le général de Gaulle fut vite confronté aux implications de la réforme enfin engagée en 1959 par le ministre de l'Éducation nationale Jean Berthoin. L'ordonnance du 6 janvier 1959 portait l'obligation d'instruction de 14 à 16 ans pour les enfants nés après le 1er janvier 1953, tandis que le décret daté du même jour réformait le second degré et transformait le paysage éducatif français. En tant que Premier ministre, la mesure de son rôle est toutefois rendue difficile, tant il se trouve encadré par la politique éducative gaullienne d'une part – sur laquelle il put parfois peser[3] – et par le volontarisme de Michel Debré, son prédécesseur au poste de Premier ministre avant de devenir l'un de ses ministres, en matière de formation professionnelle continue mais aussi initiale[4]. Jusqu'en 1974, dans l'exercice de ses mandats de Premier ministre puis de président de la République, Georges Pompidou est bien l'un des acteurs

---

[2] Timothy Collier, *L'École coloniale : la formation des cadres de la France d'outre-mer, 1889-1959*, thèse de doctorat en histoire du droit sous la direction d'Éric Gasparini et de Jean-Louis Mestre, Université d'Aix-Marseille, 2018 ; Pierre Singaravélou, *Professer l'Empire. Les « sciences coloniales » en France sous la IIIe République*, Paris, Publications de la Sorbonne, « Histoire contemporaine », 2011.

[3] Antoine Prost, « Décision et non-décision gouvernementale. La politique gaullienne d'éducation de 1962 à 1968 », dans *Éducation, société et politiques. Une histoire de l'enseignement de 1945 à nos jours*, Paris, Seuil, « XXe siècle », 1992, p. 114-132 ; Bruno Poucet, « Un enseignement pour une seule jeunesse », dans Fondation Charles de Gaulle, *Charles de Gaulle et la jeunesse, actes du colloque international organisé par la fondation Charles De Gaulle*, Paris, Plon, 2005, p. 257-276 et p. 592-596 ; Claude Lelièvre, « La politique éducative durant la période gaullienne (1958-1969) », *Carrefours de l'éducation*, n° 53, 2022, p. 127-136.

[4] Pierre Benoist, « Michel Debré et la formation professionnelle, 1959-1971 », *Histoire de l'éducation*, n°101, 2004, p. 35-66.

d'une période de transformations majeures des enseignements techniques et professionnels français, que son rôle apparaisse directement ou qu'il soit perceptible à travers l'action, les notes voire les témoignages de ses ministres ou de ses collaborateurs[5].

À la croisée de la politique éducative et de la politique économique, les enseignements techniques et professionnels, par-delà la diversité de ceux-ci[6], méritent attention pour au moins trois raisons qui traversent les années 1960 jusqu'au début des années 1970. D'abord, la période est marquée par la fin de l'autonomie de l'administration de l'enseignement technique, qui avait constitué peu à peu une filière allant de l'enseignement professionnel et des formations par apprentissage au niveau CAP, jusqu'aux écoles techniques supérieures. La décision d'une réorganisation des directions du ministère de l'Éducation nationale crée une rupture qui s'est d'ailleurs répercutée sur l'historiographie de l'enseignement technique, parfois peu soucieuse d'interroger cette césure de 1960, mais aussi probablement trop prompte à opposer un « âge d'or » des années 1950 et une « relégation » à partir des années 1960 et 1970. La pression démographique, la croissance économique et le changement technologique permettent d'identifier un deuxième enjeu : celui de l'orientation professionnelle et scolaire, irréductible à une gestion mécanique de flux entre besoins d'emplois et offre de formation dans une perspective étroitement adéquationniste, mais dans laquelle les enseignements techniques et professionnels jouent un rôle déterminant. Enfin, les places respectives de la formation en école et en entreprise forment une troisième question cruciale, induisant des choix politiques sous contrainte – à commencer par celle, incontournable, des capacités d'accueil de ces enseignements, tant en matière de recrutement d'enseignants que de constructions scolaires, au risque de contrarier la « scolarisation des apprentissages »[7] résolument engagée après 1945.

---

5 Sabrina Tricaud, Émilie Willaert, « Les cabinets de Georges Pompidou à Matignon et à l'Élysée (1962-1974) », *Histoire@Politique*, n° 8, 2009 (disponible en ligne).

6 En laissant ici de côté les enseignements agricoles : voir Thérèse Charmasson, Anne-Marie Lelorrain, « Georges Pompidou et l'enseignement agricole », dans Gilbert Noël, Émilie Willaert (dir.), *Georges Pompidou et le monde des campagnes, 1962-1974*, Bruxelles, Peter Lang, 2007, p. 159-183.

7 Antoine Prost, *Histoire générale de l'enseignement et de l'éducation en France, t. 4. L'École et la famille dans une société en mutation (depuis 1930)*, Paris, Perrin, 2004, p. 625.

Les politiques menées durant un peu plus d'une décennie peuvent être restituées en distinguant – et sans sous-estimer leurs liens évidents – l'enseignement technique supérieur, qu'il prenne la forme de grandes écoles ou de structures universitaires, puis l'enseignement technique du second degré et ses établissements en plein essor dans une période de massification rapide des effectifs, enfin les formations par apprentissage, associant l'école et l'entreprise, dont le gouvernement de Jacques Chaban-Delmas, nommé Premier ministre par Georges Pompidou, entreprend d'enrayer le déclin.

Le besoin d'ingénieurs et de techniciens

Le temps de la reconstruction achevé, la modernisation du pays et sa croissance économique au sein des pays industrialisés requièrent une main-d'œuvre à différents niveaux de qualification. Dès ses débuts, le Plan s'intéresse à cette question de la qualification, malgré la priorité initialement donnée à l'équipement et à l'industrie lourde. La situation en France au milieu des années 1950 reste celle d'une population active faiblement diplômée et qualifiée : plus de 4 actifs sur 5 (86%) n'ont soit aucun diplôme (43,3%), soit seulement le certificat d'études (42,3%) ; moins de 3% sont bacheliers et seulement 6,1% possèdent un diplôme professionnel[8]. En 1955, seuls 9,9% des ouvriers qualifiés et 9,3% des contremaîtres possèdent un CAP. Le manque de main-d'œuvre qualifiée est déploré par Georges Pompidou lui-même lors d'un débat sur la politique économique à l'Assemblée nationale, le 14 mai 1963 : le Premier ministre présente cette situation comme un argument puissant pour le développement volontariste de l'enseignement technique[9]. L'essor et la structuration de ce dernier dans les décennies antérieures ont toutefois conduit à l'existence d'une filière disposant d'établissements et de diplômes à différents niveaux, du CAP jusqu'aux diplômes d'ingénieurs, si bien qu'une distinction des différents « étages » de l'enseignement technique s'avère indispensable pour apprécier les transformations.

---

8 Claude Thélot, Olivier Marchand, *Le travail en France, 1800-2000*, Paris, Nathan, « Essais et recherches », 1997, p. 95-96.

9 *Journal Officiel de la République Française. Comptes-rendus des débats parlementaires*, intervention du Premier ministre Georges Pompidou à l'Assemblée nationale, séance du 14 mai 1963, p. 2892.

C'est d'abord au niveau des formations d'ingénieurs et de techniciens qualifiés que les besoins sont le plus affirmés. À l'image d'Alfred Sauvy réclamant une véritable « croisade »[10] en faveur de l'enseignement technique afin de pourvoir la France des ingénieurs dont elle a et aura besoin, le constat du nombre insuffisant d'ingénieurs formés en France est établi dans les années 1950 dans le sillage de prévisions d'augmentation de leur nombre déjà formulées dans le plan Monnet en 1946. Lors du colloque de Caen de novembre 1956, un appel est lancé pour tripler les promotions d'ingénieurs et créer des écoles d'ingénieurs en province. Le IIIe Plan (1958-1961) recommande l'augmentation du nombre d'ouvriers spécialisés et qualifiés, et insiste sur les besoins en ingénieurs, techniciens et cadres. En considérant ces besoins, plusieurs institutions sont successivement créées, qui concilient diversement science et technique. Après les Écoles nationales supérieures d'ingénieurs (ENSI), créées par le décret du 16 janvier 1947 et dont certaines sont regroupées au sein des Instituts nationaux polytechniques (INP) de Grenoble, Lorraine et Toulouse, la fondation de l'Institut national des sciences appliquées de Lyon, par la loi du 18 mars 1957, marque une étape importante. Sous l'impulsion du directeur de l'Enseignement supérieur Gaston Berger et de son premier directeur Jean Capelle, cet établissement est censé former un millier d'ingénieurs et techniciens hautement qualifiés par an. Le soutien des gouvernements au développement des formations d'ingénieurs correspond à l'intérêt que manifeste Georges Pompidou pour le rôle de l'ingénieur, capable de concrétiser les avancées scientifiques et de les mettre au service de la société[11]. Aussi la création des Instituts universitaires de technologie (IUT) par le décret du 7 janvier 1966 s'inscrit-elle dans une politique volontariste, privilégiant les liens avec le monde professionnel plutôt que la proximité avec les universités[12].

---

[10] Alfred Sauvy, *La montée des jeunes*, Paris, Calmann-Lévy, « Questions d'actualité », 1959, p. 179.

[11] Pascal Griset, « Introduction », dans Pascal Griset (dir.), *Georges Pompidou et la modernité. Les tensions de l'innovation, 1962-1974*, Bruxelles, Peter Lang, 2006, p. XX.

[12] Pierre Benoist, *Une histoire des instituts universitaires de technologie (IUT)*, Paris, Classiques Garnier, « Histoire des techniques », 2016 ; Michel Le Nir, Jean-Yves Séguy, « Ouvrir l'université sur le monde économique et instaurer une orientation rationnelle : aux origines de la création des IUT », *Carrefours de l'éducation*, n° 45, 2018, p. 115-127 ; Michel Le Nir, Jean-Yves Séguy, « Les IUT à leur création : des laboratoires d'innovations institutionnelles et pédagogiques », *Cahier de la recherche sur l'éducation et les savoirs*, hors série n° 6, 2018, p. 15-36.

Enfin, le modèle de l'université technologique naît au début des années 1970. Le décret du 2 octobre 1972 acte la création de l'université de technologie de Compiègne et la concrétisation de la recherche d'un « nouveau concept », à la rencontre de nouvelles relations avec l'industrie, de l'affirmation de l'enseignement technologique et de l'aménagement du territoire[13].

La création, à l'initiative de l'État, de la Fondation nationale pour l'enseignement de la gestion des entreprises (FNEGE) en 1968, afin d'accompagner l'essor des formations incluant la gestion dans les universités comme dans diverses écoles, relève également de la conviction de plus en plus affirmée qu'il est nécessaire de disposer de cadres formés à la conduite des affaires[14]. Elle signale aussi la nécessité de ne pas réduire les formations techniques et professionnelles du supérieur à la seule sphère industrielle.

L'enseignement technique du second degré sous pression

S'il fallait d'abord apaiser la querelle scolaire, ce qui justifiait la loi Debré du 31 décembre 1959, les priorités des années 1960 en matière de politique scolaire étaient surtout guidées par l'arrivée des générations du baby-boom nées depuis la guerre et la tendance à la prolongation des scolarités, qui faisaient planer le risque d'un engorgement rapide de structures scolaires inadaptées, et par la qualification d'une main-d'œuvre nécessaire à une économie de croissance. Cette pression nécessitait des choix dans lesquels se lisent des conceptions distinctes de la société et de l'économie françaises au sommet de l'État.

Le décret du 6 janvier 1959 avait réorganisé le second degré, y compris l'enseignement technique, appelé à jouer un rôle crucial pour accompagner la massification de l'enseignement secondaire. Aux centres d'apprentissage qui ont connu une croissance rapide depuis la guerre succèdent les collèges d'enseignement technique (CET), tandis que les écoles nationales professionnelles sont transformées en lycées techniques d'État, distincts de lycées techniques

---

13 Pierre Lamard, Yves-Claude Lequin, *La technologie entre à l'université. Compiègne, Sevenans, Belfort-Montbéliard…*, Belfort, Université de technologie de Belfort-Montbéliard, « Sciences humaines et technologie », 2006, p. 85.

14 Marie-Emmanuelle Chessel, Fabienne Pavis, *Le technocrate, le patron et le professeur. Une histoire de l'enseignement supérieur de gestion*, Paris, Belin, « Histoire de l'éducation », 2001.

hérités de diverses écoles professionnelles. L'organisation très structurée de l'enseignement technique sous l'égide de la Direction de l'enseignement technique est abandonnée, avec la suppression de cette direction puissante en 1961 puis celle des concours et examens d'entrée dans les établissements techniques. Loin de constituer une simple réorganisation administrative, l'intégration de l'enseignement technique dans l'enseignement secondaire exerce de puissants effets sur l'un comme sur l'autre, à court et plus long terme. Au-delà des réorganisations et des changements de dénomination, on discerne aussi d'autres processus induisant par exemple dans les années 1950 et 1960, dans le sillage de la création du baccalauréat technique en 1945, une introduction de la technologie industrielle et une disciplinarisation de la technologie au sein de l'enseignement secondaire[15].

Avec la réforme lancée en 1959, la question de l'orientation devient décisive pour le gouvernement soucieux de préparer la généralisation des scolarités jusqu'à 16 ans, et elle requiert l'intégration des établissements d'enseignement technique et professionnel dans le « système » scolaire. Il faut désormais être en mesure d'orienter une partie des jeunes filles et garçons vers ces établissements, pour éviter une « submersion » dont serait menacé l'enseignement secondaire classique – la métaphore aquatique revient d'ailleurs fréquemment dans les débats du milieu des années 1960 au sommet de l'État. Si l'on croit le récit de son conseiller Jacques Narbonne, l'expression serait employée par le président de la République lors du conseil restreint du 4 avril 1963 où il s'inquiète des « digues » pour empêcher la « submersion des lycées », puis durant le conseil du 6 juin suivant : « il faut une hache. On est actuellement submergé. Il faut revoir la question de l'orientation à la base. On a essayé en 1958 mais cela n'a pas été fait »[16]. La création des collèges d'enseignement secondaire, en 1963, vise ainsi à reporter l'orientation vers l'enseignement technique en fin de classe de troisième. Même s'il reste fréquent de préparer un CAP en trois années après la cinquième, il est désormais possible de le faire en deux années après la troisième au sein d'un CET.

---

15 Christian Hamon, *Le baccalauréat technique : de la technologie industrielle aux sciences de l'ingénieur, 1944-2014*, Rennes, Presses universitaires de Rennes, « Histoire », 2015.

16 Jacques Narbonne, *De Gaulle et l'éducation. Une rencontre manquée*, Paris, Denoël, 1994, p. 106 et p. 125.

La situation reste toutefois difficile, comme le reconnaît d'ailleurs Georges Pompidou à l'Assemblée nationale le 19 mai 1965 à la suite de son ministre de l'Éducation nationale Christian Fouchet : alors que la réforme de l'enseignement secondaire donne, à l'en croire, toute satisfaction pour surmonter la situation difficile qui prévalait en 1958, « le seul secteur où un résultat satisfaisant n'ait certainement pas encore été obtenu est celui des collèges techniques », malgré les efforts consentis[17]. Au-delà de la prévision d'une situation assainie à la rentrée scolaire suivante, le Premier ministre livre quelques éléments d'interprétation en soulignant que « l'inadaptation de l'enseignement à la formation de masses scolaires décuplées se doublait d'une inadaptation aux nécessités du monde d'aujourd'hui »[18]. Le constat motive une intention claire :

> S'agissant du technique, enfin, nous pensons, par notre réforme, éliminer la difficulté fondamentale à laquelle on s'est heurté jusqu'ici et qui explique le manque d'intérêt suscité dans le public par les lycées techniques, je veux dire l'excès des connaissances abstraites superposées aux connaissances technologiques proprement dites. Nous avons cherché à faire du baccalauréat technique un vrai baccalauréat, permettant l'entrée dans les facultés, mais ne comportant plus cette surcharge de connaissances de tout ordre qui en détourne pour l'instant la plupart de ceux pour lesquels il a été conçu[19].

Une telle position n'est pas fondamentalement différente de la conception de certains hauts fonctionnaires de l'Éducation nationale, à l'image de Lucien Géminard, alors inspecteur général de l'enseignement technique : « Il me semblait que l'orientation par l'échec ne pourrait être combattue que si l'on parvenait à montrer que les études technologiques développaient des qualités intellectuelles du même ordre que les études scientifiques »[20].

Les considérations économiques pèsent à l'évidence sur les mesures adoptées et transforment en profondeur l'enseignement technique dans les années

---

17 *Journal Officiel de la République Française. Comptes-rendus des débats parlementaires*, Discours du Premier ministre Georges Pompidou à l'Assemblée nationale, séance du 19 mai 1965, p. 1419.

18 *Ibid.*

19 *Ibid.*, p. 1421.

20 Lucien Géminard, *L'unification du système enseignant français 1963-1985. Souvenirs d'un inspecteur général*, Paris, INRP, 2002, p. 22.

1960. Avec la préparation du IVe Plan (adopté en 1962), les administrations en charge du Plan et du Travail s'impliquent davantage, d'abord dans le cadre d'un effort de mise en correspondance entre les désignations des emplois et celles des formations scolaires, première pierre dévoilée en juin 1961 d'une nomenclature des niveaux de formation affinée ensuite sous la houlette de l'économiste Jean Fourastié[21], puis afin d'ajuster les flux de sortie de l'appareil éducatif aux prévisions de l'emploi par branche d'activité[22]. La création du Brevet d'études professionnelles (BEP) s'inscrit dans cette même optique : appelé à remplacer le CAP et préparé en deux ans après la classe de troisième, il est introduit à partir de 1966 pour distinguer l'ouvrier polyvalent recherché sur le marché du travail de l'ouvrier spécialisé titulaire d'un CAP[23]. En parallèle, sous l'effet de la réforme du second degré, l'évolution du recrutement des établissements d'enseignement technique est rapide : alors qu'il accueillait auparavant les meilleurs élèves des classes populaires qui ne pouvaient pas poursuivre des études générales après l'âge de 14 ans, le CET – dont les effectifs doublent entre 1958 et 1968 – devient la structure vers laquelle sont dirigés les élèves exclus du collège en fin de classe de cinquième, d'autant plus que l'examen d'entrée dans les CET est supprimé en 1967.

À cet égard, le développement de l'offre de places dans les établissements d'enseignement technique peine à suivre la demande des familles. Bien que la tentation d'une gestion dirigiste des flux d'élèves soit palpable, la position affichée par le Premier ministre Pompidou d'un enseignement qui soit davantage centré sur la technologie et, *in fine*, qui puisse déboucher plus directement sur l'accès à l'emploi, n'est pas nécessairement contradictoire avec les aspirations de la jeunesse populaire. La consultation de la jeunesse lancée en 1966 par le gouvernement sous l'égide du premier ministre de la Jeunesse et des Sports, François Missoffe, destinée à identifier les besoins des

---

21 Lucie Tanguy, « La mise en équivalence de la formation avec l'emploi dans les IVe et Ve Plans (1962-1970) », *Revue française de sociologie*, vol. 43, n° 4, 2002, p. 685-709.

22 Jacques Freyssinet, « L'émergence des politiques de l'emploi (1945-1973) », dans Alain Chatriot, Odile Join-Lambert, Vincent Viet (dir.), *Les politiques du Travail (1906-2006) : acteurs, institutions, réseaux*, Rennes, Presses universitaires de Rennes, « Pour une histoire du travail », 2006, p. 209-210.

23 Guy Brucy, *Histoire des diplômes de l'enseignement technique et professionnel, 1880-1965 : l'État, l'école, les entreprises et la certification des compétences*, Paris, Belin, « Histoire de l'éducation », 1998.

jeunes en matière de loisirs et de sports mais volontiers détournée par les répondants, fait apparaître chez les jeunes garçons comme chez les jeunes filles qui s'expriment individuellement ou collectivement l'aspiration à des formations professionnelles courtes, diplômantes et débouchant sur des emplois – une aspiration souvent contrariée par le manque de places, l'éloignement des établissements et l'inadaptation des formations aux emplois disponibles[24]. Si le mouvement de mai 68 naît dans les universités, la situation de l'enseignement technique et les perspectives offertes aux jeunes de milieu populaire qui les fréquentent motivent des mobilisations localement fortes, comme à Lyon[25]. La crainte de la « submersion » est en partie déjouée par des élèves et leurs familles dont la priorité est souvent de trouver une formation professionnalisante, plutôt que d'atteindre le baccalauréat qui reste l'apanage d'une minorité : à peine plus de 10% d'une classe d'âge obtient un baccalauréat en 1960, et 20,1% en 1970[26].

Le ministre de l'Éducation nationale de 1972 à 1974 et précédemment ministre du Travail, de l'Emploi et de la Population (1969-1972), Joseph Fontanet, prolonge la conception d'un ajustement nécessaire du système scolaire aux besoins du marché du travail. L'orientation des élèves est l'objet d'une réforme « mécaniste », centrée sur l'idée de sélection à tous les niveaux, de l'entrée dans l'enseignement supérieur jusqu'à l'entrée au collège.

---

24 Stéphane Lembré, Marianne Thivend, « Les jeunes, la formation professionnelle et le rapport au métier en France à travers l'enquête jeunesse de 1966 », dans Nadia Lamamra, Morgane Kuehni, Séverine Rey (dir.), *Finalités et usages de la formation professionnelle*, Lausanne, Antipodes, 2021, p. 217-234 ; Laurent Besse, « Un ministre et les jeunes : François Missoffe, 1966-1968 », *Histoire@politique*, n° 4, 2008, (disponible en ligne).

25 Elsa Neuville, « "Nous ne sommes pas en vacances, nous voulons réformer l'enseignement" : 68 à hauteur d'élèves », *Le Mouvement Social*, n° 271, 2020, p. 105-121 ; « Mobilisations lycéennes à Roanne en mai et juin 1968 : moment d'éducation politique au cœur de la ville », dans Jérôme Krop, Stéphane Lembré (dir.), *Histoire des élèves en France, volume 2 : Ordres, désordres et engagements (XVIe-XXe siècles)*, Villeneuve-d'Ascq, Presses universitaires du Septentrion, « Histoire et civilisations », 2020, p. 283-298 ; Lilian Mathieu, Vincent Porhel, Jean-Yves Seguy, Yves Verneuil (dir.), *Écoles en révolte. Le moment 68 à Lyon, du collège à l'université*, Lyon, Presses universitaires de Lyon, 2023.

26 Données du ministère de l'Éducation nationale, reprises dans *L'état de l'Enseignement supérieur et de la Recherche en France*, n°10, avril 2017, p. 31.

L'apprentissage salarié, du déclin à la rénovation

À la charnière entre l'école et l'entreprise, les formations par apprentissage fournissent également un bon révélateur des mutations en cours dans les années 1960 et 1970.

Privé de véritable réforme à la Libération, l'apprentissage salarié réunit des effectifs non négligeables, mais qui tendent à stagner. L'allongement des scolarités et le choix de la « mise en école » des apprentissages le menacent de disparition. Toutefois, la difficulté que pose à l'Éducation nationale l'accueil dans ses établissements d'effectifs en augmentation rapide lui offre une forme de répit. Le ministre de l'Éducation nationale Lucien Paye, dans une circulaire du 16 mai 1961, invite ainsi les entreprises et les organisations professionnelles à seconder l'action de son administration et à pallier l'engorgement des établissements du secondaire en accueillant des jeunes, moyennant des exonérations de taxe d'apprentissage.

L'avenir de l'apprentissage salarié n'est cependant pas assuré, et les discussions sur son financement comme sur ses modalités sont suivies pour le Premier ministre par son directeur de cabinet, François-Xavier Ortoli, et par un chargé de mission, Édouard Balladur, qui affiche sa prudence. Si la taxe d'apprentissage introduite en 1925 présente en effet des inconvénients, en particulier le morcellement des exonérations et le contrôle assez faible des pratiques des entreprises qui demandent à être exonérées en raison de leur activité en matière d'apprentissage, elle constitue aussi un compromis entre intervention de l'État et responsabilité des entreprises, permettant en outre aux écoles techniques privées de fonctionner grâce aux choix des entreprises de les subventionner au titre de leur taxe d'apprentissage[27].

Les sections d'éducation professionnelles, créées en 1967 et implantées dans les collèges, sont destinées à associer l'école et l'entreprise. Leurs élèves, accueillis à l'âge de 14 ans, reçoivent un enseignement théorique et un complément de formation d'environ 28 heures hebdomadaires dans des établissements

---

[27] Pour une analyse plus détaillée de la situation de l'apprentissage salarié dans les années 1950 et 1960, et en particulier de son financement, on se permet de renvoyer à Stéphane Lembré, *Le retour de l'apprentissage au XXe siècle. Comment la France a adopté l'alternance*, Paris, Presses des Mines, « Histoires et sociétés », 2023.

industriels, commerciaux, artisanaux ou agricoles, afin de favoriser leur insertion professionnelle. C'est donc désormais l'école qui est à l'initiative de périodes de formation en entreprise pour des jeunes sous statut scolaire, et non plus l'entreprise qui accepte que ses jeunes salariés fréquentent des cours. Le ministère prévoit que les entreprises puissent faire valoir leurs charges afférentes en exonération de la taxe d'apprentissage[28].

L'accroissement des effectifs scolarisés dans les CET dans les années 1960 est, de fait, plus rapide que celui des effectifs d'apprentis[29], sans pour autant que le gouvernement renonce à un apprentissage certes jugé désuet voire archaïque, mais susceptible – à condition d'être rénové – de contribuer à l'acculturation des milieux artisanaux à la formation professionnelle initiale. Tel est le sens de la réflexion engagée par un groupe de travail composé de hauts fonctionnaires, sous la houlette de Jacques Delors et de Guy Métais, qui prépare une réforme d'ensemble de la formation professionnelle initiale et permanente. La méthode portée par le Premier ministre Jacques Chaban-Delmas en vue de construire une « nouvelle société », si elle se révèle éloignée des idées du président de la République Georges Pompidou, passe par la négociation avec les partenaires sociaux. Elle se traduit par l'accord national interprofessionnel du 9 juillet 1970 et aboutit finalement aux lois du 16 juillet 1971. Jacques Chaban-Delmas défend devant les députés le 7 juin 1971 la cohérence de ces projets de loi afin de « modifier profondément la situation du plus grand nombre des travailleurs présents et à venir dans notre pays [et] permettre d'obtenir les résultats économiques sans lesquels on ne peut mener aucune politique sociale digne de ce nom »[30].

Parmi les quatre lois alors promulguées, l'une porte sur l'enseignement technologique et une autre aborde l'apprentissage. Cette réforme d'ensemble doit contribuer à relancer l'apprentissage, en identifiant les centres de formation d'apprentis comme les lieux dédiés à l'alternance avec la formation sur le

---

[28] Archives Nationales, 20020354/1, Circulaire du ministre de l'Éducation nationale n°IV 67-316, 22 juillet 1967.

[29] Antonio Monaco, *L'alternance éducation-production : entreprises et formations des jeunes depuis 1959*, Paris, Presses universitaires de France, « L'Éducateur », 1993.

[30] Archives Nationales, 19770513/4, compte rendu analytique de la séance du lundi 7 juin 1971 à l'Assemblée nationale.

lieu de travail, en révisant les modalités de financement et en réaffirmant le rôle de l'État. Afin de remédier aux formations « sur le tas », la loi se traduit par un accroissement de la place des normes scolaires et le maintien du CAP pourtant menacé d'extinction en 1966 au profit du BEP. Si elle constitue une réponse aux entreprises industrielles qui demandent à l'État de réorganiser l'apprentissage pour mieux répondre à leurs besoins, elle veille dans le même temps, dans le sillage de l'allongement de la scolarité obligatoire jusqu'à 16 ans (prévu pour être pleinement effectif en 1967) et du mouvement de mai-juin 1968, à offrir aux artisans et aux indépendants une alternative à la prolongation des études. Elle fournit aussi un statut aux apprentis : le contrat d'apprentissage devient une variété du contrat de travail, les apprentis étant ainsi intégrés d'emblée au personnel de l'entreprise, ce qui implique une rémunération obligatoire, calculée en proportion du salaire minimum. Malgré cette ambition de rénovation soutenue par le VIe Plan dit de développement économique et social, adopté le 15 juillet 1971, qui met également l'accent sur l'apprentissage et la formation professionnelle, le nombre d'apprentis ne décolle guère dans les années 1970, jusqu'aux pactes pour l'emploi qui, avec les avantages fiscaux donnés aux employeurs à partir de 1976, viennent soutenir cette voie de formation.

Au temps de la massification des effectifs du second degré, la gestion des flux d'élèves dans et hors de l'institution scolaire constitue une question de première importance, directement reliée à la croissance économique et à la main-d'œuvre qu'elle requiert. Aussi l'ensemble des enseignements techniques et professionnels, de l'apprentissage salarié à l'enseignement technique supérieur, sort-il transformé des années 1960 et du début des années 1970. Georges Pompidou, s'il ne fut assurément pas le seul responsable, assuma les orientations prises dans l'exercice de ses responsabilités successives, au nom de conceptions qui, sans faire émerger une doctrine intangible, situent pleinement ces enseignements au cœur de politiques à la fois économiques et éducatives, que les discussions sur les conceptions respectives de l'orientation du général de Gaulle et de son Premier ministre puis successeur – le premier étant réputé plus dirigiste que le second – ne suffisent pas à résumer.

Face aux choix effectués par les gouvernements doivent être mis en perspective les aspirations et les parcours des jeunes, filles et garçons, qui vivent les mutations rapides des structures éducatives. Il n'est pas indifférent à cet égard que la période soit aussi celle, après les travaux pionniers de Madeleine Guilbert et Viviane Isambert-Jamati[31], des premières études consacrées aux enseignements techniques et professionnels, à l'image des travaux de Claude Grignon sur les CET de l'académie d'Orléans, d'Yves Legoux autour de l'école Diderot, à Paris, devenue lycée technique, ou de ceux impulsés par Nicole de Maupeou-Leplatre ou Viviane Isambert-Jamati dévoilant la place de la formation dans des trajectoires ouvrières de garçons et de filles[32]. L'accent mis dans ces lignes sur les politiques menées ne doit pas faire oublier que l'allongement des scolarités s'était engagé avant que la croissance de la scolarité devienne une politique volontariste, ni qu'il est toujours nécessaire, en regard de ces politiques, de porter attention aux modalités de mise en œuvre et aux décalages possibles entre les intentions, leurs traductions dans les textes officiels et leurs effets à court ou plus long terme : ce qui vaut pour la formation initiale vaut aussi pour la formation continue, qui sort également largement transformée de cette période.

---

31 Madeleine Guilbert, Viviane Isambert-Jamati, « Travail féminin et travail à domicile. Enquête sur le travail à domicile de la confection féminine dans la région parisienne », Paris, CNRS, 1956 ; « Une étude de biographies professionnelles. Formation et carrière professionnelles de 1000 jeunes femmes de la région parisienne », *Population*, n° 4, 1958, p. 647-662.

32 Claude Grignon, *L'ordre des choses : les fonctions sociales de l'enseignement technique*, Paris, Éditions de Minuit, « Le sens commun », 1971 ; Yves Legoux, *Du compagnon au technicien : l'École Diderot et l'évolution des qualifications, 1871-1971 : sociologie de l'enseignement technique français*, Lille, Service de reproduction des thèses, 1973 ; Nicole de Maupeou-Leplatre, « Pour une sociologie des jeunes dans la société industrielle », *Annales. Economies, sociétés, civilisations*, vol. 16, n° 1, 1961, p. 87-98 ; Nicole de Maupeou-Abboud, *Les blousons bleus : étude sociologique des jeunes ouvriers de la région parisienne*, Paris, Armand Colin, « Sciences sociales du travail », 1968 ; voir Stéphane Lembré, Marianne Thivend, « Retrouver les jeunes en formation et au travail (années 1950-1970) », *Le Mouvement Social*, n° 281, 2022, p. 3-24.

Georges Pompidou et l'enseignement privé

Bruno Poucet

La question de l'enseignement privé connaît un tournant dans les années 1970, « les années Pompidou ». En 1971 est votée au Parlement une loi qui pérennise le contrat simple, prévu par la loi Debré, alors que l'une des hypothèses envisagées était de procéder, à terme rapproché (1980), à son extinction. Au centre du débat : le renforcement du caractère propre des établissements alors même que des propositions multiples se font jour, à gauche, proposant la nationalisation de l'enseignement privé, et que le Gouvernement soutient la manière dont les principaux dirigeants de l'enseignement catholique conçoivent l'application de la loi.

Un gouvernement et une droite favorables à l'enseignement privé ; une gauche franchement hostile et favorable à la nationalisation. En réalité ; les choses sont plus complexes, aussi bien à gauche qu'à droite. Au parti socialiste, Guy Mollet rencontre ès qualité, Jean Basse, délégué du Secrétariat d'études pour la liberté d'enseignement, à plusieurs reprises entre 1967 et 1969 « afin d'engager un dialogue loyal qui permettra de nous comprendre plutôt que d'entretenir des divisions que la plupart des éducateurs considèrent comme déplorables et périmées, de rechercher – ensemble – les voies de convergence afin de nous entendre sur l'essentiel, c'est-à-dire de nous respecter[1]. » En 1972 encore, des rencontres sont prévues. On est resté à des contacts préliminaires. En revanche, des échanges beaucoup plus avancés ont eu lieu dans un autre cadre, impensable quelques années plus tôt : entre des responsables du CNAL et les représentants nationaux de l'enseignement catholique. Le débat a repris sur des bases antérieures à celles posées par la loi Debré, tout en se situant dans le nouveau cadre. Retour en arrière ? En réalité, non, mais plutôt volonté, de part et d'autre, de prendre en compte la réalité et de tenter de franchir une nouvelle étape, une nouvelle manière d'appliquer la loi, afin d'en faire non un obstacle mais une condition du rapprochement des deux cultures. On relèvera que la nouveauté de l'affaire réside essentiellement dans

---

1 Arch. OURS (Office universitaire de recherche socialiste), AGM 128, lettre de Jean Basse à Guy Mollet du 31 mars 1967.

le fait que les dirigeants des syndicats et des parents d'élèves de l'enseignement public acceptent de discuter avec des responsables de l'enseignement privé et prennent acte ainsi de son existence. À l'inverse, les responsables de l'enseignement catholique rendent hommage à la valeur de l'enseignement public. Le pas franchi est considérable de part et d'autre, tellement considérable que les protagonistes (en particulier ceux du SNI et de l'enseignement catholique) savent que la négociation doit rester secrète, sinon leurs mandants ne les suivront plus.

Celle-ci se déroule pendant un an, avec le soutien explicite du ministre de l'Éducation nationale, Edgar Faure, puis, après la démission de De Gaulle et la nomination d'un Premier ministre vite en conflit avec le président de la République, Jacques Chaban-Delmas, un soutien gouvernemental plus distancé. La question du caractère propre est encore au centre du débat. Il sert d'enjeu politique. Ce fut finalement l'échec, échec lourd de conséquences.

Un contexte complexe

La loi Debré avait décidé, en son article 9, qu'au bout de neuf ans le régime du contrat simple serait soumis à réexamen. 1968 était donc la date ultime : toutefois, le Gouvernement pouvait prolonger, par décret, la loi de trois années supplémentaires, si les circonstances l'exigeaient. Trois solutions étaient prévues concernant le devenir de la loi : sa « prolongation, sa modification ou son remplacement ». Le Comité national de conciliation devait rédiger un rapport. Ce qu'il fit, dans les délais prescrits.

Il préconise le maintien *sine die* du contrat simple uniquement pour l'enseignement primaire et sa suppression pour l'enseignement secondaire. Le comité n'innove guère puisqu'il suit simplement les statistiques : l'enseignement primaire a très majoritairement fait le choix du contrat simple (91% contre 9%) ; en revanche les établissements secondaires ont fait le choix inverse du contrat d'association (79% contre 21%), sous l'impulsion des jésuites et des autres congrégations, en particulier. En 1969, 500000 élèves sont sous contrat d'association, 1200000 sous contrat simple et 240000 hors contrat[2].

[2] AN 1870 191/15, rapport du comité national de conciliation du 2 février 1968.

On relève ainsi, et ce n'est pas purement anecdotique pour la suite des événements, que dès 1960, le directeur du collège jésuite Saint-Joseph de Lille fait le choix du contrat d'association. Or, il s'agit d'Edmond Vandermeersch. En fidèle représentant des congrégations, il se montrera toujours fervent partisan de l'extension de ce type de contrat, contrairement à Jean Cuminal, représentant des prêtres diocésains[3].

Un projet de loi

Il reste donc à rédiger un projet de loi et à le déposer sur le bureau de l'Assemblée nationale. C'est fait le 16 mai 1968 : Alain Peyrefitte, ministre de l'Éducation nationale, a donc préféré ne pas attendre trois années supplémentaires. Le projet, adopté par le Conseil des ministres, suit en tous points les recommandations du comité national de conciliation. Il prévoit, d'une part, la pérennisation du contrat simple en premier degré, d'autre part, la prolongation pour neuf ans de ce même contrat, pour le second degré. C'est plutôt la satisfaction qui l'emporte du côté de l'enseignement catholique, tandis que le CNAL manifeste son désaccord, un peu pour la forme. On en reste, de part et d'autre, à des propos, somme toute, modérés.

Les événements de mai 1968 ne font que retarder le processus législatif. Edgar Faure, devenu ministre de l'Éducation nationale, reprend le projet de loi précédent et, sur injonction du Premier ministre Maurice Couve de Murville, le dépose le 18 décembre 1968 sur le bureau de l'Assemblée nationale. Le projet primitif d'Edgar Faure était en effet nettement plus généreux que le projet Peyrefitte et ne pouvait que satisfaire l'enseignement catholique : il prévoyait la prolongation sans limite du contrat d'association pour tous les types d'établissement et laissait le soin au Conseil d'État de définir le besoin scolaire reconnu[4].

Une négociation secrète pourquoi ?

Toutefois, les choses sont plus complexes. Catholique, membre du parti radical, le député du Doubs, opposé à la loi Debré, avait été informé jadis comme Président du conseil, des discussions des années 1952-1956. Aussi,

---

3 Edmond Vandermersch, *École : Église et laïcité*, Paris, L'Harmattan, 2008, p. 21-22.

4 AN 1870 192/34, réunion interministérielle du 10 décembre 1968.

parallèlement à l'acte officiel de dépôt d'un projet de loi, Edgar Faure accepte la proposition de Jean Cornec d'entamer des conversations exploratoires avec l'enseignement catholique, à une condition : que tout reste secret. En janvier 1969, Edgar Faure, recevant une délégation du CNAL, donne son accord définitif.

Encore faut-il que le contact puisse être noué entre les deux parties car, à l'époque, les conversations entre responsables du CNAL et de l'enseignement catholique ne sont guère choses courantes. On s'invective souvent par la presse, on s'ignore la plupart du temps. Cette fois, il s'agit au moins d'entrer en contact, sinon de dialoguer. Or le hasard fait que l'un des conseillers techniques du ministre de l'Éducation nationale, Jacques de Chalendar, est le frère du responsable diocésain de l'enseignement catholique sur Paris, Xavier de Chalendar, prêtre de son état. C'est ainsi que le contact s'établit plus tard avec le secrétaire général de l'enseignement catholique[5]. Et lorsqu'en avril 1969 De Gaulle quitte le pouvoir et que le 15 juin est élu Georges Pompidou, Olivier Guichard, nouveau ministre de l'Éducation nationale, n'interrompt pas le processus de discussion à peine entamé sous l'égide de son prédécesseur. Mais à la différence de ce dernier, le Gouvernement n'y est plus officiellement représenté et n'est donc absolument plus, cette fois, engagé par les conversations. Même en secret.

Reste à comprendre pourquoi Jean Cornec a décidé de prendre une telle initiative. Dans les témoignages ultérieurs qu'il a donnés, force est de constater que l'explication est pour le moins laconique : « Ayant vécu ma jeunesse en terre de mission, où la lutte était quotidienne et où continuait de sévir l'Inquisition ; ayant fait cette analyse, je crus le moment venu de tenter d'établir la paix scolaire au royaume de Gaulle[6] ».

Certes, mais est-ce suffisant pour penser que réside là la raison essentielle ? Force est de constater que le CNAL dont il est le président se trouve dans une impasse : la loi Debré a constitué, malgré les difficultés, une réussite et la grande pétition de 1960, l'opposition des instituteurs à sa mise en œuvre – refus de faire passer les CAP, de siéger dans les comités départementaux de

---

[5] AN 2008 0033, notes des 19 janvier et 24 mars 1969 de Michel Alliot à Jacques de Chalendar. Il participera à deux réunions les 20 et 28 juin 1969.

[6] Jean Cornec et Michel Bouchareissas, *L'heure laïque*, Paris, Clancier-Guenaud, 1982, p. 137.

conciliation etc. – n'ont finalement pas empêché que se mettent en place peu à peu les termes d'un *modus vivendi* entre l'enseignement public et l'enseignement privé. Par ailleurs, la situation politique n'est guère favorable. Le pouvoir gaulliste semble bien établi. Une chambre introuvable a été élue en juin 1968 : on ne voit guère à l'horizon immédiat l'arrivée possible de la gauche au pouvoir. Le PCF reste dominant sur la scène de gauche, le vieux parti SFIO entame tout juste sa rénovation, avec l'arrivée en juillet 1969 d'Alain Savary au secrétariat général. Bref, il faut faire avec cette loi et attendre l'heure. Certains, d'ailleurs, au CNAL, ont vite compris que l'affaire était irréversible et qu'il fallait bien s'en accommoder. C'est le cas de Clément Durand, longtemps secrétaire général, qui pousse à un *aggiornamento.* Dès 1967, une première prise de position du CNAL est le signe d'une évolution manifeste : celui-ci pose le principe de l'intégration des établissements privés ayant reçu des fonds publics et non plus la suppression pure et simple des subventions ; une seconde prise de position en 1970 affine l'analyse et avance l'idée d'une « école nationale laïque », gérée démocratiquement par les usagers, respectueuse de l'éducation religieuse.

De son côté, l'Église est en pleine évolution. Le Concile Vatican II achevé, il est nécessaire de faire passer dans la pratique les grandes décisions. Ainsi, pour l'école, la question de l'adaptation à la France de la *Déclaration* conciliaire de 1965 sur l'éducation a été une affaire longue et complexe, mais le résultat est là : désormais l'enseignement public est reconnu à part égale avec l'enseignement catholique. Affirmer que les responsables de ce dernier aient pleinement apprécié ce geste serait pour le moins aventureux, en revanche des laïcs s'en féliciteront dont Jean Cornec.

On le voit, la conjoncture était suffisamment fluide pour rendre possible une discussion de fond sur la question scolaire et reprendre un débat qui n'avait pas réellement pu avoir lieu en 1959 alors qu'il avait pris forme en 1957 au moins auprès de quelques personnes. Ce sera l'objet précis des échanges qui se déroulent pendant plus d'un an entre juin 1968 et mai 1970.

Négociations ou conversations ?

Que s'est-il exactement passé pendant cette année ? Selon les protagonistes, les uns étant demandeurs, les autres acceptant d'entrer dans le jeu, l'interprétation est différente : pour Jean Cornec, il s'agit de véritables négociations afin de trouver une solution transitoire, alors que pour Jean Cuminal il s'agit plutôt de conversations[7].

Trois phases peuvent être repérées : une première phase d'observation (en juin 1969), suivie d'une seconde phase d'échange de projets (juillet-août), et d'une troisième phase, plus longue, qui se termine par un constat de désaccord (septembre – mai 1970).

Les protagonistes étaient, bien entendu, peu nombreux. Du côté du CNAL ont participé aux différentes réunions : Jean Cornec (président du CNAL et président de la FCPE), Clément Durand (ancien secrétaire général du CNAL jusque début 1969), Michel Lasserre (secrétaire général du CNAL à partir de 1969). Du côté de l'enseignement catholique : Jean Cuminal (secrétaire général), Edmond Vandermeersch (son adjoint), Paul Duguet (UNAPEL), Julien Coudy (UNAPEL), Antoine de La Garanderie (délégué général de l'UNAPEL). Du côté du gouvernement : Jacques de Chalendar, conseiller technique au cabinet Edgar Faure (jusqu'en juin 1969), mais également l'inspecteur général Deygout. De part et d'autre, il avait été convenu que le secret le plus absolu serait gardé. Ce fut le cas jusqu'en 1982. Les instances des différentes organisations ne semblent pas avoir été informées – ni la FEN, ni le Comité national de l'enseignement catholique. Il en va de même au niveau de l'État. Rien à voir avec le projet d'accord des années 1956-1957 qui était près d'aboutir : on est réellement resté au niveau de rencontres exploratoires entre partenaires directement concernés par l'affaire.

Observation

Le début des conversations est le résultat de la rencontre de deux volontés : celle de Jean Cornec et celle d'Edgar Faure. Le projet de rencontre est mis en place le 17 janvier 1969, lors d'une réunion entre le ministre et une délégation du CNAL. La chose ne va pas de soi : Jean Cornec doit vaincre la réticence de ses amis – Michel Lasserre, en particulier, manifestera à plusieurs reprises son désaccord. Du côté du SNI, c'est la même chose : Robert Desvalois et Pierre Chevallier se montrent opposés, par crainte que le préalable posé par Clément Durand ne soit pas tenu – à savoir que le projet de loi Faure ne vienne en discussion. L'influence du secrétaire général du CNAL fut vraisemblablement

[7] Arch. SGEC (Secrétariat général de l'enseignement catholique), laïcité/CNAL, lettre de Jean Cuminal à Mgr Lallier du 5 juin 1969.

déterminante afin d'obtenir l'acceptation, ainsi que celle de James Marangé qui déclare « qu'il n'y a pas de risque à y aller. Il y en a à ne pas y aller[8] ». Le SNI se range finalement à cet avis, si c'est l'intérêt bien compris du CNAL, à la condition expresse que le secret le plus total soit observé. Toujours est-il que contact est finalement pris avec les représentants de l'enseignement catholique. Ceux-ci ne sont pas demandeurs, mais acceptent malgré tout le dialogue : « Je ne pense pas qu'il soit possible d'arriver immédiatement à un accord et je crains un peu que le Président Edgar Faure ne se fasse quelques illusions à ce sujet. Néanmoins, en conscience, je crois que nous avons le devoir de ne négliger aucune chance, si minime soit-elle, de parvenir à une solution plus complète et apaisée du problème scolaire en France[9]. »

Celui-ci va d'abord être rude, puis, aux dires des différents témoins, très vite fut cordial : les réunions qui se déroulent d'abord en terrain « neutre » (dans l'appartement du conseiller technique d'Edgar Faure) ont lieu ensuite au domicile de Jean Cornec ou de Julien Coudy, confrère du précédent au barreau de Paris et même, au moins une fois, dans l'appartement du secrétaire général de l'enseignement catholique, rue Saint-Jacques !

Les quatre réunions du mois de juin permirent de faire connaissance, de juger de la bonne volonté des protagonistes et de faire état, enfin, des différents problèmes qui méritaient d'être soumis à examen. C'est ainsi que l'on traite des questions du renouvellement de la loi Debré. D'entrée de jeu, Jean Cuminal se déclare favorable au vote d'une loi à court terme et s'efforce d'y aboutir[10], car il lui paraît difficile de proroger la loi pendant deux ans. Toutefois, il précise que, pour le contrat d'association, si une définition du besoin scolaire reconnu était donnée « cela pourrait changer tout. [...] C'est un tapis roulant [vers] l'intégration. Le service public ne peut assurer la tâche qui lui est dévolu. Donc l'enseignement privé sous contrat est un supplétif provisoire. [...] Si des familles le demandent : dualisme ou pluralisme ? N'y aura-t-il pas des écoles engagées ? Problème de l'école marxiste ; est-ce

8 Arch. Départementales de la Somme (AD80), fonds Vandermeersch, 77 J 46, notes de Jean Cornec, réunion SNI/CNAL du 2 juin 1969. Bruno Poucet, « Notes de Jean Cornec lors des discussions entre le CNAL et l'enseignement catholique », *Revue du Nord*, hors série n° 20, p. 113-139.

9 Arch. SGEC, laïcité/CNAL 1933 1988, note de Jean Cuminal du 6 juin 1969 à Mgr Lallier.

10 AN, 19870192/16, papiers Legras, projets de loi, 1970.

qu'une école chrétienne peut ne pas être prosélyte ? Et de préciser : nous ne vendons pas de la culture pour convertir, l'aspect cultuel est second, mais [nous voulons] le style de vie chrétienne d'une communauté, plus cohérente entre la famille et l'école [11] ».

Le débat porte évidemment sur le maintien ou non d'un « caractère propre » de l'enseignement catholique. Jean Cuminal se réfère au Club Jean-Moulin[12] qui préconise la mise en place d'une unique éducation nationale avec un double secteur, une planification et une concurrence qu'il estime ne pas être une mauvaise chose. Du côté du CNAL, on souhaite un contrôle plus étroit de l'enseignement privé et une intégration progressive. La question, de son point de vue, est avant tout religieuse : il s'agit de donner des garanties en ce domaine, en échange d'une intégration dans le service public. Il faudrait donc créer une commission ayant pour but de chercher « une solution d'apaisement[13] ». Les deux délégations tombent d'accord sur la nécessité de fixer un règlement national et une certaine stabilité et la nécessité d'une certaine planification, de mettre au jour les valeurs communes qui pourraient rassembler : liberté de conscience et liberté d'enseignement.

On en reste à un échange entre personnes de bonne volonté, chargées certes de responsabilité, mais n'engageant pas leur propre organisation. C'est évidemment une limite très forte au processus engagé. Il n'y a d'ailleurs pas de relevé de conclusion. Du côté de l'enseignement catholique, on envoie simplement quelques rares notes de synthèse aux autorités de tutelle : « J'avais indiqué que nous étions favorables à tous ces contacts à condition qu'ils soient discrets et qu'ils n'apparaissent pas de près ou de loin comme une négociation. » Il ne s'agit donc pas de négociations, mais de contacts[14]. Au cardinal Marty donc, archevêque de Paris et président de la Conférence épiscopale de France, à l'abbé de Chalendar, délégué du monde scolaire et universitaire de Paris, à Mgr Lallier, président de la commission épiscopale du monde scolaire et universitaire. Jean Cuminal précise le 26 juillet :

---

[11] AD80, fFonds Vandermeersch, 77 J 46, notes de Jean Cornec, réunion du 20 juin 1969.

[12] Claire Andrieu, *Pour l'amour de la République, le club Jean Moulin, 1958-1970*, Paris, Fayard, 2002.

[13] Arch. SGEC, laïcité/presse (1933-1988) : note du 5 juin 1969.

[14] AD 80, fonds Vandermeersch, 77 J 46, lettre de Jean Cuminal du 5 juin 1969 à Mgr Lallier.

> Il me paraît opportun, si les affaires se précisent, que nous ayons un entretien à ce sujet avec le cardinal Marty, Mgr Vial, Mgr Puech et Mgr Jacquot. Personnellement, je pense que nous avons 5% de chance d'aboutir mais que nous n'avons pas le droit de négliger cette chance. Il s'agit de parvenir à la solution d'un problème national et personnellement, j'ai toujours pensé que rien de définitif ne se ferait sans la « coopération » de nos interlocuteurs d'aujourd'hui[15].

On soulignera qu'à la différence des années 1950, le CNAL a pris contact avec son *alter ego*, en quelque sorte, et non directement avec l'épiscopat. Pour sa part, lors des réunions du CNAL[16], il est fait état de l'avancée de la discussion. On le voit, l'affaire est d'ampleur modeste et le restera jusqu'au bout.

Toutefois, un événement politique majeur vient perturber le cours bien engagé des choses : De Gaulle démissionne, Pompidou lui succède et choisit Jacques Chaban-Delmas comme Premier ministre. Le 22 juin 1969, Edgar Faure est remplacé par Olivier Guichard, gaulliste historique flanqué d'un secrétaire d'État libéral, plus spécifiquement chargé des questions de l'enseignement privé, Pierre Billecocq. Conséquence immédiate : le projet de loi d'Edgar Faure est abandonné. Olivier Guichard ne se montre guère pressé de rédiger un nouveau projet ; en revanche, il suit avec attention les « conversations » mais souhaiterait, semble-t-il « les coiffer[17] », car il se méfie de Jean Cornec. Cette idée restera sans suite.

Devant ce qu'il pense être une reculade, l'enseignement catholique est amené à se battre sur le court terme pour que des décrets soient promulgués afin d'améliorer la situation sur des points précis. En revanche, Clément Durand précise qu'il ne faut pas faire voter une loi qui, selon les termes de Jean Cornec, sera considérée comme « scélérate ». Ce dernier propose ainsi de reconduire le contrat simple pour neuf ans afin de se donner le temps de la réflexion et d'un traitement d'ensemble. Pluralisme interne ou pluralisme externe à l'Éducation nationale, tel est résumé à grands traits l'enjeu du débat et la frontière qui sépare nos interlocuteurs.

---

15 AD 80, fonds Vandermeersch, 77 J 46.

16 Sont ainsi mis dans la confidence : MM. Marangé, Astre, Desbordes, Vidal, Henry, Chevalier, Ouliac, Labès, Crépin, Dernelle, Fauré. On trouve quelques rares traces de ces débats ici ou là.

17 Arch. SGEC, laïcité/CNAL, 1933-1988, note non datée (mais vers septembre 1969) d'O'Mahony.

Échange de propositions

La seconde phase des discussions en juillet-août est la plus importante : elle marque la définition de propositions de part et d'autre. Ainsi, James Marangé adresse une lettre à Jacques Delors, conseiller social de Jacques Chaban-Delmas, dans laquelle il propose l'institution, sur l'ensemble du territoire, d'une seule Université publique, mais conclut en disant que « tout conduit à penser qu'il serait sage de permettre à la réflexion commune de se développer vers la recherche d'une solution par étapes acceptable par tous, donc de proroger la loi Debré pour les deux années qui restent à courir[18] ». Ainsi, les positions sont symétriques. Jean Cuminal se montre inquiet et n'est pas sûr de pouvoir « tenir ses troupes[19] » et de leur demander d'attendre le vote d'une loi. Ainsi, M. O'Mahony, vice-président de l'UNAPEL, se montre très critique sur le contenu du texte de Jean Cuminal qu'il estime « mauvais » : le problème est trop important pour être traité sans l'accord de Rome. Attendre avril 1970 ne lui paraît pas possible.

En revanche, Clément Durand estime qu'il ne faut pas aller trop vite « car notre opinion ne suivrait pas[20] » et il attend d'abord la déclaration annoncée de l'épiscopat sur l'éducation. Là encore, c'est incontestablement Jean Cornec qui prend l'initiative, mettant, semble-t-il, ses collègues devant le fait accompli. Le 26 juillet, il ne propose rien moins qu'un « Yalta scolaire », un « pacte scolaire ». Cela impliquait également la prise en compte du problème de l'Alsace-Moselle. Jean Cuminal a fait remarquer à son interlocuteur que l'évêque de Strasbourg y était farouchement opposé. Néanmoins, la réaction de Jean Cuminal n'est pas négative, loin de là : il prend même le soin de rédiger, en réponse, un document de synthèse « écrit sous sa responsabilité personnelle » remis à Jean Cornec et transmis aux responsables épiscopaux. Il s'agit, bien entendu, d'un document de travail dont la valeur ne doit pas être surestimée, mais qui a le mérite de tracer les éléments d'un accord possible.

La durée de l'accord serait de vingt ans pendant laquelle l'enseignement catholique serait « gelé » au niveau qui est le sien, à savoir 20% des effectifs

---

18 CAMT (Centre des archives du monde du travail), fonds FEN, 3BB58, lettre du 4 juillet 1969.

19 Arch. SGEC, laïcité/CNAL, 1933-1988, note non datée, vers septembre 1969.

20 AD 80, fonds Vandermeersch, 77 J 46, notes de Jean Cornec, réunion du 5 juillet 1969.

d'élèves scolarisés, avec transfert possible d'un contrat d'une petite commune à une ville : l'enseignement catholique disposerait ainsi « d'un crédit de contrats qu'il pourrait répartir en fonction des critères énumérés ». Comme dans le projet Philip, les écoles privées dans les petites communes seraient supprimées – ici, il s'agirait des écoles à moins de trois classes ; il serait possible de transformer des classes en raison des nécessités de réforme de l'enseignement ; une seule formule de contrat serait adoptée (intermédiaire entre le contrat simple et le contrat d'association) ou à défaut un statut ; le Comité national de conciliation serait maintenu ; les maîtres seraient soit fonctionnaires soit contractuels nommés par l'autorité hiérarchique de l'Éducation nationale ; le conseil de gestion de l'établissement privé pourrait solliciter la désignation de chefs d'établissement pris parmi les fonctionnaires ; bien entendu, l'obligation de détenir titres et diplômes serait rappelée.

On est donc à la croisée des chemins : de part et d'autre on s'interroge. Le projet Cornec doit-il servir de base de réflexion ? Le retour des vacances d'été allait se révéler une phase cruciale.

Vers un désaccord ?

La troisième phase des discussions sera nettement moins approfondie. Elle s'achèvera par un constat de désaccord, de fait, même s'il n'y a pas de rupture. On devait se revoir. Ce ne fut pas le cas.

Clément Durand relance en effet les échanges, au cours d'une réunion interne au CNAL et demande que l'on avance en se plaçant dans la perspective tracée par le colloque organisé par le CNAL en mars à savoir l'idée de l'École nationale et s'entendre sur les valeurs communes, ce qui, bénéfice secondaire, « permettra d'enfoncer un coin dans d'autres organisations[21] ». Bref, les affaires internes à la FEN ne sont jamais oubliées, la rivalité SNI/SNES se profile en arrière-fonds.

La note de Jean Cuminal est, bien entendu, passée au crible de la réflexion : elle n'apparaît pas comme « une progression vers une solution » d'autant que ce dernier, fidèle en cela à son approche, souhaite qu'une loi soit rapidement votée – loi prolongeant le contrat simple. Jean Cuminal propose ainsi une reconduction indéfinie de ce contrat. Cela étant, fidèle aux réflexions

21 Ibid., réunion du CNAL, non datée [avant le 26 septembre 1969, date de la reprise des rencontres].

internes à l'enseignement catholique, il souhaite une recherche sur le contrat d'association afin de parvenir à la définition d'un nouveau type de contrat, plus avantageux que le contrat simple, moins contraignant que le contrat d'association. On peut craindre, estime-t-il, que, dans l'état actuel des choses, les communes refusent d'honorer les charges inhérentes au contrat d'association. Une autre solution, manière de proposer un compromis, est proposée par Jean Duguet, représentant de l'UNAPEL : la promulgation de décrets. Le CNAL, on l'a vu, ne souhaite pas le vote d'une loi, rapidement. Il faut donc distinguer le court et le long terme. Enfin un nouvel élément est introduit dans le débat : la question de l'enseignement supérieur. On n'avancera guère sur ce point.

En novembre 1969, la déclaration de l'épiscopat sur l'enseignement relance le débat : Clément Durand est satisfait, en remarque « le ton élevé, son ouverture et son libéralisme » mais estime, en revanche, qu'il n'y a aucune évolution concernant l'enseignement privé ce qui rend très difficile la recherche d'une solution. Jean Cuminal rappelle alors l'idée de Jean Cornec d'un « pacte et qu'on travaille à plus long terme vers un unique système publique d'éducation qui réponde à tous les impératifs de la foi ». Il apprécie de son côté l'ouverture du CNAL lors de son colloque de 1970. Mais le désaccord, en réalité, est réel : d'un côté, on souhaite la définition du besoin scolaire reconnu ou, à défaut, un contrat simple sans limitation, de l'autre une limitation de celui-ci dans le temps. Les termes d'un accord semblent ainsi, dès à présent, s'éloigner[22]. La dernière réunion du groupe en tire les conséquences.

Le 26 mai 1970, chacune des deux délégations reprend finalement en main ses cartes : chacun fera du *lobbying* puisque l'on sait, désormais, qu'un projet de loi va être déposé à l'automne[23]. Toutefois, lors de cette réunion, un ultime rebondissement est à relever : la délégation de l'enseignement catholique se montre divisée. D'un côté, Jean Cuminal maintient sa volonté de voir pérenniser le contrat simple, tandis qu'Edmond Vandermeersch, fidèle en cela à sa position de toujours, souhaite que la norme soit désormais le contrat

---

[22] AD 80, fonds Vandermeersch, 77 J 46, note de Mgr Lallier à Georges Pompidou du 12 mars 1970 où il demande la pérennisation du contrat simple.

[23] AN, 5AG2/262, notes au président de la République, conseil des ministres du 13 mars 1970.

d'association, le contrat simple n'étant plus que résiduel[24]. Il joue son va-tout et formule, sans l'accord de Jean Cuminal, une contre-proposition : que le CNAL se rallie publiquement à la loi Debré, en échange de quoi l'enseignement catholique demanderait qu'il n'y ait pas de vote de nouvelle loi mais un « armistice législatif » pendant dix ans (avec pérennisation du contrat simple), mais simplement, comme l'avait suggéré Jean Duguet, des décrets (contre lesquels le CNAL protesterait pour la forme). Ensuite, on prendrait le temps d'une discussion sur le fond. Mais, pour que cette proposition ait une chance d'aboutir, encore fallait-il qu'Edmond Vandermeersch soit reconduit dans ses fonctions nationales, alors même que son mandat d'adjoint touchait à sa fin en accédant, cette fois, au secrétariat général de l'enseignement catholique. Or, deux mois plus tard, il cessait ses fonctions. Jean Cuminal, en revanche, voyait son mandat prolongé en l'attente de la désignation d'un successeur. C'était sceller le refus de tout accord.

Le débat allait se passer ailleurs désormais, dans les couloirs des ministères et à l'Élysée. Chacun désormais joue sa partition sans plus de concertation : ainsi, le lendemain de cette réunion, Jean Cuminal est reçu par Pierre Billecocq auprès de qui il prend soin de rappeler qu'il « exprime ses réserves les plus vives à l'égard des projets limitant à neuf ans le bénéfice du contrat simple[25] ». Il n'y aura pas d'autre réunion, pas de reprise du dialogue en septembre, comme cela avait été évoqué un moment, à la fin de la réunion de mai. Les conversations ont cessé : elles étaient donc loin de s'être presque conclues par un accord, comme le dira ultérieurement Jean Cornec. C'était un échec.

Le renouvellement de la loi et la pérennisation du contrat simple

La définition d'un nouveau projet de loi par le gouvernement de Jacques Chaban-Delmas a ceci de paradoxal qu'il provoque un renversement des positions. Le Gouvernement, après hésitation[26], renonce à présenter le projet

---

[24] AD 80, fonds Vandermeersch, 77 J 46, lettre de Joseph Coudy du 4 juin 1970 à Edmond Vandermeersch et note de ce dernier du 2 juin au Cardinal Marty, à Mgr Lallier et Mgr Etchegaray, rendant compte de cette réunion.

[25] Ibid., rencontre du 26 mai 1970.

[26] AN, AG5/2/262, notes de Jean François Saglio du 6 avril 1970. C'est Pierre Billecocq qui a modifié le projet initial d'Edgard Faure.

Peyrefitte/Faure – ce dernier estimait que le contrat d'association permettrait de mieux contrôler les dépenses et propose une nouvelle loi qui allait cristalliser les oppositions de l'enseignement catholique : le contrat simple était reconduit pour neuf ans et devait cesser de produire ses effets à la rentrée 1980. Évidemment, l'enseignement catholique trouvait ce projet inacceptable[27] ; en revanche, le CNAL qui ne souhaitait pas le vote d'une loi, le défend. Plusieurs questions méritent donc examen.

Jacques Chaban-Delmas et son ministre dont il a suivi l'avis ont finalement proposé un projet différent de celui de leurs prédécesseurs[28] alors qu'ils hésitaient d'emblée à en présenter un. Y-t-il eu des contacts entre le CNAL et Jacques Delors, alors conseiller de Jacques Chaban-Delmas[29] ? Ou plus simplement y a-t-il eu un souci de bonne gestion des deniers de l'État ? Toujours est-il que le cabinet du ministre de l'Éducation nationale et son secrétaire d'État se sont mis tardivement au travail : le projet n'est définitivement rédigé que le 19 novembre 1970, tellement les interrogations ont semble-t-il été nombreuses – le conseiller du Président recommande le choix du contrat d'association, alors même qu'au comité interministériel du 9 juillet 1970, il est encore question de pérenniser le contrat simple[30]. La doctrine n'est donc pas clairement établie à cette date.

Le projet porte sur quatre points : le contrat simple, l'orientation, la formation des maîtres (point nouveau par rapport aux projets précédents), la création de comités régionaux de conciliation. En effet, se pose une autre question, jamais abordée par les protagonistes, question qui est peut-être essentielle pour les fonctionnaires du ministère : c'est de prévoir des crédits limitatifs pour les contrats. Or, les crédits sont à guichet ouvert pour les contrats simples : le déficit est ainsi de 40 % de dépenses supplémentaires sur une année par rapport à ce que la loi de finances avait prévu. Bref, le choix du contrat d'association, résultat de la volonté de l'État, est préférable parce qu'il permettrait un véritable contrôle des dépenses. Une décision politique est finalement prise : faire le choix de la position la plus dure – celle de ne

27 Arch. SGEC, lettre de Jean Cuminal du 9/12/1970 à Jacques Delors.

28 AN, 1940566/21/31, d'après une note du 8 avril 1970 à l'attention du directeur général des collectivités locales (ministère de l'Intérieur), il était d'abord prévu de présenter une troisième fois le projet Peyrefitte.

29 Témoignage de Jean Cornec, dans Bruno Poucet (dir), *La Loi Debré, actes du colloque d'Amiens*, CNDP, 1999, p. 96.

30 AN, 5AG/2/262, note au président du 1/7/1970 ; 940566/20, comité interministériel.

pas pérenniser le contrat simple en se laissant une marge de manœuvre et une solution de repli lors de la discussion au Parlement. Quatre scénarios sont en effet envisagés : le premier fixait le terme de tous les contrats simples au 1er septembre 1980, le second décidait que le 1er septembre serait la date extrême de signature de ces mêmes contrats [ils pourraient ainsi courir jusqu'en 1989], le troisième pérennisait le contrat simple pour le premier degré, le dernier scénario le pérennisait également pour le second degré[31]. Bref, la position n'était pas aussi affirmée qu'il le semble. Or, Georges Pompidou a fait le choix de couper court à tout amendement parlementaire sur ce point. En revanche, un amendement de l'association parlementaire pour la liberté de l'enseignement portera sur le « besoin scolaire reconnu », donnant ainsi droit à une revendication de l'enseignement catholique : il gagnait ainsi sur les deux tableaux.

Pourquoi Georges Pompidou a-t-il fait modifier en dernière minute le projet de loi au point que son porte-parole, Léo Hamon, se soit trompé dans la rédaction du communiqué officiel du Conseil des ministres où il annonçait que le contrat simple n'était pas pérennisé, ce qui était faux, au moins pour le premier degré[32] ? Or, Georges Pompidou n'a fait, en définitive, que reprendre les attendus du projet de son ancien ministre de l'Éducation, arrêté en mars 1968, projet moins généreux que celui d'Edgar Faure et qui ne satisfaisait pas l'enseignement catholique. Certes, après Jean Cornec et Jean Cuminal, reçus par Jacques Chaban-Delmas, Georges Pompidou a reçu la veille du conseil des ministres décisif Mgr Lallier, sans que l'on sache les résultats de cette rencontre[33]. Le Gouvernement était divisé et il semble bien que le Conseil des ministres ait été houleux[34], au moins sur ce point. La question de la prise en charge obligatoire par les communes du forfait lié au contrat

---

31 AN, 1940566/21, études préparatoires du ministère de l'Intérieur, note du 16 décembre. Lors de la réunion interministérielle du 8 décembre 1970, le ministère des finances estime nécessaire de prévoir des crédits limitatifs.

32 Georges Pompidou, conférence de presse du 21 janvier 1971.

33 Les archives du secrétariat général contiennent une chemise sur cette réunion : elle est vide de tout document. Les archives présidentielles concluent que les deux parties (CNAL et SGEC) s'accommodent de la loi. Jean Cuminal aurait émis le vœu que la loi soit soumise de nouveau à discussion en 1980, AN, 5AG/2/262, note de Jean-François Saglio du 15 décembre à Édouard Balladur.

34 Archives historiques du diocèse de Luçon, 2B6/3, compte rendu de la CEMSU où il est précisé que la décision de rendre définitif le contrat simple a été prise pendant le conseil, mais que le texte n'a été mis définitivement en forme que le 17 décembre.

d'association semble avoir pesé lourd : on était à la veille d'élections municipales et les électeurs de la majorité pourraient très bien ne pas apprécier de voir leur budget grever par de nouvelles charges[35]. Revenir sur la disposition controversée du projet, c'était aussi assurément éviter un possible accord entre CNAL et enseignement catholique. Or, après 1968, l'Éducation nationale était suspecte, aux yeux d'un certain nombre de représentants de la majorité : c'était le souligner publiquement en interrompant le rapprochement entre les « deux enseignements ».

Par ailleurs, on n'a pas assez remarqué que le viol du secret des délibérations du conseil des ministres a été sciemment organisé, un peu comme si Georges Pompidou avait voulu montrer à l'opinion que le patron, c'était bien lui et non Jacques Chaban-Delmas, chantre de la nouvelle société, gaulliste historique. Une question écrite d'un parlementaire est d'ailleurs téléguidée afin d'enfoncer le clou à qui n'aurait pas compris le message[36]. C'était gagner sur les deux fronts : sur sa majorité politique et contre ce Premier ministre qui voulait instaurer une manière de travaillisme à la française.

En somme, l'accord a fait les frais d'intérêts politiques à courts termes dans lesquels désormais l'enseignement privé était entraîné. Toujours est-il que le vote de cette loi et l'échec du début des conversations engagées seront gros de conséquence pour l'avenir et expliquent en partie que, lors des négociations avec Alain Savary, aucun contact approfondi avec les deux protagonistes n'ait été engagé. Chacun campait désormais sur ses positions. L'enseignement catholique s'enfonçait dans une position qui soutenait ouvertement les libéraux des gouvernements successifs, le CNAL ne parvenait pas à adapter les positions d'ouverture prise en 1972 à un contexte désormais totalement autre. En ce sens, une occasion avait réellement été manquée. En 1977, la loi Guermeur sera votée et la lecture qui en sera faite sera nécessairement unilatérale.

---

[35] AN, 1940566/26, on trouve ainsi trace d'une intervention de Jean Limouzy, secrétaire d'État auprès de son collègue du ministère de l'Intérieur.

[36] AN, AG 2/1059, dossier Saglio, question écrite du sénateur Giraud. Le Président de la République exprime son mécontentement parce qu'un conseiller a cru qu'une version « édulcorée » était préférable. Or, Georges Pompidou a écrit de sa main sur le texte modifié : « Je regrette qu'on ait modifié le texte. Cela eût été l'occasion de rappeler à M. Giraud que le Président de la République préside le Conseil des ministres et le préside réellement ».

En revanche, au crédit de ces rencontres, un début de dialogue a pu se nouer entre deux cultures différentes que le choc du vote de la loi Debré n'avait pu faire se rencontrer[37]. L'une a fait un pas du côté de la reconnaissance du fait religieux, l'autre du côté de la prise en compte du sérieux des propositions du CNAL. De part et d'autre, certains sont persuadés que l'enseignement en France est dans une impasse : un accord entre l'un et l'autre ne pourrait que faciliter les nécessaires évolutions. Mais, pour le moment, ce n'est pas politiquement à l'agenda.

La loi de 1971

La loi promulguée le 1er juin 1971 par le Président de la République, Georges Pompidou, prévoit donc plusieurs dispositions importantes qui réorientent la loi scolaire dans un sens plus libéral : le contrat simple est pérennisé pour les classes primaires, il est prorogé jusqu'à la fin de l'année scolaire 1979-1980 pour les classes secondaires et techniques ; l'orientation scolaire est assurée « suivant des principes compatibles avec les objectifs retenus pour l'enseignement public » (article 4) ; les expériences de recherche pédagogique peuvent, grâce à un amendement du député Jean Capelle, ancien responsable du ministère, se dérouler dans des établissements publics ou privés sur autorisation du recteur ; un certain assouplissement d'ordre pédagogique est enfin apporté puisque l'enseignement est dispensé selon « les règles générales et les programmes de l'enseignement public » et non plus « selon les règles et programmes de l'enseignement public » ; le « besoin scolaire reconnu » est désormais défini (ce qui n'était pas le cas précédemment) selon les critères prévus dans l'article 1 de la loi Debré (caractère propre, liberté de conscience). C'est incontestablement un renforcement de la liberté d'enseignement et un éloignement de l'association au service public. Toutefois, ce n'est pas considéré comme suffisant pour les plus radicaux.

Parallèlement, l'enseignement catholique a pris ses précautions et a poursuivi son organisation administrative centralisée. Le 8 mars 1970 est créée une commission de l'emploi pour les enseignants : elle doit donner un avis sur la

37 Arch. SGEC, laïcité/CNAL, 1933-1998 : note de Jean Cuminal à Mgr Lallier. Il semble, en 1972, que James Marangé ait souhaité reprendre ces contacts, du moins en a-t-il parlé en ce sens à Joseph Fontanet qui s'est montré peu désireux d'aller « au-delà de relations d'hommes à hommes, le cabinet serait totalement discret dans cette affaire ».

liste des postes vacants, établir et assurer des listes de candidatures ; le 9 juin 1970 est adopté le « statut du service diocésain de l'enseignement catholique français » : désormais, on ne parle plus d'écoles catholiques mais de l'enseignement catholique ; enfin, les organismes de gestion des établissements sont désormais coordonnés nationalement dans la FNOGEC (Fédération nationale des organismes de gestion de l'enseignement catholique.) On aboutit ainsi à une véritable structuration nationale. L'indépendance de jadis n'est plus qu'un souvenir, même si certains directeurs rechignent à cette perte d'autonomie.

La loi est, quant à elle, appréciée diversement par l'enseignement catholique. Certes, Nicole Fontaine, dans une conférence prononcée en septembre 1971, souligne que désormais la liberté d'enseignement est mieux assurée et légitimée, l'innovation pédagogique davantage possible. Toutefois, certains auraient voulu aller plus loin et maintiennent l'ancienne revendication de pérennisation du contrat simple pour tous les ordres d'enseignement : telle est la position de l'UNAPEL.

Aussi, le Secrétariat général rappelle-t-il ses choix politiques majeurs, en novembre 1971, son opposition à la passation d'un contrat d'association pour le premier degré – car, une minorité d'établissements est malgré tout tentée d'y souscrire : ainsi, en 1971, il y a 88 écoles primaires sous contrat d'association (54 en 1967), 7553 sous contrat simple ; au total, primaire et secondaire confondus, 768000 élèves sont sous contrat d'association, 1 million sous contrat simple, 52% du personnel enseignant est sous contrat d'association (43% en 1969). La progression est indéniable et irrésistible : aussi pour parer à toute éventualité, le Secrétariat général essaie d'organiser un meilleur recrutement des maîtres à un moment où il doit recruter de nombreux laïcs. Il fait ainsi adopter en octobre 1971 « un projet d'accord préalable pour travailler dans l'enseignement catholique ». Il est certes précisé, dans ce texte, que tout directeur doit s'engager à donner, dans la mesure du possible, un temps complet à un maître, à ne pas diminuer son horaire (pratique courante), à verser, en cas de licenciement pour suppression de poste, une indemnité complétant l'allocation chômage. En revanche, le caractère propre est fermement réaffirmé puisqu'il est prévu la disposition suivante : « Du fait de votre appartenance au corps enseignant de l'établissement, vous aurez à appliquer et à promouvoir dans votre activité professionnelle et dans votre comportement les principes découlant du caractère propre de l'établissement tel qu'il est défini ci-dessus. »

Il est vrai que ce projet reçoit l'appui des représentants syndicaux du SNEC-CFTC, fondé en 1964 par suite du refus de la transformation de la CFTC en CFDT : son projet de statut du maître contractuel précise en son article 4 que « les maîtres qui ont librement sollicité ou accepté un poste dans ces établissements, sont tenus d'en respecter le caractère propre et de veiller à ce que leur comportement corresponde à l'enseignement et à l'éducation qui y sont proposés[38] ». On ne saurait mieux dire ! On ne s'étonnera pas qu'à l'inverse, la FEP-CFDT, dans son propre projet, fasse totalement l'impasse sur cette question et qu'en définitive le ministère restera sourd aux revendications de l'ensemble des organisations syndicales au prétexte que les enseignants « ont un statut, car ils sont régis par les textes en vigueur des corps auxquels ils appartiennent. [...] On pourrait certes envisager un statut qui couvre l'ensemble des relations des maîtres avec l'État et avec l'autorité privée, mais un tel projet me semble difficile et il me paraît préférable de rechercher une amélioration des dispositions en vigueur[39]. »

---

[38] *Snec-Informations*, décembre 1974.

[39] *L'Education démocratique*, novembre 1973.

Joseph Fontanet, Jacques Limouzy et les constructions scolaires des années Pompidou (1973-1974)

Julien Cahon

Les années Pompidou sont un temps de mutations profondes du système éducatif. Les recherches consacrées à Georges Pompidou et l'éducation se sont particulièrement intéressées aux idées et à l'action décisive de l'homme d'État, comme Premier ministre (1962-1968) puis Président de la République (1969-1974), ou aux réformes portées par les ministres de l'Éducation nationale de cette période[1]. Le changement le plus important et le plus étudié concerne assurément les réformes de l'enseignement secondaire, dans un contexte d'allongement des scolarités et de croissance de la démographie scolaire. Paradoxalement, la dimension matérielle de cette politique est peu présente dans les études historiques sur le sujet[2]. Pourtant, les transformations structurelles de l'enseignement français sont inséparables de la politique d'industrialisation des constructions scolaires, encouragée par le gouvernement à partir de 1962-1963. En revanche, celle-ci a pu être analysée du point de vue de la science politique ou de l'histoire des techniques architecturales[3], tandis que les sciences de l'éducation ont davantage pris en considération les conditions d'existence de l'élève ainsi que les relations entre l'architecture

---

[1] Parmi ces publications : Claude Lelièvre et Christian Nique, *L'École des présidents, de Charles de Gaulle à François Mitterrand*, Paris, Éditions Odile Jacob, 1995, p. 93-155 ; Antoine Prost, *Du changement dans l'école. Les réformes de l'éducation de 1936 à nos jours*, Paris, Seuil, 2013, p. 79-97 ; Bruno Poucet, « Au ministère de l'Éducation nationale, Olivier Guichard : un réformateur malgré lui ? », dans Frédéric Fogacci et Gilles Le Béguec (dir.), *Olivier Guichard*, Paris, Nouveau monde éditions, 2018, p. 107-132.

[2] Antoine Prost, « Jalons pour une histoire de la construction des lycées et collèges de 1960 à 1985 », dans Pierre Caspard, Jean-Noël Luc et Philippe Savoie (dir.), *Lycées, lycéens, lycéennes. Deux siècles d'histoire*, Paris, INRP, 2005, p. 459-478.

[3] Jean-Paul Duclos, *Un CES par jour ou l'État dans tous ses états*, Bordeaux I, thèse de doctorat en sciences politiques, Jean Dumas (dir.), 1992 ; Aleyda Resendiz-Vazquez, *L'industrialisation du bâtiment : le cas de la préfabrication dans la construction scolaire en France (1951-1973)*, Paris, CNAM, thèse de doctorat en histoire des techniques, André Guillerme et Sabine Barles (dir.), 2010.

scolaire et les méthodes pédagogiques, sans étudier les politiques publiques en la matière[4]. Ce chapitre propose donc de relier ces différents champs disciplinaires, relativement étanches, pour étudier l'un des axes majeurs de la politique éducative des années Pompidou, et plus généralement contribuer à une meilleure compréhension de ce domaine essentiel de l'action gouvernementale depuis les années 1950.

En effet, dès 1956, René Billères réorganise en partie le ministère de l'Éducation nationale, en créant une Direction de l'équipement scolaire, universitaire et sportif (DESUS). Malgré la mise en place de cette administration dédiée, ses successeurs restent confrontés au manque de locaux et à la longueur des procédures pour les construire. Au début des années 1960, face à l'urgence des besoins matériels créés par la pression démographique, l'État doit construire massivement et rapidement. Le slogan de la majorité au pouvoir est révélateur : « un CES par jour, un CET par semaine, un lycée par quinzaine » (Christian Fouchet). L'adoption d'une logique rationaliste et la normalisation des techniques de construction – aussi rendue possible par les progrès techniques des industries du bâtiment – permettent de relever ce défi quantitatif. L'abandon du mur porteur au profit d'une ossature composée de poteaux et de poutres, assemblés sur la base d'une même trame, limite les chantiers à une opération de montage de quelques mois. Administrativement, la mise en œuvre de l'industrialisation des constructions scolaires repose sur une procédure d'appel d'offres mettant en concurrence les entreprises spécialisées du secteur béton et des constructions métalliques. Les communes, qui doivent théoriquement construire ces bâtiments scolaires (avec une part de subventions gouvernementales), délèguent largement la maîtrise d'ouvrage à l'État, qui choisit les entreprises proposant des « projets de base » plusieurs fois reproductibles, des délais très courts et des prix bas. « L'État y gagne une économie de 15 à 17 % en moyenne »[5]. Cette conception du bâti est

---

[4] Gaston Mialaret, *Pédagogie générale*, Paris, Presses universitaires de France, 1991, p. 307-328.

[5] Archives nationales [désormais AN], 19770590/2, ministère de l'Éducation nationale, direction générale de la programmation et de la coordination, sous-direction des études économiques et sociales, département coordination des investissements et des équipements : note de Jean Raynaud (directeur de la DESUS) à Edgar Faure, 5 mars 1969.

d'ailleurs typique de l'architecture des « Trente Glorieuses » : on la retrouve aussi dans l'habitat (grands ensembles, HLM) et les équipements collectifs de cette époque[6].

Pendant le mandat présidentiel de Georges Pompidou, deux secrétaires d'État à l'Éducation nationale se voient confier, de manière inédite, les constructions scolaires dans leurs attributions. Le premier est Pierre Billecocq (1969-1972). Bien que son passage au ministère de l'Éducation nationale soit marqué par une accélération du rythme de construction des établissements scolaires du second degré, notamment grâce à la mise en place d'une programmation pluriannuelle[7], son action est essentiellement tournée vers la réforme de l'enseignement technique et professionnel. Jacques Limouzy occupe ensuite cette fonction auprès de Joseph Fontanet, dans le second gouvernement de Pierre Messmer (1973-1974), dans un contexte marqué par une série d'incendies touchant des constructions scolaires industrialisées, dont celui tragique du collège d'enseignement secondaire (CES) Édouard Pailleron.

Comment cet événement a-t-il pesé sur la politique éducative menée par le gouvernement ? Il ouvre tout d'abord la politisation de la question du bâti scolaire (I) puis influence la politique menée dans ce domaine, en matière de sécurité (II) comme de pédagogie (III). Ce chapitre s'appuie sur la consultation d'archives, en partie inédites, du ministère de l'Éducation nationale et de la préfecture de police de Paris.

L'incendie du CES Édouard Pailleron, ou la politisation de la question du bâti scolaire

À la suite de l'incendie du CES Édouard Pailleron, dans le XIXe arrondissement de Paris, dans la soirée du 6 février 1973, le type de construction, qui a permis au feu de se propager à très grande vitesse, est mis en cause et la responsabilité de l'État dénoncée.

---

6 Gérard Monnier et Richard Klein (dir.), *Les Années ZUP. Architectures de la croissance, 1960-1973*, Paris, Picard, 2002.

7 « Les constructions de collèges d'enseignement secondaire seront programmées sur trois ans », *Le Monde*, 8 décembre 1969.

Établissements « au rabais » et « CES boîtes d'allumettes » : « les écoles qui tuent »[8]

Ce drame, qui a fait vingt morts dont seize enfants du conservatoire municipal de musique, débouche sur la remise en cause de la technique de construction elle-même : la propagation du feu a en effet été favorisée par les vides des faux plafonds et des cloisons – dont les matériaux en blocs de bois aggloméré recouverts de plastiques ou dérivés du pétrole comme les polystyrènes sont fortement inflammables, consumables rapidement et génèrent des fumées toxiques. La structure métallique, ne résistant guère davantage, s'est effondrée en quelques minutes. Comme le résume l'historien Antoine Prost, « la question n'est pas de savoir pourquoi il a brûlé, mais pourquoi il a brûlé si vite. [...] Pailleron aurait pu prendre place dans la mémoire collective comme le premier incendie allumé par des élèves en soif de vengeance, mais il faut attendre plusieurs jours pour qu'on sache qu'un garçon de 14 ans a mis le feu avec un complice. Le procès des constructions industrialisées est engagé. Il ne cessera plus : les constructions industrialisées ne sont pas seulement laides et pauvres : elles sont meurtrières[9]. »

« On risque tous les jours sa peau dans mon CES », écrivait en septembre 1972, une élève de troisième du collège Édouard Pailleron dans une rédaction dont le sujet était « le progrès scientifique et ses conséquences » où elle avait choisi de décrire son établissement[10]. Après l'incendie, l'émotion et l'indignation sont vives parmi les élèves du collège Pailleron qui témoignent de la réalité quotidienne dans leur établissement :

> Dans le CES, on ne pouvait pas donner des coups de pieds dans les cloisons sans qu'elles s'écroulent. [...] Et nous savons désormais qu'il y a 2000 établissements scolaires construits sur le même modèle. Nous demandons QUI SONT LES RESPONSABLES ? [...] NOUS NE VOULONS PAS BRÛLER ! CONTRÔLONS LA SÉCURITÉ ! CE CRIME NE DOIT PAS RESTER IMPUNI[11] !

---

[8] *L'Express*, 12 février 1973 ; *Le Canard enchaîné*, 14 février 1973 ; *Le Nouvel observateur*, 19 février 1973 ; *L'Humanité*, 27 juin 1973 ; *Combat*, 3 janvier 1974.

[9] Antoine Prost, « Jalons pour une histoire de la construction des lycées ... », *op. cit.*, p. 472.

[10] « On risque tous les jours sa peau dans mon CES », *France-Soir*, 9 février 1973.

[11] Archives de la préfecture de police de Paris [désormais APP], FG 9, incendie du CES Édouard Pailleron (6 février 1973), pochette A : tract « Justice pour les 23 victimes du CES Édouard Pailleron », signé « Des élèves du CES Éd. Pailleron et des lycéens de Paris » et distribué devant le lycée Charlemagne le 8 février 1973.

En effet, « l'incendie de Pailleron n'était pas un accident isolé, mais le premier d'une série[12] » : CES de la rue Pierre-et-Marie-Curie à Vitry (8 février 1973), CES de la rue de Reims à Tremblay-Lès-Gonesse (8 février 1973), CES Matisse à Nice (14 juin 1973), CES de Canteleu, près de Rouen (1er janvier 1974), etc. Plus de la moitié des élèves du CES Pellerin de Beauvais (Oise), construit sur le modèle Pailleron, se mettent même en grève le 8 février 1973 car ils estiment de ne pas avoir de garanties de sécurité suffisantes[13]. Entre 1970 et 1975, 494 incendies d'établissements scolaires ont été recensés par le ministère de l'Éducation nationale, dont 101 pour la seule année scolaire 1975. Selon une enquête ministérielle, 59% étaient d'origine accidentelle, 11% dus à une négligence humaine et 25% d'origine criminelle[14]. Dans ces derniers cas, « ce sont des incendies ou départs de feux faits par des élèves qui veulent se venger de situations ou propos humiliants. À Pailleron, Patrick, âgé de 14 ans avait dit à la police qu'il ne voulait pas aller dans la classe surnommée "des déchets"[15] », probablement pour évoquer les classes transition (6e-5e) et pratiques (4e-3e) accueillant les élèves en échec scolaire. Ce constat questionne plus généralement l'inadaptation de l'enseignement secondaire à la masse des élèves désormais accueillie au collège, et donc le processus de démocratisation. Dans ce débat, les conceptions éducatives de Georges Pompidou, attaché à la culture classique, l'ordre et la sélection, sont très conservatrices[16]. Cependant, la tragédie de l'événement du 6 février 1973, son retentissement médiatique et politique sont tels que l'incendie du collège Pailleron devient vite une affaire d'État.

---

12 Antoine Prost, « Jalons pour une histoire de la construction des lycées … », *op. cit.*, p. 473.

13 « À Beauvais, 640 élèves d'un CES font la grève des cours », *Le Monde*, 10 février 1973.

14 « Ce qui n'a pas été dit sur la tragédie du CES Pailleron », *J'informe*, 30 novembre 1977. Ce journal (dont la parution fut éphémère) a été lancé en 1977 autour de Joseph Fontanet.

15 Laurence de Cock, « Pourquoi brûlent-ils des écoles ? », *Le Café pédagogique*, 3 juillet 2023 : <https://www.cafepedagogique.net/2023/07/03/pourquoi-brulent-ils-des-ecoles/>, consulté le 4 mai 2024.

16 Claude Lelièvre et Christian Nique, *L'École des présidents…*, *op. cit.*, p. 113-141.

Une affaire d'État

L'événement en présente les principales caractéristiques, déclenchant un véritable scandale dans l'opinion publique nationale, notamment dans la jeunesse. Le drame est tout d'abord suivi d'une forte mobilisation lycéenne – essentiellement à Paris dans un premier temps – qui constitue d'ailleurs les prémices du mouvement lycéen du printemps 1973 contre la loi Debré sur les sursis militaires[17]. Une coordination lycéenne est constituée localement dans les jours qui suivent l'incendie, derrière le slogan « CES qui brûle, Fontanet responsable ! »[18]. Des tracts de l'Union nationale des comités d'action lycéens (UNCAL) et de l'Union des étudiants communistes (UEC) accusent l'État, qui « porte une lourde responsabilité », et demandent que « la lumière [soit] faite »[19].

Dans la soirée du 12 février 1973, des manifestants issus des organisations de jeunesse trotskistes et maoïstes[20] se rassemblent devant la mairie du XIXe arrondissement parisien « à la mémoire des victimes » et afin de réclamer « justice pour les morts du CES Pailleron », accusant en particulier Christian Fouchet et ses successeurs au ministère de l'Éducation nationale (Alain Peyrefitte, Edgar Faure, Olivier Guichard et Joseph Fontanet) d'avoir mis en place un système de construction des CES dans lequel « la concurrence repousse la sécurité »[21]. Ces organisations militantes radicalisent leurs positions à la suite des réactions de la droite pompidolienne. Deux anciens ministres de l'Éducation nationale, Christian Fouchet (député[22]) et Alain Peyrefitte (secrétaire général de l'UDR), insistent sur l'origine criminelle du feu et la responsabilité des élèves incendiaires qui seraient une conséquence

17 La dynamique de ce mouvement spécifiquement lycéen se prolonge ensuite contre les réformes Fontanet en 1974 et Haby en 1975-1976.

18 APP, FG 9, incendie du CES Édouard Pailleron (6 février 1973), pochette A : tract « Lycéens de Bergson aux lycéens parisiens : mobilisation » distribué le 9 février 1973 aux abords du lycée Bergson.

19 *Ibid.*, note blanche des RG, 8 février 1973 ; tract de l'UNCAL Paris distribué devant le CES Édouard Pailleron le 8 février 1973.

20 Ligue communiste révolutionnaire (LCR), L'Humanité rouge / Parti communiste marxiste-léniniste de France (PCMLF), Alliance des jeunes pour le socialisme (AJS), Alliance marxiste révolutionnaire (AMR).

21 APP, FG 9, incendie du CES Édouard Pailleron (6 février 1973), pochette A : note blanche des RG, 13 février 1973 ; tract de l'OCI-AJS « Travailleurs, parents d'élèves, jeunes, monsieur Fouchet ose » distribué le 13 février 1973 aux abords du lycée Bergson.

22 Christian Fouchet a quitté l'UDR en 1971.

du mouvement social de mai-juin 1968[23]. Ces déclarations sont à la fois une reprise du discours antisubversif développé par la droite gaulliste depuis 1968 et de la rhétorique conservatrice antimarxiste utilisée dans le contexte de la préparation des élections législatives de mars 1973[24]. La documentation électorale des candidats parisiens d'opposition, de la droite centriste (CNI, Centre démocrate, Mouvement réformateur) comme des gauches, n'hésite d'ailleurs pas à faire de Pailleron un argument de campagne contre les choix budgétaires de la majorité[25]. Pour la jeunesse mobilisée, le discours gaulliste accrédite l'idée d'une complicité des élites politiques, qui tentent de couvrir un scandale et un mensonge d'État :

> Si nos deux camarades, après l'incendie, qui en 8 minutes a totalement anéanti le CES Pailleron et fait 20 morts, ont été inculpés, mis en taule, c'est que la presse ment, c'est que le pouvoir veut s'innocenter. [...] Pour des bulletins de vote, on engage des architectes qui sont des tueurs à gage. Pour des bulletins de vote, on construit des lycées qui sont des bûchers. C'est que 20 morts font 100000 voix pour

---

23 « Réactions et commentaires », *Le Monde*, 13 février 1973 : « Ainsi, ce sont des enfants qui ont incendié le CES de la rue Édouard-Pailleron. Je ne peux pas me taire. De toute ma vie je n'ai jamais éprouvé un tel sentiment de honte et de tristesse, et presque d'accablement. Voilà où mènent l'absence d'élévation morale, l'abdication des adultes, le déferlement de la violence et de la pornographie. Le fait que d'autres pays occidentaux en soient arrivés au même point n'est ni une excuse ni une consolation pour la France, qui est en train de perdre son âme [...]. » (Christian Fouchet). « L'horrible vérité bouleverse tous les Français et les oblige à s'interroger. Quand six enfants brûlent leur école, leurs camarades et leurs professeurs sont-ils seuls responsables ? Jamais la triste histoire de l'apprenti sorcier n'a été aussi actuelle. Apprentis sorciers, ces adolescents qui allument des incendies sans se préoccuper des conséquences. Mais surtout apprentis sorciers ces adultes qui abdiquent leurs propres responsabilités, ces adultes qui combattent toute autorité parce qu'elle est l'autorité. [...] Voilà où conduisent les doctrines de la contestation systématique et de la lutte des classes. Une société avancée est fragile. Elle ne peut fonctionner que dans la confiance mutuelle et dans l'apaisement, c'est-à-dire dans le respect des règles sans lequel se déclenche la contagion de la haine. » (Alain Peyrefitte).

24 Bryan Muller, « Élections législatives de 1973 : quand les droites réussissaient à s'allier », *The Conversation*, 14 mars 2023 : <https://theconversation.com/elections-legislatives-de-1973-quand-les-droites-reussissaient-a-sallier-201399>, consulté le 5 mai 2024.

25 Archives électorales du CEVIPOF, élections législatives de 1973, professions de foi (voir par exemple celles de Louis-Stanislas Moreau, candidat « Centre-réformateur » dans la 26e circonscription de Paris, et de Claude Chisserey, candidat OCI dans la 29e circonscription de Paris).

> les politiciens. C'est que pour cacher la vérité, la clique Pompidou est prête à tout. C'est que quand les criminels s'appellent Pompidou, Fouchet, Fontanet, Peyrefitte, le pouvoir entend trouver d'autres coupables[26].

Du côté des fédérations de parents d'élèves (Armand et Cornec), un meeting du lycée Bergson rassemble plus de 1000 personnes dès le 7 février pour demander de définir « rapidement les responsabilités de cette catastrophe »[27]. Les associations présentes dans les écoles maternelles et élémentaires voisines se mobilisent également pour attirer l'attention des pouvoirs publics sur les conditions de scolarisation de leurs enfants, réclamer des mesures urgentes de sécurité et « exiger que les causes du sinistre soient déterminées »[28]. Les sections parisiennes de la FCPE et de la FEN demandent respectivement aux enseignants de la capitale de cesser le travail et aux parents de ne pas envoyer leurs enfants à l'école, le 15 février, jour des obsèques des victimes de l'incendie du collège[29], tandis que le SGEN-CFDT s'interroge sur la suffisance des contrôles exercés sur les pratiques des entrepreneurs travaillant pour l'Éducation nationale et le SNES sur l'insuffisance des moyens budgétaires accordés aux constructions scolaires[30].

Les maires de France dénoncent une « centralisation excessive » de la procédure de construction[31], tandis que les groupes politiques des élus parisiens du XIXe arrondissement font part unanimement de leur consternation et de leur inquiétude après cette catastrophe, car « l'insécurité permanente » règne dans ces nouvelles constructions industrialisées et, parce que « dans le centre de Paris, [...] existent presque exclusivement des bâtiments non seulement anciens mais bien souvent vétustes » présentant des déficiences en matière de sécurité[32]. « Paris vit sur un bûcher » selon le général Férauge, commandant de la brigade des sapeurs-pompiers de la capitale[33]. Les familles

---

26 APP, FG 9, incendie du CES Édouard Pailleron (6 février 1973), pochette A : tract « Libérons nos camarades inculpés » signé « Les Anars » et recueilli aux abords du lycée Paul-Valéry le 15 février 1973.

27 *Ibid.*, note blanche des RG, 8 février 1973.

28 *Ibid.*, notes blanches des RG, 9, 10 et 12 février 1973.

29 *Ibid.*, note blanche des RG, 9 février 1973.

30 *L'Éducation*, 15 février 1973.

31 Albert du Roy, « CES : l'autre procès », *L'Express*, 19 février 1973.

32 *Bulletin municipal officiel de la ville de Paris*, 10 février 1973, p. 277.

33 *Le Monde*, 9 février 1973.

des victimes fondent une association qui se constitue partie civile et dont le but est de « rechercher en toute indépendance les causes du sinistre, et ce par tous les moyens, afin d'éviter que de semblables catastrophes puissent se reproduire à l'avenir »[34]. Elle occupe l'espace médiatique jusqu'au double procès, celui « des enfants » puis « des adultes » en 1977-1978[35]. En effet, parallèlement, l'affaire est également devenue judiciaire. Près de quatre ans après l'incendie, les deux jeunes incendiaires du CES sont condamnés en novembre 1977, à 5 et 4 ans de prison avec sursis[36]. Elle met aussi en jeu des représentants des plus hautes sphères de l'administration de l'Éducation nationale, maître d'œuvre du collège Pailleron. Inculpés pour homicides et blessures involontaires, les responsables en fonction à l'époque – le PDG et l'architecte de l'entreprise constructrice, le directeur de la DESUS, le chef du service constructeur de l'académie de Paris (SCAP[37]) et l'ingénieur des travaux publics de l'État chargé de l'opération de construction du CES – sont condamnés, en mars 1978, à des peines de prison avec sursis allant de 4 à 18 mois[38].

Dès mars 1973, l'enquête administrative diligentée par Joseph Fontanet avait révélé publiquement que le souci d'économie et de rapidité dans les constructions industrialisées avait cautionné les pires imprudences en matière de sécurité[39] :

> Il semble bien que ce soit dans le souci de permettre aux procédés métalliques d'offrir des prix compétitifs par rapport aux procédés lourds béton que des dérogations à la réglementation générale concernant la sécurité contre l'incendie ont été introduites dans cette réglementation. C'est ainsi qu'un article dérogatoire [...] a réduit à un quart d'heure la stabilité au feu des éléments porteurs ou autoporteurs constituant

34 APP, FG 9, incendie du CES Édouard Pailleron (6 février 1973), pochette A : statuts de l'association régie par la loi de 1901 des familles des victimes de l'incendie du CES Édouard Pailleron, 12 février 1973 (sous-direction administrative du cabinet de la préfecture de police de Paris).

35 *Ibid.*, pochette E : dossier de presse, 1975-1977.

36 René Arnould, « D'un procès à l'autre », *L'Aurore*, 12 novembre 1977.

37 Créé en 1959, le SCAP est une administration déconcentrée, maître d'ouvrage délégué pour la conduite des opérations de constructions scolaires et universitaires d'État.

38 « Peines d'emprisonnement avec sursis pour les responsables des conséquences de l'incendie du CES Édouard Pailleron », *Le Monde*, 1er avril 1978.

39 « CES tragique : voici les révélations de l'enquête administrative », *France-Soir*, 17 mars 1973.

> le gros œuvre des bâtiments d'externat accueillant moins de 700 personnes et ne dépassant pas trois niveaux, moyennant certaines précautions supplémentaires[40].

Si cette dérogation ne s'appliquait pas au CES Édouard Pailleron, construit pour 900 élèves et sur plus de 3 niveaux, l'enquête administrative montre toutefois plusieurs anomalies dans la construction de la structure de l'établissement :

> Les éléments porteurs de la construction devaient réglementairement avoir une stabilité au feu de degré 1 heure et les planchers être coupe-feu de degré 1 heure ; or la mise à feu criminelle aurait eu lieu entre 19 h 25 et 19 h 30, l'angle nord-est du bâtiment se serait écroulé vers 20 h. [...] Certains éléments des escaliers n'auraient pas présenté le degré réglementaire de résistance au feu (cf. rapport de la Commission de sécurité du 2 mars 1972). Des canalisations diverses (gaz, électricité) auraient été installées entre les faux plafonds et les planchers ; on peut donc se demander si les faux plafonds étaient susceptibles de jouer le rôle de pare-feu. [...] L'espace entre faux plafond et plancher n'aurait pas été recoupé par les cloisons pare-feu réglementaires[41].

L'affaire avait aussi été prise en charge par le pouvoir législatif : un rapport d'information sénatorial ajoute notamment que l'une des causes du drame réside dans la confusion généralisée des compétences et des responsabilités dans le choix des matériaux, la construction et la mise en sécurité de ces bâtiments[42]. Enfin, bien que l'affaire du collège Pailleron ne provoque guère de crise politique, elle influence par la suite le fonctionnement des pouvoirs publics dans le domaine des constructions scolaires.

La question de la sécurité dans les établissements scolaires : une « nouvelle stratégie » ?

Après l'incendie du CES Pailleron, le ministère de l'Éducation nationale entend tirer les enseignements de ce drame, en apportant une réponse politique et technique.

---

40 Jacques Carat et Roland Ruet, *Rapport d'information fait au nom de la Commission des affaires culturelles du Sénat, à la suite de la mission effectuée en application des décisions du Sénat des 12 avril 1973, 4 avril et 29 novembre 1974, sur le problème des constructions scolaires*, Paris, Imprimerie du Sénat, décembre 1974/janvier 1975, t. 2, annexe 1 : L. Rolland, G. Tallon, G. Thaler, enquête administrative sur l'incendie du CES Pailleron, rapport au ministre de l'Éducation nationale, 20 février 1973, p. 7.

41 *Ibid.*, p. 8.

42 *Ibid.*, t.1,311 p., t. 2, 169 p.

Les circulaires et le décret de 1973

« Incontestablement cette situation que nous n'avions jamais rencontrée antérieurement doit servir d'enseignement pour une stratégie nouvelle dans le domaine de la sécurité[43]. » Trois circulaires de février et mars 1973, signées du ministre de l'Éducation nationale Joseph Fontanet, se contentent de rappeler et préciser les dispositions existantes, à prendre dans l'exploitation des établissements[44], pour les visites des commissions de sécurité[45] et pour l'usage des établissements en dehors des horaires ou des périodes scolaires[46]. Ce dernier aspect est d'autant plus sensible qu'il a constitué une circonstance aggravante dans l'incendie du collège Pailleron[47] et que la circulaire du 27 mars 1973 dite réforme Fontanet des « 10% » – dont l'objectif est d' « ouvrir l'école sur la vie » – entre en application à partir de la rentrée 1973[48].

---

[43] AN, 19771384/6, ministère de l'Éducation nationale, cabinet : « note sur les mesures de sécurité » du ministre de l'Éducation nationale, Joseph Fontanet, 22 février 1974.

[44] Surveillance rigoureuse sur les installations (gaz, électricité, chauffage, etc.) susceptibles, par leur nature ou leur utilisation, d'être génératrices de foyers d'incendie, vérification périodique des moyens particuliers de lutte directe contre les débuts d'incendie (robinets d'arrivée d'eau, tuyaux d'eau, extincteurs, etc.), des dispositifs d'alarme, des escaliers et issues de secours, dont l'accès ne doit pas être obstrué ; information des élèves et du personnel, sur les risques d'incendie et de panique, et sur la conduite à tenir en cas d'incendie ; affichage des consignes de sécurité (circulaire n°73-101 du 23 février 1973, *BOEN*, n°9, 1er mars 1973).

[45] Circulaire n°73-102 du 23 février 1973 (*BOEN*, n°9, 1er mars 1973).

[46] La circulaire n°73-110 du 1er mars 1973 (*BOEN*, n°10, 8 mars 1973) rappelle l'entière responsabilité du chef d'établissement dans tous les cas ainsi que la nécessité de passer une convention (précisant les consignes de sécurité) avec les organisateurs d'activités relevant d'un organisme extérieur à l'établissement et d'organiser une visite préalable de l'établissement.

[47] AN, 19930636/6, ministère de l'Éducation nationale, direction des lycées et des collèges, sous-direction des élèves et de l'action éducative et culturelle, bureau vie des établissements, infrastructures scolaires : note de l'inspecteur de l'académie de Versailles aux inspecteurs départementaux, chefs d'établissements et maires du département de l'Essonne, 1er août 1973.

[48] *Ibid.*, direction générale des enseignements élémentaire et secondaire, division de la vie scolaire : note sur l'application de la circulaire du 27 mars 1973 relative à la mise à disposition des établissements d'enseignement secondaire d'un contingent horaire de 10%, à l'attention des recteurs, s.d. Voir par ailleurs : Yves Verneuil, « La réforme Fontanet des 10 % : un processus inabouti de rénovation pédagogique », *Histoire de l'éducation*, vol. 158, n°2, 2022, p. 123-157.

Le décret n°73-1007 du 31 octobre 1973 (complété par la circulaire d'application n°73-552 du 22 novembre 1973) relatif à la protection contre les risques d'incendie et de panique dans les établissements recevant du public prend davantage en compte une dimension nouvelle dans la prévention du risque incendie, la qualité des matériaux et éléments utilisés pour la construction des établissements publics[49] :

> Les matériaux et les éléments de construction employés tant pour les bâtiments et locaux que pour les aménagements intérieurs doivent présenter, en ce qui concerne leur comportement au feu, des qualités de réaction et de résistance appropriées aux risques courus. La qualité de ces matériaux et éléments fait l'objet d'essais et de vérifications en rapport avec l'utilisation à laquelle ces matériaux et éléments sont destinés. Les constructeurs, propriétaires, installateurs et exploitants sont tenus de s'assurer que ces essais et vérifications ont eu lieu. (article 5)

En réalité, ce texte emprunte très largement à la réglementation en vigueur depuis le décret et l'arrêté du 13 août 1954[50] puisqu'il rappelle en particulier les attributions des commissions de sécurité à différentes échelles (centrale, départementale, d'arrondissement et communale ou intercommunale), chargées des mesures de contrôle et d'exécution, ainsi que l'obligation pour les établissements scolaires d'être équipés d'un dispositif d'alarme par signal sonore et d'une signalisation des issues de secours. D'autre part, le règlement de sécurité contre les risques d'incendie et de panique dans les établissements recevant du public (annexé à l'arrêté du 23 mars 1965) prescrivait déjà une stabilité au feu d'une demi-heure à une heure et demie, selon le type de bâtiment, pour certains éléments de la construction : éléments porteurs, faux planchers, toiture[51].

Le changement se situe donc moins dans les mesures prescrites que dans la prise de conscience politique d'une nécessaire amélioration et transformation de la stratégie de prévention contre le risque incendie dans les établissements

[49] *JORF*, n°257, 105e année, 4 novembre 1973, p. 11763-11767. Le décret est signé par le ministre de l'Intérieur (Raymond Marcellin) et cosigné par les ministres en charge des administrations concernées, dont l'Éducation nationale.

[50] Ministère de l'Intérieur, *Sécurité contre l'incendie dans les établissements recevant du public. Décret et arrêté du ministre de l'Intérieur en date du 13 août 1954. Règlement*, Paris, Imprimerie des journaux officiels, 1954, 306 p.

[51] *JORF*, n°75, 97e année, 30 mars 1965, p. 2467 et annexe S.I. (108 p.).

scolaires, comme le reconnait Joseph Fontanet dans une note interne au ministère de l'Éducation nationale :

> Les établissements d'enseignement sont réglementés par des dispositions qui leur sont propres, celles dites du "type R". On dit que ces prescriptions [du décret du 13 août 1954] étaient moins exigeantes que celles concernant d'autres locaux accueillant du public (magasins, salles de spectacle). Dans l'hypothèse d'une utilisation normale, il était apparu aux pouvoirs publics que l'établissement scolaire, bien encadré, dans des lieux bien connus des élèves et de leurs maîtres, devait pouvoir être évacué dans un temps très court (quelques minutes), sans panique et que des mesures simples devaient conduire à ce résultat, la conservation de l'ouvrage devenant un élément secondaire[52].

Le décret de 1973 établit cependant un contrôle plus strict des projets de construction industrialisés par la commission centrale de sécurité, ainsi que l'acceptation des dossiers d'origine de ces bâtiments par le ministre compétent (article 15). Le ministère de l'Éducation nationale porte donc une attention particulière aux procédures de contrôle des nouvelles constructions. L'examen de ces procédés de construction pour les CES donne lieu à des réunions spécifiques de la commission centrale de sécurité dès août 1973, le ministère de l'Éducation nationale anticipant les prescriptions du décret du 31 octobre 1973, dont l'entrée en vigueur est fixée au 1er mars 1974[53]. Cette commission instruit les « dossiers de base pour la construction de CES industrialisés » et prescrit aux entreprises de construction l'exécution de travaux manquants ou la communication des procès-verbaux d'essais au feu des matériaux de construction utilisés, avant d'agréer les procédés recourant à des structures béton (utilisés par les grandes entreprises du secteur du BTP comme la Société auxiliaire d'entreprises[54]) ou métalliques (Fillod, Dumez, SNCI)[55].

---

52 AN, 19771384/6, ministère de l'Éducation nationale, cabinet : « note sur les mesures de sécurité » du ministre de l'Éducation nationale, Joseph Fontanet, 22 février 1974.

53 Le cabinet du ministre de l'Éducation nationale est informé du contenu et des réflexions relatives à ce décret dès juin 1973.

54 La SAE participe notamment aux travaux du tunnel sous la Manche en 1990 avant d'être absorbée par le groupe Eiffage.

55 AN, 19771384/6, ministère de l'Éducation nationale, cabinet : « note sur l'instruction des dossiers de base pour la construction de CES industrialisés par la commission centrale de sécurité » de M. Legrand, directeur chargé des équipements, à M. Quatre, conseiller technique auprès du ministre de l'Éducation nationale, Joseph Fontanet, juin 1973.

À la suite de l'incendie du CES Pailleron, l'utilisation de ces dernières, dans les constructions scolaires, commence cependant à régresser : outre les problèmes de sécurité, la hausse des prix de l'acier et la nécessité d'enrober certains éléments de la structure d'une protection entrainent aussi une hausse des coûts et l'impossibilité de respecter les prix-plafond.

Tous les projets de la campagne 1973 – comme ceux des années suivantes – sont examinés par les commissions de sécurité locales, départementales et au niveau national[56]. La commission centrale de sécurité est par ailleurs amenée à préciser la réglementation incendie, évoluant d'une manière générale dans le sens d'un accroissement des mesures de sécurité qui se traduit par une production réglementaire intense. Entre mai 1973 et juin 1975, 3 arrêtés, 17 circulaires (dont 2 interministérielles) et une note d'information concernent la protection contre les risques d'incendie et de panique dans les établissements relevant du ministère de l'Éducation nationale. Apparaissent ainsi des dispositions nouvelles telles que l'implantation des salles de sciences (alimentées en gaz) au rez-de-chaussée, l'asservissement des systèmes de détection de fumées et des portes coupe-feu, le recours plus fréquent à des escaliers extérieurs.

De la théorie à la pratique ?

La brochure intitulée *La sécurité dans les établissements scolaires, risques d'incendie et de panique*, que fait envoyer Jacques Limouzy aux chefs d'établissements en mai 1974, explicite les nouvelles mesures contenues dans le décret du 31 octobre 1973. Le secrétaire d'État entend promouvoir, face à l'insuffisance des seules prescriptions administratives dans ce domaine, « un état d'esprit » de la sécurité comme il le rappelle dans l'introduction de ce livret. Celui-ci repose sur une double action : sensibiliser et informer, prévenir et lutter, et la mise en place de nouveaux dispositifs tels que les exercices d'alertes :

> Des exercices d'alertes doivent être organisés au moins une fois par trimestre ; l'un de ces exercices doit obligatoirement avoir lieu au cours du premier mois suivant la rentrée scolaire. Ces exercices ont pour objet d'enseigner aux élèves et aux personnels la conduite à tenir en cas d'incendie. Ils constituent pour les équipes de sécurité un

[56] Auparavant, il n'y avait pas de consultation systématique et obligatoire des services de sécurité, au niveau national, pour les projets de base des constructions industrialisées, ni de consultation systématique et obligatoire au niveau local pour les avant-projets de chaque opération, ni d'obligation systématique de faire visiter les locaux par une commission de sécurité avant réception, ou après leur mise en service.

> entraînement indispensable. Ils offrent également la possibilité de vérifier l'efficacité de toutes les mesures qui ont été prises et, éventuellement, de procéder à leur modification. Les exercices d'alerte doivent comporter des simulacres d'évacuation et des manipulations d'extincteurs et de seaux-pompes. Il est vivement recommandé de solliciter le concours des sapeurs-pompiers[57].

L'incendie du collège Pailleron jette surtout un vif éclairage sur la réalité matérielle des établissements scolaires, en particulier sur leur vétusté et les insuffisances en matière de sécurité. Par exemple, dès la fin des années 1960, le ministère de l'Éducation nationale est informé de plusieurs situations alarmantes concernant les problèmes de financement et d'équipement d'écoles primaires en extincteurs (que le ministère considère être de la compétence des communes)[58] ou l'absence de sortie de secours conforme, comme à l'école de filles de la cité Voltaire (Paris) où les 350 élèves ne disposent que d'un escalier en bois comme issue en cas d'incendie[59].

La part du budget de l'Éducation nationale prévue pour mener à bien les travaux de sécurité dans les établissements scolaires augmente sensiblement en 1973 et en 1974[60]. Cependant, dès février 1974, une note confidentielle de la DESUS révèle les conséquences politiques de cette nouvelle procédure dans l'Éducation nationale, où les besoins matériels restent conséquents :

57 AN, 19771384/6, ministère de l'Éducation nationale, cabinet : programmes de constructions, brochure *La sécurité dans les établissements scolaires, risques d'incendie et de panique*, 1974, p. 8, p. 12.

58 *Ibid.*, 19930636/6, ministère de l'Éducation nationale, direction de l'enseignement primaire, sous-direction de l'organisation pédagogique et de la vie scolaire : note « extincteurs et armoires pharmaceutiques dans les écoles » d'Henri Gauthier, directeur de la pédagogie, des enseignements scolaires et de l'orientation, au secrétaire général du ministère de l'Éducation nationale, 19 mars 1968.

59 *Ibid.*, lettre d'un parent d'élève de l'école de filles de la cité Voltaire à Paris (XIe arrondissement) au ministère de l'Éducation nationale, 8 novembre 1970 (copie transmise au cabinet de la Présidence de la République et du ministère de l'Intérieur) ; lettre de l'administrateur civil chargé de la sous-direction de l'organisation pédagogique et de la vie scolaire au ministre de l'Éducation nationale, au directeur des services d'enseignement de l'académie de Paris, 2 décembre 1970.

60 *Ibid.*, 19771384/6, ministère de l'Éducation nationale, cabinet : note de Michel Quatre, conseiller technique, à Joseph Fontanet, ministre de l'Éducation nationale, 24 février 1974.

> Le décret renforce le rôle des commissions de sécurité et alourdit les procédures. [...] Il est de la nature des choses que ces examens [de la commission départementale de sécurité] soient suspensifs et notamment le dernier pour ce qui concerne la mise en service de l'établissement. [...] il convient donc dorénavant que notre Administration ne prenne aucun engagement quant à la date de mise en service d'un établissement nouveau sous peine de provoquer dans le public une émotion injustifiée[61].

Les difficultés d'application concernent surtout les établissements scolaires anciens, pour lesquels la DESUS reconnaît l'impossibilité de mener à bien des travaux de « mise en stricte conformité » et la nécessité de « prendre des mesures de substitution qui assurent par d'autres moyens, une sécurité équivalente[62]. » Par exemple, le CES Fabre de Rodez, partiellement installé dans l'ancien séminaire à partir de 1968, accueille, pendant près de 10 ans, les personnels et élèves dans de graves conditions d'insécurité, rappelées par l'inspecteur d'académie du département de l'Aveyron :

> On sait, depuis très longtemps, que cette énorme bâtisse du dix-neuvième siècle est vétuste, dangereuse et non conforme, sur beaucoup de points, aux normes actuelles de sécurité. Certes de nombreux travaux visant à améliorer cette situation ont été effectués [...]. Mais la mise en conformité absolue exigerait en particulier la réfection de tous les niveaux (poutres vétustes, affaissées et parfois même rongées par les capricornes – installations électriques anciennes – escaliers de bois et par ailleurs non encloisonnées – etc. etc.)[63].

Le bilan des contrôles effectués à partir de 1973 par les commissions départementales de sécurité dans les 6847 collèges et lycées de France est aussi alarmant : fin 1976, 93% des établissements du second degré ont été inspectés et 63% présentent des déficiences ou des insuffisances en matière de

---

61 *Ibid.*, note confidentielle de la DESUS, « Les problèmes de sécurité et l'action administrative au sein du ministère de l'Éducation nationale », s. d. (février 1974), p. 1-2.

62 *Ibid.*, p. 3.

63 *Ibid.*, 19930636/6, ministère de l'Éducation nationale, direction des collèges : deuxième rapport de l'inspecteur d'académie au recteur de l'académie de Toulouse sur l'incendie du CES Fabre à Rodez, 28 février 1977, p. 2. L'incendie, qui s'est déclaré à 19 heures dans les combles de la partie ancienne abritant notamment l'internat et des salles de cours ou d'études, n'a fait aucune victime.

sécurité[64]. En effet, l'édification d'établissements scolaires de type Pailleron est abandonnée après l'incendie de février 1973, mais pas leur utilisation. D'après le ministère de l'Éducation nationale, une centaine de collèges et lycées ont été construits par l'État exactement sur le même modèle et plus de 1000 établissements l'ont été en s'appuyant sur 21 procédés industrialisés (Bender, Fillod, GEEP, SMBI, CIMT, Constructions modulaires, INEURCO, etc.)[65]. La dénonciation de l'insécurité des constructions industrialisées est doublée d'une critique pédagogique[66] : « L'architecture scolaire, débarrassée de ses obligations quantitatives, allait se charger de finalités éducatives[67]. »

Aménager l'espace scolaire autrement : une politique au service de la rénovation pédagogique

La fin d'année 1973 marque en effet l'amorce d'une réflexion, entre ingénieurs, architectes, pédagogues et administrateurs, sur l'aménagement de l'espace scolaire et la construction d'établissements d'un nouveau type, dits « à espaces aménagés » dans le second degré et « à aire ouverte » dans le premier degré.

Les collèges et lycées « à espace aménagé »

Pour Jacques Limouzy et son directeur de cabinet Jacques Treffel, la transformation de la conception architecturale des établissements du second

---

64 « Ce qui n'a pas été dit sur la tragédie du CES Pailleron », *J'informe*, 30 novembre 1977.

65 AN, 20190332/12, dossiers de François Dontenwille, chargé de mission à l'Inspection générale de l'administration de l'Éducation nationale et de la Recherche (IGAENR), Observatoire national de la sécurité des établissements scolaires (ONS), note « La réalité des Pailleron, les métalliques construits entre 1960 et 1975 », s. d. (vers 1995).

66 Marie-Claude Derouet-Besson, *Les Murs de l'école. Éléments de réflexion sur l'espace scolaire*, Paris, Éditions Métailié / INRP, 1998, p. 193-211 ; Julien Cahon, « Les politiques d'industrialisation des constructions scolaires et leur remise en cause : l'exemple des lycées publics (1956-1986) », *In Situ* [En ligne], n°44, 2021. URL : <http://journals.openedition.org/insitu/30988> ; DOI : <https://doi.org/10.4000/insitu.30988>, consulté le 4 mai 2024.

67 Michel Lainé, *Les constructions scolaires en France*, Paris, Presses universitaires de France, 1996, p. 199-200

degré est indispensable et exigée par la rénovation pédagogique en cours, c'est-à-dire la réforme structurelle de l'enseignement du second degré contenu dans le projet Fontanet – qui prévoit notamment la suppression des filières dans le premier cycle du second degré et la mise en place de groupes de niveaux[68] – mais aussi la transformation de l'acte pédagogique et de la relation professeur-élève. Joseph Fontanet et Jacques Limouzy sont en effet convaincus de la profonde inadaptation des méthodes pédagogiques traditionnelles. Pour cela, les nouvelles constructions scolaires doivent rompre avec la rigidité de leurs formes, avec l'espace unicellulaire et unidimensionnel de la classe pour aller vers l'aménagement d'espaces plus polyvalents et mobiles[69] :

> Il s'agit, en effet, de passer d'une organisation qui s'adressait à l'ensemble d'une classe à une organisation qui permettra de diversifier l'activité éducative par la mise en œuvre d'un travail individuel, du travail en équipe ou du travail en groupes. Ce nouveau mode d'organisation scolaire se traduira par une modulation du temps (périodes de durée différente selon l'exercice), une modulation du nombre (groupes de taille différente par éclatement de la classe à certains moments) et par voie de conséquence, une modulation de l'espace. Dans cette perspective, la structure architecturale du bâtiment scolaire doit être profondément repensée pour correspondre aux nouveaux objectifs de la rénovation pédagogique. Pendant trop longtemps, en effet, la conscience pédagogique n'a pas vu l'importance de l'espace scolaire. La plupart des enseignants considéraient que l'unique fonction du bâtiment scolaire était de contenir les élèves de façon convenable. Il suffisait donc de compartimenter le bâtiment en salles de classes toutes identiques pour donner à chaque division son milieu de vie qui était le plus souvent un espace clos et rigide[70].

---

68 Ce projet de loi « portant réforme de l'enseignement secondaire », préparé par Joseph Fontanet et l'un de ses principaux collaborateurs Bertrand Schwartz, supprime les filières dans le premier cycle du second degré et y diminue la durée hebdomadaire d'enseignement, réforme le second cycle et le baccalauréat (en limitant l'accès au premier cycle de l'enseignement supérieur, qui serait ouvert aux élèves ayant obtenu un certain niveau dans des matières spécialisées). Malgré l'opposition syndicale, le projet Fontanet est présenté en conseil des ministres en mars 1974. Son examen par l'Assemblée nationale devait débuter en mai. La mort de Georges Pompidou, le 2 avril, interrompt ce processus.

69 *L'Éducation*, 31 janvier 1974.

70 AN, 20150220/25, ministère de l'Éducation nationale, bureau de la veille, des sondages et de la documentation, rapports publics et dossiers d'information : Jacques Limouzy, *Vers une pédagogie nouvelle*, Paris, MEN, 1974, p. 3-4.

Les centres de documentation et d'information (CDI), apparus dès 1970, sont conçus comme le carrefour de la vie éducative et pédagogique des établissements. Leur généralisation, dans le contexte du développement de l'éducation par les médias, est aussi une reconnaissance par les pouvoirs publics d'autres sources d'apprentissage, en dehors de l'institution scolaire, et du développement d'un nouveau rapport aux savoirs de la jeunesse. L'adaptation et la modernisation du cadre matériel des établissements (notamment leur ouverture sur l'extérieur et un recours plus important aux moyens audio-visuels) sont ainsi généralement pensées comme la dernière pierre à apporter à la réforme de l'enseignement. Le secrétaire d'État souhaite ainsi étendre les constructions « sur plan ouvert », c'est-à-dire organisé autour du centre de documentation, de cours et de rotondes, adapté à une pédagogie nouvelle fondée sur l'individualisation de l'enseignement, et ouvert sur le milieu extérieur. Jacques Limouzy lance ainsi un programme expérimental d'établissements « à espace aménagé », par une circulaire du 11 décembre 1973, dans laquelle il précise l'objectif de cette politique :

> Pendant trop longtemps, l'architecte et le pédagogue ont mené des interrogations parallèles dont les finalités n'étaient pas, au préalable, conciliées. L'intention est de les rapprocher pour réaliser, en étroite coopération, un cadre de vie conforme aux aspirations des jeunes et qui réunisse dans sa structure même, les conditions les plus propices à l'acquisition du savoir, à l'étude, au travail personnel, au travail de groupe, à l'ouverture sur le monde et à la préparation de la vie. C'est dans cette perspective qu'a été retenue, dans chaque Académie et dans chaque Région, sur proposition de l'Inspection Générale, la construction d'établissements nouveaux dits à « espace aménagé » qui feront l'objet d'une concertation entre ingénieurs, architectes et pédagogues[71].

En réalité, quelques établissements ont déjà été réalisés en suivant ces idées – qui ont alimenté les réflexions la commission C du colloque d'Amiens « Pour une école nouvelle » en 1968 –, mais de manière isolée, notamment dans le cadre de l'expérimentation des « collèges intégrés » ou de l'aménagement des villes nouvelles[72]. En 1974, un programme de 82 établissements « à espace

[71] *Ibid.*, 19890597/18, Ministère de l'Éducation nationale, services directement rattachés au ministre, inspection générale : circulaire n°73-526, « Constructions scolaires du second degré, "établissements à espace aménagé" », 11 décembre 1973.

[72] Julien Cahon, « Constructions scolaires, architecture et pédagogie », dans Julien Cahon et Bruno Poucet (dir.), *Réformer le système éducatif. Pour une école nouvelle, mars 1968*, Rennes, Presses universitaires de Rennes, 2021, p. 203-212.

aménagé » est ainsi prévu parmi les 320 à 340 constructions nouvelles, dont 52 CES, 15 CET, 11 lycées et 4 écoles nationales de perfectionnement. Chaque projet est élaboré de manière concertée[73] et porte plus particulièrement sur la distribution des espaces, le service de documentation et d'information (situation, liaisons avec les autres salles), une nouvelle organisation des salles de cours (afin d'organiser le travail des élèves en groupes de dimensions variables ou de manière individuelle), de la salle polyvalente et de l'internat, l'équipement audiovisuel et multimédia, les aménagements, le mobilier et la décoration intérieure ou encore l'ouverture de l'établissement à des usages non-scolaires[74].

Mais, cette transformation de la conception architecturale des établissements scolaires doit être menée dans un cadre contraint (sans allonger les délais de construction, ni augmenter les coûts) et se heurte aux procédés en vigueur. Fin 1974, le bilan provisoire de cette politique est mitigé sur le plan pédagogique tandis que seulement 28 projets ont été inscrits au budget 1975 :

> Quant aux projets eux-mêmes, il faut bien reconnaître que les contraintes de départ (rester dans les délais, les surfaces, les prix, les normes) ne permettaient guère d'aller très loin dans l'innovation : par exemple, un des axes de recherche suggérés, l'adaptation des locaux à une pédagogie évolutive, n'a guère pu être exploré, les solutions possibles s'avérant trop coûteuses, ou soulevant des objections sur le plan de la sécurité. Dans la majorité des cas, les projets ne font guère que perfectionner les programmes-types des entreprises par une meilleure insertion et une meilleure organisation du CDI, une réduction des surfaces parasites, un décloisonnement relatif des locaux, une rationalisation des circulations, une meilleure ouverture des établissements sur l'extérieur[75].

---

[73] Les commissions ad hoc comprennent 8 à 25 membres, parmi lesquels le recteur d'académie, un inspecteur général, un inspecteur d'académie, un chef d'établissement, l'architecte, un représentant de l'entreprise chargée de la construction, le maire (ou son adjoint), des membres de l'équipe administrative de l'établissement et des professeurs, plus rarement des élèves et des parents.

[74] AN, 19890597/18, ministère de l'Éducation nationale, services directement rattachés au ministre, inspection générale : « Bilan partiel et provisoire de l'opération établissement à espace aménagé en 1974 », 2 octobre 1974, p. 5 ; lettre de Robert Gauthier (chargé de mission au ministère de l'Éducation nationale) au directeur général de la programmation et de la coordination, 13 mai 1975.

[75] *Ibid.*, « Bilan partiel et provisoire de l'opération établissement à espace aménagé en 1974 », 2 octobre 1974, p. 7.

Dans le domaine de l'architecture intérieure et, d'une manière générale, du cadre de vie offert aux élèves, le ministère sort de ses habituelles prescriptions techniques. Par exemple, Jacques Limouzy décide de modifier l'organisation des internats des lycées afin qu'ils soient plus adaptés aux élèves des nouvelles générations, à leur cadre de vie et de travail dans les établissements scolaires, l'inscrivant dans la filiation des changements de l'après-mai-68 concernant la vie scolaire :

> Plus âgés en moyenne que ceux des générations antérieures[76], sans doute aussi plus précoces sur le plan biologique, nos élèves supportent de plus en plus difficilement une vie d'internat qui leur apparaît trop collective et trop uniforme, tant en ce qui concerne l'hébergement que l'organisation des études et des loisirs. Il serait d'autre part paradoxal qu'au moment où l'évolution de la pédagogie va dans le sens d'une plus grande individualisation du travail, et où la vie scolaire reconnaît à l'élève une part de responsabilité de plus en plus importante, ce même élève soit soumis à l'internat, à des conditions de vie et de travail tout à fait différentes. [...] Aussi, ai-je décidé, en m'inspirant de ces principes, de transformer les structures des internats. Aux dortoirs de 48 élèves, se substitueront des unités de 48 divisées en chambres de 3 ou 4 lits, incorporant ou s'adjoignant des espaces de travail individuel. Les lavabos, douches et sanitaires pourront être répartis au droit des chambres ou de préférence regroupés. Les élèves hébergés dans l'internat disposeront également d'espaces de loisirs collectifs. Ceci vient en supplément de l'ensemble socio-culturel qui reste à leur disposition après les heures d'enseignement. Les anciennes études seront supprimées. Par contre, on trouvera quelques espaces de travail collectif pour les élèves qui ont quelques difficultés à s'adapter au travail individuel[77].

Enfin, dans ses recommandations, le ministère se montre soucieux de l'inscription des constructions scolaires dans leur environnement (par ailleurs conçue comme une méthode d'exploitation pédagogique des ressources naturelles ou patrimoniales) et de l'amélioration de l'isolation thermique (dans le

---

[76] La création des CES conduit au resserrement du lycée sur le second cycle du second degré (seconde, première, terminale) : les lycées perdent leurs classes de premier cycle (de la 6e à la 3e) à partir de 1963, la population de leur second cycle double entre 1961-1962 (353 000 élèves) et 1971-1972 (684 000), la population lycéenne changeant elle aussi, notamment par son âge plus homogène et plus élevé.

[77] AN, 19890597/18, ministère de l'Éducation nationale, services directement rattachés au ministre, inspection générale : « Modifications apportées aux internats de second cycle », 20 décembre 1973.

contexte du « choc pétrolier » de 1973)[78]. Il se fait, par ailleurs, plus pressant auprès des maîtres d'œuvre dans le domaine de l'architecture intérieure. Il faut désormais aussi bâtir pour l'enfant, les constructions scolaires devenant une sorte d'expression du « mythe de l'enfance heureuse[79] » :

> [...] l'espace intérieur devra faire l'objet de recherches pour créer une ambiance, [...] s'attacher à soigner en particulier l'ambiance acoustique en jouant sur le revêtement de sol, les revêtements muraux, tout en tenant compte de l'esthétique, de l'harmonie colorée, ainsi que du mobilier à intégrer pour créer une unité. En ce qui concerne les zones de travail, les zones de détente et d'activités, il sera bon d'étudier des dispositions spatiales agréables, qui seront à associer à des recherches de couleurs, de matériaux, d'ambiances lumineuses, afin d'éviter la monotonie, danger permanent des espaces strictement fonctionnels[80].

Ces nouvelles orientations architecturales et pédagogiques concernent également les écoles primaires.

Un nouveau programme de construction pour les écoles maternelles et élémentaires

Dans le premier degré, l'adaptation au « tiers-temps pédagogique », instauré en 1969[81], conduit le ministère à élaborer un nouveau programme

---

78 *Ibid.*, 20150220/25, ministère de l'Éducation nationale, bureau de la veille, des sondages et de la documentation, rapports publics et dossiers d'information : Jacques Limouzy, *Vers une pédagogie nouvelle*, Paris, MEN, 1974, p. 7 ; ministère de l'Éducation nationale, *Les constructions scolaires en France, 1965-1975*, Paris, Conseils, 1976, p. 25 ; ministère de l'Éducation nationale, Agence française pour la maîtrise de l'énergie, mission interministérielle pour la qualité des constructions publiques, ministère de l'Urbanisme et du logement, *Écoles économes en énergie*, Paris, Éditions du Moniteur, 1984.

79 Michel Lainé, *Les constructions scolaires...*, *op. cit.*, p. 199.

80 AN, 20150220/25, ministère de l'Éducation nationale, bureau de la veille, des sondages et de la documentation, rapports publics et dossiers d'information : ministère de l'Éducation nationale, *Les constructions scolaires en France, 1965-1975*, Paris, Conseils, 1976, p. 25.

81 Arrêté du 7 août 1969 sur l'aménagement de la semaine scolaire et la répartition de l'horaire hebdomadaire dans les écoles élémentaires et maternelles, *BOEN*, n°32, 28 août 1969, p. 2724. Le « tiers- temps » pédagogique organise la journée des élèves en distinguant les matières dites fondamentales qui, parce qu'elles nécessitent davantage d'attention, doivent être enseignées le matin (10 heures pour le français et 5 heures pour le calcul par semaine) ; les disciplines d'éveil : histoire, géographie, sciences, arts plastiques, éducation musicale (6 heures hebdomadaires à répartir sur les après- midis) et 6 heures pour l'éducation physique et sportive (EPS).

de construction pour les écoles[82]. Comme pour les collèges et les lycées, des constructions d'un type nouveau doivent se substituer progressivement aux écoles traditionnelles faites de classes juxtaposées : des écoles à l'espace modulable doivent favoriser un enseignement plus individualisé, une pédagogie de soutien, le travail en équipes, un décloisonnement des disciplines, le réaménagement du temps scolaire[83] et l'ouverture de l'école sur l'extérieur. Cependant, les contours de ces nouveaux bâtiments ne sont pas encore assurés et restent donc très hypothétiques, comme le reconnaît Jacques Limouzy :

> Il n'est évidemment pas question, par un mouvement précipité, de substituer au modèle ancien une nouvelle école dont il n'est pas prouvé qu'elle réponde parfaitement à nos besoins et à nos habitudes. Il est bien préférable de laisser les éducateurs modeler eux-mêmes l'école de façon qu'elle réponde à leurs attentes, en leur donnant cependant un cadre suffisamment souple pour permettre évolutions et changements[84].

Cette politique « tenait encore davantage de la prospective que d'une réalité solidement établie. On était convaincu que l'école devait se mettre en accord avec le monde moderne [...]. Qu'est-ce que cela impliquait sur le plan pédagogique, et sur le plan architectural ? Nous étions en pleine incertitude[85]. » L'école à rez-de-chaussée est privilégiée pour les établissements à effectifs moyens, à chaque fois que la configuration du terrain le permet, car elle permet l'utilisation de structures porteuses moins lourdes et facilite le prolongement des espaces intérieurs vers l'environnement. Les aménagements intérieurs doivent quant à eux « créer une ambiance pédagogique propre à des activités de natures différentes par le moyen des finitions [...] et le recours au mobilier

82 AN, 20150220/25, ministère de l'Éducation nationale, bureau de la veille, des sondages et de la documentation, rapports publics et dossiers d'information : instruction n°73-345 « Aménagement de l'espace scolaire : nouveau programme de construction des écoles élémentaires », 20 août 1973.

83 Julien Cahon, « Réformer les rythmes scolaires en France (1848-2017) », *Histoire de l'éducation*, n°154, 2020, p. 229-238.

84 AN, 20150220/25, ministère de l'Éducation nationale, bureau de la veille, des sondages et de la documentation, rapports publics et dossiers d'information : instruction n°73-345 « Aménagement de l'espace scolaire : nouveau programme de construction des écoles élémentaires », 20 août 1973.

85 Michel Lainé, *Les constructions scolaires...*, *op. cit.*, p. 207.

diversifié[86] », privilégier les aires de travail pour des groupes homogènes et hétérogènes, des postes de travail individuel ainsi qu'un enseignement par équipe d'instituteurs[87]. Les instructions de 1973 reconnaissent enfin la valeur éducative de l'architecture scolaire,

> en se souvenant que les enfants, particulièrement sensibles, seront marqués pendant toute leur vie par l'atmosphère dans laquelle se sont déroulées leurs jeunes années d'études. [...] Image que l'on garde tout au long de sa vie et qui joue un rôle dans l'attirance ou la réserve que l'on peut avoir vis-à-vis des études. L'école étant aussi la première société à laquelle l'enfant est confronté en dehors de sa famille, l'image de l'institution que le cadre bâti contribue à façonner est aussi de ce fait associée à celle de la société dans laquelle l'enfant devra s'insérer[88].

En effet, c'est l'époque de la construction des écoles dites « à aire ouverte », qui appliquent de nouvelles formules d'organisation et de fonctionnement de l'école élémentaire, avec des espaces à géométrie variable. Des expérimentations sont lancées dans quelques académies au début des années 1970. Elles s'inscrivent à la rencontre de deux courants de réflexion pédagogique : celui des écoles à « aire ouverte » d'origine anglo-saxonne et celui des « écoles ouvertes » en France, développées sous l'impulsion des Francs et franches camarades (Francas)[89]. Ces expériences mettent en application l'ouverture de ces écoles sur l'extérieur (le milieu et la vie du quartier, parents, habitants, excursions et visites fréquentes), le décloisonnement des disciplines et des classes, ce qui suppose un travail collectif de l'équipe enseignante ainsi qu'une architecture et un aménagement des locaux adaptés à cette organisation et ce fonctionnement. L'espace scolaire s'y organise autour d'une médiathèque, de salles polyvalentes se présentant à des dispositions diverses (mobilier, cloisons mobiles, etc.) et de salles spécialisées (salle d'éducation physique, ateliers de

---

[86] AN, 20150220/25, ministère de l'Éducation nationale, bureau de la veille, des sondages et de la documentation, rapports publics et dossiers d'information : instruction n°73-345 « Aménagement de l'espace scolaire : nouveau programme de construction des écoles élémentaires », 20 août 1973.

[87] *Ibid.*, Jacques Limouzy, *Vers une pédagogie nouvelle*, Paris, MEN, 1974, p. 10.

[88] *Ibid.*, instruction n°73-345 « Aménagement de l'espace scolaire : nouveau programme de construction des écoles élémentaires », 20 août 1973.

[89] *Ibid.*, 19890597/18, ministère de l'Éducation nationale, services directement rattachés au ministre, inspection générale : note sur les écoles à aire ouverte, 24 août 1972, p. 1-2.

travaux manuels, salle de musique). Au total, 186 établissements primaires de ce type sont recensés en 1976[90].

Parmi ceux-ci, l'école Saint-Merri, dans le IVe arrondissement de Paris, fait figure de modèle français d'école « à aire ouverte ». Il s'agit en effet de la première de ce type en milieu urbain. L'établissement, ouvert en février 1974, s'inscrit dans le programme d'aménagement du centre de Paris, entre le Palais-Royal et le Marais. Le nouveau bâtiment est construit verticalement sur une surface relativement exigüe (2800m^2) pour accueillir environ 600 élèves, répartis dans 7 classes maternelles et 22 élémentaires. Au rez-de-chaussée, depuis le hall d'entrée, entièrement en baies vitrés, les élèves ont une vue plongeante sur un gymnase et une piscine, visibles depuis la rue par les passants et utilisables par les habitants du quartier en dehors des heures et des jours de classe. L'immeuble, ainsi intégré au quartier, est fait de béton et de verre. Au premier niveau, se trouvent la salle à manger, la cuisine et une aire de récréation, dont est pourvu chaque étage. Le deuxième accueille les cours des élèves du CE2, CM1 et CM2, le troisième ceux des élèves de GS, CP et CE1, le quatrième et dernier les enfants de PS et MS de la classe maternelle. Chaque étage est un vaste espace, sans murs ni cloisons, ni couloirs[91]. Cependant, l'école ouverte est autant, sinon moins, un changement de cadre matériel que des mentalités et de la culture pédagogique des enseignants :

> L'école à aire ouverte traduit une double évolution des mentalités. D'une part, elle apporte une solution partielle au problème de l'enseignement sur mesure qui est l'un des objectifs de l'éducation nouvelle : chaque élève étant différent des autres, un enseignement uniforme a peu de chance de convenir à tous ; si l'on assouplit le système en remplaçant les classes calibrées par des groupes à effectif variable, on maintient les avantages de la didactique dans les groupes importants et on permet l'individualisation de l'enseignement dans les petits groupes, de même que le développement, chez l'élève, de qualités aussi précieuses que l'esprit d'initiative, la

[90] *Ibid.*, 20010362/1, ministère de l'Éducation nationale, direction générale de la programmation et de la coordination, recherche pédagogique, les « écoles ouvertes » : circulaire n°76-097 « Recensement des innovations en matière d'école ouverte », 3 mars 1976, résultats de l'enquête portant sur 26 groupes scolaires, 129 écoles élémentaires et 31 écoles maternelles.

[91] Maryse Bachère, « Une école à faire rêver », *Le Journal du dimanche*, 4 mai 1973 ; Jean-Pierre Vélis, « Saint-Merri les deux écoles », *L'Éducation*, 16 janvier 1975, p. 13-16.

> responsabilité et l'invention. D'autre part, sans toucher à la polyvalence théorique du maître au niveau élémentaire [...], elle tient compte pratiquement des tempéraments, des préférences et finalement des compétences de chaque enseignant, de même qu'elle rend possibles les liaisons interdisciplinaires. [...] L'adoption de l'école à aire ouverte constitue un changement radical qui peut contribuer à l'évolution des mœurs pédagogiques ; mais on se tromperait en s'imaginant que le changement de mentalité [...] résulter[a] facilement d'une simple modification architecturale. Il importe que l'esprit novateur des maîtres constitués en équipes pédagogiques précède l'organisation et la mise en route de l'établissement dans ses structures nouvelles[92].

Des prescriptions spécifiques s'appliquent enfin aux écoles maternelles. Dans le contexte d'une généralisation progressive de la scolarisation avant l'âge de 6 ans, elles traduisent la reconnaissance de l'école maternelle pour sa spécificité et l'ambition pédagogique et savante de l'école maternelle pour la « petite enfance », défendues par les acteurs de l'Éducation nouvelle depuis la fin du XIXe siècle. En amont de la loi Haby du 11 juillet 1975[93] et de la circulaire du 2 août 1977[94], les textes officiels de 1973 sur les constructions et l'aménagement des écoles maternelles sanctionnent cette interprétation d'une formation graduée, d'une pédagogie centrée sur l'enfant, acteur de ses apprentissages, et du rôle éducatif de l'école maternelle :

> C'est, en effet, dès le premier âge, que se dessinent les comportements futurs. Il est aussi essentiel de procurer aux tout jeunes enfants les moyens de développer leur goût de l'initiative. Pour les tout-petits, l'école doit réaliser une transition en s'écartant le moins possible de leur univers connu : la maison familiale. Il convient de réaliser des bâtiments vastes, clairs et aérés où les couloirs de circulation font partie intégrante des zones de travail, et où une mosaïque de petits espaces se diversifie en coins bibliothèques, coins repos, coins de jeux, coins musique aisément accessibles. L'environnement immédiat doit constituer, à la fois, un centre d'attraction, d'enseignement et d'éducation. Le terrain de jeux, tout en étant fonctionnel, doit pouvoir être traité comme un paysage[95].

---

92 AN, 19890597/18, ministère de l'Éducation nationale, services directement rattachés au ministre, inspection générale : note sur les écoles à aire ouverte, 24 août 1972, p. 2-4.

93 Annie Lesur est d'ailleurs secrétaire d'État à l'enseignement préscolaire auprès de René Haby, de 1974 à 1976, une titulature unique et inédite dans l'histoire du ministère de l'Éducation nationale et une notion qui symbolise cette approche scientifique.

94 Circulaire n° 77-266 « relative aux objectifs et aux procédures éducatives de l'école maternelle dans le cadre de la réforme du système éducatif », 2 août 1977, dans J.-N. Luc, *La petite enfance à l'école, XIXe-XXe siècles*, Paris, INRP, 1982, p. 289-320.

95 AN, 20150220/25, ministère de l'Éducation nationale, bureau de la veille, des sondages et de la documentation, rapports publics et dossiers d'information : Jacques Limouzy, *Vers une pédagogie nouvelle*, Paris, MEN, 1974, p. 10.

Conclusion

Cette période amorce indéniablement un renouveau dans le domaine des constructions scolaires, mais celui-ci reste alors très incertain. Certes, en 1973-1974, les règles de sécurité en cas d'incendie dans les établissements scolaires sont étoffées et un nouveau regard est porté sur la conception architecturale de l'école et de ses espaces. Toutefois, cette nouvelle politique architecturale est encore somme toute limitée. En effet, l'Éducation nationale ne cherche pas à sortir du « système industrialisé », mais plutôt à l'assouplir et à le mettre au service de la politique de rénovation pédagogique, qui est une tentative de réponse à la crise de l'institution scolaire[96]. Les autres bâtiments dits « Pailleron » (à ossature métallique) sont très progressivement détruits ou réhabilités : il en restait encore 56 en 1992 (soit environ la moitié près de 20 ans après l'incendie), 33 en 1999, et le dernier de ce type – le collège Roland-Dorgelès à Longvic (Côte-d'Or) – a été remplacé en septembre 2022[97].

En définitive, dans ce domaine comme dans d'autres, la spécificité des années Pompidou réside dans « cette constante tension entre progrès et dégâts du progrès, entre croissance et oubliés de la croissance, entre France modernisée et France "défigurée" »[98]. Ces années constituent en réalité un temps de transition, de la période de l'État bâtisseur d'« un collège par jour » à de nouvelles préoccupations fonctionnelles, pédagogiques et qualitatives (cadre de vie, confort, sécurité, etc.), dont se saisissent pleinement les réformes Giscard-Haby, notamment avec la loi du 11 juillet 1975 relative à l'éducation (ouverture de l'enseignement sur les réalités du monde contemporain, fonction éducative de l'architecture[99]), une série de textes réglementaires additionnels sur les problèmes de sécurité à l'incendie dans les établissements

---

96 Michel Lainé, *Les constructions scolaires…*, *op. cit.*, p. 208 ; Antoine Prost, « Jalons pour une histoire de la construction des lycées… », *op. cit.*, p. 474.

97 Virginie Contant, « Le dernier collège Pailleron peu à peu remplacé », *Le Bien public*, 3 juillet 2019 ; « L'héritage difficile du collège Pailleron », *Le Monde*, 13 décembre 1992 ; Martine de Sauto, « 33 collèges Pailleron encore en service », *La Croix*, 20 décembre 1999 ; Frédéric Gouaillard, avec Fabien Paillot, « Les derniers collèges Pailleron voués à disparaître, cinquante ans après l'incendie meurtrier à Paris », *Le Parisien*, 6 février 2023.

98 Sabrina Tricaud, *Les Années Pompidou*, Paris, Belin, 2014, p. 308.

99 La fonction éducative de l'architecture scolaire est ensuite reconnue par la loi du 11 juillet 1975 relative à l'éducation, dite loi Haby. L'article 17 précise : « L'architecture scolaire a une fonction éducative. Elle est un élément indispensable de la pédagogie et favorise le développement de la sensibilité artistique. »

scolaires en 1975[100], ou encore le rapport Cornuau de 1976 et la loi sur l'architecture de 1977 (qualité, souplesse, variété et insertion du bâti dans le milieu environnant), qui s'applique entre autres aux constructions scolaires. Celles-ci restent en effet, dans la décennie suivante, un secteur important des constructions publiques dans un nouveau cadre décentralisé[101]. En revanche, se pose au tournant du XXIe siècle, une question fondamentale, développée par l'Observatoire national de la sécurité des établissements scolaires entre 1995 et 2020[102], mais encore largement évitée au milieu des années 1970 : celle de la dégradation, de l'entretien et de la conservation de ce patrimoine scolaire conséquent hérité des années Pompidou[103].

---

100 Arrêté du 14 mai 1975 et circulaire d'application n°75-218 du 19 juin 1975 pris pour application des articles 15 et 16 du décret du 31 octobre 1973 sur la « protection contre le risque incendie et de panique dans les établissements relevant du ministère de l'éducation appartenant à des collectivités locales (communes, groupements de communes, départements) et réalisée par elles » ; circulaire n°682 du 11 août 1975 sur le « recensement des incendies qui se sont produits dans des établissements d'enseignement » ; circulaires n°696 et 697 du 18 août 1975 sur le « maintien des conditions de sécurité dans les établissements d'enseignement » et les « équipements scolaires du second degré. Travaux de sécurité ».

101 AN, 20150220/25, ministère de l'Éducation nationale, bureau de la veille, des sondages et de la documentation, rapports publics et dossiers d'information : direction des équipements et de constructions (DEC), *Bilan de la politique technique et architecturale des constructions scolaires*, Paris, MEN, 1983, 37 p.

102 Créé en 1995, l'ONS (devenu Observatoire national de la sécurité et de l'accessibilité des établissements d'enseignement en 2007) a été supprimé en 2020 par la loi d'accélération et de simplification de l'action publique.

103 AN, 19920386/1, ministère de l'Éducation nationale, cabinet, équipements et constructions scolaires : rapport Cornuau « Pour l'amélioration de la qualité architecturale des bâtiments commandés par des personnes publiques », 13 décembre 1976, annotation manuscrite à l'encre rouge probablement du directeur de la DEC (annexe 1, p. 6).

Georges Pompidou et les organisations corporatives et disciplinaires de l'enseignement du second degré (1962-1974)

Yves Verneuil

Dans son ouvrage consacré aux groupes de pression dans la défense de l'enseignement secondaire public, publié en 1964, Joseph Franceschi accorde une place importante aux syndicats enseignants[1]. De fait, le rôle de ceux-ci est très apparent au sein de l'Éducation nationale, puisque, pour tenter d'infléchir les politiques éducatives dans un sens conforme à leurs vues, ils ne se bornent pas à demander des audiences aux responsables ministériels, mais peuvent exercer une action à tous les échelons administratifs dans les divers conseils et comités où ils sont représentés[2]. L'organisation disciplinaire de l'enseignement dans le second degré a par ailleurs fait surgir des associations de spécialistes réunissant des enseignants d'une même discipline, qui exercent également des pressions sur le pouvoir exécutif pour défendre les heures d'enseignement dévolues à leur spécialité et promouvoir une certaine conception des contenus et des méthodes d'enseignement[3]. Autre groupe de pression dans le second degré : les associations de catégories, et notamment la puissante Société des agrégés[4]. Même si l'influence de ces groupements s'est amoindrie avec l'avènement de la Ve République, dans la mesure où le pouvoir exécutif n'est plus placé sous la même dépendance du Parlement que sous le régime précédent, les ministres de l'Éducation nationale doivent en tenir compte.

---

1 Joseph Franceschi, *Les groupes de pression dans la défense de l'enseignement secondaire public*, Paris, Librairies techniques, 1964.

2 Yves Verneuil, « Le paritarisme dans l'Éducation nationale (hors enseignement supérieur) : origines et débats », Laure Machu, Vincent Viet (dir.), *Pour une histoire plurielle du paritarisme. Fondements, formes et usages (XIXe-XXIe siècles)*, Paris, Comité d'histoire de la Sécurité sociale, 2021, p. 53-67.

3 Sur les associations de spécialistes, voir Clémence Cardon-Quint, Renaud d'Enfert, Emmanuelle Picard (dir.), « Les associations de spécialistes : militantisme et identités professionnelles (XXe-XXIe siècles) », *Histoire de l'éducation*, n° 142, 2014.

4 Yves Verneuil, *Les agrégés. Histoire d'une exception française*, Paris, Belin, 2017.

Normalien, cacique de l'agrégation de lettres en 1934, ancien professeur de lycée, Georges Pompidou n'a pas cessé de s'intéresser aux questions d'enseignement quand il est devenu Premier ministre, puis président de la République. Selon Jacques Narbonne, agrégé de philosophie et conseiller en éducation auprès du président de la République Charles de Gaulle, « les directeurs du ministère trouvaient qu'[Henri Domerg, conseiller de Pompidou pour les questions d'éducation] se mêlait un peu trop de leurs affaires et s'étonnaient de la liberté d'intervention qui lui était accordée »[5]. Son influence comme Premier ministre a d'ailleurs été déterminante pour certaines réformes, notamment en 1963 lors de la création des CES[6]. Et même si Olivier Guichard, nommé ministre de l'Éducation nationale après l'élection présidentielle de 1969, a insisté sur l'autonomie que lui a laissée le président Pompidou[7], celui-ci est demeuré très vigilant vis-à-vis des questions d'enseignement[8]. On peut dès lors se demander ce que le Premier ministre, puis le président Pompidou pensait des différents groupements d'enseignants, et notamment de ceux du second degré. La question est moins facile à résoudre qu'il n'y paraît : autant il est aisé, à l'aide des bulletins des syndicats et associations, de savoir ce qu'ils pensent de la politique gouvernementale, autant les sources sont éparses pour avoir des indications sur l'opinion du Premier ministre, puis du président Pompidou sur les différentes organisations enseignantes et sur l'attention qu'il portait à leurs points de vue. Certes, les fonds Henri Domerg et Michel

---

5 Jacques Narbonne, *De Gaulle et l'éducation, une rencontre manquée*, Paris, Denoël, 1994, p. 92. Agrégé de grammaire, Henri Domerg appartint au cabinet du Premier Ministre Georges Pompidou comme conseiller pour les problèmes de l'éducation et de la culture de 1962 à 1968. Marié avec Madeleine Pompidou, elle-même agrégée de lettres, il était le beau-frère de Georges Pompidou.

6 Voir notamment Antoine Prost, « Capelle, Pompidou et le collège : une réforme entravée », dans *Du changement dans l'école*, Paris, Le Seuil, 2013 ; Bruno Poucet, « Un enseignement pour une seule jeunesse », dans Fondation Charles de Gaulle (dir.) *Charles de Gaulle et la jeunesse*, Paris, Plon, « Espoir », 2004, p. 257-276.

7 Olivier Guichard, *Un chemin tranquille*, Paris, Flammarion, 1975, p. 137. Sur Olivier Guichard ministre de l'Éducation nationale, voir Bruno Poucet, « Au ministère de l'Éducation nationale, Olivier Guichard : un réformateur malgré lui ? », dans Gilles Le Béguec, Frédéric Fogacci (dir.), *Olivier Guichard*, Paris, Nouveau Monde, 2018, p. 107-132.

8 Voir notamment Claude Lelièvre, Christian Nique, *L'École des présidents, de Charles de Gaulle à François Mitterrand*, Paris, Odile Jacob, 1995.

Bruguière[9] complètent heureusement les archives de la présidence de la République Georges Pompidou. Mais si la masse de documents est considérable, elle ne fourmille pas d'appréciations sur les syndicats et les autres groupements professionnels des enseignants du second degré. Par ailleurs, au travers des archives de ses conseillers, il n'est pas toujours facile de connaître l'opinion de Georges Pompidou, car la grande majorité des notes qui lui sont adressées ne sont pas annotées. Il est difficile de savoir si une note rédigée par Jean-François Saglio[10] a été effectivement lue par le Président, quand elle est d'abord passée par le secrétaire général de l'Élysée, Michel Jobert, puis Édouard Balladur. On peut cependant estimer que si les notes de ses conseillers à Matignon puis à l'Élysée étaient régulièrement en discordance avec ses vues personnelles, Georges Pompidou en aurait tiré les conséquences. Patricia Legris estime d'ailleurs que Jean-François Saglio « privilégie[ait] les réseaux proches de Georges Pompidou pour recevoir des avis »[11]. En tout cas, si l'ensemble de ces sources fournit des informations et des appréciations clairsemées sur les syndicats, en revanche elles sont nombreuses concernant la Société des agrégés et font apparaître la considération dans laquelle est tenue cette association – et son président, Guy Bayet. De ce fait, on distinguera dans cette étude d'une part le regard porté sur les syndicats et les associations de spécialistes, et d'autre part les relations que le Premier ministre, puis le président de la République Georges Pompidou entretenait avec la Société des agrégés.

Regard porté sur les syndicats et relations avec les associations de spécialistes

Dans le second degré, la principale organisation syndicale dans les années 1960 est le SNES, membre de la puissante FEN, qui représente une force

9 Normalien, agrégé d'histoire, Michel Bruguière fut conseiller de Georges Pompidou à Matignon entre 1966 et 1968 pour les questions d'enseignement, puis à l'Élysée pour les questions relatives à la Jeunesse et au Sport, à la Francophonie, aux Anciens Combattants, aux Commerçants et Artisans.

10 Polytechnicien, Jean-François Saglio fut entre 1969 et 1973 chargé de mission à la Présidence de la République, en charge des questions relatives à l'Éducation nationale.

11 Patricia Legris, « L'écriture des programmes d'histoire en France, 1944-2010 », thèse de doctorat en science politique, sous la direction d'Yves Déloye et Brigitte Gaïti, université Paris I, 2010, p. 195.

d'opposition au gaullisme[12]. Lors des élections pour les commissions administratives paritaires nationales de 1965, 1969 et 1972, il a obtenu plus de la majorité absolue des voix dans toutes les catégories d'enseignant. À partir de 1967, sa direction est dominée par une tendance proche du parti communiste[13]. En deuxième place vient le SGEN (entre un cinquième et un quart des voix lors des mêmes élections), également antigaulliste, et par ailleurs favorable à une réforme démocratique de l'enseignement qui comprendrait une révision des contenus d'enseignement et des pratiques pédagogiques[14]. Le SNALC (entre 7 et 20 % des voix selon les catégories, avec une poussée après mai-juin 1968) s'affiche au contraire hostile tant aux réformes de structure qu'aux réformes pédagogiques. Conservateur, il récuse un positionnement politique de droite, mais prétend après mai-juin 1968 réunir les professeurs « modérés » luttant contre les groupements « totalitaires ». Quant à la CNGA, syndicat né en juin 1968, elle rassemble essentiellement des professeurs du second degré qui ont été exaspérés par les « désordres » de mai-juin 1968[15].

La FEN, qui a condamné les conditions dans lesquelles s'est réalisé le retour au pouvoir du général de Gaulle, après le 13 mai 1958, puis s'est prononcé contre les institutions de la Cinquième République, ne saurait avoir les faveurs du Premier ministre, puis du président Pompidou. En 1963, dans une note au Premier ministre, Henri Domerg estime que les syndicats enseignants participent d'une « tendance importante, dominante même, qui fait de l'Université un corps étranger dans le régime, et peut-être dans le pays »[16]. Le positionnement politique du SNES et les orientations politiques

---

12 Sur les syndicats enseignants, voir André Robert, *Le syndicalisme des enseignants des écoles, collèges et lycées*, Paris, CNDP-La Documentation française, 1995. Sur la FEN, Guy Brucy, *Histoire de la FEN*, Paris, Belin, 2003.

13 Alain Dalançon, *Histoire du SNES*, t. 2, *Les années tournant (1967-1973)*, Paris, IRHSES, 2007.

14 Avant 1964, le SGEN est rattaché à la CFTC. Il contribue au mouvement de déconfessionnalisation et à la création de la CFDT. Cf. Madeleine Singer, *Histoire du SGEN, 1937-1970. Le Syndicat général de l'Éducation nationale*, Lille, PUL, 1987.

15 Yves Verneuil, « Des gardiens de l'ordre établi dans l'enseignement secondaire ? Le SNALC, la CNGA et la Société des agrégés face aux conséquences de Mai 1968 », *Histoire@politique*, n° 37, janvier-avril 2019.

16 Archives Nationales (AN), 574AP/36, Note d'Henri Domerg à Georges Pompidou du 14 mai 1963.

et pédagogiques du SGEN-CFDT pourraient conduire à penser que Georges Pompidou préfère entretenir des relations avec le SNALC, ainsi qu'avec la CNGA, après juin 1968. Ce ne semble pas être le cas. Les seules audiences obtenues par le SNALC, entre 1962 et 1968, le sont seulement au titre de membre de la délégation de la CGC, venue s'entretenir auprès du Premier ministre des questions relatives à la Fonction publique, sans qu'il soit question des problèmes concernant l'enseignement. Sans doute Georges Pompidou trouve-t-il le SNALC trop conservateur, alors que lui-même cherche à concilier nécessaire modernisation et respect de certaines traditions.

Il semble en fait que Georges Pompidou voit les syndicats enseignants comme des groupements avant tout préoccupés de considérations corporatistes, sans réelle vision de l'intérêt général du pays. Dans des pages du *Nœud gordien* où il mêle les considérations sur les professeurs de lycée et sur les enseignants des facultés, il écrit :

> L'action syndicale – purement revendicative comme toujours en France – les conduit à demander des traitements plus élevés, des horaires allégés, un allongement des études, la création de postes plus nombreux, tout cela baptisé à l'occasion « réforme de l'enseignement », mais qui à aucun moment ne touche au fond des problèmes ni en tout cas à « l'autocritique »[17].

Il incite néanmoins Alain Peyrefitte, après la nomination de celui-ci au ministère de la rue de Grenelle, à rencontrer les syndicats enseignants :

> Dours [Jean Dours, ancien directeur de cabinet de Christian Fouchet] avait de bonnes relations avec les syndicats et c'est bien nécessaire. [...] Il faut que vous receviez une fois vous-même le Syndicat national des instituteurs, la Fédération de l'Éducation nationale, les grands syndicats et même les petits, de manière à ne pas donner l'impression de favoriser l'un au détriment de l'autre. Moi-même, je reçois une fois par an la FEN. Mais je me garde bien de négocier avec eux. Faites de même. Écoutez-les, mais que la négociation soit le travail de votre cabinet[18].

Le SNES en particulier formulerait toujours des revendications inconsidérées, par démagogie, afin de rallier à lui le maximum de voix et d'adhérents, et, après

---

17 Georges Pompidou, *Le nœud gordien*, Paris, Plon, 1974, p. 79-80.

18 Alain Peyrefitte, *C'était de Gaulle*, t. 3, Paris, Éditions de Fallois/Fayard, 2000, p. 389.

mai-juin 1968, par volonté d'entretenir la contestation. De ce point de vue, Jean-François Saglio est persuadé qu'il serait possible de réduire l'influence de ce syndicat en améliorant les conditions matérielles des établissements scolaires ainsi que la procédure des mutations afin que chaque enseignant connaisse bien son affectation avant la rentrée :

> En effet, j'ai retiré de la visite de nombreux établissements scolaires et de nombreux contacts, qu'au fond les thèmes syndicaux essentiels (réduction des horaires de service, renouveau pédagogique), ne sont pas souvent perçus comme tels à la base, mais que les enseignants seraient plus sensibles à des améliorations plus limitées, plus réelles, et considérablement moins coûteuses pour l'État. [...] Si les revendications syndicales ne reflètent probablement qu'imparfaitement les aspirations des personnels, elles trouvent probablement un appui sur les petites difficultés de fonctionnement des établissements, état des locaux, petit matériel, etc.[19]

Cette idée est le corollaire d'une conviction : les syndicats enseignants (et le SNES en particulier) ne représentent pas réellement l'opinion des enseignants. Il y aurait un décalage entre le pays légal et le pays réel. Les enseignants se soumettraient au SNES avant tout du fait de son influence dans les commissions administratives paritaires. Une idée alors répandue dans les sphères gaullistes est en effet l'influence excessive des syndicats enseignants sur le monde de l'Éducation nationale. L'administration ne pourrait plus jouer son rôle, voire serait « colonisée » par les syndicats. Jacques Narbonne insiste sur ce point ; ce fut l'objet d'une de ses premières notes au général de Gaulle, le 5 février 1959[20]. Nouvelle note, communiquée à Henri Domerg, le 10 mai 1963, dans laquelle il dénonce les « syndicats politisés » de la FEN et leur influence : « Pour illustrer la solidité de ces positions, je noterai simplement qu'en avril 1962, au moment où M. Sudreau est entré en fonctions, une ligne téléphonique directe reliait encore le bureau du Ministre au siège social de la FEN. Il en allait de même pour les principaux directeurs »[21]. Encore en janvier 1968, Sébastien Loste[22] adresse une note à l'attention du général de Gaulle sur « l'influence exercée par les

---

19 AN, AG/5(2)/262, note de Jean-François Saglio du 17 octobre 1970.

20 Jacques Narbonne, *De Gaulle et l'éducation*, *op. cit.*, p. 461-465.

21 AN, 574AP/36, note de Jacques Narbonne du 10 mai 1963.

22 Normalien, agrégé de lettres, Sébastien Loste fut chargé de mission à la présidence de la République entre 1963 et 1969.

syndicats sur le ministère de l'Éducation nationale », dans laquelle, tout en se félicitant que le ministère de l'Éducation nationale ne soit plus « entre les mains des syndicats » comme il l'était sous la IVe République, il déplore que les ministres cèdent trop aux exigences syndicales[23]. Son successeur à l'Élysée après l'élection de 1969, Jean-François Saglio, s'étonne rapidement lui aussi de l'influence des syndicats enseignants. Dans une note à l'attention du président Pompidou en date du 3 novembre 1969, il écrit : « La découverte de la puissance syndicale dans l'Éducation nationale a passé mon imagination malgré l'expérience que je pouvais avoir »[24]. Et de dénoncer une véritable « infiltration » : « Par le contrôle de la base, les syndicats tiennent plus ou moins directement de nombreux postes-clés de l'administration de l'Éducation nationale ; des personnels dont le travail est exclusivement syndical sont régulièrement payés par l'administration »[25]. À ses yeux, il importe de « progressivement remettre chacun à sa place » et de remettre « en ordre tous les circuits de commandements ». La puissance syndicale tenant notamment à son rôle dans les commissions administratives paritaires réglant les mutations, il propose que cette gestion se fasse en deux temps, une phase décentralisée précédant la phase de gestion centralisée. Régulièrement – mais en vain – il demande par ailleurs au directeur de cabinet d'Olivier Guichard, André Giraud, de lui communiquer une liste des décharges dont bénéficient les enseignants, en précisant les syndicats bénéficiaires[26].

Georges Pompidou partage lui-même cette impression d'un pouvoir excessif des syndicats dans l'Éducation nationale. Le 21 avril 1967, il se croit

---

23 AN, 640AP/77, « Étude sur l'influence exercée par les syndicats sur le Ministère de l'Éducation nationale », 27 janvier 1968. Selon Sébastien Loste, les responsables des directions ministérielles du ministère de l'Éducation nationale (premier degré, second degré, enseignement technique) étaient, sous la IVe République, « les mandataires des syndicats. [...] Cette emprise sur l'administration centrale s'est, incontestablement, relâchée, en raison de la réorganisation des directions (qui ne correspondent plus à un type d'enseignement, mais à un problème d'ensemble : la gestion du personnel, l'établissements des programmes...) et de la nomination d'administrateurs (et non de professeurs) à la tête de la plupart de ces directions ».

24 AN, AG/5(2)/261, Note de Jean-François Saglio, 3 novembre 1969.

25 *Ibid.*

26 Voir par exemple AN, AG/5(2)/262, Lettre de Jean-François Saglio à André Giraud, 24 mars 1970.

d'ailleurs tenu d'expliquer le danger de cette influence à Alain Peyrefitte, après que celui-ci a été nommé ministre de l'Éducation nationale :

> Vous ne vous imaginez pas la situation [concernant les syndicats enseignants]. Il y a vraiment un grand courant à remonter. Les nominations, en fait, ce sont les syndicats qui les font. Je ne me fais aucune illusion à ce sujet. Si vous arrivez à changer la situation ! [...] Il y a un poison de cette Éducation nationale : ce sont les syndicats. Il n'y a pas de véritable autorité. Ils usurpent cette autorité, puisqu'elle n'est pas exercée par les fonctionnaires de responsabilité. [...] Ce sont les syndicats qui font l'avancement[27].

Ce point de vue s'affiche également dans son ouvrage *Pour rétablir une vérité*. Il y dénonce des syndicats enseignants « embusqués dans les locaux de la rue de Grenelle et maîtres de la carrière des instituteurs et des professeurs ». Il a d'ailleurs tâché, quand il était Premier ministre, de libérer le ministère de cette influence :

> En ayant conscience, j'avais, malgré la demande légitime du ministère des Affaires étrangères, attribué à l'Éducation nationale les locaux abandonnés par l'OTAN, place Dauphine. Je pensais que le transfert du ministère dans des locaux neufs et fonctionnels permettrait au ministre de reprendre en main son administration et d'éliminer les squatters syndicaux. De toutes les mesures que devait prendre M. Edgar Faure, il n'en est pas que je regrette autant que celle d'avoir renoncé à ce transfert et habillé d'un vêtement démagogique (plutôt des universités que des bureaux) ce qui n'était qu'une capitulation devant les syndicats[28].

Sans doute sont-ce les syndicats de la FEN qui sont dans sa ligne de mire : du fait de leur caractère très majoritaire dans leurs catégories respectives, Georges Pompidou a certainement tendance à penser à eux lorsqu'il parle des « syndicats enseignants ». Cela ne signifie pas qu'il a plus de considération pour les autres. Si, une fois devenu président de la République, il a tâché de favoriser les syndicats dits « modérés », c'est essentiellement pour des raisons politiques.

Après mai-juin 1968 et l'élection présidentielle qui l'a porté à l'Élysée, Georges Pompidou est en effet soucieux du « rétablissement de l'ordre »

---

27 Alain Peyrefitte, *C'était de Gaulle*, *op. cit.*, p. 389 et p. 406.

28 Georges Pompidou, *Pour rétablir la vérité*, Paris, Flammarion, 1982, p. 177.

dans les établissements d'enseignement secondaire. Déjà en juin 1968, dans une note au Premier ministre Pompidou, Henri Domerg avait averti que « la reprise du "travail", prescrite par les syndicats de Professeurs, va se traduire, de leur propre aveu, par une poursuite de l'endoctrinement et par la pression pour la mise en place d'instances nouvelles issues des discussions de ces trois dernières semaines et pour l'adoption des "décisions" prises »[29]. Dans une note précédente, en date du 2 juin, tout en indiquant la revendication de la FEN, il écrivait : « En toute hypothèse, des négociations ne doivent pas, à mon sens, être menées avec la FEN seule, mais aussi avec les syndicats de l'Éducation nationale qui, minoritaires sans doute, sont, dans l'intérêt même du gouvernement et par simple esprit de justice, à encourager »[30]. Une annotation de Georges Pompidou montre que celui-ci approuve cette manière de voir. Le SNES, en fait, est vu comme un élément favorisant la prolongation de la contestation. En septembre 1969, Jean-François Saglio, conseiller de Pompidou à l'Élysée, estime que l'attitude du SNES « est intolérable », car il « a fait alliance ouverte avec la Fédération de parents d'élèves CORNEC, et surtout avec l'UNCAL (Comités d'Action lycéens communistes) pour faire une campagne de dénonciation de toutes les difficultés matérielles de la rentrée »[31]. Les établissements d'enseignement secondaire ne doivent pas devenir des bases communistes ! Cette analyse n'est pas nouvelle : déjà, en juin 1968, une note de Michel Bruguière sur la situation dans les lycées avait mis en garde le Premier ministre Pompidou, en prenant l'exemple du lycée de Montreuil, contre le fait que des cellules du PCF pouvaient disposer de salles dans certains établissements « sous le couvert d'activités syndicales » et que les professeurs

---

29 AN, 574AP/36, Note d'Henri Domerg à Georges Pompidou, 11 juin 1968. Le Premier ministre Pompidou annote : « Je suis intervenu auprès de M. Ortoli ». À noter par ailleurs qu'une annotation de Georges Pompidou sur une note précédente d'Henri Domerg approuvait celui-ci de penser qu'il fallait qu'une retenue soit imposée aux enseignants grévistes de mai-juin 1968, même si les syndicats s'attendent à ce que soit « passée l'éponge » (*ibid.*, 6 juin 1968).

30 AN, 574AP/36, Note d'Henri Domerg à Georges Pompidou, 11 juin 1968.

31 AN, AG/5(2)/267, Note de Jean-François Saglio à l'attention de M. Jobert du 24 septembre 1969 (on ne sait si cette note a ensuite été transmise au Président de la République). Une autre note à l'attention d'Édouard Balladur, évoquant également cette « alliance sous l'égide communiste » SNES-Fédération Cornec-UNCAL, va jusqu'à parler, au sujet de leur campagne de dénonciation des difficultés de la rentrée, de « sabotage absolument intolérable » (AN, AG/5(2)/261, Note de Jean-François Saglio du 14 octobre 1969).

communistes étaient maîtres dans l'art du « noyautage »[32]. C'est pourquoi, en 1969, le président Pompidou insiste pour que le mode de scrutin pour les élections aux conseils d'administration des établissements du second degré ne favorise pas le SNES au préjudice des éléments « modérés ». Il demande donc que le projet ministériel soit modifié et qu'il prévoie l'établissement d'un scrutin uninominal et non d'un scrutin de liste[33]. Sa demande toutefois n'est pas retenue, le ministère de l'Éducation nationale ayant fait valoir que « les syndicats autonomes ne considéreraient pas comme gênante cette disposition et pourraient s'entendre sur le plan local »[34]. Un an plus tard, Jean-François Saglio constate toutefois que le mode de scrutin retenu, le scrutin de liste complète à la plus forte moyenne, qui devait avoir pour effet d'« obliger les enseignants modérés à se regrouper au lieu de s'entredéchirer », n'a pas eu les effets escomptés : « cela n'a pas marché »[35]. Jean-François Saglio recommande de ce fait d'inviter le ministère de l'Éducation nationale à changer le mode de scrutin et à retenir les « élections au plus fort reste qui sauvegardent les minorités. Bien sûr, les syndicats majoritaires (SNES) protesteront avec vigueur »[36]. En février 1972, une autre note de Jean-François Saglio recommande par ailleurs la nomination à Paris de proviseurs n'appartenant pas au syndicat membre de la FEN, qui glisse « vers le communisme », mais au « syndicat concurrent du précédent, de tendance modérée »[37].

Cette attention portée aux syndicats « modérés » semble surtout valoir dans l'optique de contrer l'influence du SNES et de la FEN. Pour le reste, leur audience à l'Élysée ne semble pas renforcée. En avril 1970, Jean-François Saglio regrette d'ailleurs que la publication par le SNALC de son « Livre noir » de la situation dans les lycées ne se soit pas accompagnée de la mention d'une amélioration depuis juin-juillet 1969, les exemples cités ayant « tous fait l'objet de sanctions de la part du ministère »[38]. Alors que le SNALC n'a

---

32 AN, 87AJ/11, Michel Bruguière, « Situation d'un établissement d'enseignement secondaire », 28 juin 1968. La note de Michel Bruguière signale toutefois que, dès la fin du mois de mai 1968, les professeurs communistes sont nombreux à avoir pris position contre la grève.

33 AN, AG/5(2)/261, Note de Jean-François Saglio, 22 août 1969.

34 Ibid., 3 septembre 1969.

35 Le SNALC a en effet refusé l'alliance avec la CNGA.

36 AN, AG/5(2)/262, Note de Jean-François Saglio, 25 juin 1970.

37 AN, AG/5(2)/264, ibid., 22 février 1972.

38 AN, AG/5(2)/266, ibid., 9 avril 1970.

jamais été reçu ni par le Premier ministre, ni par le Président Pompidou, on est surpris que celui-ci consente à accorder une audience, le 10 septembre 1971, au « Syndicat général de l'enseignement public », une organisation ultra-minoritaire qui prétend lutter contre « l'omnipotence des syndicats ouvertement politisés »[39]. En fait, cette audience s'inscrit certainement plus dans l'optique de faire plaisir au député et ancien ministre Raymond Triboulet que de contribuer à renforcer les syndicats « modérés ». On peut néanmoins constater qu'en 1969-1970 l'Élysée cherche à contrer l'influence des syndicats réputés « marxistes » en favorisant des « petits » syndicats « modérés ». Parmi les propositions faites par Jean-François Saglio en novembre 1969 dans le but de réduire l'influence des syndicats de la FEN figure ainsi « l'aide aux syndicats dissidents [sic] (SNC par exemple) »[40]. Par ailleurs, en avril 1970, Jean-François Saglio se dit frappé, à la lecture de la revue *L'Éducation*, par « la différence de style et de ton dans la relation faite des congrès du SGEN, du SNES et du SNALC » et écrit au directeur de cabinet du ministre de l'Éducation nationale pour qu'une enquête soit faite sur cette revue au « caractère officieux »[41].

Certes, lors des négociations de Grenelle, en mai 1968, le Premier ministre Georges Pompidou a imposé la présence de la FEN[42]. Mais c'était dans l'optique de donner un contrepoids à la CGT. En fait, l'attitude de la FEN ne peut manquer de l'agacer. Devenu président de la République, il envisage de donner une « réception de l'enseignement » le 9 mars 1971 et donne son accord pour que soient invités les représentants des syndicats. Mais le secrétaire général de la FEN James Marange fait aussitôt savoir qu'il ne viendra pas, et il apparaît probable que ce refus sera partagé par les dirigeants des syndicats de la FEN – si bien qu'Édouard Balladur pense qu'il est inutile de les inviter, tandis qu'Olivier Guichard persiste à penser que cette invitation serait utile, « pour mettre ceux qui refuseraient dans leur tort »[43].

39 AN, AG/5(2)/266.

40 AN, AG/5(2)/261, Note de Jean-François Saglio,3 novembre 1969. Fondée en 1960 par des professeurs de collèges d'enseignement général (CEG) estimant que le syndicat national des instituteurs (SNI) défendait mal leurs intérêts, le Syndicat national des collèges (SNC) regroupe des professeurs et des directeurs de CEG ainsi que des PEGC affectés en CES.

41 AN, AG/5(2)/262, lettre de Jean-François Saglio à André Giraud du 21 avril 1970.

42 Guy Brucy, *op. cit.*, p. 326.

43 AN, AG/5(2)/263, Note de Jean-François Saglio,23 janvier 1971.

Si les relations entretenues avec les syndicats enseignants par le Premier ministre, puis le président Georges Pompidou paraissent somme toute limitées, il semble qu'elles soient inexistantes avec les associations de spécialistes. Non pas que Georges Pompidou se désintéresse des questions de pédagogie et de contenus d'enseignement. Comme le prouvent ses annotations sur les notes qui lui sont adressées, son avis est explicitement réservé sur le Colloque d'Amiens de mars 1968 et il invite son conseiller Michel Bruguière à « inciter M. Peyrefitte à la prudence »[44]. Par ailleurs, il s'implique personnellement, comme Premier ministre puis comme président de la République, dans la question des programmes d'histoire. Ce n'est d'ailleurs pas pour entendre la Société des professeurs d'histoire-géographie (SPHG), mais pour imposer ses vues. Patricia Legris relève ainsi que « durant l'été 1969, Georges Pompidou court-circuite la SPHG en accélérant l'écriture en circuit très fermé des programmes de collège. Pour cela, un conseil restreint consacré aux programmes se tient le 15 juillet 1969. Le Président est omniprésent lors des débats »[45].

Mais aucun lien n'apparaît avec les associations de spécialistes, y compris avec la Franco-ancienne, contrairement à ce que l'on aurait pu penser, étant donné l'attachement bien connu de l'agrégé de lettres Georges Pompidou au latin[46]. Dans sa thèse consacrée aux professeurs de français entre 1946 et 1981, Clémence Cardon-Quint relève qu'alors qu'ils sont tous les deux des agrégés littéraires, ni le Premier ministre Georges Pompidou, ni son conseiller Henri Domerg n'étaient « en relations directes avec des responsables de la Franco-Ancienne [...]. Une demande d'audience adressée à Georges Pompidou, peu après son arrivée au poste de Premier ministre, resta sans suite »[47]. Le contraste est frappant avec l'acceptation donnée par Georges Pompidou d'accorder son patronage au VIIIe congrès international de l'Association Guillaume Budé.

---

[44] AN, 87AJ/1, note de Michel Bruguière du 1er mars 1968.

[45] Patricia Legris, *op. cit.*, p. 199.

[46] On trouve néanmoins dans les archives présidentielles une lettre de Jean-François Saglio visant à répondre aux inquiétudes du président de l'Association des professeurs de philosophie de l'enseignement public sur la place de cette discipline dans le baccalauréat E. Cette lettre ne fait cependant que donner des informations (AN, AG/5(2)/261, lettre de Jean-François Saglio à Jean Lefranc du 6 novembre 1969).

[47] Clémence Cardon-Quint, « Lettres pures et lettres impures ? Les professeurs de français dans le tumulte des réformes : histoire d'un corps illégitime (1946-1981) », thèse de doctorat en histoire sous la direction de Gilbert Nicolas et Jean-Noël Luc, université Rennes 2, 2010, p. 374.

Dans une lettre au secrétaire général de cette association, le Pr Jean Scherer, il annonce même qu'il assistera à la séance d'ouverture de ce congrès, le 5 avril 1968[48]. Il semble également que Georges Pompidou soit intervenu pour soutenir la nomination au CNRS de Jacqueline Duchemin, ancienne vice-présidente de la Franco-ancienne, membre dirigeante de l'Association Guillaume Budé… et secrétaire de l'Association pour la défense du latin[49].

Plutôt que les associations de spécialistes, corporatistes en leur genre, défendant bec et ongles des horaires d'enseignement, Georges Pompidou préfère-t-il, pour réfléchir sur les contenus d'enseignement, les commissions rassemblant d'éminentes personnalités scientifiques ? Ses conseillers ne l'y encouragent pas : les enseignants de base comprendraient mieux la réalité et les nécessités de l'enseignement secondaire. En novembre 1970, Jean-François Saglio adresse une note au président Pompidou pour dénoncer le « mauvais travail » de la Commission sur l'enseignement du français. Pour la « noyer », suggère-t-il, « on pourrait y introduire quelques personnes raisonnables supplémentaires choisies autant que faire se peut parmi des professeurs du secondaire »[50]. De même, pour Henri Domerg, qui sortant de son champ de compétence, envoie le 24 juillet 1972 une note sur le Rapport Joxe (issu des réflexions de la « Commission d'études sur la fonction enseignante dans le second degré »), celui-ci « a été élaboré par des personnes dont presque aucune ne sait ce qu'est ou en tout cas ce que doit être à mon avis un enseignement secondaire ». Henri Domerg considère au demeurant que « politiquement, il y a de grands risques pour que la mise en application de ces idées rejette toute une partie du corps professoral vers les syndicats – le SNES en particulier – qui apparaîtront comme son véritable défenseur »[51].

---

48 AN, 87AJ/1, lettre de Georges Pompidou à Jean Scherer du 2 décembre 1967. Le Premier ministre Georges Pompidou assista effectivement à l'ouverture de ce congrès : « *Grande decus columenque rerum* », commenta son secrétaire général (Jean Scherer, « Le VIIIe congrès international de l'Association Guillaume Budé », *Bulletin de l'Association Guillaume Budé*, n° 2-3, Juin-octobre 1968, p. 192).

49 AN, AG/5(2)/263, note de Jean-François Saglio,21 janvier 1971.

50 AN, AG/5(2)/262, note de Jean-François Saglio du 4 novembre 1970. Sur la Commission Emmanuel sur l'enseignement du Français, voir Clémence Cardon-Quint, *op. cit.*, et Marie-France Bishop, « Une réforme complexe et polémique : la rénovation du français à l'école élémentaire de 1963 à 1972 », *Le Télémaque*, n° 34, 2008, p. 59-72.

51 AN, AG/5(2)/267, note d'Henri Domerg au président de la République du 24 juillet 1972.

Georges Pompidou et la Société des agrégés

Au regard de la distance maintenue par Georges Pompidou avec les syndicats enseignants et avec les associations de spécialistes, les liens qu'il entretient avec la Société des agrégés sont tout à fait impressionnants. Une fois devenu Premier ministre, Georges Pompidou continue à rester fidèle à deux réseaux : celui des anciens élèves de l'ENS et celui de la Société des agrégés. Il participe régulièrement au déjeuner des anciens de la rue d'Ulm. Début 1968, son agenda signale ainsi qu'il se rend à ce rendez-vous le mardi 9 janvier 1968, qu'il s'excuse pour celui du 13 février, mais assiste à celui du 12 mars 1968. Patricia Legris remarque qu'il ne renonce pas à ces rendez-vous « même lors des événements de Mai 1968 »[52]. Avec la Société des agrégés, les liens sont moins intimes, mais ils sont importants. Ils ont été favorisés par le fait qu'à partir de 1960 le président de la Société, Guy Bayet, est un ancien élève de Georges Pompidou en classe de seconde au lycée Henri-IV. Celui-ci entretient d'ailleurs ce souvenir. En juin 1970, Jean-François Saglio signale au président Pompidou que Guy Bayet l'a informé qu'« un magazine hebdomadaire faisait une enquête sur vos anciens élèves de 2ème A2 à Henri IV »[53]. On peut se demander si cette enquête n'a pas été suggérée par Guy Bayet lui-même…

Toutefois la considération que Georges Pompidou porte à la Société ne tient pas seulement à ce lien personnel. Elle résulte aussi de son attachement au concours de l'agrégation. Elle se manifeste avec éclat lorsque le Premier ministre accepte de participer, le 15 janvier 1968, au banquet du cinquantenaire de la Société. Il est frappant de constater que, parmi les documents historiques que Georges Pompidou a souhaité réunir dans ses mémoires *Pour rétablir la vérité*, il ait choisi le discours qu'il prononça à cette occasion. Par ailleurs, il est tout à fait remarquable que le Premier ministre, puis même le président de la République Georges Pompidou accepte de figurer continûment dans l'annuaire des adhérents de la Société des agrégés[54].

---

[52] Patricia Legris, *op. cit.*, p. 146.

[53] AN, AG/5(2)/262, note de Jean-François Saglio,17 juin 1970.

[54] Georges Pompidou adhérait déjà à la Société des agrégés lorsqu'il était professeur au lycée Henri-IV. Appelé au cabinet du général de Gaulle, il n'avait plus adhéré après 1944. La reprise de son adhésion à partir de 1961, alors qu'il est membre du Conseil constitutionnel, peut être interprétée soit comme une marque publique de ses opinions, soit comme un témoignage de sympathie à l'égard du nouveau président Guy Bayet.

Les conseillers de Georges Pompidou connaissent son attachement à l'agrégation et la considération qu'il accorde à la Société des agrégés. Henri Domerg, au reste, est lui-même agrégé. Le conseiller pour l'éducation de Pompidou à l'Élysée, Jean-François Saglio, est polytechnicien et non pas agrégé, mais il rencontre fréquemment Guy Bayet, dont il dit qu' « il était vraiment un peu réac' mais avait une précision dans l'analyse »[55]. Il ne faudrait pas croire, au demeurant, que l'influence de la Société ne tient qu'à Georges Pompidou. Dans les années 1960, le conseiller du président de Gaulle Sébastien Loste (également agrégé) entretient lui aussi des rapports réguliers avec le président de la Société des agrégés – au point qu'il existe aujourd'hui tout un dossier d'archives constitué des rapports qu'il entretint avec Guy Bayet[56]. Le 9 janvier 1969, Charles de Gaulle reçoit lui-même le président de la Société des agrégés, qui lui demande d'intervenir pour que les projets du ministre de l'Éducation nationale Edgar Faure concernant la formation des maîtres n'aboutissent pas à la suppression de l'agrégation. Si cette audience est exceptionnelle, en revanche Georges Pompidou a reçu plusieurs fois le président de la Société des agrégés, d'abord en tant que Premier ministre, puis en tant que chef de l'État. On compte trois audiences accordées par le Premier ministre Pompidou à une délégation de la Société des agrégés (23 juin 1962, 8 juillet 1963 et 1er février 1966). Quand Georges Pompidou accède à l'Élysée, Guy Bayet continue à le considérer comme un recours. En décembre 1969, il lui demande une audience, pour évoquer non seulement la question de la présence des parents dans les conseils de classe, mais aussi et surtout le devenir de l'agrégation, dont il tient à ce qu'elle reste un concours ouvrant sur l'enseignement supérieur. Or les vues d'Olivier Guichard ne le rassurent pas. Dans la note qu'il rédige à cette occasion, Jean-François Saglio soutient son point de vue[57]. Le 8 mars 1971, Guy Bayet est reçu une nouvelle fois par Georges Pompidou. « Naturellement, j'ai demandé à M. Bayet de garder confidentielle cette audience », écrit Jean-François Saglio[58]. De fait,

---

[55] Entretien de Jean-François Saglio avec Vincent Léonard et Noëlline Castagnez-Ruggiu, 22 janvier 1998, archives orales de l'Association Georges-Pompidou, cité par Patricia Legris, *op. cit.*, p. 195.

[56] AN, 640AP/83, Société des agrégés de l'université et rapports avec son président Guy Bayet : correspondance, notes, rapports, brochures (1962-1967).

[57] AN, AG/5(2)/261, ibid., 22 décembre 1969.

[58] AN, AG/5(2)/263, ibid., 3 mars 1971.

l'audience accordée par le président Pompidou n'est pas mentionnée dans le bulletin de la Société : l'Élysée n'a pas voulu l'ébruiter, afin de ne pas irriter un Olivier Guichard (« qui ne connaît pas cette future audience ») exaspéré par les attaques de la Société à l'encontre de sa politique. Une note de Jean-François Saglio suggère d'ailleurs que si Olivier Guichard n'a pas voulu revenir sur le décret permettant aux conseils d'administration des lycées d'admettre la présence des parents d'élèves dans les conseils de classe lors de la phase de décision, c'est non seulement pour ne pas s'aliéner la PEEP, mais aussi pour ne pas paraître céder à la Société des agrégés[59]. Le ministre n'apprécie pas de se faire court-circuiter.

Les liens entretenus par Georges Pompidou avec la Société des agrégés ne sont pas platoniques. L'intervention auprès du Premier ministre s'est par exemple avérée efficace dans la lutte que mène la Société des agrégés contre l'institution d'un tronc commun dans le premier cycle du second degré. Georges Pompidou est en effet intervenu auprès du ministre Pierre Sudreau pour demander que la liste et le contenu des sections ne puissent pas être modifiés par le ministre (ce qu'autorisait la circulaire du 6 janvier 1959), mais seulement le contenu des sections (programmes et horaires). Cela revient à proclamer le maintien de la diversité des filières. Sur ce point, le Premier ministre « a donné tous apaisements à la Société des agrégés » lors de l'audience du 23 juin 1962[60].

À plusieurs reprises, l'intervention du Premier ministre permet à la Société d'obtenir gain de cause contre l'avis du ministre de l'Éducation nationale lui-même. L'accès à Georges Pompidou sert d'instance d'appel. En février 1967, mécontent de voir que l'accélération du recrutement d'assistants dans les universités s'effectue sans aucune transparence et risque dans l'avenir de barrer la route aux néo-agrégés qui voudront passer dans le supérieur, Guy Bayet envoie ainsi une lettre au Premier ministre « devant l'impossibilité pratique où la Société des agrégés a été placée d'obtenir du ministère de l'Éducation Nationale un redressement de cette situation déplorable »[61].

Certes, Georges Pompidou ne partage pas toutes les opinions du président de la Société des agrégés. Il ne veut pas dévaloriser l'agrégation et n'est pas

---

[59] Ibid., 23 août 1971.

[60] *L'Agrégation*, n° 116, août-septembre 1962, p. 6 et p. 11.

[61] AN, 640AP/83.

prêt à suivre Guy Bayet sur la voie d'une expansion démesurée de la catégorie des agrégés. Lors d'une audience, « le Premier ministre ajoute qu'il ne sert à rien de mettre trop de places au concours puisque l'on ne les pourvoit pas et qu'on risque d'abaisser par trop le niveau »[62]. Pour Georges Pompidou, point n'est besoin de multiplier les agrégés pour qu'un élève soit marqué par leur enseignement. Par ailleurs, il refuse une revalorisation qui accorderait à tous les agrégés l'accès aux échelles-lettres de traitement.

Si le leitmotiv du président de la Société des agrégés exigeant sans cesse l'élargissement du recrutement des agrégés irrite le Premier ministre, celui-ci toutefois est bien décidé à protéger l'agrégation. Le 19 juin 1963, le ministre de l'Éducation nationale déclare à la tribune du Palais Bourbon que la propédeutique doit servir de niveau de recrutement des professeurs de CEG, la licence de niveau de recrutement des professeurs de lycée et le troisième cycle de voie d'accès à l'enseignement dans les facultés. Il admet que l'agrégation s'intègre difficilement dans ce schéma : pour le ministre, la carrière traditionnelle agrégation-lycée-thèse de doctorat-faculté est appelée à céder la place à un recrutement direct d'étudiants de troisième cycle. Alarmé, Guy Bayet demande une audience auprès du Premier ministre, qui le reçoit le 8 juillet et lui présente sa position, qui maintient une place aux agrégés dans l'enseignement supérieur[63]. En 1966, Georges Pompidou contraint même son ministre de l'Éducation nationale, qui faisait la sourde oreille, à recevoir, en sa présence, une délégation de la Société chargée d'exposer ses conceptions devant la commission de réforme de l'enseignement supérieur. Christian Fouchet envisage alors de créer la maîtrise. Le ministre propose que les maîtres du premier cycle du second degré soient recrutés après un premier cycle universitaire consacré pour tous les étudiants à la « licence », après lequel ils intégreraient des instituts pédagogiques. Les meilleurs passeraient ensuite l'agrégation, qui serait donc un concours de promotion interne. La maîtrise serait une filière séparée du cursus précédent : après les deux ans de premier cycle universitaire, elle constituerait un second cycle de deux ans donnant accès au doctorat de troisième cycle. Les « maîtres » pourraient enseigner dans le second cycle du second degré (ou du moins dans les classes terminales) ainsi

---

62 AN, 574AP/1, compte-rendu par Henri Domerg de l'audience accordée par le Premier ministre à la Société des agrégés, le 9 juillet 1963.

63 *L'Agrégation*, n° 121, août-septembre 1963, p. 5-7.

que dans le premier cycle universitaire. Au total, la formation des enseignants du premier cycle du second degré serait confiée à des instituts spécialisés ; la recherche et la préparation de l'agrégation seraient séparées. La Société des agrégés refuse absolument que la licence d'enseignement devienne un cul-de-sac, empêche de passer une maîtrise et donc d'accéder à des fonctions dans l'enseignement supérieur. La maîtrise, simple diplôme, est-elle destinée à remplacer l'agrégation ? « Bien loin de résoudre le problème de l'agrégation, écrit Guy Bayet, cette initiative ministérielle risque purement et simplement de tuer l'agrégation.[64] » Même s'il ne considère pas que tous les enseignants du supérieur doivent passer par l'agrégation (et il distingue de ce point de vue les champs littéraires et scientifiques), Georges Pompidou se montre très sensible à l'argumentation de la Société des agrégés, qui insiste sur le caractère néfaste d'une scission entre recherche et enseignement, sur la distinction entre examen et concours, sur la possibilité qu'il doit y avoir de passer l'agrégation après les deux ans de maîtrise et sur la place qui doit être reconnue à l'agrégé dans le second cycle du second degré et dans le cadre B des facultés. L'intervention du Premier ministre est efficace : la réforme Fouchet prévoit finalement l'institution d'une licence en trois ans, passée après un « premier cycle » de l'enseignement supérieur remplaçant la propédeutique (sanctionné par un diplôme universitaire d'études littéraires, DUEL en lettres, ou DUES en sciences), le maintien des IPES et des CPR, ainsi que des concours nationaux du CAPES (passé après la licence) et de l'agrégation (passée après la maîtrise). Une audience du bureau de la Société des agrégés auprès du Premier ministre, le 1er février 1966, trois jours avant le conseil interministériel du 4 février, a sans doute sauvé le concours traditionnel de l'agrégation, contre la volonté de Christian Fouchet, qui déclare :

> L'agrégation, je la supprimerai, sûrement, elle n'a plus sa raison d'être. La véritable réforme de l'enseignement eût dû aboutir à la suppression de l'agrégation et je regrette qu'on ne l'ait pas fait. On ne l'a pas fait parce que c'est une institution historique si noble et un signe de noblesse qu'ont porté tant de personnages considérables - et que portent encore tant de personnages considérables de la République – qu'il eût été difficile d'aller aussi loin[65].

---

[64] *L'Agrégation*, n° 135, janvier 1965, p. 217.
[65] *Le Figaro*, 1er juin 1966.

Conclusion

Au total, même s'il n'est pas évident de faire la part de l'opinion personnelle de Georges Pompidou au travers des notes que lui adressent ses conseillers à Matignon puis à l'Élysée, on peut néanmoins considérer qu'il porte un regard méfiant à l'endroit des syndicats enseignants, toujours suspects de corporatisme étroit. L'hostilité que vouent les syndicats de la FEN au « pouvoir » ou au « régime » gaulliste ne peut que le renforcer dans ses sentiments de défiance. S'il ne semble pas entretenir plus de liens pour autant avec les syndicats « modérés », il tâche néanmoins, après mai-juin 1968, de leur faire jouer un rôle de contre-feu. Grand défenseur du latin (c'est une des causes notoires de l'éviction d'Edgar Faure de la rue de Grenelle après l'élection présidentielle de juin 1969), il n'entretient pas, toutefois, de relations avec la Franco-ancienne. C'est en fait à la Société des agrégés qu'il réserve, sinon ses faveurs, du moins sa considération. Pour lui, défendre l'agrégation, c'est moins soutenir une catégorie d'enseignants que défendre la culture, secondaire notamment. Même s'il ne partage pas tous les points de vue de la Société des agrégés, Georges Pompidou n'hésite pas, à plusieurs reprises, à contredire ses ministres après avoir été alerté par elle. Il est d'ailleurs tout à fait remarquable qu'après 1969 le nom de l'hôte de l'Élysée continue de figurer sur la liste des membres de l'illustre Société.

Annexes

Annexe 1. Photos de classe

Photo 1: Lycée Saint-Charles, Marseille, classe de première, 1937. Source : Archives nationales fonds 555AP/14.

Photo 2: Lycée Henri IV, 1940-41, classe de 3e. Source : Archives nationales fonds 555AP.

Photo 3: Lycée Henri IV, 1940-41, avec des collégiens. Source : Archives nationales fonds 555AP.

Photo 4: Lycée Henri IV, classe de prépa. Source : Archives nationales fonds 555AP.

Annexe 2. Discours à Albi du 15 mai 1964[1]

Quel effort auraient à faire les maîtres de notre enfance pour embrasser les problèmes que nous pose aujourd'hui l'Éducation nationale ! Ils ont connu une France où le nombre des naissances ne compensait pas le nombre des décès, où l'enseignement était adapté à une structure sociale ancienne, l'enseignement secondaire et supérieur recevant les fils de la bourgeoisie et les plus brillants des enfants du peuple et leur inculquant une culture essentiellement littéraire, tandis que l'enseignement primaire assurait la formation de l'immense majorité des enfants.

Or, voici que la France est devenue un pays jeune, où le taux des naissances est un des plus élevés d'Europe. Voici que l'enseignement féminin dans tous les domaines atteint la parité avec l'enseignement masculin. Voici que toutes les catégories sociales réclament à juste titre l'égalité des chances pour leurs enfants c'est-à-dire un enseignement non seulement ouvert à tous, mais réellement accessible à tous et menant chacun aussi loin qu'il peut aller sur le chemin de l'instruction. Voici que les sciences et les techniques prennent une importance capitale, et semblent reléguer les enseignements littéraires au second plan. Voici enfin que le bouleversement du monde et le développement accéléré des connaissances humaines obligent à refondre constamment les programmes d'histoire, de géographie, de science, et à faire de la recherche non plus l'apanage de quelques savants de génie travaillant dans des laboratoires de fortune, mais un complément indispensable de l'enseignement lui-même.

Toutes ces transformations créent pour le Gouvernement responsable au premier chef de l'Éducation nationale et pour qui ce doit être une préoccupation prioritaire des obligations d'une ampleur et d'une complexité sans précédent. Ces obligations, nous en avons conscience. Elles comportent une action constante et révolutionnaire dans deux directions, d'une part, la réorganisation de notre enseignement, d'autre part, la mise en place des énormes moyens matériels nécessaires à cet enseignement.

Réforme de l'enseignement : c'est notre préoccupation constante ; commencée en 1959, continuée en 1963, elle va être complétée par la réforme des

[1] Source : Institut Georges Pompidou, Fonds 555AP/21.

années terminales de l'enseignement du second degré et par la réforme de l'enseignement supérieur.

Il serait fastidieux qu'ici je prétende exposer en détail les moyens de cette réforme. Qu'il me suffise d'en donner rapidement l'esprit et les objectifs. Notre préoccupation, c'est de faire que tous les enfants quelle que soit leur origine, soient traités sur un pied d'égalité et mis en mesure de courir pleinement leur chance. C'est que chacun puisse accéder à un métier qui lui convienne et dont le pays a besoin. Cela suppose d'abord le passage obligatoire pour tous par l'enseignement primaire.

Cela veut dire ensuite tout au long du cycle secondaire un enseignement diversifié, ne serait-ce que pour ne pas ralentir les plus doués, et ouvrant si possible au sein d'établissements polyvalents, toutes les directions, grâce à un système d'orientation confié pour l'essentiel aux maîtres qui, de façon continue et avec des options obligatoires à certaines échéances, mène les enfants vers les carrières auxquelles ils sont le plus aptes. Cela suppose que ces établissements polyvalents soient progressivement généralisés de façon en particulier à ce que les enfants de milieu rural ou ouvrier aient la possibilité d'accès aux études fussent-elles classiques sans être contraints de quitter leur milieu familial.

Cela suppose une mutation et une progression de l'enseignement technique, qui ne doit pas apparaître comme destiné à recueillir ceux qu'a rejetés l'enseignement général, mais comme un enseignement essentiel préparant aux carrières et donnant la formation dont la civilisation moderne a le plus besoin. Enseignement technique qui doit d'ailleurs ouvrir les portes de l'enseignement supérieur au même titre que les autres.

Cela suppose que la liaison entre le second degré et le supérieur soit plus souple et mieux adaptée, et que les études supérieures elles-mêmes puissent faire l'objet d'une sélection sérieuse au lieu d'accueillir comme aujourd'hui essentiellement ceux qui sont moins pressés de gagner leur vie, c'est-à-dire les plus fortunés. Cela suppose enfin que l'Université s'adapte à une situation toute nouvelle et que, sans sacrifier nos vieilles traditions de culture classique, elle comprenne qu'un enseignement qui s'adresse à tous ne peut se désintéresser des réalités économiques ni par conséquent des carrières offertes aux jeunes. Égal pour tous, souple et diversifié, ouvert sur la vie, largement décentralisé, réalisant une sélection progressive et toujours positive, tel doit être l'enseignement dans un pays qui se veut moderne et vivant.

Cet exposé, quoique succinct, démontre combien ces problèmes sont l'objet de l'attention gouvernementale et combien notre action cherche à favoriser la grande transformation de la France, à préparer l'avenir de notre jeunesse. Mais que dire de l'effort que nous devons accomplir pour fournir à l'Université les moyens dont elle a besoin ?

Sur ce point, et bien qu'il ne soit pas dans mes intentions de critiquer ici qui que ce soit, je suis bien obligé de constater que la situation que nous avons trouvée en 1958 était préoccupante. Alors que l'expansion démographique était un fait évident, alors que les déplacements de la campagne vers les villes étaient prévisibles, alors que le besoin d'une instruction plus large était général et à juste titre encouragé par les pouvoirs publics, la politique de formation et d'utilisation des maîtres, la politique d'implantation et de constructions scolaires restait soit retardataire soit gravement insuffisante. On s'imaginait qu'il suffisait d'augmenter le nombre des places offertes aux candidats à des fonctions enseignantes pour pouvoir encadrer la jeunesse, alors que les générations où sont recrutés les maîtres étaient et sont encore aujourd'hui les moins nombreuses qu'ait jamais connues la France, alors que les générations d'âge scolaire sont au contraire parmi les plus nombreuses. On fermait les yeux devant la nécessité d'un effort exceptionnel, commandé par les chiffres ; la population scolaire de la France était en 1939 d'à peine plus de 5 millions ; elle est aujourd'hui de près de 9 millions. L'enseignement secondaire avait en 1939 440 000 élèves. Il en a aujourd'hui 1800000. L'enseignement technique avait en 1939 70000 élèves. Il en a aujourd'hui 510000. L'enseignement supérieur groupait en 1939 moins de 80000 étudiants. Aujourd'hui, la seule Faculté de Paris dépasse largement ce total et la France a 300000 étudiants.

C'est pourquoi la Ve République a immédiatement entrepris un effort sans précédent en faveur de l'Éducation nationale. Les crédits d'investissement et de fonctionnement de ce ministère, qui représentaient en 1958 à peine 10% du budget, ont été portés par paliers successif à 13%, puis en 1963 à 14%, en 1964 à 15,9%. En valeur absolue et compte tenu du développement économique et financier de la France depuis six ans, les chiffres sont plus éloquents encore. Le budget de l'Éducation nationale en 1958 représentait 482 milliards d'anciens francs. Dans la même monnaie, il représente aujourd'hui 1372 milliards, soit près de trois fois plus.

Le gouvernement de 1958 consacrait à chaque enfant ou adolescent faisant ses études dans un établissement public une somme annuelle moyenne de

67000 francs anciens. Malgré l'augmentation de la population scolaire, nous dépensons aujourd'hui 155000 anciens francs par enfant.

Vous pouvez juger d'ailleurs de l'importance de cet effort par ce qui est fait à Albi où les deux opérations en cours, le lycée technique où nous sommes et le lycée de jeunes filles, coûtent chacune près de 2 milliards d'anciens francs. Croyez bien que si, oubliant mes fonctions et la part que j'ai eue dans les décisions, j'essayais d'être un simple spectateur, je serais stupéfié en me rappelant que durant les 17 années de ma jeunesse vécues à Albi, je n'ai vu, en matière de constructions scolaires, en tout et pour tout, que la réparation du vieux lycée après l'incendie qui le détruisit partiellement en 1926.

Ces précisions, je ne le donne pas pour en tirer vanité. En accomplissant un effort sans précédent pour compenser le passé et préparer l'avenir, nous ne faisons que notre devoir. C'est un devoir auquel je suis peut-être plus sensible qu'un autre, étant étroitement lié à l'Université. Mais notre effort pour aboutir a besoin d'être soutenu et prolongé par l'action de tous et, plus particulièrement, du corps enseignant. Né dans une famille universitaire, longtemps universitaire et entouré de proches qui le sont demeurés, je sais trop la capacité de dévouement des maîtres de l'enseignement public, leur foi dans un métier qui demeure une vocation, pour douter de cette action. Peut-être y faut-il plus que du dévouement, un esprit résolu de renouveau ; peut-être l'heure est-elle venue de secouer les vieilles habitudes et d'accepter sans regret des changements qui, de toute façon, se feront.

Notre société a changé. Notre pays a changé. Tout change autour de nous. Les programmes de 1902 sont dépassés. Les méthodes de l'enseignement traditionnel dont nul plus que moi ne garde au cœur la nostalgie liée aux visages de mes vieux maîtres, sont dépassés. Il faut l'accepter, mieux, il faut le vouloir. C'est ainsi d'ailleurs que nous retrouvons la tradition de la France et de la République, celle qu'exprimait quelqu'un que je ne puis passer à Albi sans citer, je veux dire Jean Jaurès, lorsqu'il disait en 1903 au lycée d'Albi précisément :

« Rien n'est plus menteur que le vieil adage pessimiste et réactionnaire de l'Ecclésiaste désabusé : "il n'y a rien de nouveau sous le soleil". Le soleil lui-même a jadis été une nouveauté et la terre fut une nouveauté et l'homme fut une nouveauté. L'histoire humaine n'est qu'un effort incessant d'invention, et la perpétuelle évolution est une perpétuelle création. »

C'est cette perpétuelle création dont nous entendons être non des spectateurs désenchantés, mais des acteurs conscients, résolument tournés vers la jeunesse et vers l'avenir.

Annexe 3. Note de Henri Domerg du 24 novembre 1965

PREMIER MINISTRE

LE CHARGÉ DE MISSION

Le 24 novembre 1965.

Note pour le Premier Ministre.

Mise au point des nouveaux programmes du Second Cycle du Second Degré.

Dans le cadre fixé par la récente réforme, l'Inspection générale a été chargée de remanier les programmes et parfois d'en élaborer de nouveaux. Ce travail est maintenant très avancé.

Je n'ai pas vu ces projets; je sais seulement qu'ils donnent lieu, dans l'entourage du Ministre, à des appréciations diverses.

L'opinion la plus fondée est sans doute celle de M. LAURENT. Elle est assez critique. Il paraît en effet que d'une façon générale les études, à travers ces programmes, tendent surtout à mettre les élèves en contact avec des "problèmes", les faits étant relégués au second plan et, en quelque sorte, supposés connus.

Cette tendance, qui est d'ailleurs ancienne dans l'enseignement secondaire, se manifeste notamment en histoire où l'accent est mis beaucoup plus qu'auparavant sur l'étude des civilisations (et cela dès la Seconde), en Sciences naturelles où l'enseignement est fondé sur une étude presque philosophique de la biologie, en initiation économique où le programme serait inspiré des "sciences économiques" telles qu'on peut les étudier à la Faculté de Droit, en français même, où l'enseignement consistera à mettre les élèves en contact avec "les grands problèmes de notre temps".

Autrement dit, si ces tendances sont bien réelles - et il y a tout lieu de le penser - l'enseignement secondaire fera appel à des facultés d'abstraction qui ne sont pas celles d'élèves de 15 à 16 ans issus de formations de plus en plus diverses.

Au moment même où l'enseignement secondaire est envahi par des élèves dont les facultés d'abstraction sont en décroissance, il paraît paradoxal et trop ambitieux, de pousser dans la voie où l'on semble s'engager. La définition que vous avez vous-même donnée à plusieurs reprises de la culture, fondée sur tout un éventail de connaissances précises, paraît découler d'un point de vue bien différent.

../.

- 2 -

Je crois donc qu'il serait souhaitable qu'à la première occasion vous appeliez l'attention personnelle de M. FOUCHET sur cette question qui est d'une importance capitale pour l'avenir de l'élite de la jeunesse française.

Sans doute, je ne suis pas en mesure, pour le moment, de vous montrer ces programmes. Je n'en indique que les tendances, telles qu'elles m'ont été décrites.

L'urgence d'une mise au point de ces programmes est grande, car il ne faut pas oublier qu'une fois fixés ils devront donner naissance à des manuels, qui, dans les cas extrêmes (refonte totale) demandent 18 mois de travail./

H.DOMERG/.

Transcription du commentaire de Georges Pompidou : « Il faut réagir. Prévenir qui de droit que je combattrai farouchement la tendance au bavardage abstrait. »

Annexe 4. Note de Michel Bruguière du 9 mars 1966

13049

PREMIER MINISTRE

CABINET

Le 9 mars 1966.

Note pour le Premier Ministre.

OBSERVATIONS sur les nouveaux programmes
d'histoire et de géographie

I. - HISTOIRE

a). classe de Seconde

Le nouveau programme paraît osciller entre deux tendances symétriques:

La plupart des professeurs, soit par défiance (justifiée) envers le bavardage historique, soit par tendance naturelle à développer ce qu'ils connaissent le mieux et ce sur quoi ils trouveront le plus facilement une documentation, seront enclins à traiter dans le détail la chaîne des évènements. Il est à prévoir qu'au troisième trimestre les points V, VI, et VII seront à peine abordés.

L'autre risque est de voir bâtir des cours d'un style tout nouveau après lesquels flotteront pêle-mêle, dans le souvenir des élèves, des traits de civilisation, de religion, d'économie, dans le style "Sélection du Reader's Digest" ou même Bouvard et Pécuchet. Il est illusoire de prétendre faire retenir les fondements des civilisations contemporaines à des esprits qui ignoreraient comment ces fondements ont été établis, ont vécu et se sont dégradés.

Si l'on ne veut pas demander que ce programme ambitieux soit entièrement repensé, il faut exiger que l'étude d'une trame évènementielle soit formellement imposée.

Copie communiquée à KNAPP
11 X. 66

../.

b). classe de Première

1. - Pour que la première partie du programme intéresse les élèves et soit suivie avec profit, il est indispensable que le programme de Seconde ait été mené à son terme.

L'expérience montre que les élèves voient mal le lien entre les programmes d'une année à l'autre : cela devient plus dangereux encore s'il s'agit d'étudier des "révolutions" dont la compréhension suppose une bonne connaissance de ce qui a disparu.

2. - D'une façon générale, la part faite aux problèmes européens de 1848 à 1914 (22 leçons) reste excessive. Pourquoi supprimer la politique extérieure du Second Empire et maintenir les problèmes austro-hongrois ? Supprimer les Églises et maintenir l'unité italienne ?

c). classes terminales

Il y a une inconséquence majeure : la deuxième partie, "les grandes civilisations du monde contemporain", doit, pour avoir un sens, reposer sur une connaissance de la période 1945 - 1962. Or, il est dit expressément que cette période ne sera étudiée que "très succinctement", "étant entendu qu'aucune question ne pourra être posée au baccalauréat sur les années postérieures à cette date". Il faudra donc étudier la Chine communiste sans connaître la révolution de 1948, connaître les Présidents américains des années 20, mais non le Président KENNEDY, HERRIOT et BRIAND, mais non MENDES-FRANCE et la Vème République ?

Il serait regrettable que les futurs électeurs - bacheliers entrent dans la vie en ignorant tout de la IVème République de sa structure, de son oeuvre, de ses échecs.

S'il faut supprimer quelque chose, que ce soit les civilisations de l'Afrique noire. On peut aussi rogner à l'intérieur des 10 heures consacrées à une hypothétique civilisation de l'Europe occidentale.

../.

- 3 -

II. - GEOGRAPHIE

a). classe de Seconde

Vous avez raison

On ajoute toujours sans se résoudre à retrancher.

La Géographie physique (21 leçons en début d'année) ne serait-elle pas privilégiée par rapport à la Géographie humaine (21 leçons en fin d'année) ? Ce serait dommage !

b). classe de Première

On ne parvient pas à se débarrasser de l'énorme étude régionale de la France (28 leçons) généralement inefficace.

Les instructions disent pourtant fort bien (p. 6, point 3) qu'il n'est plus possible -et qu'il n'est pas souhaitable - de consacrer trop de temps à de petites unités territoriales.

L'étude du Plan est rejetée dans le programme d'instruction civique, souvent assuré (quand il l'est !) par des professeurs de Lettres peu qualifiés pour traiter d'économie.

L'idée (page 7) de diminuer l'étude régionale au profit de l'étude économique est bonne: sa mise en oeuvre reste insuffisante.

c). classes terminales

Le programme est satisfaisant. On devrait rendre obligatoire sa liaison avec celui d'Histoire (étudier en même temps la Grande-Bretagne et la civilisation britannique, la Chine et la civilisation chinoise, etc...)./

Michel Bruguière

Transcription des commentaires de Georges Pompidou :

Page 1 : « Je suis dans l'ensemble d'accord avec vous. Il faut alléger les programmes, ce qui veut dire maintenir une "trame événementielle" (quel style !) assez serrée mais limitée aux faits qui ont des prolongements et sacrifier ceux qui n'ont plus de sens (par ex. les problèmes austro-hongrois). Ne serait-il pas utile d'avoir à la fin de chaque période historique une leçon sur "la carte politique du monde" et les changements intervenus depuis la fin de la dernière période ? »

Page 2 : « Oui »

Page 3 : « Vous avez raison »

Annexe 5. Note de Henri Domerg du 5 mars 1968

PREMIER MINISTRE

LE CHARGÉ DE MISSION

le 5 mars 1968.

Note pour le Premier Ministre.

Projets de M. PEYREFITTE relatifs à la rénovation pédagogique.

Monsieur PEYREFITTE a exposé devant les Inspecteurs d'académie, mercredi après-midi 28 février, les projets dont il avait donné connaissance le matin même au Conseil des Ministres.

Plusieurs orientations ont été définies: usage plus grand des moyens audio-visuels dans l'enseignement, simplification des programmes, et, surtout, institution progressive du "mi-temps pédagogique".

Le Conseil des Ministres,a, je crois, donné son aval à ce plan.

Dans ces conditions, la création par le Ministre d'une Commission destinée à donner un contenu concret à un projet qui n'est encore qu'esquissé dans ses grandes lignes, devrait être autre chose que ce qu'est bien souvent la création d'une Commission.

D'ailleurs M. PEYREFITTE a donné,quant à la mise en place de la rénovation, des indications précises. Il la voit s'étendre au même rythme que la réforme de l'orientation, c'est-à-dire s'achever dans un délai de cinq ans.

Les établissements choisis (une école primaire par département, un collège secondaire par académie) ne seront pas des établissements expérimentaux, mais des établissements pilotes qui se multiplieront dès l'année suivante.

../.

- 2 -

Sans nier l'intérêt qui s'attache à une rénovation pédagogique, nécessaire, comme le dit le Ministre, notamment en raison de l'évolution fondamentale du public scolaire, je pense qu'il faut bien prendre garde que les paroles ne soient pas telles qu'elles ne puissent que rester sans effet pratique.

A-t-on mesuré les dépenses inévitables qu'une rénovation pédagogique de ce type, et notamment l'institution du mi-temps pédagogique, entraîneront : utilisation d'un matériel nouveau, installations sportives, classes à effectifs réduits ? Sur ce dernier point, dès la fin de l'exposé du Ministre, des inspecteurs d'académie ont réclamé des classes dont l'effectif ne dépasse pas 25 élèves.

Les indications données quant à la durée de réalisation du plan complet (5 ans) risquent, si cette durée se prolonge en fait, d'avoir des inconvénients politiques.

D'une façon plus générale enfin, plusieurs des idées qui président à cette rénovation s'inspirent d'un penchant à la facilité.

"Il faut rapprocher l'école de la vie et la vie de l'école". Que signifie cette formule quand il s'agit d'apprendre les mathématiques ou la grammaire ? Des enfants de 12 ans regardent sans doute la télévision, mais s'intéressent-ils, dans ces spectacles, à ceux qui reflètent la vie ?

D'autre part, un grand nombre de réformes projetées tendent à dissoudre le goût de l'effort dans un monde où l'on a bien l'impression que les hommes devront en faire de plus en plus.

La politique de M. PEYREFITTE en matière d'éducation se dessine d'une façon claire. Il ne nie pas que jusqu'à lui on ait beaucoup fait. Mais c'était dans le domaine matériel : on a bâti. Il reste maintenant à remplir l'alvéole et pour cela il faut penser.

Encore faudrait-il avoir des pensées dont la traduction en actes ne reste pas problématique./.

H.DOMERG.

Transcription du commentaire de Georges Pompidou : « Le Conseil n'a donné son aval qu'à une étude et à une expérience. Il faut alerter A. Peyrefitte là-dessus et aussi le cabinet de M. Debré quant aux répercussions. »

Annexe 6. Allocution au lycée d'Albi du 5 avril 1970[1]

Mon cher Fieu[2],
Mes chers camarades,

Quand on revient sur les lieux où l'on a passé sa première jeunesse, on ne sait pas la part exacte qu'il faut donner au regret de cette jeunesse qui est au fond de tous les hommes et ne fait que s'accroître au fur et à mesure qu'on s'en éloigne.

Mais il semble que le sentiment qui prévaut aujourd'hui plus que celui du regret, est celui d'une certaine fraternité, de la camaraderie qui est, je crois, plus développée chez les garçons que chez les filles. La camaraderie, en quoi consiste-t-elle ? Quand je me rappelle notre jeunesse, les disputes qui s'élevaient entre nous, quand je pense surtout au fait que cette camaraderie existe profonde entre des gens qui ne se sont jamais rencontrés, qui se sont succédé à dix ou dix-quinze ans d'intervalle dans le même lycée, je pense que la camaraderie ne repose pas finalement sur des affinités ou sur des prédilections particulières comme l'amitié par exemple, mais qu'elle repose sur un ensemble de souvenirs communs acquis et qui se sont installés en nous-mêmes. Je crois, si je puis me permettre l'expression, que les camarades sont particulièrement consubstantiels ; ils ont en eux en commun des souvenirs, une formation qui ont contribué à former leur personnalité et se sont installés en eux définitivement, de sorte que la camaraderie traverse les années, parce qu'elle ne peut pas ne pas les traverser.

Mais, il n'y a pas que cette impression de camaraderie, il y aussi l'attachement pour toutes ces vieilles pierres, pour ces salles, pour ces bancs. Je me demande aussi d'où vient cet attachement. Assurément pas du confort que nous y avons connu, et qui n'a dû guère se modifier. Il me semble que d'abord c'est dû au souvenir excellent que nous avons tous gardé de nos professeurs. On ne peut pas dire qu'ils étaient tous brillants ; il y en avait de plus méchants et de plus indulgents. Quant à nous, nous étions comme tous les jeunes gens,

---

1 Source : Institut Georges Pompidou, fonds 555AP/14.

2 Louis Fieu, ami d'enfance.

c'est-à-dire disposés à être insupportables, et guettant avec soin la possibilité entrevue du chahut. Cette possibilité-là, on la trouvait quelquefois et on en usait pleinement. Souvent aussi, on rencontrait l'os, le dur et on s'inclinait sagement. Mais finalement, quels qu'aient été les rapports individuels au cours de l'année, les notes reçues, les punitions infligées, finalement nous avions tous conscience que nos professeurs étaient dévoués à leur tâche, qu'ils s'y consacraient passionnément. Ils ne faisaient pas simplement un métier pour gagner leur vie. Ils avaient conscience qu'ils remplissaient un devoir en nous transmettant un certain nombre de connaissances et des habitudes de raisonnement. De telle sorte qu'au fond, nous les respections et nous les aimions et qu'eux- mêmes nous aimaient.

Et puisque tu évoquais, tout à l'heure, mon cher Fieu, un certain nombre de souvenirs de notre génération, j'en évoquerai un autre, notre professeur de philosophie, Griollet, qui prêtait le flanc, il faut bien l'avouer, au chahut et il le prêtait d'autant plus que, phénomène exceptionnel à cette époque, la classe de philosophie était mixte. Toute l'année, nous l'avons vraiment fait souffrir. Mais cet homme excellent avait une passion, c'était les animaux. Est-ce à ce titre qu'il nous aimait, mais toujours est-il qu'à la fin de l'année, nous avons tous été saisis d'un remord collectif et que nous lui avons apporté notre adhésion collective et individuelle à la Société protectrice des animaux. Je me rappelle que Griollet avait les larmes aux yeux et qu'il a dit « Ça fait tout pardonner ».

C'étaient ces relations entre professeurs et élèves, cette affection et ce dévouement qu'ils nous manifestaient, dont je me souviens. Et puis nous avons reçu dans ce lycée une formation qui reposait, me semble-t-il, sur des méthodes intellectuelles, une certaine rigueur du raisonnement. On nous obligeait à être précis, on nous obligeait à enchaîner les idées et on nous obligeait à ne déduire des prémices que des conséquences logiques. En même temps qu'on nous inculquait une méthode de pensée, on nous donnait ce qu'on appelait à l'époque la culture générale. Je dis ce qu'on appelait à l'époque, parce qu'on parle aussi beaucoup aujourd'hui de culture générale mais trop souvent on considère que la culture générale consiste à pouvoir dire n'importe quoi sur n'importe quoi sans en rien connaître. La culture générale que nous avons connue c'étaient des connaissances précises dans un certain nombre de matières diverses. C'était par là même une formation extrêmement solide dont nous profitions plus ou moins les uns ou les autres et de façon plus ou moins brillante bien entendu, mais qui finalement bon gré mal gré pénétrait en nous et nous a permis à tous de faire dans la vie des carrières convenables, en étant capables de remplir un métier parce que nous savions un certain nombre de choses et que surtout nous savions raisonner.

Où en est-on aujourd'hui et comment n'évoquerais-je pas un peu les problèmes de l'Université et de l'enseignement secondaire ? Quand on dit, l'Université, on pense d'habitude à l'enseignement supérieur et cet enseignement supérieur donne à l'heure actuelle au pays un spectacle qui quelquefois l'étonne ou même l'indigne. Je ne voudrais pas, quel que soit le caractère scandaleux et intolérable de certaines violences, donner une importance excessive aux désordres dans l'Université. Il y en a, ils existent, ils doivent disparaître mais ils ne sont pas finalement le fond du problème. Le fond du problème pour notre Université c'est de repenser sa propre substance, et sa propre finalité en même temps que ses méthodes.

L'Université française à l'heure actuelle, comme toutes les Universités dans le monde d'ailleurs, se cherche et se trouve mal. Et parce qu'elle ne se trouve pas, certains tendent à vouloir la reconstituer telle qu'elle a été, brillante pendant des siècles, d'autres s'imaginent qu'en mêlant tout, bouleversant tout, il sortira de ce mélange quelque chose de meilleur, c'est l'histoire des sorcières de Macbeth remuant leur chaudron et disant le mélange sera bon. Dans la mesure où il s'agit là d'une quête extrêmement difficile liée à tous les problèmes de notre époque et en particulier à l'évolution constante de la société économique en même temps que des connaissances scientifiques, je pense qu'il faudra longtemps pour que l'Université retrouve son assiette, la certitude de ce qu'elle est, de ce qu'elle doit être, de ce à quoi elle prépare et des méthodes par lesquelles elle y prépare.

Et c'est pourquoi j'estime qu'il est capital que l'enseignement secondaire soit la base solide de notre Université. Dans la mesure même où après le bachot c'est pour beaucoup l'inconnu, il est essentiel que les enfants qui suivent l'enseignement secondaire en sortent avec une formation solide leur permettant soit d'aborder la vie active, soit d'aborder les études supérieures. Naturellement, cet enseignement secondaire lui-même doit évoluer. Il ne peut pas ne pas évoluer. Il y avait en 1938, 700 000 élèves à peine dans tous les établissements secondaires français ; il y en a à l'heure actuelle 4 200 000, c'est-à-dire six fois plus. C'est une première raison évidente puisque désormais cet enseignement secondaire ne prépare pas uniquement à quelques carrières et qu'il est obligé d'élargir considérablement son éventail. D'autre part, les connaissances ont dans beaucoup de domaines fait des progrès considérables, en particulier en matière scientifique, et il ne peut plus être ce qu'il était il y a vingt ou trente ans. J'ajoute que la hiérarchie des connaissances s'est en quelque sorte modifiée, j'entends non pas hiérarchie en valeur mais hiérarchie pratique, adaptation à la vie. Certes l'histoire, le latin ou le grec auxquels nous nous sommes vous et moi consacrés, n'avaient pas il y a trente ans une utilité pratique très supérieure à celle d'aujourd'hui. Mais d'autres connaissances ont pris proportionnellement une utilité pratique plus grande au fur et à mesure du développement des moyens de transports et de l'interprétation générale des nations, de l'importance prise par les problèmes économiques. Des enseignements comme la géographie, les langues vivantes, un enseignement minimum économique ont pris une importance nouvelle et doivent avoir une part plus grande dans l'enseignement secondaire.

J'ajoute que les méthodes aussi ne peuvent pas ne pas évoluer. Nous avons tout un ensemble de moyens audio-visuels qui doivent être utilisés pour des sciences comme la géographie ou les langues vivantes auxquelles ils sont particulièrement adaptés. Et puis, je crois que les jeunes gens, les enfants auxquels on s'adresse aujourd'hui ne sont plus tout à fait les mêmes. Cela tient à une évolution du monde contre laquelle on ne peut rien quelle que soit l'opinion qu'on puisse en avoir. Entre l'invention de l'imprimerie et le début du XXe siècle, le monde a vécu dans la civilisation de l'écrit et la lecture, l'écriture était pour l'enfant, pour le jeune homme le moyen normal d'accéder à la culture et même à la connaissance. Or, aujourd'hui, avec le développement de la radio, de la télévision, les professeurs ont affaire à des enfants ou à des jeunes gens qui sont dans un tout autre univers, qui ont pour assimiler les connaissances des moyens tout à fait différents, qui sont précisément l'œil et l'oreille. De telle sorte que nous avons des garçons et filles pour qui l'écrit ou la lecture représentent un effort et pour qui, par contre, l'assimilation par l'image ou par le son est toute naturelle. J'ajoute que des jeunes gens qui ne sont pas en avance sur ce que nous étions à leur âge en ce qui concerne une certaine formation culturelle intellectuelle, sont certainement très en avance sur ce que nous étions par leur connaissance directe de la vie et du monde, connaissance qu'ils puisent dans la radio et dans la télévision en famille.

C'est pourquoi les conditions de l'enseignement sont complètement transformées et c'est pourquoi dans l'enseignement secondaire plus qu'ailleurs, il importe de ne rien sacrifier d'essentiel et de ne pas commencer par détruire sous prétexte de reconstruire, mais de refaire un examen d'ensemble complet de ce que doit être cet enseignement dans ses méthodes, dans ses finalités et dans ses sanctions. Je n'ai pas la prétention d'apporter et surtout pas d'imposer des solutions. Mais je crois que cet examen doit être fait en commun par tous ceux qui y sont intéressés, il doit surtout être fait de bonne foi, c'est-à-dire en éliminant aussi bien les routines administratives que les habitudes professionnelles ou que les prétentions corporatives.

Il faut regarder les problèmes nettement et il faut essayer de les résoudre en bonne foi, c'est-à-dire le mieux possible mais pour de vraies raisons et des raisons qu'on avoue ; j'en donnerai un ou deux exemples.

Il y a le problème du latin qui préoccupe beaucoup de ceux qui sont ici pour qui le latin était une chose sacrée. Je ne pense pas être suspect d'être l'ennemi de la culture gréco-latine, mais il est évident que le problème de cette culture ne peut pas se poser aujourd'hui comme il se posait il y a trente ans et, à plus forte raison, il y a cinquante ans. Jaurès faisait des discours en vers latins et il lisait Lucrèce quand il venait dans sa circonscription, ce dont je ne suis pas sûr que je sois capable. Il faut traiter ce problème, mais il ne suffit pas de le traiter par des décisions improvisées. Ou bien on considère le latin, comme le grec, comme une forme de culture particulière, dans ce cas il n'y a aucune raison de commencer le latin en 6e, on peut très bien le commencer en 4e, voire en seconde ; après tout en seconde on a quinze ans, quand on passe l'agrégation on en a quelque vingt-cinq, cela fait dix ans pour apprendre le latin, si on s'y consacre vraiment, cela peut suffire. Mais si, par contre, on considère que le latin est une façon de mieux connaître le français, d'imposer une meilleure connaissance de la grammaire et de la syntaxe, de faire comprendre la langue française précisément parce qu'elle est différente de la langue latine, si l'on considère d'autre part que la version latine est un exercice de raisonnement, presque incomparable à cause du passage permanent de la langue synthétique à la langue analytique par excellence qu'est le français, alors le latin au contraire, à mon sens, devrait être enseigné dès la 6e.

Je ne choisis pas, je dis simplement que je voudrais qu'on pose le problème et qu'on le pose en termes réels. Je dirai la même chose du bachot. Qu'est-ce qu'on veut faire du bachot ? Ou bien c'est un examen d'enseignement supérieur, un premier titre de l'enseignement supérieur et qui ouvre toutes grandes les portes des facultés, qui donne un droit à poursuivre les études et alors il faut qu'il soit difficile, il faut qu'il institue une sélection, je n'ai pas peur du mot. Pourquoi ? Parce qu'on ne peut pas laisser aller vers des études prolongées des gens qui n'ont pas la préformation indispensable nécessaire. Après tout, on peut se faire coller au bachot et s'y représenter, on peut ne pas avoir son bachot et réussir très brillamment dans l'existence. Il n'y a pas que le baccalauréat dans la vie et cette espèce de hantise en France pour le baccalauréat est proprement absurde. Si, par contre, on considère que l'enseignement supérieur doit faire lui- même et assurer lui-même les règles de son recrutement, eh bien alors le bachot peut devenir un simple certificat constatant que vous avez convenablement poursuivi des études secondaires sans plus, mais qui ne vous dirige pas obligatoirement vers des études prolongées.

Là aussi, je le répète, il y a plusieurs solutions. Je ne sais pas s'il y en a une meilleure que l'autre ; je ne sais pas s'il y en a qui n'ont aucun inconvénient, je suis convaincu que toutes ont des inconvénients, mais encore faut-il saisir le problème, encore faut-il le poser clairement et encore faut-il le résoudre pour de bonnes raisons. En tout cas les préoccupations corporatives, les préoccupations de convenance personnelle ne doivent pas intervenir dans la solution du problème du baccalauréat.

J'ai pris ces deux exemples, il y en aurait bien d'autres pour montrer que l'enseignement secondaire est vraiment la base même de notre Université. C'est lui qui prend les enfants presqu'au sortir de la première enfance, qui les mène jusque et même un peu au-delà de l'adolescence et qui leur donne la formation sur laquelle ils vivront que ce soit dans l'action, que ce soit dans la suite de leurs études. C'est pourquoi il importe de sauver cet enseignement secondaire, de le remettre au goût du jour, de ne pas le laisser se défaire, se déliter en quelque sorte dans l'incertitude sur ce qu'il doit être et ce à qui il prépare. Et il faut naturellement que renaissent entre professeurs et élèves ces sentiments dont je parlais tout à l'heure, qui n'empêchent nullement une certaine liberté, mais qui, en fin de compte, doivent être de la part des élèves le respect des maîtres, respect que les maîtres et chefs d'établissement se doivent à eux-mêmes d'imposer, par la qualité de leur enseignement. Je puis les assurer qu'ils trouveront pour les soutenir l'appui complet de leur ministre, du gouvernement et du chef de l'État.

Ce sont là des paroles un peu graves pour une réunion qui devrait être uniquement sous le signe de l'amitié mais l'orateur précédent n'a pas pu s'empêcher de se laisser aller à ce type de réflexions parce qu'elles s'imposent aujourd'hui à nous tous. Elles s'imposent à nous comme anciens élèves, qui nous rappelons ce qu'était l'enseignement et qui ne voulons pas le voir se dégrader. Elles s'imposent à nous comme parents d'élèves, voire comme grands-parents d'élèves. Elles s'imposent à nous comme citoyens. À tous ces titres, nous devons y veiller et nous devons aider tout ce qui tend à la sauvegarder et à la transformation dans l'ordre de notre Université, de notre enseignement.

Mes chers camarades, croyez bien que l'accueil qui m'est fait aujourd'hui me touche profondément. Me trouver au milieu de vous, c'est pour moi, au poste où je suis, à la fois un retour aux sources et une sorte d'encouragement pour l'action que je puis avoir à mener au-dessus de toute politique et au-dessus de tous partis pour l'intérêt de notre pays.

Annexe 7. Note de Georges Pompidou sur le lycée (1971)

Source : Archives nationales / AN 555 AP/13

Projet de note sur le lycée

8 avril 1971

Mon cher Premier ministre,

Vous trouverez sous ce pli quelques réflexions que m'inspire la situation dans les lycées et dont vous êtes le destinataire unique.

Mes collaborateurs ont, sur la base de ces réflexions, établi un texte de mesures d'application, liste qui n'est pas limitative et qui ne se prétend pas non plus exécutoire. Il s'agit de suggestions moins précises, avec l'indication du délai minimum qui serait requis pour leur mise en œuvre. Je souhaite que vous réfléchissiez sur les idées et sur les mesures application et me donniez vous-même vos propres réactions. Après quoi il vous appartiendrait de voir avec le ministre de l'Éducation nationale dans quel ordre et suivant quel calendrier seraient mises en œuvre les mesures retenues.

Veuillez agréer…

Mars 1971

La situation dans les lycées

Face à une situation qui se détériore à tous égards et dont les conséquences seront graves, il est nécessaire de prendre des mesures de redressement en profondeur. Rien ne serait plus illusoire que de croire que quelques actes d'autorité suffiront. Ils sont indispensables, mais ne peuvent être que le point de départ d'une action de longue haleine.

Au niveau des chefs d'établissement

Là où il y a un bon proviseur ou une bonne direction, presque toujours le lycée marche bien.

Donc on doit d'abord attacher aux nominations une importance extrême ; il faut persuader les faibles, les timides, les agités de renoncer à leurs fonctions. On peut les rendre à l'enseignement, les utiliser dans l'administration à des postes éloignés de l'action directe, éventuellement recourir au congé spécial (je suis prêt à l'appuyer auprès du ministre des Finances et pour les recteurs également).

Il faut d'autre part renforcer leur autorité par des avantages matériels et moraux et revoir les textes pour leur rendre plus d'indépendance vis-à-vis du conseil d'administration, notamment en matière de discipline.

Au niveau des enseignants

L'immense majorité des enseignants, quelles que soient leurs idées politiques, souffrent d'être bafoués, insultés, ridiculisés, et d'être hors d'état de distribuer un enseignement profitable. L'autorité rétablie par les chefs d'établissement leur sera d'un grand secours. Mais après de longues enquêtes, je suis arrivé à la conclusion que rien ne sera fait tant qu'ils seront amenés à examiner « les cas individuels » en conseil de classe ou ailleurs en présence des parents, voire même des élèves. Il faut donc absolument revoir ce point. On pourrait par exemple dire que la participation des parents aux débats sur les cas individuels ne pourrait être décidée qu'à l'unanimité ou à la majorité des 2/3 si cela suffit pour que les professeurs puissent bloquer.

Il ne faut pas céder aux demandes démagogiques des syndicats : dédoublement des classes, multiplication des travaux pratiques, etc. Ce que veulent les professeurs, c'est le calme. Il est plus facile d'enseigner à 35 élèves qu'à 25 qui chahutent.

Il faut interdire l'entrée des classes à des personnes étrangères à l'établissement.

Ceci conduit aussi à examiner le cas des enseignants qui prennent la tête des excités, voire provoquent les désordres par leur attitude ou en faisant appel à des meneurs extérieurs. Il s'agit là d'un problème d'autorité ministérielle. Les coupables doivent être sanctionnés immédiatement et s'il le faut les textes modifiés pour permettre la suspension sans traitement. On peut aussi envisager une période de 1, 2 ou 3 ans pendant laquelle le jeune professeur n'est pas titulaire et peut à tout moment être licencié. Tout cela fera crier mais une bonne campagne d'information à propos de quelques cas flagrants mettra l'opinion en état de soutenir le ministre.

Au niveau des élèves

Il faut, évidemment, rétablir la discipline, mais ce serait une erreur grave de croire qu'il suffit de sévir.

Il faut, certes sévir, mais ne le faire qu'à bon escient : élève récidiviste, de préférence de famille aisée, groupe de « casseurs » ayant causé des dégâts importants, etc. Il faut rechercher les moyens de la sanction dans les études (exemple : ne pas faire passer les examens dans un lycée fermé).

Il faut, d'autre part, graduer la discipline. Le premier cycle doit obéir. Le second cycle doit pouvoir « participer ». Les élèves de terminale et plus encore des classes préparatoires doivent jouir d'une plus grande liberté et être largement associés à la marche de leurs études. Il faut tâcher d'ailleurs de les séparer dans l'établissement chaque fois que la disposition des locaux s'y prête.

Mais cela ne suffit pas.

L'énervement des lycées a deux raisons : l'endoctrinement politique, la surcharge des programmes et des horaires

Sur le premier point, il faut mettre la politique à la porte des lycées en revenant sur la circulaire de décembre 1968 et en réservant les possibilités qu'elle a données aux seuls élèves des classes préparatoires[1]. Par ailleurs, il faut donner un contenu strict et obligatoire aux programmes de philosophie et d'initiation à l'économie. Les manuels qui sont utilisés pour cette dernière matière sont scandaleux. Les études doivent porter sur des faits précis et pratiques et éviter toute digression idéologique à laquelle des enfants du second cycle sont hors d'état de participer autrement qu'en absorbant sans le comprendre ce qui leur est dit. En ce qui concerne la philosophie, il faut que les programmes imposent des connaissances étendues et non pas restreintes : l'étude du marxisme. La philosophie est devenue presque partout une caricature. Un programme précis et détaillé, avec mention des horaires à consacrer à chaque partie, est essentiel. De plus, les sujets du baccalauréat doivent être choisis avec soin. En aucun cas la connaissance de Marx ne doit assurer qu'un des sujets au moins sera par avance à la portée

[1] Probable allusion à la circulaire du 19 décembre 1968 qui généralise les foyers socio-éducatifs et institue les délégués de classe.

des candidats. Des sujets doivent porter sur le reste du programme, l'un d'entre eux permettant aux bons candidats qui, malgré les programmes fixés, auraient subi Marx et le marxisme durant toute l'année scolaire de pouvoir réussir grâce à des qualités d'orthographe, de raisonnement et d'expression.

Tout cela est minutieux, mais nécessaire et efficace.

Surcharge des programmes et des horaires

Cet aspect du problème est aussi important. Jamais, sous prétexte d'ouverture intellectuelle, d'options en tous genres, de sauvegarde des lettres et de progrès des sciences, on n'a à ce point accablé les élèves d'heures de cours et de matières multiples. Il faut trancher dans le vif, faire tomber des pans entiers dans les programmes, supprimer des heures inutiles de travaux pratiques en tous genres, reclasser l'enseignement : il y a une filière technique qui n'a besoin en fait de culture générale que de français, d'un minimum d'histoire, d'une langue vivante apprise pour être parlée et non écrite, et de mathématiques simples. Il y a un moment où littéraires et scientifiques se séparent et les sections scientifiques doivent être à la portée d'un élève moyen, quitte à avoir une ou deux heures facultatives pour les plus forts.

Il faut revoir les programmes d'histoire et les réduire. L'histoire de France doit être apprise à fond dans les basses classes. L'histoire ancienne doit être ramenée à quelques faits essentiels, sauf pour ceux qui font latin-grec. L'histoire du monde extérieur doit être ramenée elle aussi à l'essentiel, sauf pour les périodes récentes. On ne doit étudier la période 1940 à nos jours qu'en terminale et avec beaucoup de précautions, etc., etc. Ce sont des idées, il peut y en avoir d'autres. Mais je maintiens que l'allègement des programmes et leur spécificité à partir de la seconde est [sic] essentielle.

Et il faut alléger les horaires : 5 heures de cours par jour de classe doivent être un maximum jusqu'au bachot inclusivement, quelles que soient les revendications des spécialistes. Les syndicats n'ont en tête que de faire créer des postes pour des gens sortant de l'enseignement supérieur avec une formation vague et inutile. Il n'y a pas à leur céder.

Un tel programme ne peut être mis en application que progressivement. Mais il faut l'entreprendre sans tarder. Le plus immédiatement nécessaire selon moi, c'est l'autorité et la qualité des chefs d'établissement, la prise de quelques sanctions exemplaires, bien choisies et bien proportionnées et la réduction des horaires. La réduction des programmes doit être entreprise avec comme ligne finale apprendre des notions précises, apprendre à raisonner et à s'exprimer. D'où l'importance de l'enseignement du français selon des méthodes éprouvées et non en cédant à une mode qui revient à enseigner leur langue aux jeunes Français comme s'il s'agissait d'aller à l'école Berlitz apprendre une langue étrangère.

Annexe 8. *GIRONDAS* (nouvelle)

En 1971, lors de ses vacances à Cajarc, Georges Pompidou, président de la République, avait écrit une nouvelle où il évoquait, sur le mode satirique, les évènements de 1968. Ce texte fut publié, pour la première fois, dans le n°602 du Point, *le 2 avril 1984.*

Tout commença le 25 février à 15h55 dans la classe de seconde B du lycée de Romorantin. M. Plumesec, professeur de français s'efforçait d'intéresser ses 32 élèves aux problèmes sentimentaux et moraux des personnages de "Phèdre" de Racine. Dans un intervalle de silence, la voix de l'élève Girondas se fit entendre, claire et nette : « Ils nous emmerdent ! Ils n'ont qu'à coucher tous ensemble et nous foutre la paix. »

M. Plumesec, professeur de la vieille école, à peu d'années de la retraite, était connu du Tout-Romorantin pour son urbanité et sa dignité. Il se dressa, fixa Girondas d'un regard glacé et articula fermement : « Girondas. Vous serez consigné dimanche. » Une vague de stupeur déferla sur la classe. De mémoire d'homme, Plumesec n'avait jamais dispensé de punition. Au surplus, on n'avait pas le souvenir qu'une consigne eut été distribuée au lycée de Romorantin depuis mai 1968. Il faut ajouter que le jeune Girondas avait été désigné par ses camarades, par 11 voix sur 13 votants et 2 243 inscrits, comme leur représentant au conseil d'administration du lycée. Le port de la barbe, des chemises de cow-boy et des blue-jeans particulièrement usagés l'avaient de toute évidence destiné à cette fonction. Au surplus peu d'élèves possédaient autant d'expérience pédagogique puisqu'il avait redoublé trois classes et se trouvait à 19 ans et demi en seconde avec l'espoir peut-être d'avoir son bachot au moment de sa majorité légale. Son père était huissier au tribunal d'instance. Longtemps ferme partisan des gouvernements en place, il donnait depuis peu des signes de morosité. Le projet de loi sur les professions judiciaires en était la cause, mais il trouvait dans la lecture de *L'Express* et de *Minute* des raisons supplémentaires de mécontentement. Pour tous ces motifs, la réaction de M. Plumesec frappait les élèves de stupeur. Comment ce bon vieux prof pouvait-il s'attaquer à une personnalité aussi importante que le fils Girondas et mesurait-il les répercussions possibles dans la vie de société à Romorantin ?

La fin du cours annoncée par une sonnerie électrique, ne permit pas le développement immédiat de l'incident. Plumesec ramassa ses livres et ses papiers, sortir d'un air grave et se dirigea vers le bureau du proviseur, tandis que les potaches s'agitaient autour de Girondas, partagés en deux clans : ceux qui applaudissaient et ceux qui tremblaient. Un troisième clan, le plus nombreux, se dispersait dans la plus complète indifférence, conformément à la tradition des majorités.

Le proviseur, M. Ponse, était à son bureau en train d'essayer de comprendre la circulaire n° 1227 G 7 bis, du ministère de l'Éducation nationale, Direction générale de la pédagogie, et relative à l'introduction des méthodes audiovisuelles pour le recyclage permanent des maîtres auxiliaires possesseurs d'une licence de sociologie et candidats à titularisation. Il croyait deviner entre les lignes l'intervention du Syndicat national de l'enseignement secondaire. Il se demandait s'il ne devrait pas prendre contact avec le nouveau professeur de philosophie qui, dès son arrivée, avait pris la tête de la section syndicale de Romorantin. Quand on lui annonça que M. Plumesec demandait être reçu, il eut un sursaut. Depuis quatre années qu'il dirigeait le lycée de Romorantin dans des conditions qui lui avaient valu une flatteuse rosette de l'Instruction publique et une invitation à dîner chez l'inspecteur d'académie, jamais il n'avait vu Plumesec franchir les portes de son bureau. C'est dire l'estime que lui portait M. Ponse, pour qui la maîtresse devise de l'action était : « Pas d'histoire ». Quel pouvait être le motif d'une intrusion aussi surprenante et à un pareil moment, alors que les cours avaient cessé et que Plumesec aurait dû être déjà sur le chemin du domicile conjugal ? M. Ponse prit sa voix la plus ferme et la plus énergique pour dire : « Faites entrer. »

« Monsieur le Proviseur, je suis confus de vous déranger et vous savez que ce n'est pas mon habitude. Mais je ne pouvais faire autrement ». Et Plumesec fit au proviseur le récit des évènements qui l'avaient conduit à frapper d'une consigne dominicale l'élève Girondas.

M. Ponse avait trop d'expérience pour ne pas mesurer la gravité de la faute et celle de la sanction. Il tapota des doigts sur la table, ferma le dossier contenant la circulaire n°1227 G 7 bis, croisa les bras et jeta à Plumesec un de ses regards plein de compréhension et de mystère qui avaient la réputation de ce chef d'établissement de premier ordre, inscrit sur la liste d'aptitude pour une ville de faculté.

« Mon cher collègue, dit-il enfin, vous me plongez, pourquoi le dissimuler, dans un grand embarras, je dirais, pour plaire à l'humaniste que vous êtes, dans un embarras cornélien.

- Faut-il laisser un affront impuni ?

- Faut-il punir l'élève Girondas ?

- Je ne discute pas la réalité de la faute, ni sa gravité, je dirai même son incongruité. Mais la sanction n'est-elle pas excessive ? Vous connaissez comme moi la surcharge des programmes, les efforts qu'elle impose à nos élèves, l'indispensable nécessité d'une dépense physique et psychologique, le caractère impérieux du repos dominical que notre nouveau ministre a d'ailleurs étendu au samedi, sans oublier le jeudi, voire le mercredi…

- Monsieur le Proviseur, vous me permettez de vous interrompre, pour déplacé que ce soit de ma part. L'élève Girondas ne fait rien, ce qui s'appelle rien. La détente est pour lui le pain quotidien, son occupation unique et, j'ose dire, sa vocation.

- Est-ce une bonne méthode que de la contrarier ? Vous le savez, la pédagogie moderne décommande le viol de la personnalité. Je ne prétends pas qu'il faille inciter Girondas à ne rien faire. Mais croyez-vous qu'un après-midi du dimanche passé entre les murs du lycée soit une solution adaptée à son cas ? Avons-nous les connaissances nécessaires quant à son hérédité, à l'environnement familial, aux traumatismes possibles de son enfance, voire les informations médicales relatives à son équilibre hormonal nécessaires avant de décider d'une thérapeutique coercitive ? Et puis, mon cher collègue, vous savez bien que je n'ai pas de personnel de surveillance. Les agents de cette catégorie ont été particulièrement irrités des mesures que le gouvernement a prises en faveur d'autres catégories, dans lesquelles ils ont vu une véritable frustration ! Aussi refusent-ils de faire des heures supplémentaires, d'autant plus, il faut bien le dire, que l'amélioration des traitements rend celles-ci peu attrayantes. Enfin, dois-je vous le rappeler, depuis mai 1968 aucune consigne n'a été infligée à un élève du lycée de Romorantin ! Ne dira-t-on pas qu'il s'agit d'un retour en arrière, d'une remise en cause de la réforme de l'université, d'une atteinte à l'esprit de participation et de dialogue que nous avons introduit dans nos établissements ?

- Dois-je en conclure, Monsieur le Proviseur, que toute discipline est désormais bannie du Lycée, que nous devons tolérer la presse ; subir les avanies et nous en désintéresser ?

- Ne me faites pas dire cela, mon cher collègue, ne me faites pas dire cela. *In medio stat virtu*, ce n'est pas à vous que je dois le rappeler. Mais comprenez aussi les préoccupations d'un proviseur qui doit voir les choses dans leur contexte sociologique. En tout cas, je ne peux pas ne pas réunir le conseil d'administration du lycée avant de prendre une décision. »

M. Plumesec se leva, salua et se retira. Quant à M. Ponse, il rouvrit son dossier, le referma nerveusement, et se mit à réfléchir.

Cependant, le jeune Girondas avait enfourché la petite moto que lui avaient offerte ses parents pour fêter son dix-neuvième anniversaire et son accès à la classe de seconde qu'avaient permis la suppression de l'examen de passage et son remplacement par le vote des élèves à main levée. Ce recours à la démocratie directe avait heureusement contrebalancé les effets d'une sélection traumatisante pour ceux qui, comme notre héros, avait recueilli une moyenne de 2,5 sur 20 aux examens partiels organisés par une administration rétrograde. Girondas mit d'emblée pleins gaz, et, après avoir fait deux fois le tour de la ville dans une pétarade étourdissante qui était un des éléments de son prestige en même temps qu'un des charmes de l'environnement urbanistique de Romorantin, il pénétra dans la cour de la maison particulière de Me Girondas. Il grimpa l'escalier quatre à quatre, jeta ses livres sur le divan et s'empara du téléphone.

- « C'est toi, Bouvard. Ici, Girondas. Il faut réunir le CAL. Cette vieille salope de Plumesec prétend me flanquer une consigne.

- Il est fou, ce mec-là !

- Tu sais, y en a comme ça, qui sont répressifs. Faut leur montrer.

- Dac, je convoque les gars chez moi à 9 heures. »

- « Mon chéri, qu'est-ce que tu dis ? » C'est Mme Girondas qui intervient. Elle a entendu le coup de téléphone et son visage est rouge de colère. « J'espère que tu ne vas pas te laisser faire. Je vais dire à ton père de réunir les parents d'élèves. Il se croit au Moyen-Âge, ton Plumesec ! Ça ne m'étonne pas d'ailleurs, après ce que j'ai lu dans *L'Express* la semaine dernière. Il n'y a plus de liberté ! Et dire que ton père a voté pour Pompidou ! Il avait pourtant l'air capable ce type-là. Eh bien, c'est un tyran ! Je l'ai lu ! Je parie qu'il a donné des instructions aux profs pour sévir dans les lycées.

- Ferme-la, maman, ferme-la, tu n'y entraves que couic. Le Pompidou, il y peut rien, c'est un minus. On est en pleine crise de civilisation postindustrielle. Y a des salauds qui prétendent commander aux autres, et puis y a nous qu'on veut pas obéir et même qu'on va prendre le pouvoir grâce à l'union avec la classe ouvrière. - Mon chéri, mon chéri, ne dis pas des horreurs. Ne me parle pas des ouvriers, c'est des bons à rien, ils veulent tout gagner sans rien faire, fainéantise et gaspillage, voilà ce que c'est. Ton Plumesec, il vaut pas mieux. Il est tout le temps en vacances ! Quand je pense à ton père, au temps qu'il passe dans son étude ! Et tout ça pour le percepteur ! Là, je reconnais qu'il y a un changement qui s'impose. Faudrait des réformateurs. »

Le jeune Girondas s'était déjà retiré dans sa chambre, laissant sa mère soliloquer à son aise. Un disque de rock, une cigarette, couché par terre, il feuilletait le « Manuel de l'érotisme collectif », qu'il avait acheté à la nouvelle librairie qui venait de s'ouvrir devant le lycée sous le sigle prometteur « Au Sex-Shop solognot ».

Cependant Me Girondas, ayant accompagné son dernier client à la porte, refermait avec soin son coffre, puis la porte de l'étude et grimpait l'escalier qui le reliait à l'appartement. Mis au courant, son sang ne fit qu'un tour.

« Plumesec, il me le paiera. Ces fonctionnaires, c'est tous des budgétivores. J'appelle le président de l'association des parents d'élèves. »

Aussitôt dit, aussitôt fait. Et le soir même deux réunions se tenaient à Romorantin. Chez le jeune Bouvard, le bureau du CAL au complet écoutait Girondas avec stupeur. Il fallait réagir. Josette Vigourous, qui était passionnée et un peu grassouillette, proposa de faire la grève de la faim. Son oncle, qui était curé, les abriterait dans l'Église, c'était sûr. Bouvard, dont le père était franc-maçon, préférait pour sa part une manifestation de masse à la maison du peuple. Caltarec opta pour la grève des cours. Sa proposition provoqua une unanimité enthousiaste. Il était « du parti » et avait pris des leçons d'organisation. Il répartit les missions. Et, quelques instants plus tard, des motos sillonnaient Romorantin pour prévenir tous les copains de la décision de grève prise par le CAL.

Cependant, le bureau des parents d'élèves était réuni chez Me Girondas, qui lui avait offert son hospitalité et sa fine champagne réputée. La discussion s'animait au fur et à mesure que la bouteille se vidait. On se rangea finalement comme d'habitude à l'avis du président, M. Leconchard, contrôleur des contributions en retraite et ancien conseiller général radical. Une délégation se rendrait chez le proviseur pour exiger le retrait immédiat de la sanction, la mutation de Plumesec et la suppression définitive des examens partiels. On s'était gardé une marge de manœuvre : au besoin, on se contenterait d'une mise en congé de maladie de Plumesec jusqu'aux grandes vacances. Mais sur le reste, on serait irréductible. Et, pour commencer un communiqué allait être publié dans les *Petites Nouvelles du Loir et Cher*, dont Leconchard était correspondant.

« Communiqué au vitriol, mon cher », dit-il à Me Girondas, cependant que chacun se retirait après avoir rendu un dernier hommage à la fine champagne.

Le lendemain devait être à Romorantin une journée historique. Devant le lycée régnait une agitation joyeuse. Un piquet de grévistes, parmi lesquels, comme un exécuteur entouré de ses aides, notre ami Girondas, arrêtait les élèves qui n'avaient pu être prévenus ou qui venaient tâter le terrain. Seuls entraient les professeurs, d'un pas rapide et le regard absent. Toutefois, deux jeunes profs de philo s'attardaient sur le trottoir, discutant avec les élèves : l'un d'entre eux essayait de les convaincre de renoncer à la grève, faisant observer que les conditions économico-sociologiques d'une action révolutionnaire n'étaient pas réunies et rappelant les sévères condamnations portées successivement par Lénine, Maurice Thorez et Loridon, député communiste du Loir-et-Cher, contre les « provocateurs irresponsables et complices du pouvoir qui, par des actions prématurées, déclenchent immanquablement les forces de la réaction et retardent l'avènement de la révolution prolétarienne. » L'autre « sociologue, mais de Nanterre », précisait-il avec fierté, encourageait les potaches dans un mouvement qui s'apparentait selon lui aux plus purs sursauts de la tradition populaire. « Il ne suffit pas d'espérer pour entreprendre » (même à Nanterre, la cuistrerie reprenait ses droits), et Che Guevara n'était pas mort inutilement. Girondas pouvait être le Che Guevara de Romorantin. Son collègue l'ayant traité de provocateur, des murmures s'élevèrent, des menaces furent proférées et l'intéressé pénétra précipitamment dans le lycée, poursuivi par cette phrase vengeresse : « Le désordre dans la révolution est le stigmate de l'antirévolution. »

À l'intérieur de l'établissement régnait le plus parfait laisser-aller. Les pensionnaires s'étaient regroupés dans la salle réservée aux activités culturelles et s'occupaient à badigeonner les murs d'inscriptions inspirées directement de la doctrine révolutionnaire telle que « Plumesec, on te plumera », « À bas la douche obligatoire », et « Girondas au pouvoir ». Dans la salle des professeurs régnait une agitation fébrile. « Va-t-on tolérer le désordre institutionnalisé ? », s'écriait un vieux professeur de lettres. « Peut-on fonder une société sur le concept de répression ? », protestait un autre. Un dernier arrivant retint l'attention générale en donnant connaissance à ses collègues du communiqué de l'association des parents d'élèves publié dans les *Petites Nouvelles du Loir-et-Cher*. Le texte était d'une grande énergie, dénonçant les méthodes « néo-nazies » des nostalgiques de la tric (sic) et affirmant avec force que

« le fascisme ne passera pas ». Là-dessus, la porte s'ouvrit devant le directeur des études qui déclara que, par décision du proviseur, le lycée était fermé jusqu'à nouvel ordre. Chacun prit sa serviette et son pardessus, et l'on sortit en cortège sous les ricanements et les gloussements des élèves. Plumesec n'avait pas paru. Il est vrai qu'il n'avait pas de cours ce matin-là. Durant toute la matinée, le téléphone fonctionna entre M. Ponse et le directeur d'académie, lequel téléphona au recteur, lequel appela le ministère. Mais l'affaire désormais dépassait le cadre local et même celui de l'Université. Plusieurs journalistes parisiens étaient arrivés à Romorantin. Les voitures sillonnaient la ville, avec au volant photographes et reporters de Radio-Luxembourg, d'Europe n°1, de France-Inter, de *Paris-Match*, de *France-Dimanche*. Une équipe « d'Information première « était annoncée. Girondas était interviewé par Radio-Luxembourg, qui avait réussi à griller ses concurrents. Mais le père Girondas était récupéré par Europe n°1, cependant que Leconchard, à France-Inter, avec une sobre indignation, dénonçait le climat irrespirable des lycées. Le soir même, à la télévision, des images saisissantes montraient au public le lycée désert ; deux jeunes élèves de terminale déjà collés trois fois au baccalauréat dénonçaient avec force les méthodes surannées de l'enseignement. Une dernière image particulièrement significative montrait le malheureux Plumsec dissimulé derrière le rideau de sa fenêtre, d'où il regardait tristement opérer les 17 techniciens « d'Information première ». Le commentateur n'avait pas de peine à souligner en termes mesurés l'impression d'hypocrisie redoutable qui émanait de cette silhouette entraperçue au travers d'un « brise-bise » festonné.

C'est dire que la presse parisienne du lendemain s'en donnait à cœur joie. « Après le scandale des prisons, le scandale des lycées », titrait *L'Aurore*. « Encore un scandale », écrivait *L'Humanité*, qui s'étonnait du même coup que Rives-Henrys fût encore en liberté et rapprochait les évènements de Romorantin de l'explosion d'Argenteuil et de déclarations prêtées au président de la République en faveur de l'agrégation « concours de classe ». Dans un éditorial mesuré, *Le Figaro* rappelait que la formation de la jeunesse est un des devoirs prioritaires de tout gouvernement et qu'elle ne pouvait se faire sans la collaboration de tous, et, « osons le dire, la compréhension pour une jeunesse qui se sent coupée de ses aînés ». *Combat*, enfin publiait un manifeste signé par *L'Idiot international* et par Jean-Paul Sartre, appelant les masses populaires à se dresser contre la répressivité d'un régime pourrissant. Un syndicat d'huissiers, de son côté, soulignait la politique d'incompréhension du pouvoir vis-à-vis d'une profession attaquée désormais jusque dans ses enfants. L'après-midi, un groupe de 27 écrivains, journalistes et intellectuels, parmi lesquels on notait deux ou trois noms qui n'étaient pas totalement inconnus, se rassembla devant un grand lycée parisien scandant avec force : « Nous sommes tous des consignés en puissance. » Le soir même, fidèle à sa mission d'informer le public des grands problèmes français et mondiaux, la télévision organisait deux grands débats : table ronde à la première chaîne, ovale à la seconde.

Sur la première chaîne, le professeur honoraire Duplessis, qui avait publié en 1937 un ouvrage intitulé « Ordre et discipline » et le professeur Montaigu, ancien recteur sous le gouvernement de Vichy, étaient chargés de défendre l'acte d'autorité de Plumesec. À leurs crânes chauves et leurs voix chevrotantes s'opposaient deux jeunes professeurs de sociologie, deux psychopathes et deux psychiatres en formation, un journaliste spécialisé du *Monde* et du *Nouvel Observateur*, deux représentants des comités d'action lycéens et deux dirigeants d'une fédération de parents d'élèves auxquels s'ajoutaient quelques figurants. Les producteurs de l'émission ne manquèrent pas de souligner l'impartialité qui avait présidé au choix des participants tant sur le plan de l'équilibre que sur celui de la représentativité. Ce dernier mot faillit provoquer un incident, le représentant des comités d'action lycéens ayant cru comprendre que l'on mettait en doute la sienne. Mais il fut pleinement rassuré, chacun s'empressant de souligner la valeur d'une consultation électorale qui avait parfois réuni jusqu'à 5% des inscrits. Le débat fut animé, les infortunés partisans de l'ordre et de la discipline traités comme il convenait de fascistes et de vieilles noix, et on admira beaucoup l'intervention finale et impromptue d'un jeune chanoine qui n'hésita pas à assimiler Plumesec à Torquemada. Les téléspectateurs qui dans leur grande majorité avaient cru comprendre que Torquemada était un général franquiste furent particulièrement indignés de cette intrusion de l'armée espagnole dans la gestion du lycée de Romorantin. « Allons-nous nous laisser envahir par des fascistes étrangers », téléphona sur le champ à l'O.R.T.F. la mère d'un milliardaire connu, laquelle avait fait de médiocres études, mais soutenait de son abondante fortune et de son absence de talent la rédaction de *L'Idiot international*. Le sang des républicains et des patriotes ne fit qu'un tour. Le lendemain, la presse soulignait la résonance des émissions, et plusieurs commentateurs annonçaient des événements graves provoqués par un régime de terreur policière et un gouvernement incapable. Le chef de l'État lui-même était mis en cause avec sévérité par la section parisienne de l'Union des jeunes progressistes, section unique d'ailleurs de ladite union, mais dont l'audience était grande dans un journal du soir et rue Saint-Benoît.

Un communiqué du ministère rappelant que l'article 17 de la loi du 14 décembre 1902 combiné avec les articles 7 et 9 de la loi de février 1928 modifiée par la loi du 11 avril 1948 permettait de considérer la décision de Plumesec comme conforme aux dispositions légales en vigueur acheva de mettre le feu aux poudres. C'est en vain que le même communiqué annonçait la réunion prochaine et commune du Grand Conseil des universités et du comité consultatif de psychologie.

L'opinion, et surtout l'opinion parisienne, ne retenait que le refus de condamner Plumesec. Au surplus, les comités d'action lycéens proclamaient la grève générale, plusieurs syndicats d'enseignants se solidarisaient avec eux, trois membres du cercle œcuménique de la rue Gay-Lussac entamaient une grève de la faim « jusqu'à réhabilitation du jeune Girondas et révocation de Plumesec », et un curé de banlieue mettait à leur disposition son église en appelant ses paroissiens à faire le nécessaire pour que les grévistes de la faim ne manquent ni de secours moral ni du minimum vital nécessaire. « Le destin de Girondas le Juste est inséparable du progrès vers la justice dans le monde telle que l'a prêchée Notre Seigneur et j'irai demain à 15 heures prononcer un sermon sur la montagne Sainte-Geneviève », déclarait de son côté l'abbé Ovation. La province réagissait plus calmement, les lycées se contentant d'aller au cinéma et les enseignants de prendre leur voiture pour un week-end de cinq jours.

La manifestation organisée à l'appel de l'abbé Ovation avec le Parti communiste, le P.S.U., le parti socialiste, les réformateurs, les jeunes progressistes et plusieurs syndicats fut bruyante. Dès la fin de la matinée, des autobus et des camions appartenant aux municipalités de banlieue, en particulier de la Seine-Saint-Denis, amenaient un contingent important de militants qui envahissaient la rue Soufflot, la place Médicis et le boulevard Saint-Michel. De nombreuses banderoles portaient des slogans révélateurs : « Le con signé, c'est Plumesec » ; « Le fascisme ne passera pas » ; « Girondas avec nous » ; « Guichard, démission ».

Sept mille personnes, d'après la Préfecture de police, 200000 d'après *L'Humanité*, se portèrent jusqu'à la rue de Grenelle, devant le ministère de l'Éducation nationale, aux cris de « Liberté pour tous », « Plumesec en prison ». Une violente averse permit toutefois la dispersion sans incident des manifestants. Mais le soir même, à La Coupole, réunis autour d'assiettes de fruits de mer et de bouteilles de chablis, un groupe d'intellectuels, de cinéastes et de journalistes de l'O.R.T.F. appelait le pays à secouer le joug de la dictature. La C.G.T. et la C.F.D.T. tenaient une réunion commune et décidaient une semaine d'action, marquée par des arrêts de travail, des pétitions et une demande de revalorisation des salaires de 50%. Le Parti communiste invitait les travailleurs à s'unir contre l'oppression réactionnaire et pour le triomphe de la liberté socialiste. De leur côté, les syndicats de l'Éducation nationale, tout en rappelant « le respect dû aux maîtres de l'enseignement public dont la haute conscience et le dévouement sans borne sont l'honneur de la République et les plus sûrs garants de la démocratie », réclamaient la réunion immédiate d'une commission d'enquête et l'institution de quinze jours de congés supplémentaires, faute de quoi une grève illimitée serait décrétée dans tous les établissements d'enseignement.

Là s'arrête le récit de l'affaire Girondas. Son issue est en effet incertaine. Selon certains futurologues, l'agitation s'étendant, les institutions devaient être balayées, et un gouvernement marxiste prendre le pouvoir. Dans cette hypothèse, on peut penser que Girondas ne serait pas ministre de l'Éducation nationale, mais expédié dans un centre de rééducation idéologique. Selon d'autres, des émeutes devaient éclater au quartier Latin à Nanterre, à Caen et à Grenoble, une vive réaction se produirait dans l'opinion, entraînant des élections anticipées et l'arrivée à l'Assemblée nationale d'une majorité « d'ordre ». Dans cette hypothèse l'infortuné Girondas serait consigné tout un dimanche sous la surveillance directe du proviseur, M. Ponse. Certains prétendent que la victime et le bourreau passeront toute leur journée à jouer à la belote. M. Plumesec recevrait la rosette des palmes académiques et la C.G.T. se résignerait à signer le contrat de progrès à la S.N.C.F.

Quelques observateurs enfin, qui ne se parent pas du beau nom de futurologues et se targuent impudemment de bon sens, affirment que le week-end prolongé mettra fin à l'agitation nationale. Le ministre de l'Éducation nationale accordera trois jours de congés supplémentaires pour la Pentecôte et acceptera d'examiner la situation catégorielle des surveillants et agents des lycées. La direction de la Régie Renault diminuera la durée du travail hebdomadaire d'un quart d'heure. Le ministre de l'Intérieur obtiendra un recrutement supplémentaire de 800 CRS et la revalorisation de l'indemnité d'habillement des agents en tenue. Le garde des Sceaux acceptera de recevoir une délégation de la chambre syndicale des huissiers, venue lui exposer les injustices du projet de loi sur les professions judiciaires. M. Girondas père en fera partie, et la photo du garde des Sceaux lui serrant chaleureusement la main sera à la une de *France-Soir* et du *Figaro*, dont l'éditorial sera intitulé « Tout est bien qui finit bien ». À Romorantin, les cours reprendront et le jeune Girondas, s'étant engagé à dire M. Plumesec « Excusez-moi, Monsieur », la consigne sera levée. M. Plumesec demandera néanmoins sa mise en retraite anticipée.

Annexe 9. Retranscription des entretiens de Jean-François Saglio/ Archives Orales de l'Institut Georges Pompidou[1]

Introduction biographique

M. Jean-François Saglio a accepté d'accorder son témoignage dans le cadre du programme d'archives orales de l'association George Pompidou. Ce premier entretien est réalisé le 22 janvier 1998 par M. Léonard et par Mme Castagniez-Ruggiu. Il porte essentiellement sur des données biographiques.

Pouvez-vous nous préciser votre date et votre lieu de naissance ?
Je suis né le 29 juillet 1936 à Toulon. Mon père étant officier de marine, nous habitions à l'époque à Toulon, où il avait son bateau.

Pouvez-vous préciser vos origines familiales ?
Comme je viens de vous le dire, mon père était officier de marine, ma mère sans profession. Ma famille maternelle est originaire de Lyon. Ma famille paternelle est originaire de Paris et du Limousin. Petite noblesse limousine.

Quelle fut votre formation ?
J'ai fait mes études principalement au lycée Janson-de-Sailly. Puis au lycée Saint-Louis où j'ai préparé les grandes écoles. J'ai été reçu à Polytechnique en 1955. J'ai donc fait l'X. Puis, après mon service militaire en Algérie, l'École des Mines de Paris. En même temps que je faisais l'École du Louvre parce que je m'embêtais trop à l'École des mines. À la suite de ça, je suis parti comme ingénieur. D'abord encore un an en Algérie. Puisque à l'époque, les jeunes

---

1 Retranscription des quatre entretiens que Jean-François Saglio a donnés dans le cadre du programme d'archives de l'Association Georges Pompidou (1998), abrégés et annotés par Philippe Nivet et Bruno Poucet. Jean François Saglio, né le 29 juillet 1936 à Toulon, est décédé le 7 juin 2024. Il a été inhumé, après une cérémonie religieuse à Notre-Dame-des-Champs, au cimetière Montparnasse, le 14 juin 2024. À signaler qu'un autre entretien réalisé dans le cadre du Service d'histoire de l'éducation a eu lieu en 1995 (fiche n° 57, en ligne). Fonds d'archives : 5/AG/2 / 261-285 (conseiller technique), 5/AG/2 / 1167 (Éducation nationale).

fonctionnaires ont commencé leur carrière là-bas. Ce pauvre pays n'a jamais eu autant de fonctionnaires de haut niveau. [...] Quoi qu'il en soit, au bout d'un an, je suis revenu en France, à Metz. Ça s'appelait à l'époque l'arrondissement minéralogique. C'est-à-dire la direction interdépartementale en quelque sorte. Je me suis occupé des mines de fer du bassin ferrifère lorrain jusqu'en 1966 où progressivement les questions d'environnement m'intéressaient de plus en plus. Et j'ai donc participé à la mise au point de la loi sur l'eau de 1964. Puis à la mise en place de l'agence de bassin Rhin-Meuse à partir de 1966 [...]

Il s'est trouvé que mon épouse avait fait ses études de médecine avec Alain Pompidou, lui-même médecin, et qu'elle était dans le même service que lui à l'hôpital Cochin. Donc, quand je me suis marié en 1968, c'était juste après que Georges Pompidou avait quitté le gouvernement. Et Alain a été notre témoin de mariage, ce qui nous a donné l'occasion de rencontrer Georges Pompidou dans un dîner familial chez Alain. Et je veux dire que j'ai énormément sympathisé avec monsieur Pompidou, qui était déjà extrêmement impressionnant par son intelligence, par son acuité intellectuelle, mais qui était absolument charmant, qui avait une conversation à la fois spirituelle, simple, extrêmement cultivée. Et nous avons parlé pendant tout le dîner de peinture moderne, en nous retrouvant des passions communes pour Nicolas de Staël, pour Vieira Da Silva, et une haine commune pour Alfred Mannessier, que je persiste à trouver moche et sans intérêt, et pour Jean Dubuffet. Et en nous trouvant également une autre passion commune pour la Renaissance italienne, et en particulier pour la peinture siennoise du Quattrocento. On a beaucoup parlé de ça, et on a parlé aussi pendant ce dîner, je m'en souviens très bien, de politique. Et je dois dire que j'avais été particulièrement critique à l'égard du général de Gaulle, et je me suis rendu compte après-coup de ce que j'avais dit, en me disant « moi, est-ce que je suis fou d'avoir parlé comme ça de De Gaulle devant son ancien Premier ministre ? » Qui, je dois le dire, d'abord m'écoutait avec gentillesse, et deuxièmement me corrigeait, comment dirais-je, avec beaucoup à la fois de fermeté et de calme, de ce que je pouvais avoir d'excessif dans mes propos. Là-dessus, nous sommes rentrés à Metz paisiblement. Ça se passait début 69.

Quels ont été vos rôles et méthodes de travail au secrétariat de la présidence, avec tout d'abord la fonction, et bien entendu les circonstances de votre nomination ?
Quand Georges Pompidou a été élu Président de la République, quelques jours après, j'ai reçu un coup de téléphone de Michel Jobert, secrétaire

général de l'Élysée, que je ne connaissais pas, et qui m'a demandé de passer le voir à l'Élysée. J'étais à Metz à l'époque, dirigeant de l'agence de l'eau, je suis parti, et j'ai été reçu 24 heures après ce coup de téléphone. Jobert m'avait demandé de lui faire un *curriculum vitae*, ce que j'avais fait de façon manuscrite. Il m'a regardé, il m'a dit : « Écoutez, est-ce que vous accepteriez de nous rejoindre au Secrétariat général de la Présidence de la République comme chargé de mission ? Bien sûr, mais pour quoi faire ? » Et il me dit : « vous êtes ingénieur, donc vous êtes un organisateur, l'Éducation nationale est désorganisée, elle a besoin d'organisateurs, vous serez donc conseiller du Président de la République pour les questions d'enseignement, d'Éducation nationale, d'enseignement depuis le primaire jusqu'au supérieur inclus ». Je me souviens de lui avoir dit à ce moment-là : « ça va être un cassage de gueule en beauté, mais c'est trop passionnant, naturellement j'accepte ». Et en employant exactement les termes que je viens de rappeler [...]. Et je lui ai dit : « quand est-ce que je dois rejoindre mon poste ? » Il m'a dit : « tout de suite ». Je ne suis pas rentré à Metz, j'ai téléphoné à mon épouse, qu'elle me fasse tenir de quoi m'habiller. Et puis, j'ai téléphoné à mon adjoint à la direction de l'agence en lui disant : « écoute, c'est fini, je pars, tiens l'agence, il y a une cinquantaine de personnes, je vais tâcher de trouver un successeur ». Et puis voilà, le lendemain, j'étais à mon bureau à l'Élysée et commençais à travailler. À la vérité, je ne savais pas du tout ce que devait faire un chargé de mission. Et Jobert, à qui j'avais posé la question m'avait répondu : « vous devez vous tenir au courant, tâcher d'anticiper les événements, informer le Président de la République, lui répondre quand il vous pose des questions, et lui faire toutes propositions que vous estimerez bonnes pour que l'Éducation nationale fonctionne bien, pour que l'enseignement fonctionne bien en France. Bien. » Et puis, il m'avait dit : « vous savez, le Président de la République a beaucoup d'idées personnelles sur l'éducation [...] »

Quelle était votre connaissance au moment de votre entrée en fonction sur les questions d'éducation ?
Nulle, je dois le dire. Nulle, c'est-à-dire, j'avais la connaissance d'un honnête homme, lisant le journal, et plein de préjugés, mais ne connaissant rien à la structure, aux responsabilités des uns et des autres, à l'organisation et aux grandes questions d'éducation. Les grandes questions d'éducation, ce qu'on

en savait, c'était la révolte des étudiants en 1968, et c'était quelques interventions du général de Gaulle, qui avaient fait l'objet de critiques acerbes dans *Le Monde*, quand en particulier, de Gaulle avait demandé qu'on remonte les notes minimales pour passer le baccalauréat. Vous vous souvenez peut-être de ça. Et alors, on avait dit : « Mon Dieu, mais c'est épouvantable. Comment le Président de la République peut-il se mêler de questions d'éducation ? En quoi ça le regarde ? »

Est-ce que dans les premiers jours de votre entrée en fonction, et vos premières rencontres avec Georges Pompidou, le Président vous a donné des directions de travail précises ?
[…] La première des choses qu'il voulait, c'était que l'ordre revienne dans l'université, que l'ordre revienne dans les écoles et dans les établissements scolaires. Pour lui c'étaient des endroits où l'on devait travailler, et où, je dirais, les passions du monde ne devaient pas franchir les portes. Donc ça c'était, je crois, ma première responsabilité, faire en sorte que le calme revienne. Ça ne veut pas dire que les gens ne discutent pas, que le calme signifie la passivité ou l'absence d'activité intellectuelle, mais au moins que les désordres matériels et physiques s'arrêtent.

Est-ce qu'il m'avait déjà donné des orientations ? […] Bêtement, je pense que j'avais laissé penser qu'il y avait une espèce de hiérarchie de valeurs dans l'enseignement. Et il m'avait dit, détrompez-vous, en gros c'était : j'attache tout autant de prix à l'enseignement technique qu'à l'enseignement classique. […]

Donc pour lui, la première responsabilité de l'enseignement c'était d'enseigner, n'est-ce pas ?
C'était de transmettre d'abord un savoir. Et transmettre un savoir, non pas pour simplement faire emmagasiner des connaissances, mais pour permettre de véritablement construire une personnalité, construire une personne. […] Même pour des questions importantes, je crois qu'il a toujours considéré que les circuits normaux, en ce qui concernait l'enseignement, étaient satisfaisants. Et complétés par les quelques entretiens, enfin, peut-être là la minute ou les deux minutes, ou les cinq minutes de parole que je pouvais avoir avec lui, lors du pot du lundi, ou alors à l'occasion de quelques manifestations. Si vous

voulez, Il y avait pratiquement une fois tous les quinze jours où j'avais l'occasion d'être avec lui. Par exemple, l'inauguration de Centrale, l'enterrement de François Mauriac. On se retrouvait dans sa voiture et on parlait en allant à Notre-Dame. On a pu parler tranquillement. Je pense à ça, parce qu'il y a eu beaucoup d'occasions comme celle-là. La remise des prix du concours général, des choses comme ça.

Comment qualifieriez-vous votre influence auprès du Président de la République ?
Est-ce que j'ai eu une influence ? Vous savez, c'est horriblement difficile. Votre question, [il] est vraiment difficile [d'y] répondre. [...] Je crois lui avoir fait accepter qu'on ne fasse plus de latin en sixième. Je prends cette histoire, parce qu'elle paraît un peu ridicule maintenant, mais elle était à l'époque extrêmement importante. Et lui avoir fait accepter ça... Mais à contre-cœur. Bon, qu'on le veuille ou non, c'était une page qui se tournait n'est-ce pas ? Et que le latin faisait l'objet d'une telle cristallisation de la part des uns et des autres, que ça devenait l'objet de mauvaises querelles, que lui-même apparaîtrait comme passéiste, n'est-ce pas ? [...]

Je pense à un petit truc, par exemple, les mathématiques modernes. Une chose que je ne pouvais pas encaisser. L'idiotie à l'état pur, des mots que personne ne comprend, à commencer par les professeurs de mathématiques qui les emploient, des concepts flous, des choses pas précises. Enfin, si vous voulez, c'est aussi bête que d'oublier que l'histoire est faite par des hommes et d'oublier les dates et de parler de la Renaissance française sans parler de François Ier. Alors, les mathématiques modernes, je n'ai eu de cesse que d'essayer de les démolir. Donc essayer de freiner leur développement pour essayer de revenir à des choses plus terre à terre, enfin plus classiques en tout cas. Eh bien, on va dire que, là, j'ai peut-être eu un petit pouvoir d'influence auprès du Président de la République. Je n'ai eu aucune influence, par exemple, sur les contrats simples dans le primaire de l'enseignement privé. Et c'est lui qui a décidé de les pérenniser. Je lui avais fait une note en lui disant que j'étais d'avis de ne pas pérenniser le contrat simple, pour des tas de raisons, et il m'a répondu : « je ne suis pas du tout de votre avis, il faut pérenniser une bonne fois pour toutes le contrat simple, en faire un mode de rapport naturel entre l'enseignement public et l'enseignement privé, et une fois pour toutes enterrer cet objet de discorde ».

Nous allons aborder la question de vos contacts. D'abord, les contacts avec les autres chargés de mission et conseillers techniques à l'Élysée. Est-ce qu'ils existaient ?
Il faut avoir à présent à l'esprit que nous avions tous énormément de travail. Jobert avait voulu un cabinet très restreint, et il avait fait délibérément, je crois, pour ne pas avoir trop d'interlocuteurs, et pour que le Président n'ait pas trop d'interlocuteurs, et subsidiairement pour que nous soyons tous assez occupés pour ne pas commencer à nous chamailler, et à aller nous occuper de ce que faisaient les uns et les autres. Ça marchait très bien comme ça. [...] En arrivant, j'ai eu évidemment beaucoup besoin des autres, parce que je n'avais aucune pratique du cabinet du Président de la République, et d'autre part, c'était un domaine que je ne connaissais pas. Donc, je me suis tourné vers Domerg, le beau-frère du Président, qui avait été son conseiller de l'éducation[2], [...] je me suis aussi tourné vers Michel Bruguière, qui était chargé des questions de francophonie, de culture et qui, lui aussi, avait été

[2] Henri Domerg (1922-2015) fait ses études secondaires à Bordeaux où il passe en 1938 la première partie du baccalauréat, latin-grec, puis l'année suivante le baccalauréat de philosophie ; après son admissibilité en 1942 à l'École normale supérieure, il poursuit des études littéraires à la faculté des lettres de Bordeaux jusqu'à la Libération avec cependant une année d'interruption en 1943-1944. Sa famille s'installant ensuite à Paris, il prépare à la Sorbonne l'agrégation de grammaire à laquelle il est reçu en 1946 et il épouse en décembre Madeleine Pompidou sœur du futur président. De 1946 à 1951, il occupe un premier poste de professeur de lettres classiques au lycée de Metz ; il est nommé ensuite au lycée Hoche à Versailles puis au lycée Michelet à Vanves. De 1958 à 1960, il est chargé de mission aux cabinets des ministres de l'Éducation nationale, Jean Berthoin et André Boulloche. Il est appelé en 1962 au cabinet du Premier ministre et il exerce auprès de Georges Pompidou la fonction de conseiller pour les problèmes de l'éducation et de la culture jusqu'en 1968. Nommé en 1965 inspecteur d'académie de Paris, il préside pendant cette période la Commission interministérielle relative à l'utilisation des techniques audio-visuelles dans l'enseignement et la formation. Inspecteur général en août 1968, il entre en juin 1969 au secrétariat général de la Présidence de la République, en qualité de conseiller technique pour les problèmes de la culture tout en effectuant des missions d'inspection générale. En 1974, il devient chargé de mission à la direction générale de l'Office français des techniques modernes d'éducation et il accepte également auprès du directeur général du CNDP une fonction d'évaluation et de coordination des centres de documentation pédagogique en France. En 1982, il demande à être admis à la retraite (source : <https://francearchives.gouv.fr/fr/agent/250897514>, consulté le 6 août 2024).

conseiller pour l'éducation quand Pompidou était Premier ministre[3]. Et je me suis tourné également vers Jean-Bernard Raimond, chargé des affaires diplomatiques, mais qui, lui, avait suivi les questions d'enseignement à la fin de la période où Pompidou était Premier ministre[4]. Je ne sais plus pourquoi, mais je crois qu'il avait été impliqué dedans, en particulier par la Conférence des grandes écoles, qui, désespérée de ne plus trouver d'interlocuteur, était tombée sur lui, et l'avaient intéressé au sort des grandes écoles qui devaient être mises à mal par Edgar Faure. Et Jean-Bernard Raimond [...] s'était intéressé aux problèmes d'éducation et avait des idées assez claires là-dessus. Donc, c'était sur ces trois-là que je m'appuyais, et à qui j'ai beaucoup demandé conseil dans les premiers temps. Alors, je dois aussi avouer que je le faisais par prudence. Ne connaissant pas bien leur rapport avec Pompidou, il était tout de même utile pour moi de savoir ce qu'ils pouvaient raconter, et utile pour moi de ne pas risquer de critique de leur part sans le savoir, sans le désirer.

Voilà. J'en reviens à Domerg. Je me suis longtemps posé la question de savoir pourquoi j'avais été désigné comme chargé de mission pour l'éducation. La véritable raison a été, je l'ai appris plus tard, que Guichard avait été fort mécontent d'être nommé ministre de l'Éducation nationale, trouvait que c'était un mauvais coup que lui faisait le Président de la République. Il l'avait accepté par amitié, et lui avait demandé, ça avait été le cri du cœur : « Écoute, Georges, d'accord, mais je ne veux pas de ton beau-frère comme conseiller technique pour l'éducation. » Il connaissait Domerg. Et donc, Jobert s'était trouvé avoir à chercher un conseiller technique pour l'éducation.

---

3 Michel Bruguière (1938-1989), normalien et agrégé d'histoire, a été chargé de mission au cabinet de Georges Pompidou, Premier ministre, en 1967, puis au cabinet de Maurice Couve de Murville en 1968. En 1969, il coordonne un appel d'universitaires pour une candidature à la présidentielle de Georges Pompidou. Il est chargé de mission (1969-1974) puis conseiller technique (1974) au secrétariat général de la présidence de la République sous la présidence de Georges Pompidou, avant de devenir rapporteur général du Haut Comité de la Langue française (1974-1979). Il est en parallèle élu local dans l'Orne.

4 Jean-Bernard Raimond (1926-2016), normalien et agrégé de lettres, s'était en fait occupé des questions de l'éducation nationale au cabinet de Maurice Couve de Murville de 1968 à 1969, avant d'être chargé de mission puis conseiller technique au secrétariat général de la présidence de la République sous la présidence de Georges Pompidou et d'entamer une carrière diplomatique qui le conduira à devenir ministre des Affaires étrangères sous la première cohabitation (1986-1988).

Il avait compris que les anciens étaient un peu grillés autour de Guichard, qu'il s'agisse de Domerg ou de Bruguière. Moi-même, arrivant le dernier au cabinet, il s'était dit : « celui-là, il serait plutôt gentil, il trouverait bien moyen de s'arranger avec Guichard ». Voilà, c'est, je crois, la principale raison de ma nomination à ce poste.

Est-ce que vous aviez des liens avec les chargés de mission conseillers techniques pour les questions de l'économie ?
Bien sûr, une raison toute simple de proximité matérielle. Le bureau d'Ésambert[5] et le mien étions sur la rue de Matignon[6] et nous avions une porte commune entre nos deux bureaux. Et quand j'en avais assez de mes recteurs, j'allais lui en parler. Quand il en avait assez de ses directeurs d'entreprise qui venaient gémir dans son bureau, il venait me raconter. Donc, si vous voulez, ça crée quelques liens. Alors, est-ce que nous avions une réunion de cabinet une fois par semaine avec Édouard Balladur ? Ça se tenait généralement pendant le Conseil des ministres, donc le mercredi matin. Jobert, lui, était au Conseil des ministres. Et dans cette réunion de cabinet, on évoquait toutes les questions qui pouvaient intéresser l'ensemble du cabinet, et en particulier les questions économiques [...].

Quels étaient vos liens avec les conseillers à l'éducation pour le Premier ministre ?
Il y avait deux conseillers à l'éducation pour le Premier ministre, qui étaient sous les ordres, donc, de Delors. Il y avait Philippe Agid et Guy Métais. Philippe Agid s'occupait plutôt d'enseignement supérieur et d'enseignement de la gestion. Et Guy Métais s'occupait de tous les autres enseignements. Nos liens étaient très fréquents. On se téléphonait plusieurs fois par jour, on se voyait plusieurs fois par semaine, peu à l'Élysée, beaucoup plus souvent à Matignon, enfin, je ne sais pas pourquoi. Je pense que, moi, c'est plutôt par goût. Je préfère aller travailler chez les autres. Enfin, ils s'ouvrent plus facilement que quand c'est dans un univers qui n'est pas ouvert. Alors, donc, on avait des liens qui [...] étaient tout à fait ouverts. Tout à fait ouverts [...]

---

5 Bernard Ésambert (né en 1934), ancien élève de l'École polytechnique, ingénieur au corps des mines, était alors chargé de mission au secrétariat général de la Présidence de la République, chargé des questions industrielles.

6 Avenue Matignon.

[Interrogé sur ses liens avec le cabinet Messmer, Jean-François Saglio ne se souvient pas de qui y était conseiller pour l'éducation.]
[…]

Nous continuons avec ces contacts, et notamment avec le cabinet du ministère de l'Éducation nationale. La nature de vos relations et la fréquence.
Les relations dépendaient un peu de la nature des contacts, des rapports humains, de l'accroche plus ou moins facile avec les hommes. Enfin, on se téléphonait tout le temps. Et on se voyait… Ça dépendait du sujet. Par exemple, lors de la constitution de l'université, comment s'appelait le conseiller qui s'en occupait ? C'était un sous-préfet[7], un type très gentil, qui se baladait avec une énorme mallette contenant les dossiers des facultés. Il devait marier l'UER de ceci avec l'UER de cela, la faculté de ceci avec la faculté de cela, faire deux universités à Lille ou trois universités, on était dans le brouillard avec tout le monde, c'était l'horreur. Et ce garçon, qui était une espèce de bourreau de travail, baladait sa mallette qui contenait l'ensemble des organisations possibles de l'université française. Et je me souviens qu'on a dû travailler ensemble pendant trois ou quatre mois d'arrache-pied sur ces trucs-là. Donc on se voyait très souvent. […] Je voyais Guichard une fois par semaine. J'allais le voir dans son bureau une fois par semaine tout seul, Giraud[8]

---

7 Jean-Marie Arbelot (1925-2009) avait été sous-préfet de Saint-Laurent-du-Maroni et sous-préfet chargé des Affaires économiques de la Haute Normandie avant d'entrer au cabinet d'Olivier Guichard. Quand Guichard devient ministre de l'Éducation nationale, Arbelot est chargé de l'enseignement supérieur.

8 Directeur de cabinet d'Olivier Guichard, André Giraud a été reçu, en 1944, à l'École normale supérieure. Sorti major de l'École polytechnique, il est ancien élève de l'École des mines de Paris, diplômé de l'École nationale supérieure des pétroles et ingénieur en chef des mines. Sa carrière s'est déroulée, dans un premier temps, dans le monde de la recherche, notamment comme directeur général adjoint à l'Institut français du pétrole, où il a été nommé, en 1958, après y avoir été chef de département depuis 1951. Membre du Comité consultatif de la recherche scientifique et technique, il siégeait notamment aux côtés de MM. Lichnerowicz, André Blanc-Lapierre, Maurice Ponte, Jean-François Denisse, Charles Thibault, Jean Bernard, Raymond Latarget. Il avait, par ailleurs, une expérience du monde administratif et économique puisqu'il était directeur des carburants au ministère de l'industrie depuis 1964. La même année, il avait été nommé administrateur de l'organisme technique franco-algérien de mise en valeur des richesses du sous-sol du Sahara et, l'année suivante, vice-président du conseil d'administration de l'organisme de coopération industrielle.

n'était pas là, ce qui d'ailleurs l'énervait. Je restais une heure, une heure et demie, pour lui dire ce que je ressens un peu, ce que pense le président, quel était le sujet, et vous M. le Ministre, qu'est-ce que vous pensez important, sur quoi souhaitez-vous que l'Église vous appuie ou ne vous ennuie pas ? On avait des conversations qui au début étaient assez surprenantes, parce qu'il m'a fallu beaucoup de temps pour que Guichard comprenne que je ne venais pas du tout pour le contourner, pour lui faire avaler des choses dont il ne voulait pas, mais simplement parce que j'avais besoin d'un échange, d'essayer de mieux faire le travail. Donc au début, Guichard ne parlait pas, alors ça a été très surprenant la première fois, il n'a pas parlé pendant cinq minutes, moi non plus. Aussi au début, comme un idiot, j'ai parlé, j'ai fait la conversation, et puis il m'a fait le coup deux fois, la troisième fois je lui ai dit ça suffit maintenant je ne parle plus, donc on est resté sans se dire un mot pendant plus de cinq minutes, et c'est lui qui, le premier, a pris la parole.

Vous aviez le même type de rapport avec Joseph Fontanet ?
Très différent. Après six mois, nos rapports avec Guichard sont devenus très différents. Ce n'est pas pour autant qu'il parlait plus, mais ils sont devenus très amicaux. Avec Fontanet, c'était très différent. Fontanet était un homme qui était beaucoup plus ouvert que Guichard, et s'exprimant beaucoup plus, enfin donnant beaucoup plus ses raisons, ses motivations, ses arrière-pensées. Donc les contacts avec lui étaient beaucoup plus faciles.

Avez-vous eu des contacts avec les secrétaires d'État ?
Oui, bien sûr, avec Billecocq, secrétaire d'État à l'Enseignement technique. C'est surtout avec lui que j'ai eu beaucoup de contacts, en particulier lors de la préparation de la loi sur l'enseignement technique en 1971. C'est celui dont je me souviens le mieux. Alors qu'est-ce qu'il y a eu d'autre comme secrétaires d'État ? J'ai eu Limouzy. [...] Limouzy est secrétaire d'État lorsque Joseph Fontanet est ministre. Il a en charge la construction, l'enseignement privé et la coopération. Et Suzanne Ploux. Il y avait deux secrétaires d'État en même temps. Attendez, moi j'ai quitté le cabinet en 1973. Je pense qu'ils sont arrivés. Ils sont arrivés à ce moment-là. Moi j'ai quitté le cabinet après les élections de 1973.

Les contacts avec les fonctionnaires de l'Éducation nationale, les hauts fonctionnaires, existaient-ils ?
Oui, très difficiles. Je vais vous dire très difficiles parce que très risqués. Toute démarche de quelqu'un de l'Élysée pouvait être interprétée politiquement. Et donc pouvait prendre une connotation extrêmement gênante. Pour le ministre, pour le Président de la République, etc. Encore une fois, on s'interdisait totalement toute action directe de gestion. C'était vraiment au ministre qu'il appartenait de gérer sa boutique. [...] Alors, ça ne voulait pas dire qu'on n'avait pas de bons rapports avec les uns et avec les autres. [...]

Le directeur de l'équipement scolaire universitaire et sportif, c'est Jean Raynaud.
Alors, Raynaud, je l'ai très bien connu. Raynaud, avec son histoire de Pailleron[9], et qui est maintenant procureur général de la Cour des Comptes, est un type de la Cour des Comptes. Et Raynaud, bien sûr, avait des rapports assez fréquents pour le budget de l'éducation, qui était à l'époque un budget frénétique[10]. Enfin, on construisait, vous vous souvenez, un lycée par semaine, un collège par jour. Donc, c'était un énorme sujet que celui du financement. Je connaissais très bien Raynaud. Je connaissais aussi bien

---

9 Le collège Édouard Pailleron, construit dans les années 1960 sans respecter les normes de sécurité et de construction nécessaires, avait été détruit par un incendie volontaire provoqué par deux élèves, le 6 février 1973 : 20 personnes dont 16 enfants sont morts. À la suite de quoi, des mesures anti-incendies ont été prises dans tous les établissements en France, pour éviter que ne se reproduise un tel événement. D'autres établissements ayant été incendiés volontairement ou non, il a été décidé de tous les détruire et de les reconstruire. Voir l'article de Julien Cahon dans ce volume.

10 Jean Raynaud (1925-2020), docteur en droit et énarque, était entré à la Cour des comptes en 1953 comme auditeur de 2e classe. Il y finira sa carrière comme procureur général (à partir de 1986). Après avoir été membre de divers cabinets ministériels sous les IVe et Ve Républiques (Gilbert-Jules, Bourgès-Maunoury, Antoine Pinay, Wilfrid Baumgartner), il est nommé en 1964 directeur de l'équipement scolaire, universitaire et sportif au ministère de l'Éducation nationale, poste transformé en 1970 en directeur chargé des équipements.

Deygout[11]. Mais, avec Deygout, on ne savait jamais très bien ce qu'il fallait faire. Ça sentait toujours un peu le faible. Si vous voulez, je n'ai jamais très bien su quels étaient exactement les rapports entre Deygout et les syndicats de l'enseignement. Les rapports qui étaient évidemment nécessaires. On ne peut pas être directeur de personnel sans avoir des rapports constants avec les syndicats. Je n'ai jamais su si Deygout était ou non un apparatchik du SNI[12]. Ce que, naturellement, tout le monde m'avait dit à l'Élysée. On m'avait dit, méfie-toi de Deygout, c'est un sous-marin du SNI. Quand j'ai vu que Guichard était plutôt sympathique avec Deygout, je me suis dit, ce n'est pas si vrai que ça. En tout cas, il est nécessaire de m'entendre avec lui. Donc, on [ne] se voyait pas très souvent. Pas très souvent parce que là, les rapports étaient un peu plus compliqués. Pour de simples raisons matérielles, convoquer Deygout à l'Élysée, je n'aurais pas pu le faire. Ça aurait tout de suite été un *casus belli* avec Guichard. Aller voir Deygout dans son bureau, ça aurait été ridicule. Toute la maison à l'Éducation nationale en aurait bouillonné pendant trois jours [...] Alors, comment faisait-on ? On se rencontrait à l'occasion de réunions un peu plus vastes, le Conseil supérieur de l'Éducation nationale, des manifestations de cette nature qui permettent de se retrouver sur un terrain neutre. Ou on se retrouvait à Matignon. Mais c'est amusant à quel point ces petits détails matériels font que les contacts sont souvent très difficiles.

---

11 Jean Deygout (1929-2011), ancien élève de l'École normale supérieure de Saint-Cloud, agrégé de géographie, après avoir enseigné au lycée Alain-Fournier de Bourges de 1953 à 1960, commence une carrière administrative qui le conduira à être nommé en 1969 inspecteur général et directeur chargé des personnels enseignants au Ministère de l'Éducation nationale. À son décès en 2011, l'UNSA, émanation du SNI, lui rend hommage en ces termes : « Avec Jean Deygout disparaît à 82 ans un éminent haut-fonctionnaire du ministère de l'Éducation nationale, mais avant tout un militant fortement engagé au service de l'enseignement public et des organisations laïques. La fédération UNSA Éducation perd un ami, très régulièrement présent aux réunions du Centre Henri-Aigueperse et que nous avions encore croisé pendant les manifestations contre la réforme des retraites [...] Jean Deygout était d'abord un militant laïque de toujours. Jeune professeur, il était devenu secrétaire général de la Fédération des Œuvres Laïques de son département. Responsable de la Fédération générale des Pupilles de l'École publique (FGPEP) de 1961 à 1973 comme secrétaire administratif puis vice-président, il en assume la présidence de 1973 à 1995 permettant aux PEP de rester un grand mouvement social et éducatif » (<http://sections.se-unsa.org/23/spip.php?page=article-imprim&id_article=375&printver=1>, consulté le 7 août 2024).

12 Ce qui était le cas.

Quelles étaient les différentes formes de réunions au ministère de l'Éducation nationale, auxquelles vous avez assisté ?
Les différentes formes de réunions : la réunion hebdomadaire avec Guichard, la réunion au moins hebdomadaire avec Giraud, avec le directeur du cabinet, à l'Éducation, de temps en temps, quelques dégagements un peu majestueux de Guichard, quand il avait à faire un discours du trône, des choses comme ça, avec ses recteurs, alors il m'invitait. [...] On a tenu plusieurs réunions quand Giraud a mis en place son système d'organisation et de gestion par objectif au ministère. Généralement, ça n'avait pas le côté formel de grandes réunions dans la salle des recteurs, et ça n'était pas systématique.

Avez-vous eu des contacts avec les syndicats enseignants ?
Non. En tant que syndicat, non. En tant que personne, oui. Jamais à mon bureau, toujours dans des conditions très difficiles. Toujours dans des conditions... de confidentialité. Alors, je ne vous parle pas des syndicats de médecins, vous ne pouvez pas vous imaginer ce que c'est que les médecins. Les syndicats de médecins, et surtout l'autonomie des médecins, c'était quelque chose d'épouvantable. Arriver à fuir Canlorbe et Lafourcade[13], [...] qui étaient

---

[13] Pierre Canlorbe (1918-2012), spécialiste d'endocrinologie infantile, nommé agrégé en 1963 et professeur titulaire en 1972, chef de service à l'Hôpital Saint-Vincent-de-Paul en 1964, et Jacques Lafourcade, généticien, professeur à la Pitié Salpêtrière. Selon Géraud Lasfargues, qui fait l'éloge funèbre de Pierre Canlorbe dans le *Bulletin de l'Académie nationale de médecine* (2013), « La carrière médicale et la vie de Pierre Canlorbe furent fortement marquées par les événements de mai 1968. [...] Cette année marque le point de départ de l'action politique de Pierre Canlorbe qui devait durer près de vingt ans dans le cadre du Syndicat autonome des Enseignants de médecine. En mai 68, l'ambiance à Paris était inquiétante : rues dépavées, barricades, cortèges, occupation de la Sorbonne. L'agitation avait gagné toutes les facultés, y compris la faculté de médecine. Les hôpitaux même n'étaient pas épargnés, les médecins divisés. On pouvait voir, spectacle ahurissant, des chefs de service s'interroger avec angoisse sur le bien-fondé des reproches qu'on leur jetait à la figure et sur la qualité de leur comportement ; certains même iront jusqu'à abandonner la direction de leur service. Pierre Canlorbe a vu tout de suite dans ce désordre une tentative de déstabilisation de l'institution et un risque de dépassement de ce seul terrain. C'est alors que le Doyen Vedel, Président de la Fédération autonome de l'Enseignement supérieur, lui proposa de créer le Syndicat autonome des Enseignants de médecine car il est temps, disait-il, que les professeurs modérés manifestent leur existence pour arrêter la chienlit. Ce sera chose faite avec Jacques Lafourcade, vite rejoint par Denys Pellerin qui en prendra la présidence, Gérard Milhaud, le Doyen Florian Delbarre, Georges Cerbonnet, Henri Jérôme et Henri Genet... Et puis Jean-Claude Job et Pierre Debray ». Pierre Canlorbe dirigera le syndicat de 1972 à 1987.

l'un et l'autre animateurs du syndicat autonome des médecins, et qui voulaient me raconter que la République allait s'effondrer parce qu'on avait déplacé tel bonhomme ou on modifiait tel coefficient. Ça, je n'appelle pas ça des syndicats. Ce sont des mafias corporatistes. Alors, ceux-là, je les voyais, je ne pouvais pas faire autrement. Là aussi, il faut le savoir, un professeur de médecine ne recule devant rien, rien. Les organisations s'en moquent.

Pourquoi ?
Dans ces conditions, on peut leur parler d'égal à égal. Et n'imaginez pas, je me souviens, 30 ans après, comme si c'était hier, n'imaginez pas le courrier qu'on recevait des médecins. Bon, quoi qu'il en soit, pour les syndicats en tant que tels, j'ai rencontré le secrétaire général du SNES, j'ai rencontré le secrétaire général du SNI, j'ai discuté le coup à plusieurs reprises avec les gens du SNALC, j'ai discuté le coup à plusieurs reprises avec les gens du syndicat SNJP, ou un nom comme ça, du SGEN, et puis le SNESUP. Non, je ne les ai pas rencontrés. [...] Je n'ai pas rencontré le grand patron de la FEN, mais simplement ses adjoints.

Alors, dans quelles conditions ?
Au café. Ou chez des amis profs dont je savais qu'ils pouvaient ménager des rencontres. Quand on voulait un peu tâter le terrain, savoir ce que dirait, ce qui se passerait sur tel ou tel projet de réforme, et en particulier, naturellement, sur les questions qui touchaient aux statuts, aux obligations de service des personnels.

De qui venait l'initiative de ces rencontres ?
La plupart du temps, c'était de moi. Alors, mes interlocuteurs, ça leur paraissait un peu bizarre, et en même temps que je ne pouvais pas leur dire ce que je pensais, bien sûr, parce que sinon ils en auraient fait le plus mauvais usage, en tout cas un usage gênant pour moi, ils avaient un peu le sentiment qu'ils se débobinaient sans avoir beaucoup de retour.

Avez-vous rencontré également des universitaires ?
Oui beaucoup d'universitaires. J'essayais de tenir à distance les réacs qui se sont imaginés en voyant arriver Pompidou qu'on allait pouvoir revenir

au temps béni d'avant mai 68. Et, alors, bon, parmi ceux qui étaient tout le temps fourrés chez moi, ceux que je pouvais placer parmi les réacs, les gens de l'UNI[14], finalement ils ont compris que ce n'était pas trop la peine de m'embêter, les gens de l'UNI. Mais, alors, les gens sur qui je m'appuyais, René Rémond[15], beaucoup, le doyen Meyniel, Clermont-Ferrand, beaucoup[16], Poitou[17], Dupront[18], qui était le patron de la Sorbonne, chic type, discret et de bons conseils.

Vous l'avez connu ?

Non, mais il est réputé pour ses cours d'un très haut niveau et d'une grande difficulté d'abstraction. Ce sont ses cours qui étaient comme ça, peut-être que dans ses rapports, il était d'un abord plus facile. Il faut que je réfléchisse un peu par discipline. Oui, alors, des professeurs de grandes écoles, mais ça c'est un peu différent. Comment s'appelle-t-il le scientifique maintenant ?

---

14 UNI : Union nationale interuniversitaire qui se veut l'association de la droite étudiante, fondée en novembre 1968 à la suite des évènements de 1968 et en opposition à la loi Faure, en lien avec Jacques Foccart du Service d'action civique (SAC) et Frédéric Deloffre, professeur de littérature française à la Sorbonne, cf. Nassera Mohraz, « L'Uni », dans B. Poucet et D. Valence (dir.) *La loi Edgar Faure : Réformer l'université après 1968*, Presses universitaires de Rennes, 2016, p. 99-121, cf aussi François Audigier, *Histoire du S.A.C. : La Part d'ombre du Gaullisme*, Paris, Stock, 2003.

15 L'historien René Rémond (1918-2007), après avoir succédé à Paul Ricoeur, démissionnaire, au décanat, a été élu président de la nouvelle université de Nanterre en février 1971, poste qu'il conserve jusqu'en 1976. Il évoque cette période dans *La règle et le consentement, Gouverner une société*, Paris, Fayard, 1979.

16 Gaston Meyniel (1923-2005) a été doyen de la faculté de médecine et de pharmacie de Clermont-Ferrand de 1965 à 1989 et le premier président du syndicat autonome des enseignants de médecine.

17 Georges Poitou (1926-1989), normalien et agrégé de mathématiques, docteur d'État en 1953, a fait partie de l'équipe de chercheurs qui fonde la nouvelle Faculté des sciences d'Orsay, dont il est doyen de 1968 à 1970. Il dirigera l'École Normale Supérieure de la rue d'Ulm de 1981 à 1989.

18 Alphonse Dupront (1905-1990), historien et anthropologue français, auteur notamment du *Mythe de croisade, essai de sociologie religieuse*, a été le fondateur et le président de l'Université de Paris-IV en 1970.

Escande[19], Laffitte[20], Ourisson, qui est académicien des sciences maintenant[21]. Du côté des littéraires, Étiemble, à plusieurs reprises[22].

Étiemble avait été un condisciple de Georges Pompidou.
Oui, c'est ça, c'était un ami de Georges Pompidou. Lichnerowicz[23], Tubiana[24]… Avec qui je sentais que je pouvais parler très librement ? Peut-être le plus avec Rémond. Il y en a un qui était délicieux, que je n'ai jamais compris,

---

[19] Le physicien Léopold Escande (1902-1980), professeur à la Faculté des sciences de Toulouse, membre de l'Académie des sciences, secrétaire général du Conseil supérieur de la Recherche de 1955 à 1958, puis à partir de 1958 conseiller scientifique à la Délégation Générale à la Recherche Scientifique et Technique.

[20] Pierre Laffitte (1925-2021), ingénieur en chef des mines, après avoir été directeur général adjoint du BRGM, devient en 1963 sous-directeur de l'École nationale supérieure des mines de Paris, dont il prend la direction en 1974. Il y favorise l'élargissement du champ des recherches dans de nouvelles directions tant en mathématiques appliquées, en matériaux, en énergétique, ainsi qu'en économie, en gestion scientifique et en sociologie. Sur le plan national, il crée la conférence des Grandes Écoles, et soutient de nombreuses actions gouvernementales et internationales dans le domaine de la Recherche. Il sera par la suite le fondateur de Sophia Antipolis et sénateur des Alpes-Maritimes de 1985 à 2008.

[21] Guy Ourisson (1926-2006), normalien, agrégé de physique, professeur à la Faculté des sciences de Strasbourg à partir de 1958, premier président de l'Université Louis-Pasteur de 1971 à 1976, sera ensuite directeur général des enseignements supérieurs de 1985 à 1989, vice-président (1997-1998) puis président (1999-2000) de l'Académie des sciences.

[22] L'écrivain René Etiemble (1909-2002) est également professeur de littérature comparée à la Sorbonne.

[23] André Lichnerowicz (1915-1998), agrégé de mathématiques et docteur ès sciences, professeur au Collège de France, membre de l'Institut, fut président de la Société de mathématiques de France, membre du comité consultatif de la recherche scientifique et du progrès technique, membre du directoire du CNRS. Il préside de 1966 à 1973 la commission ministérielle sur l'enseignement des mathématiques, connue sous le nom de « Commission Lichnerowicz ». Cette commission a une influence capitale dans l'enseignement des mathématiques en introduisant les « mathématiques modernes ».

[24] Maurice Tubiana (1920-2013), cancérologue, professeur de radiothérapie expérimentale et clinique à la faculté de médecine de Paris (1963-1989), directeur de l'unité de recherche Inserm 66 de radiobiologie clinique (1966-1982), conseiller médical à la Direction des enseignements supérieurs (1968-1970), membre du conseil d'administration de l'Inserm (1970-1974).

c'était le recteur Mallet[25]. Je le regrette beaucoup, parce que je l'ai découvert plus tard, j'ai découvert un homme de culture, qui était tellement zinzin, je me dis, ce n'est pas possible, il ne faut pas lui poser de questions. Et c'est dommage, parce qu'en fait, c'était probablement un type de bon conseil.

Quel était le contenu de vos entrevues avec ces universitaires ?
Quel était l'objet ? Rarement, simplement le désir d'échanger. Si vous voulez, ça c'était rare, c'est dommage. Avec Groen[26], si, c'était simplement, écoute mon vieux, passe discuter un peu le coup avec moi, il faut que je parle un peu. Avec qui est-ce que je pouvais faire ça ? Oui, quelques profs. Laffitte, par exemple. Qui était à l'époque directeur de l'école des mines de Paris[27]. Et qui donc donnait bien la température du côté des enseignants supérieurs scientifiques. Mais alors, la plupart du temps, non, c'était vraiment une consultation sur des choses précises. Sur des choses précises, [...] telle réforme, qu'est-ce que vous en pensez, ou que pensez-vous aujourd'hui de l'enseignement du français, du droit, des mathématiques ? Dans quelle direction ? Bon, alors, ça, ça se présentait, je dirais, à l'occasion d'une réflexion peut-être un peu plus d'ensemble. Quand, par exemple, quand on a organisé ce groupe de travail avec [René] Haby, le groupe Haby, etc., mais derrière tout ce travail, il était évident qu'il fallait que je me renseigne moi-même, et que je forme un peu le jugement en discutant avec des gens que je connaissais.

Avez-vous eu des rencontres avec des personnes hors Éducation nationale, hors horizon de l'enseignement ? Pour exercer ces fonctions de chargé de mission ?
Oui. Je pense notamment [...] à des acteurs de l'économie pour les liens avec le technique. Ou alors, au travers d'associations pour l'enseignement de la gestion. Alors, on retrouvait, par exemple Berger, qui était président de la Fédération pour l'enseignement de la gestion, mais qui, surtout, était président

---

[25] Robert Mallet (1915-2002), critique et homme de lettres, fut recteur de l'académie d'Amiens de 1964 à 1969 avant d'être nommé recteur de l'académie de Paris. Voir Bruno Poucet (dir.), *Robert Mallet, poète, recteur et homme d'engagements*, Amiens, Encrage Éditions, 2017.

[26] Retranscrit d'après l'enregistrement, nous n'avons pas pu l'identifier.

[27] Il ne prend la direction qu'en 1974.

d'une société industrielle[28]. J'ai beaucoup parlé avec Pierre Jouven, qui était président de Péchiney[29]. [...] Je pense que j'ai dû en interroger à propos de questions qui étaient, je dirais, relatives à l'enseignement qui débouchaient directement sur l'économie, ou sur la vie, mais comme c'était relativement peu fréquent. Les deux qui me viennent à l'esprit, c'est ceux que je vous ai dit tout de suite. Non, c'est tout ce que je vois.

Voyez-vous d'autres contacts que nous n'avons pas abordés ?
[...] Oui, avec des députés ou des sénateurs, soit à leur initiative, quand ils voulaient se faire recevoir pour expliquer des problèmes locaux, ou pour faire part de leurs suggestions, [...] soit à la mienne. [...] Peyrefitte, que j'ai rencontré deux fois, ça a été une détestation immédiate, de lui comme de moi. Je ne sais pas pourquoi ça a été, mais alors, immédiat. Nous nous sommes mutuellement détestés en une minute. J'ai rencontré Edgar Faure.

Est-ce que vous pourriez développer cette rencontre ?
Oh, c'était pittoresque. Comme toutes les rencontres avec Edgar Faure. Je l'ai vu deux fois, Edgar Faure. La première fois, c'était dans le bureau de Guichard. Guichard l'avait convoqué [...] Je me suis mis dans un petit coin, et la conversation était à peu près celle-là. Guichard sort une lettre que lui avait présentée le secrétaire général du SNES[30]. Il s'appelait Alaphilippe, je crois. Il lui dit, « Voilà une lettre que vous avez envoyée à M. Alaphilippe. »

---

[28] En fait Fondation nationale pour l'enseignement de la gestion des entreprises, créée par décret du 15 mai 1968. Saglio fait-il une confusion avec Gaston Berger, à l'origine de tout ce mouvement, mais mort en 1960 ?

[29] Né le 29 mars 1908 à Paris, ancien élève de l'École polytechnique, ingénieur au corps des mines, Pierre Jouven a été successivement directeur du département des métaux et applications atomiques de la compagnie Pechiney, directeur général de cette firme en 1960, administrateur-directeur général en 1962 et vice-président en 1964, avant de devenir président en 1968.

[30] Gérard Alaphilippe (1929-2009), militant syndicaliste du SNES, secrétaire général du S3 de Paris (1967-1971), secrétaire général adjoint (1971-1981), puis secrétaire général (1981-1984). Voir sa notice par Jacques Girault dans le Maitron (<https://maitron.fr/spip.php?article9768>), version mise en ligne le 10 octobre 2008, dernière modification le 19 septembre 2022.

Et dans cette lettre, Edgar disait, en substance, qu'il avait pris la décision de réduire les horaires de service des certifiés, de les faire passer de 18 heures à 17 heures par semaine. Je crois que c'était ça, puisque les agrégés, c'est 15 heures. Et Alaphilippe, que cette nouvelle avait complètement stupéfié, parce qu'elle était précédée de rien du tout, venait vérifier ça auprès du ministre suivant. Naturellement, Edgar Faure n'en avait rien dit à Guichard. Alors, Guichard lui demande : « Edgar, qu'est-ce que c'est que ça ? » Et Guichard lui montre la lettre. Et Edgar Faure garde la lettre et dit : « Mais tout de même, ils auraient pu me prévenir dans mon cabinet avant de signer une lettre pareille. » Vous savez, on en reste les jambes coupées d'un truc pareil. La première fois que je l'ai rencontré, c'était à une réception à l'Élysée. Je ne l'avais jamais vu. Il me dit, « Monsieur Saglio, on me dit que vous êtes passéiste et élitiste. Eh bien, je vous trouve très sympathique. » Bon, alors après, on s'est bien parlé de tout et de rien. Je vous dis que ça ne m'amenait à rien de parler avec Edgar. De toutes les façons, il n'était plus dans le coup. Et qu'il ne tirait plus de ficelles, au moins à ce moment-là. Et que de toute façon Pompidou, s'il en avait eu vent, il aurait eu des histoires. Parce que la première des choses qu'il avait faites, ça a été de le foutre dehors. Donc, je vous dis, ça n'amenait vraiment à rien. Alors, il faudrait que je retrouve mes contacts députés et sénateurs. Mais il y en avait au moins une bonne dizaine de députés et de sénateurs que j'ai eu l'occasion de voir et de revoir à plusieurs reprises.

Est-ce qu'il vous arrivait parfois d'avoir des contacts avec des parlementaires de l'opposition ?
Non, à ce moment-là, je n'ai pas eu de contacts avec des parlementaires de l'opposition. Je n'ai pas eu l'occasion d'en avoir.

Donc, finalement, les oppositions éventuelles, pour résumer, ça passait par le biais des syndicats, mais jamais par les hommes politiques.
Je n'ai pas eu l'occasion d'avoir de contacts directs avec eux. Non. C'est vrai que ça paraît curieux quand on y pense dans la suite. Pour l'explication, je pense que… C'était à la fois une erreur et pas une erreur de m'avoir pris comme conseiller. Je ne dirais pas une erreur, parce qu'au moins Pompidou savait une chose, c'est que Jobert savait que je serai loyal et que je n'aurai pas de politique personnelle. Mais c'était une erreur parce que je n'avais pas la pratique de tout ça. Et il est absolument évident que maintenant, la première

des choses que je ferais serait évidemment d'avoir la palette la plus ouverte possible, le contact le plus ouvert possible.

Mais vous croyez que les autres conseillers étaient très différents de vous ?
Je n'en sais rien. C'est vous qui pourrez me le dire après les avoir interviewés. Moi, je ne crois pas que ce soit très original. Il ne me semblait pas.

Oui, peut-être.
Mais là, ça aurait aussi posé, si vous voulez, ce problème très, très épineux qui est le problème matériel de la rencontre. J'insistais tout à l'heure parce que c'est vrai, vous savez, Vraiment, c'est tellement l'Élysée, c'est le Vatican. On est tous des monsignors et dès que le monsignor se déplace, ça fait des tas de problèmes partout, partout, partout. Alors, il faut arriver à se déguiser avec un manteau couleur de muraille et prendre des endroits tranquilles où personne ne vous voit. Je me souviens, les premières fois où j'ai rencontré Lichnerowicz, c'était quand j'étais à l'École, et j'étais à l'École, on se donnait rendez-vous chez Ponce. Vous voyez, au Luxembourg, c'était bien sympa d'ailleurs. Lui, il prenait du chocolat, moi je prenais de la bière. Mais c'est comme ça qu'on arrivait à parler un peu, à se voir sans que tout le monde commence à s'engager sur les rencontres.

Le Président Pompidou considérait-il l'Education nationale comme un domaine réservé ?
Moi j'avais vécu de la manière suivante, 99% à l'éducation, dans la gestion proprement dite, 0,5% à Matignon, 0,5% à l'Élysée. Dans les orientations, je dirais politiques d'ensemble, c'est-à-dire dans les questions qui tenaient à la structure de l'enseignement, à son articulation, aux orientations principales sur les contenus, etc., beaucoup de l'Élysée [...]. Naturellement la proposition venait de l'Éducation, mais une influence très forte de l'Élysée pour orienter sur la structure, l'articulation des contenus. Matignon, en revanche, avait une influence très forte sur la gestion des personnels, et sur, je dirais, les conséquences politiques des choix du ministre de l'Éducation. Sur les nominations de personnel enfin, quelques postes où vraiment le Président de la République a tenu à s'exprimer, par exemple l'École Française de Rome, l'École Française d'Athènes, où là vraiment il aurait été hors de question que ça ne soit pas

un candidat du Président de la République qui soit nommé. Ils le savaient tellement bien les uns et les autres qu'ils n'ont pas proposé autre chose. Et en ce qui concerne les recteurs, très grande liberté de manœuvre du ministre de l'Éducation nationale, avec des grincements de dents de temps en temps de Matignon. Mais de notre côté, nous on s'en foutait. Et puis surtout, on savait tellement que, de toutes les façons, Guichard était tellement proche de Pompidou dans ce genre de domaine, on savait qu'il faisait au mieux. En ce qui concerne les directeurs, là aussi, totale liberté de manœuvre pour la nomination de ses directeurs et de ses responsables. Je ne peux pas me souvenir qu'on soit intervenu. Simplement, ils nous donnaient la liste et puis on disait oui c'est très bien.

Peut-on dire qu'il y avait des domaines réservés ?
Non, le domaine était vraiment en gestion, vraiment complètement en gestion par le ministre de l'Éducation. Et relativement, je vous l'ai dit, pour ce qui concerne l'influence de Matignon, c'était un peu sur les structures et l'articulation, mais beaucoup plus sur les conséquences politiques de telle ou telle orientation de l'Élysée, de l'éducation. Alors que pour nous, c'est vrai que c'était important, mais moi je peux dire que ce qui m'a toujours plus préoccupé, ce qui a toujours beaucoup plus préoccupé le Président de la République, c'était ce qui restera, c'était au fond les productions. Qu'est-ce que donneront les élèves, les étudiants ? Qu'est-ce qu'ils sauront ? Comment ils seront formés ? Et c'est ça qui nous intéressait. Le moyen le plus grand, c'est le conseil restreint. Le Président décide de tenir un conseil restreint, il en arrête l'ordre du jour, et à ce moment-là, le ministre s'exécute et le Premier ministre s'exécute. Quand il en arrête l'ordre du jour, le conseil restreint est préparé par des séries de réunions et donne lieu à des orientations qui sont purement réfléchies, préparées, etc. Ces orientations, ça peut très bien prendre la forme de projet de loi ou d'orientation préalable à un projet de loi qui sera préparé par le ministre à l'occasion de ce conseil ou juste après, et qui sera après ultérieurement présenté au Conseil des ministres. Et ça, c'est vraiment la façon forte pour le Président d'intervenir. Alors sinon, l'intervention, elle se fait au cours des entretiens hebdomadaires, alors elle se fait très rarement sous forme de notes personnelles. J'en connais très très peu de Pompidou. J'en connais une, une note furieuse qu'il a envoyée au ministre de l'Équipement, Albin Chalandon, pour l'engueuler parce qu'on abattait les arbres sur

les routes[31]. Il a dit : « il y en a assez, vous défigurez les routes françaises en coupant les arbres sur les routes. Je suis probablement le seul à m'intéresser à ces questions en France, mais j'aimerais au moins qu'une fois on m'écoute ». Et c'était, alors j'ai oublié cette note, je crois qu'elle est assez célèbre.

[31] Jean-François Saglio pense probablement à la note que Georges Pompidou adresse le 17 juillet 1970 à son Premier ministre sur la question de l'abattage des arbres le long des routes : « Monsieur le Premier ministre, j'ai eu par le plus grand des hasards communication d'une circulaire du ministère de l'Équipement, direction des Routes et de la Circulation routière, dont je vous fais une photocopie. Cette circulaire, présentée comme un projet, a en fait déjà été communiquée à de nombreux fonctionnaires chargés de son application puisque c'est par eux que j'en ai appris l'existence. Elle appelle de ma part deux réflexions: La première, c'est qu'alors que le Conseil des ministres est parfois saisi de questions mineures telles que l'augmentation d'une indemnité versée à quelques fonctionnaires, des décisions importantes sont prises par les services centraux d'un ministère en dehors de tout contrôle gouvernemental ; la seconde, c'est que, bien que j'aie plusieurs fois exprimé en Conseil des ministres ma volonté de sauvegarder « partout » les arbres, cette circulaire témoigne de la plus profonde indifférence à l'égard des souhaits du président de la République. Il en ressort, en effet, que l'abattage des arbres le long des routes deviendra systématique sous prétexte de sécurité. Il est à noter que l'on n'envisage qu'avec beaucoup de prudence et à titre de simple étude le déplacement des poteaux électriques ou télégraphiques. C'est que là, il y a des administrations pour se défendre. Les arbres, eux, n'ont, semble-t-il, d'autre défenseur que moi-même et il apparaît que cela ne compte pas. La France n'est pas faite uniquement pour permettre aux Français de circuler en voiture, et quelle que soit l'importance des problèmes de sécurité routière, cela ne doit pas aboutir à défigurer son paysage. [...] La sauvegarde des arbres plantés au bord des routes – et je pense en particulier aux magnifiques routes du Midi bordées de platanes – est essentielle pour la beauté de notre pays, pour la protection de la nature, pour la sauvegarde du milieu humain. Je vous demande donc de faire rapporter la circulaire des Ponts et Chaussées, et de donner des instructions précises au ministère de l'Équipement pour que, sous divers prétextes (vieillissement des arbres, demandes de municipalités circonvenues et fermées à tout souci d'esthétique, problèmes financiers que posent l'entretien des arbres et l'abattage des branches mortes), on ne poursuive pas dans la pratique ce qui n'aurait été abandonné que dans le principe et pour me donner une satisfaction d'apparence. La vie moderne dans son cadre de béton, de bitume et de néon créera de plus en plus chez tous un besoin d'évasion, de nature et de beauté. L'autoroute sera utilisée pour les transports qui n'ont d'autre objet que la rapidité. La route, elle, doit redevenir pour l'automobiliste de la fin du XXe siècle ce qu'était le chemin pour le piéton ou le cavalier : un itinéraire que l'on emprunte sans se hâter, en en profitant pour voir la France. Que l'on se garde de détruire systématiquement ce qui en fait la beauté. Veuillez agréer, mon cher Premier ministre, l'assurance de mes sentiments les meilleurs. Georges Pompidou ».

Oui, elle est célèbre.
Et je l'ai vue passer, j'avais explosé de rire. Dans le domaine de l'éducation, je ne connais qu'une note, mais de lui, qu'il a adressée à Peyrefitte, que j'ai gardée, mais lors d'un conseil des ministres, c'était un petit papier, quand il était premier ministre, une note d'une férocité épouvantable, à propos des universités en 68, avant que ça n'éclate, en disant que c'était la pagaille partout, qu'il en avait assez, que ce qui se passait à Nanterre était indigne, et que pratiquement il le mettait en demeure de remettre les choses en ordre. Mais alors, des notes, il a adressé une note, que peut-être j'ai retrouvée, une note à Guichard, c'est à ma connaissance la seule qu'il ait faite, par écrit, une note à Guichard à propos de l'enseignement classique. L'enseignement classique, lors des premières orientations du ministère de l'éducation sur l'enseignement classique, enfin, le premier cycle du secondaire, il y avait eu des grands pans classiques qui devaient dégringoler, et ça, ça avait mis Pompidou en colère. Et il avait fait une note en disant, [...] en gros, que réformer c'était très bien, mais que quand on réformait comme ça, ça s'apparentait plutôt à de la destruction qu'à de la réforme.

Il est certain que Pompidou, pour autant que je le sache, s'est beaucoup mieux entendu avec ses deux ministres de l'éducation, Guichard et Fontanet, qu'il ne s'est entendu quand il était Premier ministre avec Peyrefitte. Qu'est-ce qu'il a eu comme ministre de l'Éducation entre 1962 et 1969 ? Pierre Sudreau en 1962. Oui, jusqu'au moment du départ, Christian Fouchet jusqu'en 1967. Et puis Alain Peyrefitte.

Comment Georges Pompidou s'était-il entendu avec ses ministres ?
Alors Sudreau, je ne sais pas. Avec Fouchet, il s'était assez bien, voire très bien entendu. Et avec Peyrefitte, après un début qui n'était pas mal, aussi mal que possible, car il a très vite compris que Peyrefitte lui mentait et lui racontait des histoires. Alors en revanche, avec Guichard, il s'est très bien entendu[32]. Même s'il n'était pas d'accord au fond, on y reviendra plus tard. Et avec Fontanet, très bien entendu aussi. Fontanet était un homme qui humainement était exceptionnel.

---

[32] Cf. Bruno Poucet, « Olivier Guichard et l'enseignement », dans Frédéric Fogacci et Gilles Leguec, *Olivier Guichard*, Nouveau Monde éditions, 2018

Nous allons passer aux contacts de Georges Pompidou lui-même. Et en particulier, une remarque écrite par Olivier Guichard dans Un Chemin Tranquille, *concernant donc le Président. « Le Président me faisait part des observations ou des critiques qui étaient venues par son cabinet ou par d'anciens collègues de l'enseignement en qui il avait confiance. » De qui s'agissait-il ? Quels étaient ses professeurs ?*
Les professeurs en qui il avait confiance. D'abord, il en recevait de temps en temps. Il n'a jamais reçu le président de la Société des agrégés, Guy Bayet, à ma connaissance. Mais, en revanche, il écoutait indirectement les observations qui lui arrivaient de Guy Bayet. Moi, je voyais Guy Bayet pratiquement au moins une fois par trimestre, bref, très fréquemment. Non pas que j'écoute tout ce que me disait Guy Bayet, parce qu'il était vraiment un peu réac, mais Guy Bayet avait tout de même une précision dans la critique et dans l'analyse qui faisait, qu'on soit d'accord ou pas avec lui, qu'il fallait absolument l'écouter. En plus, il avait tout de même un sens de l'humour. Je vous ai peut-être raconté l'histoire de la Grande Bouffe Sauvage qui m'avait tellement fait rire. Un jour, avec Guy Bayet, on était en train de parler du développement, des orienteurs et autres professions parasites de l'Éducation nationale. Ça le mettait dans un état de fureur, ces orienteurs, tous ces trucs qui interfèrent, si vous voulez, avec sa conception du métier de professeur qui peut-être allait au-delà de l'enseignement et qui peut-être restait implicitement un éducateur. Et puis, on s'était mis à parler des ennuis de tel ou tel lycée. En particulier, je crois que c'était le lycée Buffon qui, à l'époque, était assez agité, ou Jean-Baptiste Say. Et il m'avait montré un tract dans lequel des élèves disaient qu'ils feraient la grève un vendredi matin ou un vendredi à midi et qu'après, il y aurait une Grande Bouffe Sauvage. Alors, je regarde ça, je ne vais pas m'empêcher de rire, en disant tout de même, quelle belle expression. Et lui aussi, je ne sais pas s'il aimait Rimbaud, on s'est dit tout de même, c'est du Rimbaud ce truc-là, la Grande Bouffe Sauvage. Bon, une fois ceci passé, on a recommencé à parler. Donc, j'en viens aux gens de Pompidou. Il y avait donc les agrégés. Pompidou avait donc ses camarades de promotion normaliens. Alors, les plus connus, c'est Guiral[33], il faut que ça me revienne dans la tête, Étiemble[34], dont

---

[33] Pierre Guiral (1909-1996), agrégé d'histoire, que Georges Pompidou avait connu quand il était enseignant au lycée de Marseille, était devenu en 1957 professeur d'histoire contemporaine à la Faculté des lettres d'Aix et était, à partir de 1964, membre du Comité national de la recherche scientifique. En revanche, contrairement à ce que dit Saglio, Guiral n'était pas normalien.

[34] Normalien de la promotion 1929.

je parlais tout à l'heure, Bousquet[35]. Des gens que j'ai peu vus, que lui recevait. Alors, il avait son dîner des agrégés, ou son déjeuner des agrégés, une fois par an. Et ils étaient une quinzaine. D'anciens normaliens. Bon, il ne faut pas tout de même croire qu'ils avaient tellement d'influence que ça. En plus, Pompidou me passait toutes les lettres qu'il recevait. Donc, j'aurais bien vu s'il recevait tout le temps des lettres de Bousquet, ou de Guiral, ou d'un autre. Bon, effectivement, il en recevait. Effectivement, les gens étaient assez libres de lui dire ce qu'ils pensaient. Et comme c'étaient des amis, de longue date, Pompidou les écoutait, c'est vrai. Mais de là à dire qu'ils ont inspiré sa politique. C'est complètement idiot. Alors, il y avait aussi des gens qu'il écoutait bien. Par exemple, j'ai cité le recteur Capelle. Le recteur Capelle est venu le voir à plusieurs reprises, pour lui parler d'un ordre d'enseignement technique supérieur et des IUT, qui était un peu le truc du recteur Capelle[36]. Bon, il y en avait un autre qui s'était spécialisé dans le primaire. Comment s'appelait-il ? Un recteur d'origine nord-algérienne. Capelle était un pied-noir. Très sympa. Et qui, lui aussi, est venu le voir à plusieurs reprises. [...] Trois hommes que j'ai vus très souvent. Le recteur Haubtmann[37], le recteur Poupard de la Catho[38], et Mgr Cuminal, le secrétaire général de l'enseignement catholique[39]. Alors, j'ai eu beaucoup d'amitié et même d'affection pour Haubtmann et Poupard.

---

[35] Jean Bousquet (1912-1996) appartenait à la même promotion que Georges Pompidou à l'École normale supérieure (1931), où il avait été reçu cacique. Agrégé de lettres, professeur de langue et de littérature grecque à la Faculté des lettres de Rennes à partir de 1952, puis à la Sorbonne (1977), il est nommé en 1971 directeur de l'École Normale Supérieure de la rue d'Ulm.

[36] Jean Capelle (1909-1983), normalien et agrégé de mathématiques, recteur de l'académie de Nancy (1949-1954), directeur général de l'organisation et des programmes scolaires (1961-1964) au ministère de l'Éducation nationale, avait été directeur général de l'institut national des sciences appliquées de Lyon de 1957 à 1960, visant à former des ingénieurs. Il s'engagera ensuite en politique, comme député apparenté UDR de la Dordogne (1968-1973).

[37] Mgr Pierre Haubtmann (1912-1971), docteur ès lettres et docteur en théologie, recteur de l'Institut catholique de Paris à partir d'août 1966, est décédé accidentellement en 1971.

[38] Mgr Paul Poupard, docteur en théologie et docteur en histoire, succéda en 1971 à Mgr Haubtmann comme recteur de l'Institut catholique. Il a ensuite été nommé cardinal et responsable du dicastère de la Culture au Vatican.

[39] Mgr Jean Cuminal (1923-1996), après avoir été directeur de l'enseignement libre du diocèse d'Amiens, était devenu secrétaire général adjoint (1962), puis secrétaire général (1964) de l'enseignement catholique français. Il sera ensuite évêque de Saint-Flour, puis de Blois où il décédé en fonction.

D'ailleurs, pour Poupard, je le vois souvent, quand je passe à Rome lui dire bonjour. Et alors, Cuminal, moins. Parce que... Cuminal, c'était vraiment... *combinazione* tout le temps. Je ne sais pas si vous l'avez vu. Mais Cuminal était intime. Oui, alors, est-ce que... J'ai pensé en réfléchissant, en réfléchissant, savoir si Pompidou avait vu des cathos, non pas tellement. Balladur non plus, d'ailleurs. Un jour, je lui ai amené à Balladur, Cuminal, et puis... et puis le recteur, et puis l'évêque qui était président de la commission épiscopale de l'enseignement, l'archevêque de Besançon, Mgr Lallier, qui avait une voix grave, une voix de basse qui était extraordinaire[40].

Je me souviens de cet entretien qui a commencé de la manière suivante. Balladur va s'asseoir, avec l'excès de courtoisie qui le caractérise, et disant, « Monseigneur, l'Église tient-elle à l'enseignement catholique ? » Alors, complètement déstabilisé. Et ça avait été assez joyeux. Il faut dire qu'à l'époque, l'Église nous embêtait horriblement.

Pour l'éducation... Enfin, pour les personnes venant de l'horizon de l'Éducation nationale, rencontrait-il d'autres personnes, d'autres horizons ? Des hommes politiques, des agents économiques ?
À la fin de l'année 1969, quand les choses sont à peu près rentrées dans l'ordre, il y a eu vraiment des grands débats de caractère politique autour de l'éducation à ce moment-là. [...] Je ne peux pas savoir si, recevant tel responsable politique, il avait évoqué des questions d'éducation avec lui, je n'en sais rien. Avec les journalistes, certainement, parce que je me souviens d'avoir briefé Denis Baudouin[41] et briefé... Le type du *Figaro*, là, qui vient de mourir... Xavier Marchetti[42]. D'avoir briefé Xavier sur les questions d'éducation à plusieurs reprises quand Pompidou devait recevoir des gens comme René Imbert[43]. Et donc il savait qu'il y aurait des points sur l'éducation qui seraient abordés, oui, qu'il parlerait d'éducation. Mais je peux dire que Pompidou ne rendait pas

---

40 Mgr Marc-Armand Lallier (1906-1988), archevêque de Besançon, président de la commission épiscopale du monde scolaire et universitaire.

41 Denis Baudouin (1923-1995), journaliste, responsable de la communication à l'Élysée.

42 Xavier Marchetti (1922-1997), journaliste, avait travaillé aux *Echos*, puis à *France-Soir*. Passé ensuite par *L'Express* et *Paris-Match*, il entra en 1970 au secrétariat général de l'Élysée comme chargé de mission. En 1974, il avait rejoint *Le Figaro*, avec la charge du secteur politique et social, qu'il quitte en 1987.

43 Nom non identifié, confusion avec Claude Imbert, le fondateur du *Point* ?

beaucoup compte à ses conseillers de ce qu'il avait raconté. Donc ce n'était pas très facile de le savoir.

Paraissait-il inconcevable de recevoir des syndicats enseignants à l'Élysée ?
Ce n'est pas vrai, puisque des syndicats d'enseignants sont venus me voir. Le SNALC, que je vais évoquer tout à l'heure, les parents d'élèves que je mets aussi dans les syndicats enseignants, enfin, parce que ça finit par être une pratique quasi-syndicale, comment il s'appelle ?

Cornec ?
Non, celui-là il n'est jamais venu. Je lui avais fait savoir que j'allais le faire avec plaisir. En revanche l'autre, c'était Armand, de la PEEP. Alors Armand, lui, il est venu très souvent. Le SNALC est venu à plusieurs reprises, officiellement, me voir. Mais ils n'ont pas été reçus ni par le président ni par le secrétaire général. Ils n'ont d'ailleurs jamais demandé de les voir. Et alors les autres syndicats d'opposition, ça aurait été complètement inconcevable. De leur part, de venir à l'Élysée ça aurait été inconcevable.

Que pensait le Président de la République des syndicats enseignants, des parents d'élèves ?
Un mal nécessaire. Je crois que ce qu'il ne leur pardonnait pas, c'était qu'ils utilisent leurs fonctions à des fins politiques différentes de leurs fonctions. En d'autres termes, la finalité du SNI, la finalité de la FEN, la finalité du SNES, du SNESUP, si elle avait été limitée à l'amélioration du statut des enseignants ou à l'amélioration réelle du fonctionnement de la boutique Éducation nationale, aurait paru tout à fait légitime. Mais elle lui paraissait beaucoup plus marquée par des considérations politiques de changement de régime ou de changement de majorité, qui elles, lui paraissaient complètement illégitimes. Et ça, c'est une chose qu'il acceptait mal.

C'était la même conception pour les syndicats d'étudiants ?
Comment puis-je vous dire ça ? Est-ce que je lui en ai parlé ? Je vois ça au travers des papiers. Mais [la finalité des syndicats étudiants] lui apparaissait même curieuse. Pour lui, être étudiant, c'est vraiment un passage, et je crois qu'il l'a dit, ou écrit, et qu'il faut s'installer dans une espèce d'organisation… Autant, si vous voulez, les revendications d'étudiants concernant la qualité

de l'enseignement qui leur a été donné ou des problèmes matériels lui paraissaient tout à fait légitimes. Mais je dis une bêtise, parce que je me souviens, lors du premier conseil restreint sur l'éducation, qui a été un peu fait à l'emporte-pièce, on a parlé de tout et de rien, on a parlé en particulier des campus. Et Pompidou a dit qu'il ne voulait plus de campus à l'extérieur des villes isolées, il ne voulait plus de ça, et que ça lui paraissait complètement antinaturel. Que les campus, que l'université devaient être dans la ville, que les étudiants devaient vivre dans la ville, pouvoir aller au café, etc. Même si on leur facilitait la vie avec des résidences, des choses comme ça.

Vous croyez que ses propres années d'étudiants au quartier latin l'avaient influencé ?
Bien sûr. Mais cela dit, je pense qu'il avait profondément raison. On peut parfaitement imaginer que l'université reste dans la ville, tout en lui donnant des facilités. Enfin quoi, ça existe aux États-Unis, Columbia est à New York, Yale est en pleine ville [...]. Bien sûr, il y a Stanford, mais Berkeley est en pleine ville.

Qu'est-ce qu'il reprochait finalement aux syndicats étudiants ? Le corporatisme ?
Le corporatisme et toujours peut-être un peu la dérive politique. Et puis, il y a une chose dont au fond on se méfiait un peu, que le syndicalisme étudiant n'ait pas comme objectif d'améliorer véritablement les études, mais en fait abaisse le niveau des études.

Alors ça, c'est une vieille idée. Vraie ou pas vraie, je ne sais pas, mais je pense qu'il y pensait au fond de lui-même. En tout cas, c'était une véritable antienne de Domerg, qui était que depuis le rapport Langevin-Wallon, les syndicats, quels qu'ils soient, n'avaient qu'une idée en tête, c'était d'arriver à faire passer un doctorat d'État à un débile profond. D'abaisser le niveau des études de manière que tous les diplômes fussent accessibles à tout le monde. Et que, voilà. Alors ça, ça le hérissait.

Donc c'est surtout ça, finalement ?
Oui. Non, parce que je pensais à ses propres engagements d'étudiants. Il a été engagé politiquement quand il était jeune. Je n'en savais rien. Et il ne nous en a jamais parlé. Parce qu'il était aux étudiants socialistes, il était à la Ligue d'action universitaire républicaine. Pour lui, la vie d'étudiant était une vie dans laquelle on était complètement dans l'action, dans la vie.

Quel était le rôle du conseil restreint ?
En gros, entre tous les quatre mois et tous les six mois, ça donnait un certain rythme, c'était une certaine discipline que d'avoir une obligation de repasser en revue les problèmes importants d'éducation. Composition : tous les ministres intéressés, tous les secrétaires d'État intéressés, c'est-à-dire essentiellement le Premier ministre, le ministre de l'Éducation, le secrétaire d'État, s'il y en avait un, le ministre des Finances, bien sûr, le secrétaire d'État au budget, bien sûr, puisque tout avait une conséquence budgétaire, et les ministres intéressés par le thème qui pouvait être traité, ou les thèmes qui pouvaient apparaître au sein des conseils restreints. Le secrétaire général de l'Élysée. Non, il n'était pas là. Il y avait de temps en temps Balladur, et puis il y avait la maison du président qui était sur une petite table à côté. Alors je vous ai dit que Giraud arrivait tout le temps à coller Guichard pour venir dans les conseils restreints, mais ce n'était pas la pratique. En général, le directeur de cabinet n'était pas là.

Est-ce qu'il y avait le secrétaire ou le directeur du secrétariat général du gouvernement ? Parce que Jacques Larcher nous a dit que Pompidou, justement, ne souhaitait pas qu'un conseiller technique de ministre vienne.
Non, il n'était pas là. Non, Larcher n'était pas là et Donnedieu n'était pas là. [...] Pompidou n'aimait pas que les ministres [soient accompagnés]. C'est pour ça que je cite le cas de Giraud qui était vraiment exceptionnel. Les ministres devaient connaître leur dossier. Ils devaient s'exprimer en leur nom personnel.

Le Président décidait du thème de ces conseils. On suggérait au président qu'on devrait faire un conseil restreint sur tel et tel thème. [...] On le faisait savoir donc au premier ministre et puis au ministre de l'Éducation. Et puis on commençait à discuter un peu pour savoir ce qu'on pourrait mettre dedans pour avoir une orientation. Et pratiquement jusqu'à un mois avant le conseil restreint, on pouvait encore ajouter ou retrancher des points dans l'ordre du jour. Ce n'était pas figé. [...].

Il y avait donc un relevé de décision.
Un relevé de décision qui était fait par l'Élysée. Ce n'était pas un bleu de Matignon. Il était fait par l'Élysée et était envoyé aux membres. Et après, les conseils suivants étaient souvent l'occasion de voir comment avaient été appliquées les décisions des conseils précédents. Je reprenais les décisions des conseils précédents et puis je voyais où on en était. Pour dire au président –

ça a fait l'objet plusieurs fois d'une petite note de ma part – pour dire au président qu'on a décidé ça tel jour à telle heure, ce n'est toujours pas fait. Et il serait bon que vous le rappeliez à M. Fontanet lors de votre prochaine entrevue. [...] Voyez-vous, ce qu'on essayait de donner comme impression, c'était l'impression de la permanence, de la sérénité de la permanence. Jamais sur les marécages. Il ne fallait pas... C'est une pratique qui s'est complètement perdue avec Giscard, qui est revenue avec Mitterrand pour d'autres raisons. Mais le Président de la République ne devait pas apparaître dans l'instant. Ce n'était absolument pas convenable. Et en d'autres termes, le Président de la République ne devait apparaître – je ne sais pas – qu'une fois tous les deux mois au maximum. Et éviter avec soin d'apparaître sur des questions d'actualité qui n'étaient pas son rôle. En revanche, Giscard lui a fait le contraire.

Quels étaient les thèmes des différents conseils?
Écoutez, chaque conseil restreint a été plus spécifiquement orienté sur un grand thème. Et nous avons eu, pour autant qu'il m'en souvienne, un conseil restreint sur l'enseignement technologique qui a permis de mettre au point les grands axes de la loi de 1971[44]. Un conseil restreint qui a dû traiter du second cycle de l'enseignement général du secondaire. Un ou plusieurs conseils restreints, je suis sûr qu'il y en a eu plusieurs, sur l'enseignement supérieur et ses différentes filières et ses divers problèmes. Nous avons eu, je ne sais plus si ça a fait l'objet d'un conseil restreint ou d'une partie simplement, sur l'enseignement privé et en particulier sur le primaire, dans le privé.

Alors, comment ces thèmes étaient-ils choisis ?
Je dirais que nous avions comme habitude de faire entre un et deux, plutôt deux conseils restreints par an sur l'éducation nationale. Et un à deux mois avant le conseil restreint, quelquefois plus, on commençait à réfléchir aux thèmes qui nous semblaient devoir être évoqués. On s'attachait essentiellement à présenter des thèmes qui exigeaient une orientation du Président de la République. C'étaient plus des conseils restreints d'orientation que des conseils restreints de compte rendu de la situation ou de constatation de l'évolution. Bon, cela dit, mon Dieu, ça dépendait, je vous dirais, ça dépendait un peu des circonstances. Y-a-t-il eu des conseils restreints dont le thème nous a été imposé par l'extérieur, en quelque sorte par l'évolution de l'extérieur ?

[44] Le 12 novembre 1970.

Oui, je pense aux décisions qu'il a fallu prendre en conseil, mais j'ai du mal à me souvenir s'il s'agit du conseil des ministres ou du conseil restreint. Les décisions qu'il a fallu prendre à propos du renouvellement de la loi Debré sur l'enseignement privé, où le Président de la République a pris une position très claire et qui n'était pas celle ni du Premier ministre ni du ministre de l'Éducation nationale. Et je ne me souviens pas si ça a été redécidé en conseil des ministres ou en conseil restreint avant.

Alors, selon mes informations, il y a eu un comité interministériel qui s'est passé la veille du conseil des ministres, mais apparemment, il n'y a pas eu de conseil restreint à proprement parler sur cette question.
Voilà, vous avez raison. Il y a eu effectivement un comité interministériel[45]. Bon, on en parlera plus tard.

À propos de ces thèmes, est-ce que le conseil restreint était le lieu d'un débat entre les différents participants ?
Oui, tout à fait. C'était un débat comme on le fait entre hommes politiques à ce niveau. C'est-à-dire, c'était un échange. Chacun exprimait successivement son point de vue et le Président de la République tirait la conclusion. Mais une fois que le Président de la République avait parlé, personne ne reprenait la parole derrière lui sur le même sujet, c'est évident. Mais le ministre de l'Éducation nationale ou le ministre de la Santé, s'il s'agissait d'enseignements... par exemple de la médecine, ou d'autres ministres, ou le secrétaire d'État à l'enseignement technique, introduisaient le sujet, ses propositions. Le Premier ministre faisait part de sa position et le Président de la République pouvait intervenir dans le débat et conclure après.

Quelle était l'application de ces conseils restreints ? Il y avait un relevé de décision ?
Tout à fait. Il y avait un relevé de décision qui était rédigé par le conseiller technique, ou le chargé de mission que j'étais. Vous êtes en train de me poser une colle. Que devenait ce relevé de décision ? Est-ce que nous l'envoyons à Matignon et au ministre de l'Éducation ? Je crois que oui. Les conseils

[45] La pérennisation du contrat simple pour l'enseignement élémentaire privé avait été repoussée par un comité interministériel qui s'était réuni le 10 décembre autour du premier ministre, mais est actée lors du Conseil des ministres du 16 décembre 1970 à l'initiative du Président de la République (*Le Monde*, 21 décembre 1970).

restreints faisaient l'objet de relevés de décision très précis. Et maintenant, j'y suis. Nous envoyons, bien sûr, ces relevés en projet au ministre de l'Éducation et au Premier ministre, c'est-à-dire à leur cabinet. Et on recevait des observations, mais c'est moi qui arrêtais définitivement le texte, bien sûr. Alors, cela dit, je n'ai pas souvenir qu'il y ait eu de grandes chicayas pour arrêter un texte.

C'est vous qui faisiez les relevés de ces décisions ?
Tout à fait.

Et au niveau de l'application concrète ?
Alors, l'application concrète. Je dirais qu'il en allait, comme il en va, de l'application des décisions d'un Conseil des ministres à l'occasion des rencontres périodiques entre le président de la République et le ministre de l'Éducation nationale, ou entre M. Balladur et Giraud, son directeur de cabinet, ou entre moi-même et les conseillers techniques, ou M. Guichard, ou Giraud, ou les conseillers techniques de Matignon. On examinait les suites à donner, qui pouvaient être le lancement de textes, de décrets, voire même de projets de loi, avec tout ce que cela supposait comme organisation de contacts, de réunions au niveau de Matignon, au niveau du ministère, où on examinait la mise en œuvre sur le terrain des décisions qui avaient été prises. Par exemple, en ce qui concerne les programmes, là, les choses étaient relativement nettes. Quand on a demandé à Guichard de maintenir une initiation au Latin en 5e, on a bien vu que c'était maintenu dans le programme de l'année qui a suivi. On ne s'est jamais beaucoup intéressé aux décisions dont on a pu voir l'application. En ce qui concerne, oui, par exemple, les évolutions de statut des personnels, c'était facile à voir que dans les quelques mois qui suivaient, les projets de textes étaient mis en route, les discussions avec les syndicats de personnel, enfin, d'enseignants ou de personnel en général étaient mises en route. Bon, si vous voulez, il y avait cette espèce de procédure un peu systématique de réunion qui faisait que j'avais sur mon calendrier, les choses qui avaient été décidées, que le Président de la République voulait, et puis je m'assurais qu'elles étaient effectivement suivies des faits.

Peut-être sommes-nous trompés par les sources, mais apparemment, il y aurait eu moins de conseils restreints sur l'éducation après 1971. Est-ce que vous confirmez ?

Je confirme. Il y en a eu plus, effectivement, au début, parce que l'enseignement était assez délabré quand le Président de la République est arrivé, et on a eu le sentiment après 1971 que les problèmes du supérieur [...] étaient un peu tassés. Les problèmes de l'enseignement technique : les orientations avaient été données dans l'enseignement technique. Les principales questions relatives au personnel, c'est-à-dire la mise en place des PEGC, des conseillers d'orientation : enfin, [sur] tout cela, les orientations étaient à peu près prises. Donc, probablement, le besoin de faire des conseils restreints sur l'éducation se faisait moins sentir, c'est tout. Alors, j'ai du mal à m'en souvenir. Je ne me souviens pas de quand date exactement la réforme des études médicales qui instaurait la sélection en médecine à la fin de la première année. Je crois que ça date de 1972, cette histoire-là.

1971.
1971 aussi, oui, d'accord. Donc, oui, ça confirme ce que je dis, toutes les grandes orientations avaient été prises.

Hors des conseils restreints, nous allons parler des autres moyens d'expression du Président sur les questions d'éducation nationale, en particulier les discours. On pense au discours d'Albi en avril 1970, où Georges Pompidou déclare « Je n'ai pas la prétention d'apporter ni d'imposer des solutions », mais en fait, il évoque les thèmes du latin et du baccalauréat. Alors, est-ce pour mettre en chantier des réformes que le gouvernement tardait à lancer ? Pour accélérer les choses.
Quand le Président de la République parlait, ce n'était évidemment jamais innocent. Il exprimait ce qu'il souhaitait. Bon, après, il appartenait au Premier ministre et au ministre de faire chacun ce qu'il jugeait bon de faire. Après tout, c'était Guichard qui était responsable de l'éducation, ce n'était pas le Président de la République ni le Premier ministre. Bon, il lui appartenait soit de faire et donc d'aller dans le sens souhaité, soit de ne pas faire et d'expliquer pourquoi. Bon, ça a été le cas pour le latin. Guichard n'a pas maintenu le latin en sixième, n'a pas maintenu le latin en cinquième, puisqu'on prend ce thème. Il a expliqué pourquoi. Ça a été le cas pour l'apprentissage de la lecture par la méthode globale, que j'ai véritablement essayé de démolir, je vous en ai déjà parlé. Guichard était plutôt de mon avis, mais n'a pas été jusqu'à vraiment tordre le cou à cette méthode.

Je reviens un peu à votre question. Souhaitait-il donner une orientation nouvelle ? Je crois qu'il avait comme souci de rappeler ce qu'il souhaitait, de donner une cohérence générale à l'ensemble de sa vision de l'éducation, et puis après de laisser chacun jouer sa partie. À ma connaissance, ça ne visait pas une action précise, immédiate. Je n'ai vu que très rarement le Président de la République imposer quelque chose directement à ses ministres ou à son Premier ministre. C'était vraiment très rare. Mais en général, j'ai toujours eu le sentiment qu'il se comportait comme un chef d'orchestre à l'égard du gouvernement. Peut-être même encore comme un chef d'orchestre et même pas comme l'auteur de la partition.

Il y avait d'autres moyens d'expression également, à travers des rencontres officielles, des inaugurations, des remises de prix ?
Bien sûr. Celle-là a été choisie de façon à donner un éclairage et à souligner l'importance que le Président pouvait attacher à telle ou telle chose. Il en est ainsi, par exemple, de la première manifestation qu'il a faite en arrivant, qui a été l'inauguration de l'École Centrale[46]. Là, il a voulu marquer clairement le prix qu'il attachait aux écoles d'ingénieurs, à la méthode de sélection par concours et à toute chose qui avait été largement battue en brèche par le ministère d'Edgar Faure. Autre exemple, quand il a reçu les lauréats du concours général. Ça ne s'était pas fait depuis longtemps[47]. Là aussi, il a voulu marquer clairement le prix qu'il attachait à ce que Chevènement appelle l'élitisme républicain. Alors, quelles autres manifestations ? Les déjeuners. Ça, c'était une cérémonie qu'il aimait bien, que tout le monde aimait bien, d'ailleurs, parce que, comme je vous l'ai dit, le chef cuisinier était devenu largement meilleur. [...]. Le précédent était franchement infect. Et donc, c'était devenu très agréable. [...] En soi, les déjeuners étaient toujours l'occasion de débats intelligents. Et c'était aussi une façon pour lui de prendre un peu conseil.

---

[46] Georges Pompidou inaugure les nouveaux locaux de l'École Centrale à Châtenay-Malabry le 17 octobre 1969.

[47] Le 1er juillet 1972 Georges Pompidou reçoit à l'Élysée vingt-quatre lauréats du concours général 1972. Comme le rappelle *Le Monde* du 4 juillet suivant, « en 1966, comme premier ministre, il avait participé à la remise des prix dans le grand amphithéâtre de la Sorbonne. Cette cérémonie, jugée trop solennelle, avait été supprimée en 1968, et l'année suivante, les épreuves du concours avaient eu lieu dans une semi-clandestinité. En 1970, M. Olivier Guichard avait reçu les lauréats au cours d'une cérémonie discrète à laquelle certains jeunes avaient donné quelques touches d'impertinence ».

Alors, j'ai organisé des tas de déjeuners de scientifiques, des déjeuners de grosses têtes de l'Institut, des déjeuners plutôt de littéraires, des déjeuners voire même d'administratifs du genre recteurs, grands professeurs, etc. C'était aussi une autre façon de s'exprimer.

Qui décidait des déjeuners ?
[…] Quand on avait une idée, c'était facile comme tout. Le matin, j'ai dit, tiens, ça fait longtemps et au fond, il y a un truc qui est intéressant, c'est qu'on lui parle un peu de l'évolution de la science. On a des bonnes choses à dire sur la propulsion linéaire des trains et les trains à grande vitesse, sur l'évolution du nucléaire, sur des choses comme ça. J'ai envoyé une note au Président de la République, sous le couvert de M. Balladur, en disant, je vous propose de faire un déjeuner là-dessus. Réponse, oui, ça m'intéresse. Et à ce moment-là, je composais le déjeuner et je le montrais à Balladur. Jamais on ne m'a refusé un acteur ou un participant. Le Président, dans des domaines qu'il connaissait, m'a demandé d'y rajouter une ou deux personnes, quelquefois.

Vous auriez des souvenirs de noms de convives ?
Oh, Seigneur ! Il y en a un dont je me souviens bien, c'est celui auquel participaient Zamansky[48], Louis Néel. Et ça, je m'en souviens bien parce que Néel, on lui a dit qu'il avait le prix Nobel quand il sortait de l'Élysée. Et ça a été une coïncidence absolument incroyable, où on a appris sa nomination comme prix Nobel de physique vraiment à la sortie du déjeuner. Et donc Zamansky, Louis Néel[49], qui avait-il d'autres ? Je me demande si je n'avais pas invité le doyen Poitou d'Orsay. J'avais dû inviter un ou deux grands médecins. Et on

---

48 Marc Zamansky (1916-1990), mathématicien, doyen de la Faculté des sciences de Paris de 1961 à 1970, créateur du Mouvement national pour le développement scientifique et membre organisateur du Colloque d'Amiens de mars 1968.

49 Louis Néel (1904-2000), physicien, directeur et président de l'Institut polytechnique de Grenoble et directeur du Centre d'études nucléaires, a reçu le Prix Nobel de physique en 1970 pour ses travaux sur le ferrimagnétisme. La nouvelle du prix Nobel était en fait connue lorsque le déjeuner est organisé à l'Élysée le 28 octobre. Les autres invités sont MM. Flacelière (École normale supérieure), Chapsal (Institut d'études politiques), Baron (École centrale de Paris), Fischesser (Mines de Paris), Thiébault (Ponts et Chaussées), Blanc-Lapierre (École supérieure d'électricité), Marty (Hautes Études commerciales), Wattebled (Arts et Métiers), Escande (École nationale supérieure d'électrotechnique, d'électronique et d'hydraulique de Toulouse), Benard (École nationale supérieure de chimie de Paris) et Corbier (École nationale supérieure de mécanique et aérotechnique de Poitiers).

avait invité l'inventeur du moteur linéaire, dont le nom me sort de la tête. Et alors il y avait aussi d'autres grands ingénieurs. Ah, il y avait le patron de Bertin[50]. Je suis idiot. Bon, enfin, dans l'instant, je n'ai pas les noms en tête. Je dis que je me souviens avec délice de ce déjeuner, parce que j'étais assis à côté de cet inventeur du moteur linéaire, qui a commencé par renverser son verre sur la table, et qui, dans le feu de l'action, l'a renversé une deuxième fois dix minutes plus tard. Et je me suis demandé si je finirais par attraper le Président de la République, tout en expliquant les progrès du moteur linéaire, qui n'a pas eu beaucoup de succès technique depuis. Et alors on a parlé beaucoup du train à grande vitesse. Il n'y avait pourtant personne de la SNCF.

Et comment se comportait le Président au cours de ce déjeuner ? Il écoutait beaucoup ?
Il écoutait énormément. Il écoutait beaucoup, il posait des questions intelligentes, et il s'attachait à ce que chacun parle de sa spécialité. Rien n'est plus bête dans un déjeuner que quand les gens commencent à vouloir sortir du domaine dans lequel ils sont bons. Car à ce moment-là, ça devient d'une effroyable platitude. Chacun ne parle plus que de, je dirais, l'intersection commune des compétences, c'est-à-dire quasiment le néant. Tandis que quand vous parlez de votre spécialité, quand vous en parlez bien, vous êtes passionnant. Alors le président s'attachait beaucoup à cela. Je me souviens, je ne sais plus si c'était avec René Huyghe[51] ou André Chastel[52] qui étaient venus à un autre

---

50 Sans doute Jean Bertin (1917-1975), inventeur de l'aérotrain, qu'il avait présenté à Georges Pompidou en 1965. Celui-ci a été invité à un déjeuner à l'Élysée le jeudi 13 mai 1971 auquel participaient des chercheurs, des industriels et des universitaires, pour évoquer le problème de la coopération en matière de recherche technologique entre l'université et l'industrie. Étaient également invités Maurice Barthalon, inventeur de l'Urba, un véhicule urbain de transport en commun ; Georges Chavannes, président d'une société qui fabrique des moteurs électriques (et futur ministre de Jacques Chirac) ; Raymond Castaing, professeur à la faculté des sciences d'Orsay et inventeur d'une sonde électronique ; Octave Gelinier, directeur général d'une société française spécialisée dans le domaine du « conseil « et de la formation des cadres ; Arnaud de Vitry, vice-président d'une société de financement, qui sélectionne des inventions et favorise leur mise en œuvre industrielle.

51 René Huyghe (1906-1997), historien de l'art, académicien français, auteur notamment de *Dialogue avec le visible* (1955).

52 André Chastel (1912-1990), historien de l'art, auteur notamment de *Art et humanisme à Florence au temps de Laurent le Magnifique* (1959).

déjeuner. Je crois que c'était l'histoire de l'art et l'enseignement artistique. Et s'attachant à faire parler, Chastel, de la Renaissance italienne, de l'enseignement, etc. Alors ça devenait complètement passionnant, évidemment.

Il y avait-il d'autres moyens de distinguer des professeurs ?
Bien sûr, les décorations. Les décorations, nous avons délibérément fait des palanquées d'officiers de la Légion d'honneur pour des proviseurs de lycées. De façon à ce que ça se sache bien qu'on aimait bien les proviseurs et qu'on aimait bien, je dirais, les lycées bien tenus. Ça a eu, je crois, un assez bon effet. En tout cas, ça s'est bien su dans la profession. [...] Qu'est-ce qu'on avait comme autres moyens ? Le Président de la République a relativement peu visité d'établissements scolaires ou d'universités. Je n'ai pas vraiment le souvenir de grandes visites d'universités ou d'établissements scolaires.

C'est vrai qu'ils se sont plutôt passés à partir du moment où vous n'étiez plus...
C'est ça, oui. À partir de 1973.

1973 ?
Oui, 1973. C'est Léoutre[53] qui a organisé ça.

Quelles étaient ses grandes conceptions en matière d'éducation ? Était-ce celle de sa formation humaniste qui prenait le dessus ?
Il est évident que Pompidou était d'abord un humaniste parce qu'il avait d'abord ancré de façon très profonde les fondements d'une formation

---

[53] Gilbert Léoutre, né en 1938, normalien (1960), agrégé de lettres classiques (1963), enseigna en lycée à Orléans avant d'entamer une carrière administrative (censeur, proviseur, inspecteur d'académie) et de devenir en 1973 chargé de mission au secrétariat général de la présidence de la République spécialisé dans les problèmes d'éducation. Il avait rencontré Georges Pompidou à l'Élysée en tant que proviseur du lycée d'Auch vers 1971. Il avait fait à cette occasion état du désordre qui régnait, d'après lui, à l'Éducation nationale. Par l'intermédiaire de Michel Bruguière, ancien camarade de l'École Normale Supérieure, il fait la connaissance de Jean-François Saglio, désireux de s'entretenir avec un proviseur. En janvier 1973, Pompidou demande à Michel Bruguière de lui proposer trois normaliens pour succéder à Jean-François Saglio, transféré au ministère de l'Environnement. Gilbert Léoutre est choisi pour son expérience de l'Éducation nationale en tant que professeur, censeur, proviseur et inspecteur d'Académie. Il s'occupera notamment de la création de l'université Aix-Marseille.

humaniste, c'est-à-dire une formation assise sur les auteurs classiques, avec leur prolongation moderne, allant jusqu'au contemporain évidemment, qu'il apprécie énormément, sur l'art classique mais là aussi allant jusqu'au moderne parce qu'il connaissait l'art moderne mieux que quiconque, enfin l'art contemporain mieux que quiconque.

En tout cas, tout ceci était appuyé sur quelque chose d'extrêmement construit, d'extrêmement solide dans sa tête. C'était appuyé également sur des valeurs extrêmement solides, les valeurs de travail, de cohérence, d'équilibre, de modération, de compréhension de l'autre.

Je crois en fait qu'il ne comprenait rien aux mathématiques et qu'il ne comprenait rien aux histoires scientifiques, ou très peu, ou qu'il n'en comprenait que les applications. Un jour il m'a dit que les mathématiques, à quoi ça sert ? À ce moment-là j'étais excédé, je lui ai dit, mais monsieur le Président, l'amour à quoi ça sert ? Je me suis même essayé de lui dire que les mathématiques c'était une façon, c'était à la base même d'une représentation physique de l'univers et que tant qu'on n'était pas capable d'organiser une représentation mathématique, on n'avait encore rien démontré, rien prouvé.

Quoi qu'il en soit, je crois qu'il y avait des types de formations qu'au fond de lui-même il n'aimait pas, il ne comprenait pas et il n'aimait pas. La formation américaine en est un exemple, c'est-à-dire une formation en tâche, par spécialisation qui s'articule mal les unes avec les autres. Une formation excessivement élitiste, peut-être à l'anglaise dans les collèges anglais. C'est aussi une chose que je lui ai entendu dire qu'il n'aimait pas non plus.

Nous avons rencontré Pierre Lelong, qui était son condisciple, et qui m'avait dit que Georges Pompidou n'était pas très convaincu par les sciences humaines.

Vous avez complètement raison, il était stupéfait par les thèmes des sciences humaines, du genre l'étude de l'implantation des bureaux de tabac dans les petits villages. Je pense que M. Lelong a dû vous dire quelque chose comme ça. Et effectivement, il se demandait ce qu'on pouvait en sortir et quel intérêt ça présentait. La sociologie… il ne pouvait pas l'encadrer. Et alors, je me souviens, lors d'un de ces déjeuners, qu'un type qui était là, en sociologie, mais justement, M. le Président, il me dit, à quoi ça sert ? Mais justement, ça sert beaucoup trop. Parce qu'à partir de la sociologie, on peut comprendre et prévoir beaucoup mieux ce qui va se passer quelque part. Et ça, c'est une chose qu'il n'a jamais comprise et qu'il n'a jamais crue.

[…]. Dans les langues étrangères, est-ce qu'il avait des préférences, ou bien les mettait-il toutes sur un pied d'égalité ?
Je ne l'ai jamais entendu en parler.

Est-ce qu'il est certain que dans la formation des khâgneux de son époque, l'allemand était largement privilégié ?
L'allemand était privilégié, oui.

Est-ce qu'il avait évolué ? Est-ce qu'il pensait que désormais, il fallait envisager d'autres langues vivantes ?
Je ne l'ai jamais entendu dire qu'il lisait une langue vivante étrangère dans le texte. Je crois en fait qu'il parlait mal l'anglais, qu'il ne parlait pas l'allemand, qu'il ne parlait aucune autre langue étrangère. Donc, il n'a jamais eu de rapport avec une langue étrangère vivante, comme il avait des rapports avec le latin ou avec le grec. Ça, c'est clair. Quelle conclusion en tirait-il ? Implicitement, probablement sans le dire, que c'était quelque chose d'une autre nature que le latin et le grec, en quelque sorte que la langue étrangère vivante était un objet pratique, mais pas nécessairement un objet qui devait être aussi, en quelque sorte, vénéré et considéré comme aussi structurant que le latin et le grec. Surtout le latin, d'ailleurs. […]

A-t-il tiré des exemples et des contre-exemples sur les modèles éducatifs qu'il a vus au cours de ses voyages à l'étranger ? Je pense notamment, en particulier, à l'Allemagne. Est-ce que, finalement, le lien économie…
Oui, tout à fait, l'apprentissage.

Est-ce que c'est quelque chose qui le séduisait ?
C'est certainement quelque chose qu'il comprenait, dont il comprenait la nécessité et l'efficacité, dont il voyait qu'elle pouvait être employée en France et que certaines formes d'enseignement devaient vivre ouvertes sur le monde et complètement sur le monde économique. Ça, il l'a dit à plusieurs reprises. Alors, est-ce que cela allait jusqu'à vouloir orienter exclusivement l'enseignement technique vers cette forme d'enseignement ? Réponse non. L'ouvrir beaucoup plus à cela ? Réponse oui, à l'évidence. Est-ce qu'il avait trouvé cet élément de réflexion dans l'exemple allemand ? Je ne crois pas. Je crois qu'il l'avait trouvé dans une réflexion française, et dans le fait que c'était dit, enfin,

l'apprentissage, ça a existé, ça marche dans certains pays, pourquoi est-ce que ça ne marcherait pas plus en France ? L'enseignement alterné, n'est-ce pas ? Ce qu'on a essayé de mettre en œuvre après. Bon, je vous ai parlé des États-Unis, de ce modèle d'enseignement qui était pour lui un contre-exemple. Je ne suis pas sûr qu'il y ait eu beaucoup de modèles d'enseignement auxquels il ait beaucoup réfléchi. En tout cas, je n'ai pas eu l'occasion de lui en parler.

Était-ce un modèle ouvert, un modèle évolutif, qui pouvait éventuellement changer, être modifié selon les discussions, selon les rencontres ?
Réponse oui, beaucoup, mais quand il avait une conviction, ce n'était pas la peine de lui en faire changer. Ça, ça ne marchait pas. Cela dit, il était parfaitement ouvert. Bien qu'ayant une conviction, je crois qu'au fond, il était d'accord pour convenir que si les autres étaient convaincus du contraire, s'ils essayaient de lui démontrer, il disait, après tout, laissons faire, c'est peut-être eux qui ont raison. Bien qu'étant un homme de conviction, n'est-ce pas ? Mais je crois que chez lui, le respect de l'autre l'emportait sur les désirs de faire passer sa pensée.

Revenons un peu à notre sujet. Sur quoi est-ce qu'il a pu évoluer ? Sur l'enseignement technique, il a beaucoup évolué. Il est arrivé en 1969 avec une idée de l'enseignement technique qui était un peu un parent pauvre. Et après, il n'a eu de cesse que d'essayer de montrer que l'enseignement technique devait se situer au même niveau que l'enseignement classique. Je n'ai pas d'autres exemples en tête.

On dit souvent que Georges Pompidou avait le souci de la stabilité. Il prônait un maintien des hiérarchies. Qu'en pensez-vous ? Est-ce vrai ?
C'est vrai. Pompidou avait un souci d'abord de la cohérence. Et il avait un souci de l'évolution maîtrisée. C'est-à-dire pas nécessairement de la stabilité, de la hiérarchie, mais de l'évolution maîtrisée. Quand une organisation était en place, avec ce qu'elle suppose de hiérarchie, il n'était certainement pas un homme à vouloir tout flanquer par terre du jour au lendemain. Et il avait, vis-à-vis des projets de réformes qu'on lui présentait, et qui auraient tendu à remettre en cause un peu systématiquement la hiérarchie, une attitude très dubitative. Il estimait que tous les hommes politiques qu'il avait rencontrés avaient tendance à proposer des réformes non pas tellement pour le bien de

l'objet réformé que pour leur propre bien, que pour la satisfaction de leur propre égo. Et ça le rendait assez dubitatif. Est-ce qu'il attachait beaucoup d'importance à l'agrégation et au concours de recrutement bien différencié ? Beaucoup. Il attachait beaucoup d'importance au concours, au principe du concours, à l'agrégation, pour toutes les raisons que vous imaginez, de tradition, de l'élitisme républicain auquel il était particulièrement attaché, parce que, autre chose que je l'ai entendu dire, tous ces concours obligeaient à acquérir à la fois des méthodes et une capacité de travail complètement irremplaçables.

Alors, appréciait-il tous les concours ? Non, certainement pas. L'agrégation est certainement l'un de ceux qu'il appréciait. Maintenant, les concours d'entrée aux grandes écoles, certainement aussi. Je pense qu'il aurait réformé avec plaisir un certain nombre de concours de l'enseignement supérieur, tels que l'agrégation de médecine ou l'agrégation de droit. Plus pour mettre un terme au copinage, remettre un peu d'ordre, que pour le concours lui-même, qu'il aurait maintenu probablement.

Iriez-vous jusqu'à dire que Georges Pompidou a voulu préserver la formation donnée aux élites et pratiquer quelques adaptations face à la montée des effectifs et des concessions au niveau pédagogique ?
Rude question. Je crois qu'il a voulu faire les deux. Je crois qu'il a voulu maintenir la qualité de la formation donnée aux meilleurs, que les élites soient bourgeoises ou pas, peu importe, et tout en permettant puisque l'enseignement supérieur se développait, ce qu'il a toujours voulu comme Premier ministre et comme Président de la République, il n'a jamais mis de barrière au contraire au développement du secondaire et du supérieur, tout en essayant de préserver la qualité de l'enseignement secondaire et supérieur devant la marée qui arrivait.

Je l'ai entendu dire qu'il fallait abattre des pans entiers des programmes qu'il trouvait beaucoup trop importants, estimant que chaque inspecteur général rajoutait ses propres dadas dans les programmes. Donc ce n'était certainement pas un modèle encyclopédique qu'il poursuivait. C'était beaucoup plus, semble-t-il, un modèle cohérent. Alors se rendait-il compte que ce modèle était de moins en moins adapté à la masse des élèves ou des étudiants ? Je ne crois pas. Maintenant, pour vous dire la vérité, je ne suis pas sûr du tout que ce modèle soit de moins en moins adapté. Je crois que c'est nous qui allons manquer d'exigence vis-à-vis des étudiants et des élèves.

Nous allons évoquer la part des héritages. Tout d'abord, est-ce que le passé de professeur de Georges Pompidou se marquait dans ses façons de penser et d'agir ?
Non, hormis une culture encyclopédique, je n'ai pas vu de traces de son passé de professeur. Ni dans sa façon d'être. C'est un homme parfaitement bien élevé et courtois. Je n'ai jamais vu Pompidou donner des leçons, même à ses ministres. Dieu sait qu'il devait en avoir envie. Bien qu'il connaisse bien le fonctionnement de l'Éducation nationale, il laissait chacun s'exprimer dans ce domaine.

Est-ce qu'on pouvait détecter des réactions potentielles du corps des enseignants face à certaines réformes ?
Oui, évidemment. Dès qu'on mettait en cause l'autorité ou le rôle du professeur, c'est une chose qu'il ne supportait pas. Dès qu'on mettait en cause l'autorité ou le rôle du chef d'établissement, c'est également une chose qu'il ne supportait pas. Le rôle ou l'autorité de l'instituteur devant ses élèves, toutes ces choses lui paraissaient absolument fondamentales. Peut-être était-ce par son passé de professeur ayant été dans ces mécanismes bien huilés de son temps.

Je reviens un peu à ça. On parlera peut-être de l'orientation, sinon parlons-en maintenant. Il a certainement été hostile à l'orientation scolaire. C'est-à-dire qu'il ne l'a pas du tout facilitée. Il a essayé d'obtenir que l'orientation scolaire ou dans le secondaire interfère le moins possible avec ce que les professeurs ou les familles pouvaient dire de l'avenir des enfants ou de l'avenir qu'elles souhaitaient aux enfants ou des capacités des enfants. Finalement, il la considérait comme une espèce de mal nécessaire ou de mal subi plutôt que nécessaire dans la mesure où elle pouvait affecter l'autorité des professeurs et l'autorité des parents.

Georges Pompidou vous a-t-il parlé de ses raisons ou de ses oppositions du temps où il était Premier ministre ?
Non.

Est-ce qu'il vous a fait part, du temps où il était Premier ministre de ses réflexions sur l'éducation nationale, des erreurs ou des échecs de cette période ?
Non.

Et des dangers de faire telle ou telle réforme ?
[…] Il y avait des réformes dont il était content. Les IUT, par exemple. C'est une chose dont il était content. Il était content des professeurs d'enseignement général de collège. Il trouvait que la réforme des PEGC avait été une bonne réforme. À propos de la sélection à l'enseignement supérieur, je ne l'ai jamais entendu en parler. Et pourtant, je crois qu'il était pour. Qu'il était pour et qu'à défaut, on en parlera peut-être, à défaut, il pensait que le salut de l'enseignement supérieur passerait par la mise en concurrence des établissements d'enseignement supérieur et par une classification qui se ferait entre eux. Tout en acceptant qu'il y ait un certain nombre de diplômes nationaux, ce qu'il aurait voulu, c'est que l'on dise « Je suis licencié de l'université d'Orléans, de la Sorbonne, etc. » De façon que, implicitement, se fasse une classification. D'ailleurs, à cet égard, le système américain est pas mal foutu. Le système américain lui plaisait bien. « Ph.D. de telle université » ou « Master de telle université ».

Vous a-t-il parlé des événements de mai 68 ?
Jamais. Non, jamais

[…]

Pourquoi, d'après vous ?
D'après moi, je crois qu'il a été profondément blessé qu'ayant donné tellement de moyens et de possibilités de développement à l'enseignement et à l'université, les choses aient dérapé de la sorte. Je crois que c'est une chose qu'il a peut-être comprise par la suite mais qu'en tout cas, à mon avis, il n'avait pas vu venir. Dans une réunion de cabinet je lui avais parlé de l'international situationnisme. Je ne sais pas si ça évoque quelque chose pour vous, Rudi Dutshke dit Rudi le Rouge, l'Allemand de Stuttgart ou de Francfort, et puis ce qui était arrivé après dans l'université de Strasbourg, qu'on appelait l'international situationnisme, ça s'est passé au début de 1967[54], et c'est ça qui a servi

[54] En 1966-1967, l'International situationnisme avait pris le pouvoir dans la section locale de l'UNEF et avait utilisé celle-ci pour éditer *De la misère en milieu étudiant considérée sous ses aspects économique, politique, psychologique, sexuel, et notamment intellectuel et de quelques moyens pour y remédier* qui allait connaître par la suite de multiples rééditions.

d'amorce à tout le mouvement universitaire, c'est de là que sont partis Alain Geismar et d'autres. Eh bien, à sa réaction, je me suis rendu compte qu'il se souvenait à peine de ce que c'était que l'international situationnisme. Et je me dis, il n'a probablement pas vu venir ça, ou peut-être que ses conseillers l'ont sous-estimé. Et pourtant, Michel Bruguière m'en avait beaucoup parlé dès la fin 67, et il sentait monter quelque chose, et il poussait Peyrefitte à réagir. Mais s'agissait-il de réagir à la trique, ou de réagir en essayant de comprendre et de canaliser ? A la vérité, Peyrefitte n'a rien fait, ni d'un côté ni de l'autre.

Les conceptions du Président de la République étaient-elles en léger décalage avec celles d'Olivier Guichard, qui était plus au fait des syndicats, plus au fait des pressions et de revendications ?
Olivier Guichard, c'est un merveilleux homme d'État. C'est un type que j'aime de tout mon cœur. Olivier Guichard, il mesure 1m95, et il regarde les choses du haut de son mètre 95. [...] C'est un ancien de l'École libre des sciences politiques, etc. Il aimait beaucoup Georges Pompidou. Olivier Guichard n'a eu qu'une passion dans sa vie, c'est l'aménagement du territoire. Olivier Guichard, c'est un girondin. C'est un girondin qui pense que l'équilibre de la France, c'est la région. D'où l'aménagement du territoire, d'où le fait de donner à chacun, à chaque parcelle de territoire sa chance, d'où le fait de pouvoir retailler probablement le territoire de manière à ce qu'il y ait le niveau de la région, le niveau de la commune, probablement de la grande commune, le niveau national, et puis c'est tout.

C'est sa passion. L'éducation, non. L'éducation pour lui, ça a été essentiellement de la manœuvre. De la manœuvre entre syndicats, entre hommes de part et d'autre. Un jour, Guichard m'a dit, vous savez, Saglio, l'éducation, ce n'était pas bien difficile. Une fois qu'on avait compris qui étaient, comment étaient les forces en présence et qui étaient les hommes qu'il fallait opposer les uns aux autres, ou manœuvrer en même temps, on pouvait avancer. Donc c'était vraiment ça son problème. En revanche, Pompidou, lui, avait des convictions dans l'éducation dont j'ai parlé. Les convictions de solidité de l'enseignement classique, etc. Ils ne se sont pas opposés parce qu'ils n'ont pas eu à le faire. Guichard a peut-être dit, a fait sentir à Pompidou qu'il y avait des choses qu'il ne pouvait pas faire, qu'il ne pourrait pas arriver à faire passer. Mais c'est plus comme ça que ça posait les problèmes. Et qu'il était d'accord pour prendre la direction d'ensemble [...]. Alors, en revanche, Chaban, lui, avait des idées qui, quelquefois, étaient tout à fait opposées à celles de Pompidou. Chaban était viscéralement opposé à toute forme de sélection. Était-ce chez lui une conviction profonde, était-ce par calcul politique ? Franchement, je n'en sais rien. Je pense qu'il y a beaucoup de calcul politique là-dedans. Je me suis engueulé avec Chaban à propos de la sélection en médecine, personnellement, et c'est encore une engueulade dont je me souviens très très bien. Ceci à titre d'exemple. Chaban et son cabinet n'ont eu de cesse que de faire tomber tout l'enseignement classique dans le premier cycle du secondaire. [...] Et on a obtenu la réintroduction en quatrième du grec.

Ça, c'était Chaban. Chaban avait repris les bottes d'Edgar Faure et surtout du conseiller de Chalendar[55], du conseiller d'Edgar Faure, dans ce domaine. Chaban était prudent. Mais les relations auraient vite tourné à l'aigre avec Pompidou là-dessus. Et finalement, est-ce que pour Georges Pompidou, le bilan d'Olivier Guichard était satisfaisant ? Pas vraiment. Pierre Juillet n'a pas facilité la vie d'Olivier Guichard. Il était extrêmement rigoureux, rigoriste dans ses choix, dans ses orientations, et tout à fait attaché à la hiérarchie, à l'encadrement, etc. Et comme Guichard était amené à lâcher du lest [...] sur les contenus et sur l'encadrement, Pierre Juillet ne comprenait pas. Donc je dirais que Pompidou a eu à côté de lui plusieurs personnes qui lui ont dit beaucoup de mal de Guichard. Il y a eu Juillet, il y a eu, bien sûr, Domerg, qui ne peut pas encadrer Guichard. Il y a eu... Balladur... Non, Balladur était assez compréhensif. Jobert, ce n'était pas son truc. Pompidou a regretté certainement que le passage de Guichard ne se soit pas traduit par un ressaisissement vers l'effort et vers la cohérence. Il a reconnu à Guichard que son passage s'était traduit par le calme, la remise au travail des uns et des autres. Mais je dirais que l'espèce de lent glissement, le lent dérapage de l'éducation s'est poursuivi, et ça, il a probablement regretté que Guichard ne s'y oppose pas plus énergiquement.

Olivier Guichard, quand il quitte le ministère en 1972, déclare : « Quand je suis arrivé au ministère de l'Éducation nationale, les problèmes s'appelaient latin,

[55] Jacques, comte de Chalendar (1920-2015). Inspecteur général des finances, conseiller d'Edgar Faure, il a publié *notamment Une Loi pour l'Université, avec le manuscrit inédit d'Edgar Faure*, DDB, 1970, *L'Aménagement du temps*, DDB, 1971, *Une vie passionnée*, 2011 (à compte d'auteur).

agrégation, ordre, institutions universitaires. Il a fallu écarter ces faux problèmes. Les vrais problèmes s'appellent aujourd'hui fonction enseignante, vie et rythme scolaire, perfectionnement et formation des maîtres, finalités universitaires »[56]. *Est-ce que ce n'était pas finalement aussi une part de désaveu des priorités données par Georges Pompidou ?*
Les priorités données par Georges Pompidou, la formation des maîtres, étaient tout aussi importantes. Tout aussi importantes, même peut-être bien plus importantes. Rythme scolaire… Guichard s'en foutait, Pompidou aussi. Non, rythme scolaire, Pompidou ne s'en foutait pas dans la mesure où il trouvait que les programmes étaient beaucoup trop importants et que les élèves travaillaient trop, etc.

Mais, vous savez, travailler le samedi ou pas travailler le samedi, travailler l'après-midi ou pas l'après-midi, franchement, il ne faut pas exagérer, ce n'est pas ça qui préoccupait beaucoup Guichard et Pompidou. Non, il faut voir dans ce que Guichard a écrit ou dit, il faut surtout voir de la part de Guichard un acte politique, enfin, qui est destiné aux syndicats, parce que c'est le langage des syndicats que vous me dites là.

Avec Joseph Fontanet, quels étaient les rapports ?
Joseph Fontanet était extrêmement soucieux de bien comprendre ce que souhaitait le Président de la République et Fontanet était extrêmement soucieux de l'humanisme, que l'éducation ait une fonction humaniste. Pour Pompidou, l'éducation, c'est d'abord un contenu, c'est d'abord apprendre, c'est d'abord une méthode. Pour Fontanet, l'éducation, c'était peut-être d'abord contribuer à une formation humaine. Et il était tout à fait d'accord pour qu'on parle des contenus, mais tout ceci devait converger vers une formation humaine. Alors, je dirais que Fontanet est une espèce de saint laïque, enfin moi j'ai beaucoup apprécié ce type, et il avait un rayonnement, il avait un charisme, un caractère tel que Pompidou le respectait beaucoup.

---

[56] Propos tenus par Olivier Guichard dans une conférence de presse le 6 juillet 1972 (voir *Le Monde* du 8 juillet 1972).

Est-ce que le fait que Fontanet soit un démocrate-chrétien a changé les relations avec les syndicats ?
Non. Peut-être un peu avec le SNALC, mais qui était complètement ectoplasmique, mais avec le SNES, pas du tout, avec le SGEN, bof ! Je vous dis non et en même temps ce n'est peut-être pas tout à fait vrai. Dans la forme, un peu. C'est-à-dire que Fontanet avait plus facilement le verbe du démocrate-chrétien, le cœur en bandoulière, qui est un truc que les syndicats ont plus de mal à démonter. Mais sur la forme peut-être un peu, sur le fond, non.

Nous allons passer à la deuxième grande partie de cet entretien, concernant plus précisément les réformes. Mais d'abord, dans un premier point, la situation en 1969. Quelle était l'opinion de Georges Pompidou sur la situation dans l'Éducation nationale au moment de son arrivée ?
Il trouvait que l'université, sauf les grandes écoles et sauf à la rigueur la médecine, était complètement démolie. Il trouvait qu'il fallait la rebâtir. Et il trouvait que l'enseignement secondaire n'allait pas bien. Donc là aussi il fallait le reconstruire. Mais peut-être moins profondément atteint que le supérieur. Quant au primaire, non. Pour lui le primaire c'était essentiellement une question d'hommes, de soutien moral et de moyens. Mais le primaire lui paraissait remplir assez bien sa fonction.

Comment jugeait il l'héritage d'Edgar Faure ?
Épouvantable. Pas de mots pour dire ce qu'il en pensait. Pour lui Edgar Faure était un illusionniste. [...] Et un homme qui n'avait pas de parole. C'est-à-dire que c'était le contraire de ce qu'il aurait fallu à l'Éducation nationale.

Donc c'est la personnalité d'Edgar Faure plus que son action même ?
C'est les deux. [...]

Mais qu'est-ce qui était le plus inacceptable aux yeux de Georges Pompidou ?
N'avoir jamais dit non. Avoir laissé se délabrer l'ensemble, si vous voulez. Je vous parle d'impression ou peut-être de bribes de conversation que j'essaie de reconstruire. Mais je crois que c'est ce qu'il n'a pas accepté. C'était cette

impression qu'en un an, il y a eu le sentiment que rien n'avait été reconstruit. Que tout avait été délabré, mis en chantier, décousu. Et qu'au fond, on ne voyait pas de plan pour reconstruire et recoudre quoi que ce soit. C'était une impression d'homme politique qui se déplace sur la vague mais qui n'essaie pas du tout d'orienter ou de chercher [à influencer] son temps ou les choses qu'il a en responsabilité.

Pourriez-vous nous donner une idée du problème de l'ordre, comme on dit souvent, à ce moment-là ? Quelle était l'ampleur de ce problème ?
Écoutez, là aussi, je travaille un peu de mémoire. Mais ce que je sais, c'est qu'il n'était pas de semaines, à partir de mai 69, ou juin 69, il n'était pas de semaines où les étudiants ne sortent dans la rue pour une raison ou pour une autre, balancent des cailloux dans les vitres, ne fassent la grève. Je me souviens. Généralement, ça se passait à la fin de la semaine. Comme ça, ça permettait à tout le monde de partir en week-end. Non mais c'est vrai, c'était comme ça que ça se passait, à partir du jeudi. Vraiment, allez, boum, la pagaille le vendredi, on arrête tout. Comme ça, tout le monde part en week-end. Pour complètement n'importe quoi, des motifs qui étaient complètement futiles, c'était on veut des contrôles continus, on ne veut pas d'examens, ou on veut des examens et pas de contrôles continus, ou on n'a pas assez de travaux pratiques, ou on en a trop, ou il n'est pas question de fusionner tel UR avec tel autre, etc.

Quels étaient les points chauds ? Les points chauds, c'était Paris 6, c'était Jussieu, c'était Nanterre. Nanterre qui était le point chaud. Heureusement qu'il y avait un homme comme René Rémond, qui était extraordinaire, qui arrivait malgré tout à faire tourner la baraque. Progressivement, on savait comment faire, on a su comment faire. Et puis il y avait Vincennes, évidemment. Vincennes, comment s'appelait le patron de Vincennes ? J'ai oublié son nom, le pauvre[57]. C'est effroyable, effroyable métier. Et puis alors, en 1970, il y

[57] Les deux premiers présidents de Vincennes sont l'économiste Michel Beaud puis l'agrégé de russe Claude Frioux.

a eu les lycées, il y a eu des grandes vagues de grèves dans les lycées. Alors les points chauds, c'était Turgot[58], c'était Buffon[59], c'était Michelet[60]. Les grands

---

58 Plusieurs incidents se sont déroulés dans ce lycée à la rentrée 1970. Le samedi 14 novembre, un commando de lycéens et d'étudiants d'extrême droite s'est opposé brutalement, devant le lycée, à des lycéens gauchistes. Le surveillant général de l'établissement, qui tentait de s'interposer, a été jeté à terre et frappé à la tête. Il a été admis en observation à l'hôpital Saint-Louis. Le proviseur du lycée a porté plainte. Le lundi 16 novembre, peu avant 16 heures, un professeur de langue de l'établissement, qui faisait un cours devant des élèves de classe terminale, a été attaqué par un groupe d'une vingtaine de jeunes gens venus de l'extérieur, le visage masqué par des foulards. Le professeur a été frappé à coups de pieds de chaises métalliques ; il a pu regagner son domicile, escorté par des collègues. Ce second commando - vraisemblablement d'extrême gauche - est entré en force dans plusieurs autres salles, sans toutefois se livrer aux mêmes violences. Ce nouvel incident a motivé la décision du recteur de fermer provisoirement l'établissement. Les parents d'élèves (ou les tuteurs légaux) sont invités à venir au lycée, à partir du 18 novembre, accompagnés des élèves, pour les réinscrire. Les uns et les autres devront signer l'engagement de respecter le règlement intérieur adopté par le conseil d'administration en 1969, donc de ne rien faire « qui puisse troubler le cours normal de l'établissement ». L'organisation de manifestations ou de réunions non autorisées, ou la simple participation à de telles réunions, les inscriptions sur les murs, la distribution de tracts et de journaux à l'intérieur du lycée, des menaces ou voies de fait envers des personnes, sont notamment interdites (*Le Monde*, 18 novembre 1970).

59 Le 20 janvier 1970 au matin, des incidents se produisent au lycée Buffon. à Paris, à l'issue d'une assemblée qui avait réuni environ deux cents lycéens. Une vingtaine d'entre eux pénètrent par effraction dans le bureau du proviseur et tentent de constituer à l'entrée une barricade de meubles. A l'appel du proviseur, des policiers sont intervenus, et les manifestants évacuent les lieux sans résistance. Les lycéens protestaient contre la convocation devant le conseil de discipline de deux de leurs camarades, accusés d'avoir organisé une manifestation interdite par le conseil d'administration, et d'avoir insulté un professeur. Des sanctions légères sont prises en conseil de discipline (*Le Monde*, 20 et 21 janvier 1970)

60 Ce lycée de Vanves est fermé le 13 janvier 1970 à la suite de divers incidents qui ont entraîné l'exclusion de deux élèves, et la rentrée a ensuite été échelonnée sur plusieurs jours. La grande majorité des élèves rentre dans le calme, en présentant un papier que l'administration leur avait remis après engagement écrit de leur part de respecter le règlement intérieur du lycée et de ne pas faire grève. Mais une trentaine d'élèves d'extrême-gauche, dont l'élève de philosophie exclu du lycée, pénètrent de force à l'intérieur le 21 janvier sans présenter le billet d'entrée et déambulent au moment de la reprise des cours dans les couloirs de l'établissement en entonnant *l'Internationale* et en clamant des slogans hostiles à l'administration et demandant « la réintégration des camarades ». La police intervient alors dans le lycée. Accueillie par des jets de pierres, elle procède à une dizaine d'interpellations (*Le Monde*, 21 janvier 1970).

lycées du genre Louis-le-Grand, Henri-IV, et Saint-Louis n'ont pas beaucoup bougé, Montaigne non plus. Tout était prétexte.

On est assez vite partis en vacances quand le Président de la République a été élu. La rentrée s'est plutôt pas mal passée, puis alors juste après la rentrée, ça a recommencé, les petites chicayas un peu de tous les côtés. Le baccalauréat s'était bien passé ? Parce que celui de 68, évidemment... Celui de 68, s'était très bien passé pour les candidats. Puisqu'ils ont tous été reçus, à peu près. Celui de 69, écoutez, relativement bien, je n'ai pas de souvenirs de grands drames pour le bachot de 69. Je crois qu'on est retombé dans des pourcentages de reçus, qui n'étaient pas mal. Et la rentrée de 69, j'ai souvenir que c'est là que Guichard a commencé à appliquer sa métaphore de l'armée rouge, où il a dit que l'Éducation nationale était un corps plus important que l'armée rouge, il y avait plus de responsables, etc., et qu'il l'avait mis en ordre de bataille dans des conditions convenables.

C'est vrai que la rentrée de 1969 s'est plutôt bien passée, de mémoire, c'est ce que j'ai en tête. Alors, les problèmes de gestion de l'ordre. On s'est rendu compte, si vous voulez, que ce n'était finalement pas tellement important, qu'après tout, ça touchait une fraction d'étudiants, que la pagaille s'est située au niveau du rez-de-chaussée, et qu'il suffisait de monter dans les étages pour trouver des salles dans lesquelles les gens travaillaient, les professeurs enseignaient. C'est moi ce que j'ai découvert, ce que j'avais fait quand j'avais été me promener. Dans les universités, dans les facultés de médecine, qui étaient en grève, en particulier à Cochin, et puis quand j'avais été me promener aussi à Nanterre et à Jussieu. Bon, tous étaient en grève, alors c'était le souk complet au rez-de-chaussée, avec le genre de type qui vendait des bijoux nègres, ou qui vendait tout le souk. Et tous les murs étaient graffités, alors à l'époque ça choquait encore, maintenant tout le monde s'en fout. Et au premier étage, en revanche, c'était très paisible, il suffisait de monter au premier étage et là ça allait. Bon, alors, l'embêtant c'était que les journaux, eux, ne voyaient que le rez-de-chaussée. Voilà, c'est tout. Si on avait pu dire...

Mais le Président de la République n'a-t-il pas posé comme préalable à toute réforme... La remise en ordre ?

La remise au travail, oui. La remise en ordre, non, il ne pouvait pas. [...] Quand j'ai été me promener dans l'université, je lui ai fait évidemment un rapport en lui disant que c'était le souk. Il s'est servi de mon rapport au conseil des ministres qui a suivi pour allumer Guichard. Guichard m'en a voulu. Bon, ça a peut-être un peu motivé Guichard pour essayer de remettre de l'ordre. Cela dit, je ne suis pas sûr qu'au fond de lui-même, Pompidou mettait un préalable à la remise en ordre au sens strict [...] Non, la remise au travail, oui, certainement. Les toute premières mesures qui ont été prises au cours de l'été 1969, je veux parler de l'initiation au latin en cinquième et de la notation par lettres qui a fait l'objet de controverses.

Est-ce que c'étaient des mesures symboliques pour Georges Pompidou ? Est-ce que c'étaient des mesures prises à l'initiative d'Olivier Guichard lui-même ?
La notation par lettres a compensé l'initiation au latin. Et oui, la notation par lettres est apparue comme une grande innovation alors que c'était une foutaise totale. [...] De toutes les façons, vous n'empêcherez pas qu'il y ait un plus, un zéro et un moins. Moyennant quoi A B C D, on notera sur 15 au lieu de noter sur 20. Après tout, c'est complètement indifférent. Et c'est exactement ce qui s'est passé. Enfin, vis-à-vis de l'opinion publique, c'est apparu comme une grande innovation. Et ceci compensait cela. Et je veux dire que c'est comme ça que je l'avais fait passer à Pompidou qui, a priori, n'aimait pas du tout la notation par lettres. Et quand je lui ai dit, après tout, regardez, ça se passe comme ça dans les universités américaines et dans tout l'enseignement secondaire américain. Et c'est extrêmement précis. Les a+, les a-, les a-, les b+, etc. On sait très bien que c'est comme ça que recrutent les universités, etc. Et au fond, après tout, on peut essayer ce truc-là. Alors, je crois que ceci a compensé cela. Je crois que c'était un peu voulu pour ça. Est-ce que c'était symbolique ? Oui, c'était certainement un symbole parce que, si vous voulez, c'était le genre de mesure qu'on peut prendre qui ne casse pas trois pattes à un canard quand on y réfléchit. Si vous voulez, c'est ce qu'a fait, par exemple, Giscard quand il est arrivé au pouvoir. Il a réformé à tour de bras sur les mœurs sans toucher absolument au fonctionnement de l'État ni aux dépenses publiques. Là, on réformait un peu la notation et ces trucs-là, sans toucher à des choses telles que la formation des maîtres, les horaires, la structure de l'enseignement, etc. Vraiment, ça ne touche à rien du tout. Et c'était le genre de petite mesure qu'on pouvait faire très vite pour montrer qu'on existait.

Pourquoi est-ce qu'au cours de la campagne présidentielle, la campagne électorale, le thème de l'éducation était non prioritaire, n'a pas été finalement très développé ?
Bon, je n'ai rien fait pour la campagne présidentielle, donc je ne veux pas vous répondre. Ce que j'ai pu comprendre après coup, c'est que c'est un thème sur lequel Pompidou était très mal à l'aise.

Après tout, c'est lui qui était Premier ministre quand il y a eu la révolte des universités, donc on ne peut pas dire que, dans ce domaine, il aurait pu en parler facilement. Donc c'était, du point de vue politique, probablement pas un très bon thème. Deuxièmement, le pays était tout de même encore assez sensible sur cette question de l'éducation, et je crois que, d'une façon générale, Pompidou avait véritablement horreur d'ajouter au désordre. Ça, c'est un trait de son caractère. Comme je l'ai dit tout à l'heure, il se méfiait énormément de la propension que les hommes politiques ont à créer des problèmes là où il n'y en a pas, et à accroître l'acuité des problèmes, alors que, pour lui, les solutions passent d'abord par, je dirais, le débat et l'apaisement. C'est les deux raisons qui me viennent à l'esprit.

Le premier Conseil restreint a eu lieu en juillet 1969.
Oui[61].

Est-ce que, là aussi, c'est un symbole ?
C'est un symbole. C'était un symbole plus que du contenu, parce qu'il n'y avait pas de contenu du tout. Ça, je peux vous le dire, on n'a parlé de rien du tout. Ils se sont tous pris les pieds dans le tapis à parler. Quand ils ont commencé à parler, moi, je débarquais, je ne connaissais rien, à peu près. Et je me souviens qu'ils ont commencé à dire qu'il fallait que, pour les sujets du bachot, il n'y ait plus un sujet unique pour la France, mais que ce soient des sujets par académie. Alors, moi, qui ne connaissais rien, je me disais, mais attends, mais ce n'est pas un sujet unique. Je n'ai rien osé dire. Et après-coup, naturellement, ils ont découvert que c'étaient des sujets par académie et plus un sujet unique. Donc, ça vous montre, si vous voulez, le niveau.

---

[61] Le 15 juillet 1969. Jacques Chaban-Delmas, premier ministre, Olivier Guichard, ministre de l'éducation nationale, Pierre Billecocq, secrétaire d'État à l'Éducation nationale, participaient à cette réunion ainsi que Valéry Giscard d'Estaing et Jacques Chirac, respectivement ministre et secrétaire d'État à l'économie et aux finances (*Le Monde*, 16 juillet 1969).

Bon, c'était plus un symbole qu'autre chose. Le président de la République voulait montrer qu'il s'y attachait, qu'il y attachait du prix. Il voulait qu'on rebatte les choses hors d'ordre, mais ça a été un échange de fadaises. Alors, je ne sais pas si vous avez retrouvé le procès-verbal. Notamment sur ce point particulier du bac, des sujets académiques ou nationaux. Bon, et après coup, j'ai dit à Jobert, vous savez, je croyais bien que c'était par académie, mais je n'ai pas osé le dire. Moi, j'étais tout petit dans mon coin. Mais le sujet, le compte rendu n'a pas dû vous éblouir par la profondeur, parce que, vraiment, on n'a dit que des conneries.

Avant de passer aux réformes de structure, nous allons revenir quelques instants sur la réforme Faure. Est-ce que Georges Pompidou rejetait en bloc la réforme Faure, ou est-ce qu'il en trouvait quelques points positifs ? La loi d'orientation sur le supérieur, avec la pluridisciplinarité, la suppression des facultés, la création des unités d'enseignement et de recherche, etc. Est-ce que le Président de la République était résolu à appliquer la loi ?
Je crois que le Président de la République était résolu à appliquer la loi. Ça, c'est une constante. Et Guichard, d'emblée, lui a dit, il faut appliquer cette loi. À partir de là, il fallait restructurer les universités, c'est-à-dire les découper, faire disparaître les facultés pour faire apparaître à la place des unités d'enseignement et de recherche (UER), et tâcher d'organiser des rapports entre les enseignements et les contenus d'enseignement qui soient plus ouverts et plus fréquents et plus faciles. Des filières de formation un peu plus pluridisciplinaires, pour reprendre ce mot. Il fallait aussi organiser différemment les organes de direction des universités. Je crois que, globalement, Pompidou ne pensait pas grand bien de cette réforme. Cela dit, il n'envisageait pas que la loi ne soit pas appliquée et il n'envisageait pas de faire prendre une autre loi sur l'enseignement supérieur. Tout au moins dans l'immédiat. Bon, les choses auxquelles il s'attachait, c'était que cette réforme ne conduise pas à des absurdités. C'est-à-dire qu'on fasse des ensembles universitaires qui soient autant que possible à peu près complets, et que l'autorité des professeurs soit sauvegardée. Voilà, je vous dirais que ce sont peut-être les deux choses importantes. En ce qui concerne des choses comme faculté ou pas faculté, je ne crois pas. Je crois qu'il regrettait la disparition des facultés de droit, de lettres, etc. En faisait-il quelque chose de très important ? Je ne crois pas. L'apparition des UER. Je crois que c'est

plus le vocable d'UER qui le crispait que la notion de ce que recouvraient les UER, n'est-ce pas ? Qui étaient au fond des mini-facultés. Je crois que ce qui agaçait prodigieusement le Président de la République, c'était en général les initiales et les mots pas français, ou les mots [à] plus de 4 syllabes. Parce que pour lui, ça témoignait simplement de la confusion d'esprit. En revanche, le pouvoir des professeurs, ça c'est une chose auquel il tenait beaucoup. Il disait que les étudiants sont là pour passer dans l'université, tandis que les professeurs, c'est eux qui la construisent et c'est eux qui la font. Dès lors, il est tout à fait normal d'écouter les étudiants, il est tout à fait normal de les entendre, mais il n'est pas normal de les faire participer directement à des actes de gestion fondamentaux. En particulier sur le contenu des enseignements, ou sur les notations, ou sur les sanctions des enseignements. Deuxièmement, à l'égard des personnels de services, il était non pas réservé, mais complètement hostile à la participation des personnels de services, des IATOS comme on dit maintenant, dans les organismes de direction des universités.

Voilà ce que je peux vous dire là-dessus. En revanche, il est évidemment tout à fait d'accord sur tout ce qui pourrait moderniser les enseignements, c'est-à-dire les rendre plus attractifs et plus pleins. Mais en complet désaccord avec ce qui pouvait, je dirais, faire disparaître la rigueur de l'enseignement en général. On a parlé de l'histoire, pour lui l'histoire c'était bien sûr l'histoire des idées, etc. Mais c'était d'abord l'histoire événementielle et l'histoire des hommes.

Mais finalement, est-ce que cette application de la réforme Faure, ce n'était pas aussi une mise à l'épreuve ? Est-ce qu'il croyait que cette réforme pouvait résister un certain nombre d'années ? Je pense qu'au fond de lui-même, il pensait que la réforme Faure conduirait, et c'était la meilleure chance qu'elle avait, conduirait à ce que les universités se fassent concurrence. C'est-à-dire que l'on aboutirait à des universités, j'en viens aux diplômes nationaux dont je vous ai parlé tout à l'heure, on aboutirait à des universités qui seraient réputées comme bonnes, dans lesquelles il y aurait de bons professeurs, de bons élèves, etc., et qu'il se ferait progressivement une gradation. Puisqu'on ne pouvait pas faire de sélection, c'était une façon de fournir un enseignement, l'État étant chargé de s'assurer que l'enseignement fourni avait au moins un niveau minimum, mais après, les gens se classaient d'eux-mêmes.

Mais est-ce que cela était en contradiction, finalement, avec l'aménagement du territoire ? Parce qu'on risquait d'avoir des petites facultés dans certaines provinces, et les grandes facultés, bien entendu, à Paris ?
Oui, je crois que le désir de Guichard… Oui, parce que l'aménagement du territoire, pour Pompidou, c'était un aménagement du territoire économique. Il le voyait plus sur le plan économique que sur le plan de l'égalisation des chances intellectuelles partout. Deuxièmement, ça voulait dire qu'il y aurait quelques centres d'excellence à travers la France. La faculté de médecine de Montpellier, celle de Lyon, était aussi bonne que celle de Paris, à l'époque. Évidemment, pour les lettres classiques, c'était Paris, c'est clair. Mais pour les mathématiques, Nice était aussi bonne qu'Orsay, etc. Donc, après tout, on pouvait imaginer qu'avec ce système, pourraient se créer à travers la France des centres d'excellence qui donneraient une certaine diversité, une certaine variété. Le cas de la médecine est à mettre à part, notamment à propos du *numerus clausus*.

Qui l'a convaincu de ce système et comment ?
Moi. Vous savez, j'en suis très content. Un jour, je suis arrivé chez le Président de la République : « Vous n'avez pas d'idée, M. le Président, de la vitesse à laquelle se dégradent les études de médecine. Les professeurs de médecine ont une terreur panique de leurs élèves, ont une terreur panique de perdre leurs privilèges. Les doyens, pire encore, il faut absolument rétablir un *numerus clausus*. Deuxièmement, j'observe qu'il n'y a aucune liaison entre le nombre de médecins et le taux de morbidité d'une population. En revanche, il y a une corrélation de 99 % entre le nombre de médecins et les dépenses de sécurité sociale. Or, le médecin est le seul homme en France à pouvoir prescrire des dépenses publiques sans aucun contrôle. Puisqu'à l'époque, il n'y avait absolument aucun contrôle. Il n'y avait pas de profil médical et tous ces trucs qu'on a mis depuis. La conclusion s'impose d'elle-même. Il faut limiter le nombre de médecins ». C'est un argument que j'avais ressorti, mais que j'avais un peu travaillé, notamment sur le premier point, la corrélation entre le taux de morbidité et le nombre de médecins, et surtout la corrélation entre les dépenses de médecine et le nombre de médecins.

Le Président en a été convaincu et m'a dit, allez-y. C'est surtout, je crois, Juillet qui en était convaincu. Pierre Juillet qui a trouvé que c'était très bien, parce que ça allait embêter Guichard, et surtout embêter Chaban. C'est peut-être un raccourci, mais je pense qu'il y avait beaucoup de ça. Parce qu'en plus, ça allait dans le sens où, comme je dis, Juillet était un homme qui était très rigoureux. Le Président de la République, en étant convaincu, me l'a fait savoir, et c'est moi qui ai été prêché chez Guichard, qui a vite senti que le Président le souhaitait, puis chez Chaban, et ça s'est terminé à la sortie d'une réunion à propos d'un autre sujet à Matignon, où Chaban me dit que la sélection en médecine, ce n'est pas une bonne chose. Et je lui dis, M. le Premier ministre, c'est une nécessité absolue. Et il me dit, mais les professeurs de médecine n'en veulent pas. Naturellement, les professeurs de médecine, qui avaient peur de tout, surtout peur de perdre leur avantage, avaient commencé à glisser, et ils n'en veulent pas. Et je leur dis, M. le Premier ministre, ceux-là même qui aujourd'hui condamnent la sélection en médecine, demain, si les études médicales poursuivent leur dégradation, vous condamneront de ne pas l'avoir faite. Et alors Chaban m'a dit, j'expliquerai au pays que c'est eux qui m'ont convaincu de ne pas la faire. Et je leur ai dit, M. le Premier ministre, ils expliqueront au pays que ce n'est pas vrai. Et c'est eux qu'on croira, parce qu'ils ont un stéthoscope autour du cou. Alors Chaban est parti furieux, et puis ça a pu se passer. Mais je me souviens encore de ça comme si c'était hier. Alors, le *numerus clausus*, ce n'était pas innocent non plus. Ce n'était pas innocent en médecine, parce qu'on savait qu'en faisant le *numerus clausus* en médecine, on savait très bien que par débordement successif, on risquait de l'entraîner en pharmacie, en dentaire.

En dentaire c'est arrivé, en pharmacie j'ai oublié, je ne sais pas. Et qu'on risquait d'entraîner un *numerus clausus* dans d'autres professions de la même nature, qui donnaient directement accès à, je dirais, à des professions au volume par nature limitée, parce qu'entraînant systématiquement des dépenses publiques. Or, de fait, ça s'est assez vite arrêté. Au début, on a beaucoup débattu pour savoir si on le ferait à la fin de la deuxième année ou à la fin de la première année. Moi j'étais plutôt partisan de le faire à la fin de la deuxième année. Parce que je me disais, mon Dieu, qu'on pouvait faire un cycle à peu près cohérent en deux ans, et qu'après ce cycle cohérent, les étudiants qui auraient raté leur intégration en médecine auraient la possibilité de valoriser ce qu'ils avaient fait vers autre chose, avec probablement une base plus cohérente.

Deuxièmement, faire beaucoup travailler les gens pendant deux ans, ça vaut tout de même mieux que les faire beaucoup travailler pendant un an seulement. Donc a priori, en tout état de cause, ils ont acquis une méthode de travail comme celle des classes préparatoires dans les grandes écoles. Et ça c'est probablement un des plus grands acquis des grandes écoles. Mais contre moi, il y avait tous les embryologistes, et tous les histologistes, et tous les anatomopathologistes, dont le professeur Schramm, qui était le chef de service d'Alain Pompidou. Car il voyait que si la sélection se faisait en deux ans, au bout de la deuxième année, comme son enseignement, lui, c'était en première et en deuxième année, il était foutu. Il aurait donc à enseigner à la troupe des gens pas encore médecins. Donc il allait être déclassé.

Voilà. Donc bagarre, et finalement, c'est Tubiana, le cancérologue, qui a trouvé, qui a porté le flambeau de la sélection à la fin de la première année, pas du tout pour des raisons médicales, mais uniquement pour les raisons que je viens de vous dire, parce que, vous savez, dans la médecine, tout se joue en quatre bandes, et qui a expliqué à Schramm qu'il n'y était pas du tout, mais comme Tubiana était censé être à gauche, il écoutait Tubiana. Donc que c'était bien mieux d'organiser les études comme ça [...]

Donc transition vers les réformes de structure entre 1969 et 1973. Que signifiait la démocratisation pour le Président de la République ? Quelle réalité mettait-il derrière ce mot ? Quelle était son ambition ?

Je vais vous dire que je ne m'en souviens plus du tout. Je pourrais vous dire ce que j'en pense, moi, mais je ne suis pas du tout sûr que ce soit ce qu'il en pensait, lui. Il y avait deux conceptions. La démocratisation, ça pouvait être l'application du plan Langevin-Wallon. Le plan Langevin-Wallon, qui est la tendance constante d'une fraction des responsables de l'éducation de rendre accessible à tous les Français, quel que soit leur niveau intellectuel, les diplômes, fussent-ils les plus difficiles. Le rêve étant, je vous l'ai peut-être déjà dit, qu'on aboutisse à ce qu'un illettré aphasique profond puisse avoir un doctorat d'État. Alors, ça, c'était le rêve. Et ça, c'est ce que certains appelaient la démocratisation. Nous étions totalement opposés, naturellement, à cela. La démocratisation, c'était deux choses. C'était, d'une part, faire en sorte que, quelle que soit l'origine sociale, un garçon puisse avoir l'égalité des chances, dont on a beaucoup parlé à l'époque. Et ça, vraiment, on essayait de le faire, de le mettre en œuvre. Ça voulait donc dire la multiplication des collèges, des CES, la structure en CES, ça voulait dire la multiplication des lycées, ça voulait dire aussi toutes les facilités de contrôle continu des connaissances dans les universités. Enfin, tout ce qui, d'une manière ou d'une autre, pouvait rendre plus facile, quelle que soit l'origine sociale, la poursuite d'études. D'autre part, la démocratisation, ça devait aussi pouvoir dire l'égalisation, dans l'échelle des valeurs, des enseignements. C'est Pompidou lui-même qui a trouvé le mot technologique, disant que ça ferait mieux que technique, et que ça pourrait, effectivement, rendre les enseignements plus appétissants. Et donc, l'enseignement technologique, les IUT, enfin, toutes ces nouvelles formes d'enseignement qui pouvaient se révéler plus adaptées que d'autres à certaines formes d'esprit. Enfin, [...] il avait parfaitement conscience de l'influence socioculturelle dans la réussite scolaire et dans la réussite éducative, puisqu'il avait un jour dit, je ne sais plus très bien à quel responsable, de lui expliquer pourquoi les enfants d'instituteurs réussissaient tellement mieux que les autres dans les grandes écoles ou dans les concours classiques. Ce qui prouvait donc que la réussite n'était pas liée au niveau social, au niveau financier, mais était beaucoup plus liée à un niveau socioculturel. Eh bien, en ayant parfaitement conscience de ça et en sachant parfaitement donc que, quelle que soit la démocratisation, il y aurait des favorisés et il y aurait des gens qui ne le seraient pas. [...]

Est-ce que Georges Pompidou était un partisan de la multiplication des filières pour que chacun trouve sa voie ?
La diversification des filières, mais pas la multiplication. Là, je lui ai fait une note dont je me souviens très bien, parce que, si vous voulez, ça se passait plutôt de la manière suivante. On ne recevait pas d'instructions du Président de la République. On lui soumettait des idées et on voyait si ça lui plaisait ou si ça ne lui plaisait pas. Et on voyait au travers des conversations en direct qu'on pouvait avoir avec lui s'il souhaitait telle ou telle chose. Je dirais que c'est plutôt comme ça que ça fonctionnait, plutôt que dans l'autre sens. Je veux ceci, je veux cela, je souhaite ceci ou cela. Donc, de temps en temps, je faisais des grands papiers en me disant, voilà ce que j'en pense ou voilà ce qu'on peut en penser. Qu'est-ce que vous en pensez ? Et il mettait en marge « oui », « non », « vu », etc. Pour les filières, je me souviens d'un grand papier que je lui ai fait sur l'enseignement secondaire en lui disant que moi, j'étais personnellement assez hostile à l'extrême diversification des filières, [...], pour beaucoup de raisons. La première, ça allait coûter très cher parce que tout le monde allait vouloir toutes les filières au même endroit. Donc, on

voudrait pouvoir apprendre à la fois le russe, le japonais, le chinois, l'anglais, je ne sais pas quoi.

Dans un CES, c'est évidemment impossible. Deuxièmement, parce que la multiplication des filières allait faire disparaître un certain sentiment de faire partie d'une même communauté, ce qui est tout de même le rôle de l'éducation. [...] La multiplication des filières permettrait enfin une chose que je détestais, qui est le papillonnage. C'est-à-dire, un an, je fais du chinois, comme ça ne plaît pas, l'année suivante, je fais de la théorie des graphes, après, ça ne me plaît pas, je fais de l'histoire événementielle, etc. Au bout de cinq ans, je n'ai rien fait, j'ai perdu mon temps, et j'ai dépensé beaucoup d'argent, et je fais dépenser beaucoup d'argent à la nation. [...] Je sais que Pompidou était d'accord. Et enfin, dernière chose, excusez-moi, la multiplication des filières a comme conséquence qu'on crée un univers sans sanctions. En effet, plus personne ne comprend rien quand on est dans la filière 43-10 rectifiée 52. Tandis que quand on fait, quand on passe le bachot philo-math élem, on sait ce que ça veut dire. Même si à l'intérieur, il y a des variétés. Voilà. Donc, diversification, oui, multiplication, non.

Parlons de l'orientation.

Alors, l'orientation, ça, c'était un dossier. Si vous avez vu Domerg, si vous en avez parlé, il ne porte pas dans son cœur celui-là. L'orientation, moi, a priori, je m'en foutais. Mais qu'après tout, s'il y avait des parents, des enfants qui avaient besoin qu'on les aide, pourquoi ne pas les aider, à condition qu'on ne dépense pas trop d'argent dessus. Domerg, et je vous décris nos deux positions, parce que celle de Pompidou se situe quelque part entre les deux, Domerg était complètement opposé à l'orientation, car il pensait que l'orientation scolaire allait créer un nouveau corps à l'intérieur de l'éducation nationale, avec tout ce que ça peut supposer, de problèmes de passage de l'un à l'autre, de surenchère, de classement, etc. L'éducation nationale, c'est tribal. Il y a 147 corps différents, chacun s'observe. [...] Cette raison, et surtout l'autre raison de Domerg, était que l'orientation scolaire remettrait en cause l'autorité professorale. Si un professeur estimait qu'un élève n'était pas capable de passer dans telle filière, c'est au professeur que devait revenir le dernier mot. Professeur et ou à la famille. Je n'ai jamais bien compris sa position pour la famille. Je pense qu'il y croyait aussi. Pompidou était probablement assez bien de l'avis de Domerg, mais aussi comprenait bien que dans l'enseignement secondaire, il y avait besoin d'aider les familles qui n'étaient pas prêtes à bien comprendre le fonctionnement de l'enseignement secondaire. L'orientation scolaire pouvait être une bonne chose. À partir de là, on s'est beaucoup battus pour savoir dans quelle classe on allait faire l'orientation, comment on allait la mettre en place, qui allait la mettre en place, etc. J'ai oublié les détails, mais ça a fait l'objet de plusieurs conseils restreints. C'était un débat sérieux.

Quels étaient les enjeux ?
La position du professeur. C'est le rapport maître-élève qui était en cause. C'était cette crainte de devoir s'introduire dans ce rapport maître-élève et dans le système éducatif des soi-disant spécialistes dont la compétence n'était pas évidente. C'était la méfiance de la sociologie qui revenait. Ces gens dont la compétence n'était pas évidente, dont la discipline n'était pas une discipline dure, qui en plus traînaient un passé plus ou moins sulfureux, etc. Est-ce que Pompidou, par exemple, a évoqué un certain nombre de critères pour ce personnel d'orientation ?

Oui. Dans « Le nœud gordien », il y a un passage très dur pour les orienteurs[62].
Ça ne m'étonne pas. C'est bien ça. Les critères de formation, évidemment. Et puis des critères d'intervention qui, progressivement, ont tous cédé les

[62] « La vraie difficulté est dans l'organisation même de l'orientation. Sur ce point, j'avoue que je me sépare de ce qui a été dit par la plupart de ceux qui se sont penchés sur ce problème. La création de corps spécialisé d'orienteurs, plus ou moins psychologues ou sociologues, me paraît une mauvaise formule. S'il s'agit d'enfance inadaptée, j'admets certes la nécessité de spécialistes seuls capables de déterminer les chances qu'il peut y avoir d'assurer à des handicapés une existence et une activité aussi proches que possible de la normale. Mais l'orienteur, fût-il initié à la psychanalyse et vaguement informé des besoins de l'économie, qui se promène en France et prétend, après avoir observé rapidement un enfant et en un quart d'heure de conversation avec ses maîtres et sa famille, donner des conseils sérieux, me paraît présumer de ses capacités. L'orientation ne peut être le fait que de ceux qui ont des enfants une connaissance approfondie, c'est-à-dire prolongée. Elle ne peut donc être exercée que par la confrontation, dans des formes à préciser, des parents eux-mêmes, des enfants qui après tout ont en eux un instinct qui ne trompe pas toujours, tant s'en faut, des professeurs qui ont pu juger des qualités non seulement intellectuelles, mais physiques et de caractère des enfants, des chefs d'établissement, enfin, qui, au cours des années, voient, s'ils s'en donnent la peine, s'affirmer la personnalité des élèves, avec leurs faiblesses et leurs possibilités » (Georges Pompidou, *Le nœud gordien*, Paris, Plon, 1974, p. 89-90).

uns après les autres. Alors, est-ce que c'est un bien, est-ce que c'est un mal ? Franchement, je n'en sais rien.

Toujours au niveau de l'orientation, il y a un certain nombre de débats sur le rôle du conseil de classe.
Le rôle du conseil de classe ? C'est plutôt la participation des élèves au conseil de classe. Parce que le rôle du conseil de classe, non, il n'a jamais été mis en cause. Au contraire, le conseil de classe, c'était un organisme nécessaire aux yeux de tout le monde. Nécessaire dans la mesure où c'est là où on fait le point, où on compare telle classe à telle autre. Et où l'on essaie d'homogénéiser un peu l'établissement. Alors, la participation des élèves au conseil de classe, ça a été l'objet d'un grand débat. Là encore, il faut se remettre dans l'esprit de l'époque, l'idée que des élèves puissent émettre un avis sur un professeur… […] Il paraissait assez naturel que les élèves puissent [à partir d'] un certain âge apporter des informations au conseil de classe ou des compléments d'informations ; qu'ils puissent y délibérer, ça, c'était complètement exclu. Que les parents d'élèves puissent y délibérer, c'était considéré comme également complètement exclu.

À quel âge les élèves devaient y participer ?
Je crois que, si ma mémoire est fidèle, c'est à partir de la classe de troisième que les élèves étaient admis au conseil de classe. Et maintenant, avec le temps, je pense qu'on peut les consulter un peu plus jeunes. Bon, inutile de vous dire que là, dans ce domaine, ça n'avait pas énormément de valeur aux yeux du Président de la République. […]

Est-ce qu'il avait une idée particulière sur l'enseignement technologique ?
Je crois qu'il avait comme idée la réhabilitation du technique, c'était pour faire de l'enseignement technologique un enseignement qui se rapproche de la préparation à la formation des techniciens supérieurs voire même des ingénieurs. Ce n'est donc pas seulement l'amélioration de la formation préparant au CAP ou au BEP, ou au BTS.

En face de cela, comment réagissait l'Éducation nationale ?
Guichard s'en foutait, sinon que c'était pour lui probablement une petite source d'ennui dans la mesure où il se disait : je vais encore me traîner une

réforme, j'en ai bien assez à faire, dans cette affaire-là, Guichard estimait qu'il était d'abord le plus urgent de refroidir les casseroles. Quant à Billecocq, ça lui plaisait assez, dans les nombreuses discussions que j'ai eues avec lui et avec Perrilliat[63], qui était son directeur de cabinet, j'ai réussi à savoir si ça lui plaisait ou pas d'attacher son nom à une grande réforme et à une grande loi de réforme. Je pense qu'il y était sensible, mais je pense qu'il surestimait les difficultés qu'il aurait eues au Parlement à présenter une loi de réforme de l'enseignement. En tout état de cause, c'était une perspective qu'il n'aimait pas énormément. Quelles étaient les grandes idées de cette réforme de l'enseignement technique ? C'était de multiplier les passerelles, les points de passage d'orientation du classique vers le technique et de permettre la sortie du technique vers la vie active dans de bonnes conditions s'il s'avérait que l'élève ne pouvait pas poursuivre un enseignement parce qu'il n'y était pas prêt, parce qu'il avait envie de sortir de la vie scolaire, mais aussi de rendre tout à fait possible par une série de passerelles le retour du technique vers le classique de façon à essayer d'arrêter cette espèce de ségrégation qui faisait qu'une fois qu'on était parti vers le technique, on ne pouvait plus revenir vers le classique. C'était de créer à côté du classique une véritable filière technique qui pouvait monter jusqu'aux IUT récemment créés et qui pouvait, par le repassage des IUT, encore que ce n'était pas la voie normale, retourner vers l'enseignement technique supérieur voire même aux écoles d'ingénieurs.

C'était la grande idée qui passait par une série de mesures pour aider les enseignants à réorganiser ces différents passages. J'ai un peu oublié les détails.

Est-ce que la création d'un office d'information sur les métiers a été un point décisif dans ce dispositif ?

Deux inventions ont été imaginées par Giraud qui a créé ces deux établissements publics, l'Office national d'information sur les enseignements et les professions (ONISEP) et, d'autre part, le Centre d'études et de recherches sur

[63] Jacques Perrilliat (1931-2021), alors sous-préfet, a remplacé Pierre Creyssel à la direction du cabinet de Pierre Billecocq en janvier 1970. Après avoir été chef de cabinet de Georges Pompidou à Matignon d'août 1962 à septembre 1963, il était devenu collaborateur d'Olivier Guichard à la DATAR puis aux différents ministères que celui-ci occupe (*Le Monde*, 16 janvier 1970).

les qualifications (CEREQ)[64]. Est-ce que ça a joué un rôle particulier dans la réforme de l'enseignement technique ? Non, franchement, je n'en ai pas le souvenir. Il s'agissait de deux établissements publics destinés à éclairer à la fois les contenus de l'enseignement et l'insertion, d'une manière générale, de l'Éducation nationale dans la vie. Car, effectivement, à l'époque, avant 1968, on ne savait pas du tout comment se positionnait ce qu'on enseignait aux élèves, ce qu'on devait leur enseigner, par rapport aux besoins qu'ils auraient dans l'avenir d'employer les connaissances qu'ils avaient apprises. Quand on y pense, c'est assez cocasse de ne pas du tout savoir si [l'enseignement] est adapté à ce que demandent les gens et à ce dont ils ont besoin.

Il n'y a-t-il pas eu une volonté de faire de ces organismes des avocats de l'enseignement technologique ?
Pas des avocats. À mon avis, beaucoup plus des organismes d'études, de compréhension, d'analyse, mais on ne les a jamais employés comme organismes de pub.

En ce qui concerne le 6e plan, il y a eu une sous-commission de l'éducation nationale. Avez-vous participé à cette sous-commission ?
J'ai convoqué à plusieurs reprises le rapporteur, dont j'ai complètement oublié le nom, qui avait monté une espèce de machine dont vous n'imaginez pas l'énormité. C'était gigantesque. Le 6e plan a peut-être été le dernier plan du genre où on imaginait qu'on était capable de normer l'avenir[65]. Et ça a été la plus énorme machine qu'on ait montée car après, le plan a complètement dégringolé. Pour Giscard, élevé à l'école financière, et pour Chirac, le plan est une machine à se lancer des pieds au cul. C'est ce que je lui ai entendu dire à plusieurs reprises. Pour Giscard, l'idée de faire un plan est une idée proprement révoltante car l'idée de brider en quoi que ce soit la liberté des Finances et le pouvoir des Finances est absolument inadmissible. En revanche, pour Pompidou, un plan était absolument nécessaire pour tenter de déclarer l'avenir. La sous-commission Éducation nationale a été une énorme machine

[64] Créés en 1970-1971 (décret du 19 mars 1970), notamment sous l'impulsion de Raymond Vatier (1921-2018), directeur délégué à l'orientation et à la formation continue du ministère de l'Éducation nationale.

[65] Il couvre la période 1971-1975.

qui a dû mobiliser 200 ou 300 personnes. Je ne me trompe pas. Le rapporteur était un type de la Cour des comptes dont j'ai oublié le nom[66] Nous avons tenté d'essayer de le brider un peu parce que ça prenait des proportions totalement gigantesques.

Alors, qui tentait de le brider ?
On était plusieurs. Il y avait Michel Bruguière. Il y avait Pinet qui était directeur à l'époque de la direction générale de l'Éducation nationale[67]. Un type du Conseil d'État qui était un peu terrifié de ce qui arrivait. Il y avait Raynaud, le directeur des constructions scolaires et ancien de la Cour des comptes qui est maintenant revenu comme procureur général. On a donc essayé de calmer un peu les ardeurs normatives du planificateur en chef. Je me souviens encore des périodes de fièvre. On chiffrait quel serait le coût du budget de l'Éducation nationale. J'avais des coups de téléphone de ce monsieur qui me disait : le plan a la fièvre. Ah bon, nous sommes à 41,2. Ce n'est pas possible, ne dépassez pas 40, restez à 39,5. C'était le nombre de milliards que coûterait le budget de l'Éducation nationale par an. Vous voyez que les choses ont évolué depuis. Je ne sais pas combien il est maintenant. C'est plutôt de l'ordre de 60 milliards d'euros par an. Quel rôle l'enseignement technique a-t-il joué dans la planification ? Je n'ai pas le souvenir, mais je vais peut-être un peu oublier qu'il y ait eu un rôle particulier. Dans la planification, ce qui occupait beaucoup, c'était les constructions scolaires et c'était la formation des maîtres qui a été un énorme problème. C'était un gros axe avec les mathématiques modernes, avec aussi le lancement de la formation des professeurs de science

---

66 Ne s'agit-il pas plutôt du Commissaire général, le polytechnicien René Montjoie (1926-1982), de juin 1967 à octobre 1974 ?

67 Né en 1930 à Oran, ancien élève de l'ENA, chargé de mission auprès du délégué général du gouvernement en Algérie, puis auprès du préfet de la région Provence-Côte d'Azur, Marcel Pinet, maître des requêtes au Conseil d'État, a été conseiller technique auprès de Raymond Marcellin, ministre du Plan en 1967, puis conseiller technique à la présidence de la République jusqu'au départ du général de Gaulle en 1969. Il est, à partir de 1970, détaché du Conseil d'État au ministère de l'Éducation nationale. Il y a été successivement directeur des universités, directeur délégué aux objectifs, directeur général de la programmation et de la coordination et, à partir de mars 1982, directeur général chargé des affaires générales. Il est nommé en octobre 1982 directeur général de l'administration et de la fonction publique (*Le Monde*, 1er octobre 1982). Il dirigera ensuite une *Histoire de la fonction publique en France*.

naturelle, la réforme de la science naturelle[68]... Donc on avait décidé qu'on mettait de l'argent là-dessus. Ce sont les deux choses qui me reviennent à l'esprit. Je n'ai pas de souvenir que c'était vraiment quelque chose de fondamental, l'enseignement technique dans le plan. Concernant les IUT et le bilan en 1972-1973, étaient-ils satisfaisants en termes d'effectifs et en termes d'efficacité ? On était très contents des IUT. On considérait que c'était une réussite. Les IUT jouaient bien leur rôle, se développaient très vite à l'époque. On créait des sections d'IUT un peu partout. On pouvait même les créer dans des villes qui n'avaient pas encore d'université, ce qui permettait de donner un premier étage d'enseignement supérieur dans certaines villes.

J'ai souvenir de la création par exemple d'IUT à Saint-Nazaire ou au Mans, peut-être, ou Saint-Étienne où a été créée l'université à l'époque. Mais ça a été précédé par une IUT[69]. Enfin, peu importe. Et puis dans le Jura, je ne sais plus si c'était à Montbéliard ou à Belfort[70]. Donc ça permettait de répondre aux besoins locaux sans trop disperser les universités, ce qui était une chose que Pompidou ne sentait pas bien du tout. Et de donner une formation dont l'idée était qu'elle se suffisait à elle-même. En d'autres termes, l'IUT devait préparer à la vie active et le jeune diplômé, le jeune DUT, devait pouvoir sortir dans la vie active sans avoir trop d'état d'âme et sans chercher les quelques années supplémentaires de la maîtrise ou autre. C'est si vrai d'ailleurs que le DUT avait pris une valeur suffisante pour qu'on imagine de le copier en faisant le DEUG. Le DEUG a dû être créé à peu près à cette époque-là. Et effectivement, en se disant que le DUT a réussi, tâchons de faire quelque chose d'analogue du côté de l'enseignement général pour éviter que les jeunes ne poursuivent toujours vers des études supérieures. Vous savez que c'est à l'époque qu'on a créé le terme de l'université parking. Il y a eu un article superbe, qui disait que les jeunes ne voulaient pas rentrer tout de suite dans la vie active. Puisqu'à l'époque,

[68] En liaison avec l'instauration du tiers-temps à l'école primaire en 1969 ?

[69] L'université de Saint-Étienne est créée en 1969. L'IUT de Saint-Etienne avait été prévu par un décret du 7 janvier 1966 et le département GEA (gestion des entreprises et administrations) est la première formation technologique du tertiaire à délivrer, en 1969, le DUT (diplôme universitaire de technologie) aux côtés de GMP (génie Mécanique et Productique) et de GEII (génie électrique et informatique industrielle), dans un campus flambant neuf construit sur la colline de La Métare au pied du Pilat (*Le Progrès*, 27 juin 2019).

[70] L'IUT de Belfort-Montbéliard a été créé en 1968, dépendant de l'Université de Besançon, université historique, fondée en 1423 par le duc de Bourgogne, Philippe le Bon.

le problème du chômage ne se posait pas. Il devait y avoir à l'époque moins de 500 000 chômeurs. Voilà pour l'enseignement technologique supérieur. Je pourrais dire une autre chose aussi. C'est que ces DUT ont été considérés comme des réussites suffisantes pour qu'on imagine de créer les MEST, les maîtrises d'enseignement supérieur technologique qui étaient considérées, au fond, comme une espèce de transposition au niveau de la maîtrise de ce qu'était le DUT au niveau du premier cycle universitaire. Et en même temps, comme on savait bien, d'une part, que la formation d'ingénieur dans les écoles coûte très cher, qu'elle est longue à mettre en place, c'était aussi une façon de répondre à la demande de formation technologique supérieure dans les universités. Les MEST, je suis parti en 1973, donc je n'ai pas trop bien suivi le développement, mais ce que je sais, c'est que ça a été pas mal sans plus. Mais ça n'a pas du tout été la réussite que nous estimions être celle des IUT.

J'ai encore une chose à dire pour les IUT. C'était aussi une réussite parce qu'il y avait à la tête des IUT un directeur. Et ça, c'était considéré comme un élément essentiel. Le parlementarisme, enfin le système parlementaire des universités, paraissait aux yeux du Président de la République, et je dois le dire à mes yeux aussi, une source de difficultés et de mauvaises qualités. Tandis que le directeur des IUT avait les responsabilités et était complètement engagé dans la réussite de son entreprise. Et ça nous paraissait un gage de réussite.

Pouvez-vous parler du lien entre la faculté et l'économie, et éventuellement du décloisonnement de l'université par rapport au milieu professionnel.
Le décloisonnement de l'université a toujours été un grand débat. C'est-à-dire, essentiellement, les rapports université-industrie. On sortait de la période d'Edgar Faure. Vous vous souvenez qu'Edgar Faure avait dit et il avait probablement raison en fait, l'université ne prépare pas un métier, l'université donne une culture. Je pense qu'au fond, il avait profondément raison. Mais ça avait été considéré comme une véritable insulte à l'époque. On s'était dit, mais enfin, ce n'est pas possible, il faut tout de même que l'université serve à quelque chose. Enfin, on avait mélangé l'importance de l'université à l'égard des hommes où là, elle se suffit à elle-même si elle amène une culture ; si l'enseignement amène une formation intellectuelle, ça se suffit à soi-même. On avait donc mélangé cet aspect des choses avec l'aspect social, n'est-ce pas, la responsabilité sociale de l'université et de l'enseignement supérieur. Et bien

que je n'aime pas Edgar Faure, je pense qu'il avait raison là-dessus. Enfin, quoi qu'il en soit, on s'est retrouvé donc en 1968-1969 comment faire pour mieux ouvrir ? Alors, on l'a fait par la création d'établissements ou d'organisations à côté des universités qui facilitaient le passage de contrats entre les universités et les industries. Alors, comment ça s'appelle ? Ce sont des structures qu'on a eu beaucoup de mal à arracher aux Finances, qui ne voulaient pas en entendre parler mais qui permettaient donc d'organiser normalement la passation de contrats, donc l'apport de fonds nouveaux aux universités et l'accrochage avec l'industrie. Alors, la deuxième chose, ça a été la réforme du CNRS.

La réforme du CNRS, je vois encore le directeur du CNRS de l'époque, c'était un conseiller d'État[71]. Il avait deux adjoints dont Cantacuzène qui depuis a fait une belle carrière comme directeur de recherche dans différentes entreprises[72] ; [ils devaient] réfléchir à la façon de faire sortir les chercheurs du CNRS, chercheurs qui étaient bien souvent professeurs en même temps[73], de façon à essayer de leur donner le goût de sortir, d'aller voir ce qui se passait à l'extérieur. On avait aussi imaginé la même chose à l'université avec la possibilité de prendre des années sabbatiques. Ça, c'est une invention de Giraud et de Guichard. Est-ce qu'on a été plus systématique ? Non, pour l'ouverture d'universités à l'industrie ou d'universités au monde extérieur ? Non, il n'y a pas eu à ma connaissance de mécanisme plus systématique que

71 Le directeur du CNRS était alors Hubert Curien, qui n'était pas conseiller d'État.

72 Né le 15 décembre 1933 à Bucarest, agrégé de physique, docteur ès sciences, Jean Cantacuzène fut, en 1961, maître assistant à l'École normale supérieure, puis, de 1962 à 1964, attaché scientifique à l'ambassade de France à Moscou. Sous-directeur du laboratoire de chimie de l'École normale supérieure en 1964, il devient en 1967 maître de conférences, puis en 1969 professeur à la faculté des sciences de Paris (université Paris-VI). Conseiller scientifique au ministère des affaires étrangères de 1971 à 1977, membre du comité consultatif de la recherche scientifique et technique de 1971 à 1975, il est, de 1973 à 1977, directeur scientifique pour la chimie au Centre national de la recherche scientifique, nommé à ce poste par Hubert Curien qui avait été son professeur à l'ENS. Il reste en fonction jusqu'en 1977, date à laquelle il est nommé conseiller scientifique à l'ambassade de France à Washington. Le 1er septembre 1980, il devient directeur scientifique de la Compagnie française des pétroles. Il est nommé en 1982 membre du conseil supérieur de la sûreté nucléaire. De 1983 à 1986 il est PDG de Solems SA (<https://www.histcnrs.fr/archives-orales/Cantacuzene.html>, consulté le 29 décembre 2024 et *Le Monde* du 9 août 1980).

73 Ce n'est que très récemment que les chercheurs au CNRS sont amenés à enseigner quelques heures à l'université.

cette organisation permettant de passer des contrats et que tout ce qui s'est fait autour de la réforme du CNRS. Réforme qui doit être de 1971.

Avez-vous eu connaissance du dossier de l'université technologique de Compiègne ?
Oui, bien sûr. L'université technologique de Compiègne, Guichard en avait imaginé deux. Il y avait Compiègne (fondée en 1972) et puis… Est-ce que c'était Besançon ou Nantes ? Enfin, il en avait imaginé deux. Finalement, il en a fait une[74]. Il y avait plusieurs idées autour de ça. La première, c'était une université où l'accès puisse être organisé par sélection… Il y avait ça derrière la tête. En tout cas, l'accès n'était pas automatique. Deuxième idée, c'était la promotion de disciplines nouvelles. En particulier, les biologies et l'informatique. La troisième idée, c'était l'organisation un peu autoritaire, en tout cas très guidée, de *cursus* d'étudiants à l'intérieur de l'université. En ne les laissant pas trop papillonner et en essayant de leur donner une formation assez structurée. On retrouve un peu l'idée des formations de grandes écoles, avec des majeurs, des mineurs, des trucs comme ça.

Quatrième idée, des patrons. Des patrons, c'est-à-dire un président et un directeur de Compiègne avec une vraie autorité. Et des patrons dont l'autorité procède, je ne sais plus trop si c'était de l'élection ou de la nomination, je crois bien qu'ils étaient nommés par le ministre de l'Éducation nationale. En tout cas, ils ne procèdent pas seulement d'un parlementarisme ou d'une élection par une assemblée. Voilà les quatre idées autour de Compiègne. Alors, bien sûr qu'on a suivi ça et qu'on a suivi ça de très très près. Le patron de Compiègne, le premier, a été Guy Denielou ancien officier de marine, qui était un type tout à fait bien passionné par l'enseignement supérieur[75]. Parmi les inspirateurs de Compiègne, il y avait Bernard Delapalme, qui était aussi

---

[74] L'UTC a ensuite essaimé à Belfort en 1985 sous le nom Université de Technologie de Compiègne à Sévenans devenue Institut Polytechnique de Sévenans puis Université de technologie de Belfort-Montbéliard en fusionnant avec l'École Nationale d'Ingénieurs de Belfort. Une autre université de technologie est créée à Troyes en 1994.

[75] Guy Deniélou (1923-2008), ancien élève de l'École navale, officier de marine, est recruté en 1959 par le CEA qu'il quitte en 1972 pour fonder l'Université Technologique de Compiègne qu'il préside de 1974 à 1987. Il préside également l'Association nationale de la recherche et de la technologie de 1980 à 1985.

un type du génie maritime, directeur de la recherche à Elf-Aquitaine[76], qui j'ai eu l'occasion de connaître après, et qui avait pas mal réfléchi à ces choses-là et pas mal réfléchi aux choses du futur. Il y a eu aussi Jérôme Monod qui s'est intéressé à ça.

Enfin, on a trouvé, si vous voulez, les bons auteurs de Compiègne, j'ai réfléchi à ce bouquin qui s'appelait *Réflexions pour 85*[77]. Je ne sais pas si ça vous rappelle quelque chose. Je l'ai retrouvé récemment. J'ai explosé de rire en me rendant compte que dans *Réflexions pour 85*, on avait pensé à tout sauf à l'irruption de l'informatique. Il n'y avait pas un mot sur la microélectronique et l'informatique. Personne ne l'avait vu.

Et Pompidou s'était-il exprimé sur l'université de Compiègne ?
Oui, dans un conseil restreint. Et Pompidou y était complètement favorable. Car c'était toujours son idée : le salut des universités viendra de leur mise en concurrence. Et viendra d'expérimentations pas trop folles, très suivies et toujours basées sur un principe d'organisation et d'autorité.

Nous allons aborder plus en longueur ce problème de l'enseignement supérieur et de l'organisation universitaire. Quelle était l'idée de l'autonomie de Georges Pompidou ? Est-ce que c'était une autonomie…
Vous savez, moi ça me fait penser à De Gaulle quand il est passé en 1960 à Conakry, il ne s'attendait pas à ce qu'on lui demande l'indépendance et quand dans la salle il parlait — il faisait son discours pour lancer la communauté, les types ont commencé à brandir des pancartes en disant l'indépendance, l'indépendance De Gaulle a dit, vous voulez l'indépendance ? Vous l'aurez !

Et je crois que c'est ça que Pompidou avait en tête à propos de l'autonomie. Vous voulez l'autonomie ? Vous l'aurez. Et vous l'aurez avec tout ce qu'elle

---

[76] Bernard Delapalme (1923-2014), ancien élève de l'École polytechnique, ingénieur de l'École nationale supérieure du Génie maritime, directeur général de la société Rhône-Alpes (1964-1972), avait été chargé en 1970 par Olivier Guichard du projet de l'UTC. Il sera conseiller du président d'Elf-Aquitaine de 1985 à 1988.

[77] *Réflexions pour 1985*, préface de Pierre Massé, Paris, La Documentation française, 1964, 156 p. Ce livre contient les principaux extraits du rapport établi par un groupe de travail du Commissariat général au Plan réuni sous la présidence de Pierre Guillaumat en 1963. Il avait pour mission de déterminer les caractéristiques essentielles et de l'économie et de la société française une vingtaine d'années plus tard, soit en 1985.

comporte de responsabilité, de prise de responsabilité, de prise de risque, de mise en concurrence, etc. Et après tout, je crois que c'était dans son esprit le fond même de l'esprit de l'enseignement supérieur et de l'université, c'est-à-dire la liberté, l'autonomie, la liberté des enseignants mais en même temps, la contrepartie étant la responsabilité. Responsabilité à la fois financière et devant l'opinion publique.

Donc il poussait le principe de la logique de l'autonomie jusqu'au bout. [...] Je me souviens d'une conversation un lundi après-midi où je vous ai dit qu'on se retrouvait à boire un coup dans le bureau de Pierre Juillet. Et je me souviens qu'on a eu une conversation de plusieurs minutes où il m'avait vraiment poussé quand on découpait les universités et quand Arbelot[78], le conseiller technique de Guichard, se promenait avec une véritable malle de papiers pour essayer d'organiser ici la fusion entre les sciences, le droit, la médecine, là la fusion entre je ne sais pas quoi, selon les opinions des uns et des autres, et bien je lui avais dit, moi franchement je n'y comprends pas grand-chose, laissez-les faire, faites en sorte que les universités qui viennent soient à peu près équilibrées, [pas] monocolores mais en gros laissez-les faire et poussez-les à prendre leur autonomie et leurs responsabilités encore une fois et mettez-les en concurrence bon, alors est-ce que ça allait en face de ça, quelle était la responsabilité du ministre de l'Éducation nationale ? Bon, là il y a beaucoup de contradictions c'est-à-dire que en même temps Pompidou ne supportait pas le désordre dans l'université et en même temps quand on lui en parlait, il était véritablement à cran, donc prêt à engueuler Guichard et prêt à engueuler tous les gens sur lesquels il pouvait tomber pour dire, ça n'est pas supportable je ne peux pas supporter que l'université soit aussi en désordre ce qui est évidemment contradictoire avec l'autonomie et la responsabilité en même temps, je dirais que Pompidou était très respectueux des mandarins — je déteste les mandarins de médecine peut-être parce que ma femme est médecin, que je vois comment ça se passe à l'intérieur et les professeurs de médecine — et j'ai eu toutes les peines du monde à montrer à Pompidou ce que c'était que le mandarinat, c'est-à-dire le donneur de séné

[78] Jean-Marie Arbelot (1925-2009), administrateur civil, chargé de l'enseignement supérieur au cabinet d'Olivier Guichard. Il sera ensuite préfet des Alpes de Haute-Provence, puis de l'Allier, avant de devenir PDG de la compagnie française d'exploitation thermique.

par désir de rhubarbe, c'est-à-dire je te protège, tu me protèges, je te fais élire ton petit copain pour en trois bandes me faire élire mon petit copain, etc. Au fond de Pompidou il y avait tout de même un profond respect du professeur de l'enseignement supérieur et du mandarin, du professeur d'université qu'il n'avait jamais été : Pompidou n'était pas docteur, il était agrégé, il n'a pas fini sa thèse et au fond de ça, je suis sûr qu'il y avait un énorme respect du professeur à la Sorbonne ou du mandarin puisque là, j'ai eu l'occasion de lui en parler, de lui dire tout le mal que je pensais à propos de la réforme de l'enseignement de médecine et j'ai eu beaucoup, beaucoup de mal à lui faire comprendre qu'il fallait leur botter les fesses.

L'autre aspect souvent évoqué par Georges Pompidou, notamment dans *Le Nœud Gordien*, concerne la décentralisation de l'université par niveau, en la calquant en quelque sorte sur l'aménagement du territoire. Pompidou n'imaginait pas qu'on puisse créer en France 50 universités parce qu'il pensait, et probablement à juste titre, que le niveau intellectuel allait dégringoler et qu'on ne trouverait pas en France suffisamment de bons esprits pour former un noyau universitaire vivant dans 50 endroits différents. Donc, son idée était de faire des IUT, voire des premiers cycles universitaires décentralisés, rattachés à des établissements d'enseignement supérieur, enfin à des universités, elles centralisées et généralement au chef-lieu de région. Avec donc une certaine hiérarchie, espérant ainsi contenir le déferlement universitaire. Il faut bien voir que c'est vrai, je me souviens à l'époque de lui avoir montré une carte de la Californie, en lui disant la Californie compte tout de même 20 millions d'habitants. [...] Mais regardez les universités de Californie. Il y en a peut-être une dizaine, pas plus. Tout le monde connaît Stanford, Berkeley. On connaît déjà beaucoup moins bien San Diego. On ne connait à peu près pas l'UCLA, l'Université de Californie de Los Angeles. Et puis il y en a peut-être 3 ou 4 autres. Il n'y en avait pas à Sacramento par exemple qui est pourtant la capitale de la Californie. On se retrouvait bien sur la même idée. Ce n'est probablement pas la peine de développer, de multiplier à travers le territoire des pôles universitaires qui n'auront pas la qualité qu'on peut chercher. D'où cette idée d'échelonnement.

Ce projet a-t-il été suivi, étudié et défendu par Olivier Guichard, un aménageur ?
Olivier Guichard est régionaliste. Pour lui, l'université c'était d'abord une université par région. A priori, il ne luttait pas contre l'idée qu'il puisse y avoir plusieurs universités par région. Mais au fond de lui-même il trouvait

cela complètement idiot [...] Donc l'idée des premiers cycles, je pense qu'il l'a honnêtement défendue et aussi comme un moyen de contenir les dépenses de l'enseignement supérieur. Il faut bien voir qu'à l'époque, et c'est probablement encore plus vrai maintenant, nous n'avions absolument aucune statistique fiable ni des professeurs, ni des moyens, ni de rien du tout [...]

Quel était le modèle de Georges Pompidou notamment autour de la question du baccalauréat ?
Georges Pompidou aurait voulu la sélection. Comme ça avait fait ce qu'on sait en 68, il n'était pas prêt d'y revenir. Néanmoins, il était prêt à laisser toute liberté aux responsables d'université pour sélectionner sur dossier sans le dire. J'ai oublié ce qui s'est fait à Dauphine mais je crois que c'est peut-être à ce moment-là que Tézenas a commencé à sélectionner sur dossier à Dauphine [...][79]. En tout cas, quand il a effectivement affiché clairement son intention de sélectionner, je n'ai aucun souvenir de remarques négatives de la part de Pompidou ou de la part de Guichard.

Et, autre chose, quand on a fait la réforme des études de médecine — dont on parlera peut-être — et quand on a affiché clairement la sélection en médecine, l'idée [...] était clairement que la sélection en médecine allait entraîner la sélection en pharmacie, qui existait déjà plus ou moins à cause du problème de travaux pratiques et puis à cause du fait que la pharmacie a toujours été quelque chose d'à part dans l'Éducation nationale. [Elle] entraînerait par voie de conséquence différentes sélections dans les études de sciences et c'est tout un effet de débordement progressif.

Et d'ailleurs, les maîtrises d'enseignement supérieur technologique, les MEST : il y avait une sélection pour entrer au MEST, ce n'était pas un concours comme dans les grandes écoles mais ça y ressemblait pas mal. Donc, au fond, pour répondre à votre question [...] tout ce qui pouvait, d'une manière ou d'une autre, conduire à une orientation autoritaire, voire même à une sélection ne pouvait pas déplaire à Pompidou. Mais en même temps, c'était très difficile à mettre en place et donc ça s'est mis en place de manière en pointillé, complètement détournée, bien sûr, en essayant d'utiliser les opportunités, mais évidemment en ne l'affichant pas.

[79] Henri Tézenas du Montcel (1943-1994), agrégé de sciences économiques et de gestion, participe en 1968 à la fondation du Centre universitaire Dauphine, future université de Paris-IX, qu'il préside de 1980 à 1984.

[Pompidou] voulait absolument redonner au baccalauréat son caractère, son véritable caractère d'examen signifiant quelque chose. Le baccalauréat avait commencé à déraper — pas autant que maintenant où vraiment ça ne signifie plus rien du tout — mais il voulait absolument que le baccalauréat en quelque sorte se suffise à lui-même.

J'ai toujours vu chez Pompidou ce désir [...] de redonner aux mots leur véritable sens et leur valeur. Le certificat d'études primaires devait être un véritable certificat. Bon ça ne se fait plus. C'est dommage. Le brevet des collèges à la fin du premier cycle, ça devait être quelque chose. Et tout ce qui pouvait contribuer à revaloriser le bachot, ça devait être entrepris C'est-à-dire qu'il ne paraissait pas du tout choquant qu'il y ait 50 % de ratage au bachot. Tant pis, ils recommenceront jusqu'au moment où ils auront le niveau. La complexification des filières du bachot ne lui plaisait pas du tout. Il fallait que les choses soient simples. Il fallait que les sujets d'examen soient simples et clairs. De façon à ce que le bachot soit lisible à la fois pour les étudiants et pour la population. Et qu'aussi, quand on avait son bachot on devait pouvoir, sans être particulièrement honteux, se dire : « j'arrête mes études et j'y reviendrai plus tard ».

D'où, d'ailleurs dans l'enseignement technique, cette idée de pouvoir, par la formation permanente, reprendre ses études dans de bonnes conditions.

Donc il n'était pas question de le supprimer ?
Pas du tout, au contraire.

Il n'était pas non plus question de faire une espèce de sas entre la fin de l'enseignement en lycée et l'université ?
L'accès, c'est la question du premier cycle universitaire et c'est la question du positionnement des agrégés. Les agrégés ont commencé à pousser beaucoup pour foutre le camp des lycées et pour passer dans l'université, parce que c'est vrai qu'ils se sentaient un peu déclassés. Ils se sentaient d'abord déclassés socialement parce qu'ils avaient accès à la fin de leur carrière à la hors classe, mais pas à la hors échelle qui était réservée aux inspecteur généraux. Ça les énervait. Ce qui les énervait aussi, c'était la comparaison de leur horaire de service avec les collègues du supérieur. Un agrégé, c'est 15 heures, alors qu'un professeur d'enseignement supérieur c'est 3 heures par semaine, enfin 3 cours depuis le célèbre arrêté de 1820. Nul ne pourra être dispensé de donner moins de quoi 3 cours par semaine. Les agrégés poussaient et poussaient beaucoup

à la création d'un sas avant l'entrée à l'université. Pompidou, pas du tout. Je n'ai pas souvenir qu'il ait eu cette idée du premier cycle. Le premier cycle devait se suffire à lui-même, comme le bachot devait se suffire à lui-même.

Quel était le rôle des acteurs respectifs autour de la formation professionnelle des enseignants ? Je pense notamment au rôle de Matignon.
Une immense méfiance à l'égard de la formation pédagogique.

Pourquoi ?
Parce que rien n'était formalisé. On avait l'impression de s'appuyer sur des sciences molles dès qu'on parlait de pédagogie de comportement à l'égard des élèves. On avait d'autant plus ce sentiment que le discours sur la formation pédagogique était quasiment monopolisé par les syndicats et essentiellement par le SNES. C'est un discours qui cachait des orientations politiques anti-gouvernementales, anti-Pompidou, anti-RPR, anti-UDR à l'époque, et qui cachait aussi des revendications de caractère corporatiste, c'est-à-dire la réduction des horaires de travail, l'autorisation de prendre sur ces horaires de travail pour aller suivre des formations pédagogiques.

Donc une immense méfiance à l'égard de ces histoires de pédagogie. En même temps, la reconnaissance de leur absolue nécessité, mais la reconnaissance aussi qu'il y avait à procéder dans l'apprentissage du métier par une espèce de tutorat beaucoup plus que par une formation théorique. Pompidou, à qui j'avais dit un jour que je ne comprenais pas pourquoi on assimilait les instits à des professeurs d'enseignement de collège, m'avait dit : vous vous trompez complètement, un instituteur qui a 20 ans de bouteille est bien meilleur qu'un jeune certifié débutant dans le premier cycle, bien meilleur à tous égards, aussi bien en compétences qu'en connaissances et je m'étais fait moucher, il avait bien raison ; donc cette espèce de tutorat tel que pouvaient le trouver les jeunes auprès des anciens lui paraissait bien meilleur.

Parlons encore de formation des maîtres. La formation des maîtres cachait toujours le désir de l'allongement de la durée de formation. On est passé ainsi de 2 ans à 3 ans pour la formation des instits, 3 ans après le bachot, et je dois dire qu'on y était opposés pour la raison que j'ai dite, que 2 ans de formation théorique, ça suffisait largement pour atteindre le niveau de ce qu'on enseignait au moutard et que la formation pédagogique elle-même, on la trouverait sur le terrain beaucoup plus que par des institutions de formation des maîtres. En outre, avec 3 ans de formation, on entrait automatiquement dans la mécanique infernale des grilles de la fonction publique, c'est-à-dire que c'était évidemment la possibilité de revaloriser, de faire glisser, de faire déraper les échelles de rémunération.

[Les certifiés] ont joué par corporation en général la spécificité de leur discipline ; il y a donc eu les instituts les IREM, les instituts régionaux d'enseignement des mathématiques[80]. C'est par là que s'est perverti l'enseignement des mathématiques au bénéfice de ce qu'on appelait les mathématiques modernes, un immense verbiage pour cacher rien du tout. Je n'en ai plus le souvenir, mais j'ai le sentiment que toutes les corporations de professeurs se sont mises en route pour bâtir le même genre de choses : les IREM avaient été construits contre les professeurs classiques, c'était pour donner du lustre aux professeurs de mathématiques et ça a d'ailleurs correspondu à une grande impulsion vers les mathématiques et les études scientifiques qui étaient censées mieux préparer à la vie active.

Revenons-en à la formation professionnelle on a parlé des instituteurs ; on a parlé des certifiés ; du côté des agrégés ?
Rien. Bayet freinait des quatre fers contre toute formation professionnelle supplémentaire pour les agrégés, estimant que l'agrégation suffisait à elle-même. [...]

Est-ce qu'on peut parler en deux mots du rapport Joxe de 1972 sur la fonction enseignante. Est-ce que vous en avez eu connaissance puisqu'en fait on se rend compte qu'il y a finalement eu dans l'ensemble assez peu d'initiatives avant 1972 sur la fonction enseignante. Est-ce que vous corroborez ce point sur les conditions de l'enseignement en général, est-ce que c'était fait pour calmer les esprits ?
Non, Pompidou était préoccupé par la direction des établissements. Je vous l'ai dit déjà, les proviseurs, les directeurs d'école. Il était préoccupé par le niveau des maîtres, donc la qualité de ce qu'ils savaient ; préoccupé par la cohérence interne de ce qu'on apprenait, c'était pour lui aussi important que l'enseignement soit

[80] En fait Instituts de Recherches sur l'Enseignement des Mathématiques. Le premier IREM est créé à Paris en 1969, à l'initiative de l'Association des professeurs en mathématiques de l'enseignement public. Ils prennent le relais des équipes locales de l'Institut de Pédagogie National, devenu entre temps Institut national de recherches et de documentation pédagogiques

cohérent, qu'il soit classique. Le niveau des maîtres, la formation des maîtres non, ça n'a pas été, écoutez je n'ai pas le souvenir que ça a été un sujet de préoccupation important jusqu'en 1972. Pour vous dire la vérité, j'ai complètement oublié le rapport Joxe, donc, si ça avait été important, je pense que je m'en souviendrais, c'était pour occuper Louis Joxe qu'on lui a donné ça à faire[81].

La pérennisation des contrats simples de l'enseignement privé : quelle était votre position sur la question ?
Initialement j'étais contre. J'ai fait une note au Président de la République en lui disant que l'enseignement privé ne me paraissait pas garantir la qualité des niveaux et qu'il n'était pas mauvais de conserver cet outil de passage à la moulinette une fois tous les 9 ans comme c'était prévu dans le cadre de la loi Debré et de rediscuter un peu de tout ça, ce qui secourait un peu les bons pères et les autres. Donc je lui ai fait un papier dans ce sens-là et c'était avant un conseil restreint où on devait débattre du problème parce que la loi Debré arrivait à échéance, qu'on avait déjà prorogé d'un an et qu'il fallait se décider. Donc ça devait se passer en 1970. J'ai vu revenir ma note avec en marge du Président de la République une grande annotation : « Saglio, je ne suis pas d'accord avec vous », il faut en finir avec les querelles scolaires, je suis donc d'avis de pérenniser le contrat simple et de le rendre de droit commun sans autre vérification que la vérification de niveau de compétence qui pourra être faite dans les conditions à déterminer ; cela dit, je vous demande de garder ceci secret et je l'annoncerai moi-même en conseil restreint. Je l'ai immédiatement mis dans mon coffre-fort en me disant : le Président de la République va moucher Guichard en conseil restreint et c'est ce qui s'est passé. Il a mouché Guichard et Chaban et moi je suis rentré sous la table à ce moment-là en me disant pourvu que ça se passe bien parce que j'étais sûr après d'entendre les fureurs de Guichard. Guichard

---

[81] Il s'agit de la commission d'études sur la fonction enseignante dans le second degré dite commission des sages, présidée par Louis Joxe, qui s'est réunie du 2 décembre 1971 au 8 juin 1972. Elle a mené, en six mois, sa tâche à son terme. Dès la fin du mois de juin, une édition multigraphiée de son rapport est distribuée. Celui-ci est publié, à la rentrée de 1972, par la Documentation française. En constatant le malaise pesant sur l'enseignement du second degré, le ministre demandait une « réflexion approfondie [...] en abordant le problème dans toute son étendue ». Il s'agissait de définir « ce qu'est devenue et ce que va devenir la fonction enseignante dans le second degré ». Ses conclusions s'inscrivent dans la continuité des idées exprimées lors du colloque d'Amiens de mars 1968.

m'a dit quand on s'est revu : vous étiez au courant, pourquoi vous ne l'avez pas dit ? — Parce que j'ai eu interdiction de vous le dire Monsieur le Ministre ; je sais que je le regrette pour vous mais le Président de la République voulait que cela fût tenu secret, de manière à ce que ça éclate comme une bombe à la sortie de l'Élysée. Je dirais que ce qu'il cherchait je crois c'est plusieurs choses : probablement pas à en tirer un bénéfice vis-à-vis de la hiérarchie catholique ou des catholiques en général parce qu'à l'époque on s'interrogeait réellement pour savoir si la hiérarchie catholique voulait ou non conserver un enseignement privé. Je vous l'ai dit : quand Balladur a, à ma demande, a reçu Monseigneur Cuminal ainsi que Monseigneur Lallier qui était le Président de la Commission épiscopale de l'enseignement la première question qu'il lui a posée c'est : Monseigneur, est-ce que l'Église s'intéresse encore à l'enseignement ? et Lallier a été cisaillé car en fait on se posait tous la question.

Ce n'était probablement pas tellement pour ça que pour arrêter la guerre scolaire une bonne fois pour toutes au moins sur le primaire, et en même temps mettre la barre sur le plan politique tellement haut, car il aurait fallu, à ce moment-là, sachant que la décision venait personnellement du Président de la République, il aurait fallu remettre en cause presque la légitimité du Président de la République pour remettre en cause cette décision, mettre la barre tellement haut du point de vue syndical et du point de vue politique que ça devenait quasiment inattaquable. Je pense que c'était ça qui l'a guidé et en même temps des raisons de fond, ayant constaté que l'enseignement privé primaire donnait d'aussi bons sinon de meilleurs résultats que l'enseignement public primaire. Dernière observation enfin, c'était à la fois pour des raisons de liberté mais aussi pour des raisons de coût : c'est que simplement l'enseignement privé coûte 4 fois moins cher que l'enseignement public au budget de l'État.

Jean Cornec dans le livre sur la laïcité raconte qu'il y a eu des tractations secrètes avec Guichard. C'est absolument faux, totalement faux. Guichard a été complètement pris de court par cette histoire. Il y a eu des conversations, oui, le problème a été évoqué mais ça je peux vous garantir qu'il n'y a eu aucune espèce de tractation avec Cornec. Guichard ne pouvait pas blairer Cornec[82]. Cornec dit avoir été reçu par Guichard et avant par Edgar Faure

[82] Il y a eu réellement des tractations avec l'enseignement catholique et le CNAL, sans que le ministère intervienne, cf. Bruno Poucet (dir.), « À la recherche de la paix scolaire : des négociations de 1969 au renouvellement de la loi Debré », *Revue du Nord*, 2005, hors-série n° 20, p. 45-62.

ça ne m'étonne pas, reçu par Guichard bien sûr, Guichard recevait tout le monde. Mais Cornec l'éternel parent d'élèves encore à 85 ans… Faux cul à l'état pur. Guichard aurait probablement négocié quelque chose mais avec le SNI avec le syndicat des instits, pas avec Cornec ou il aurait négocié quelque chose avec Armand, mais il n'a pas pu, il n'a pas pu négocier […].

Donc, l'opinion du président de la République était tout à fait arrêtée sur ce thème de la pérennisation ?
Ah oui, complètement.

Y a-t-il eu des influences ? Pourquoi cette opinion était si tranchée ?
Je n'en ai jamais parlé. En tête-à-tête, donc je ne sais pas. […] Malheureusement, je n'ai pas retrouvé cette note, mais je me souviens que sur cette note, il y avait l'idée d'arrêter la guerre scolaire. Pompidou était un homme qui était extrêmement soucieux de l'unité des Français et de son rôle pour maintenir l'unité des Français. Et tout ce qui les divisait, je crois qu'il en avait une véritable horreur. Ça renvoie à l'affaire Touvier[83]. Ça renvoie au fait qu'il n'a eu de cesse d'éviter de soulever toutes ces questions relatives à la résistance, à ce qui s'est passé pendant la guerre, etc. Alors que… Mitterrand a fait la même chose. Giscard a fait la même chose. Il a fallu que ce soit ce crétin de Chirac qui resoulève les affaires[84]. On voit ce que ça donne.

Il y a eu donc un comité interministériel le 10 décembre 1970. Étiez-vous présent à ce comité ? En avez-vous eu le contenu ?
Alors, au comité interministériel…

Ce comité qui aurait accordé une reconduction pour neuf ans des contrats ?
Tout à fait. Des contrats qui ont pérennisé le contrat simple. Enfin, il y avait deux contrats. Un contrat simple et un contrat d'association qui ont été maintenus pour une période de temps déterminée. Oui, contrat simple pour le primaire. En revanche, pour le secondaire, il était prévu que la situation

---

[83] Allusion à la grâce accordée par Georges Pompidou à l'ancien chef de la Milice lyonnaise, qu'il explique dans sa conférence de presse du 21 septembre 1972.
[84] Probable allusion au discours du Vel d'Hiv.

serait revue neuf ans après, pour les contrats simples[85]. Et pour les contrats d'association qui sont plus favorables, il était prévu qu'on pourrait les signer en cas de besoin scolaire reconnu, si je me souviens bien. C'est-à-dire, s'il était évident que l'enseignement public ne pouvait pas satisfaire le besoin scolaire.

Alors, Giscard d'Estaing souhaitait que l'on aille plus loin, c'est-à-dire que le besoin scolaire reconnu soit non seulement objectif, mais puisse tenir compte, je dirais, en quelque sorte, du choix des familles. C'est-à-dire que les familles pouvaient très bien avoir un équipement scolaire suffisant, mais si les familles voulaient toutes coller leurs enfants dans l'enseignement privé, ça pouvait entraîner la multiplication des contrats. Moi, j'étais complètement contre, ça coûte horriblement cher, et le Président de la République aussi. Donc, ça vous montre qu'on a suivi de très près l'élaboration de la loi, mais pour vous répondre, savoir si j'ai été au comité interministériel ou pas, je n'en ai pas la trace. D'une façon générale, on n'allait pas systématiquement au comité interministériel chez le Premier ministre. On y allait quand on le demandait, quand les choses étaient importantes. Et là, on était dans un coin, on ne disait rien. On n'intervenait pas.

C'est à la suite de ce comité qu'il y a eu un conseil à l'Élysée. Il m'avait mis « vu » sur ma petite note à la suite de ce comité. Et donc, ça prouve bien que Pompidou a repris l'affaire en disant le contraire du gouvernement. Donc, il y a eu une annonce au Conseil des ministres [...] Le Président a annoncé son intention au cours du Conseil des ministres, à la surprise de tout le monde.

Nous allons quasiment achever cette partie sur les réformes de structure par la commission sur l'enseignement secondaire. La commission Haby. Qui était présent dans cette commission ? Quels étaient les objectifs ?

J'avais fait un papier que j'ai retrouvé tout à l'heure, fin 1969, où j'avais dit au Président de la République qu'il était vraiment temps de réfléchir un peu à ce que pourrait être une structuration de l'enseignement secondaire. On n'y a pas réfléchi depuis longtemps. On a fait un petit quelque chose du côté du premier cycle. Mais on ne sait plus très bien où on en est. On vit sur le même bachot, sur la même structure. Alors, à la suite de ça, ça a un petit peu

[85] En réalité les contrats simples pour le secondaire ont cessé d'avoir effet en 1980. Il n'en n'existe plus depuis cette date. L'ensemble des contrats simples devaient être revus au bout de neuf ans. Ils étaient peu nombreux dans le secondaire.

traînaillé. Et puis, je crois que ça doit être vers 70… De mémoire, c'est vers 71 qu'on a dû commencer à se réunir.

Qui en faisait partie ?
Alors, il y avait Haby. Je crois qu'il était recteur à l'époque[86]. Qui y a été ? Pas le président, mais un des principaux animateurs. Il nous a été recommandé

[86] René Haby, ancien directeur de cabinet de François Missoffe, ministre de la Jeunesse et des Sports, est sollicité en 1970 par Olivier Guichard pour préparer une réforme du lycée. Il a ensuite été recteur de l'académie de Clermont-Ferrand de 1972 à 1974, avant d'être nommé ministre de l'Éducation sous la présidence de Valéry Giscard d'Estaing. Lors de sa nomination, *Le Monde* le présente comme un homme ayant été jusque-là « le conseiller secret de l'Élysée » : « Ses réflexions prendront à ce moment un tour plus discret, pour ne pas dire clandestin : Introduit, depuis son séjour chez M. Missoffe, dans les milieux politiques de la majorité, il devient une sorte de conseiller secret de l'Élysée, et il rédige, à la demande de la présidence de la République, des rapports sur la réforme de l'enseignement secondaire et sur les établissements secondaires. » (*Le Monde*, 30 mai 1974). René Haby rapportera ensuite les circonstances de sa nomination : « En 1970, Olivier Guichard m'a fait appeler, je ne sais pas si c'est par l'intermédiaire de Schwartz ou des milieux économiques et il m'a dit : Voilà, sous le sceau du secret – j'ignore pourquoi il en a fait un secret mais, enfin, c'était sous le sceau du secret – Pompidou voudrait une étude sur la possibilité de transformer l'enseignement secondaire, plus particulièrement au niveau du lycée. La réforme avait déjà été faite au collège, et on sentait bien qu'il y avait une attente pour le second cycle et un réel besoin de transformation de l'enseignement dans les lycées. J'ai été totalement, totalement surpris par cette demande. Je pense que Pompidou ne voulait penser qu'il était autre chose que l'image qu'on se faisait de lui, et que c'était une raison du secret qui était demandé. Cela dit, il commençait à être malade et sa capacité de résistance à certaines innovations avait peut-être diminué… Pourtant, ce n'était pas son beau-frère, Henri Domerg, qui pouvait le pousser à aller dans ce sens ; il était au contraire un défenseur acharné, en tout cas il donnait l'image d'un défenseur acharné, de la tradition. J'ai été contacté pour participer à ce groupe de travail par un membre du cabinet du ministre de l'Éducation nationale, Philippe Moret, qui m'a présenté à Guichard. Nous étions une demi-douzaine, dans ce groupe, autour du directeur général d'une grosse entreprise d'informatique, membre du Club de Rome qui, par conséquent, fréquentait les économistes européens. Je crois qu'il s'appelait Lattès [Robert Lattès, conseiller puis directeur de la banque de Paribas]. Je pense que c'est eux qui avaient réussi à convaincre Pompidou de la nécessité de réfléchir à un enseignement de lycée moins traditionnel ». (*René Haby par lui-même. Un engagement pour la jeunesse. 1919-2003*, avec une préface de Xavier Darcos, Paris : Institut national de recherche pédagogique, 2008, (Témoins et acteurs des politiques de l'éducation, 4), p. 69-70. <https://www.persee.fr/doc/inrp_1295-1234_2008_mon_4_1>).

par Guichard. Il y avait Guy Métais, qui était donc à Matignon[87]. Il y avait votre serviteur. Je crois qu'il y avait Pinet.

[…] Nous nous sommes réunis, au moins une bonne dizaine de fois. On se réunissait dans un petit bureau discret. Ce n'était pas à l'Élysée, ce n'était pas à Matignon. C'était dans une petite annexe, une annexe de l'Éducation nationale. Un petit coin tout à fait discret. Et j'ai souvenir qu'on s'est réunis une bonne dizaine de fois, plusieurs heures, à travailler l'après-midi. Le rapport de la commission Haby, il a dû être fait, je le daterais de fin 1972 ou début 1973. Il a été fait effectivement après le départ d'Olivier Guichard. C'est ça[88].

Et pourquoi cette commission, on a tendance à lire qu'elle était secrète, entre guillemets. Pourquoi ? Il y avait des risques ?
Elle était secrète. Parce qu'on ne voulait pas être embêté par commencer à recevoir des coups de téléphone et des pressions de tous les côtés. Des syndicats qui auraient voulu qu'on y colle naturellement des problèmes de statut, des problèmes corporatistes qu'on avait réussi à éviter, des associations de professeurs qui auraient voulu défendre leur discipline, des inspecteurs généraux, etc. Et donc, ce qu'on voulait, c'était pouvoir en parler tranquillement entre nous, en essayant de ne pas être trop partiaux. Guy Métais, d'ailleurs, je pense à lui, Métais avait franchement le cœur à gauche, vous le savez bien. Haby, lui, c'était un centriste. Moi, j'étais plutôt gaulliste, archéo-gaulliste, comme sentiment. Bon, ce qu'on voulait, c'était vraiment réfléchir à ça tranquillement. Voilà. Domerg n'en faisait pas partie. Et Bruguière non plus. D'ailleurs, il a été assez mécontent.

---

87 Guy Métais, né en 1933, est appelé en 1965 au Commissariat Général du Plan par Pierre Massé où il suit les problèmes de qualification, de formation, d'éducation. Il accompagne Jacques Delors au secrétariat général à la formation professionnelle. En 1969, il est conseiller technique pour l'éducation et la formation au cabinet de Jacques Chaban-Delmas, Premier Ministre. Fin 1972, il crée l'Agence Nationale pour le développement de l'éducation permanente (ADEP) et prend la présidence de l'ACUCES à Nancy. Il est nommé à la tête de l'ANPE en 1975 et de l'AFPA en 1979.

88 René Haby précise : « Nous avons fait un rapport […] totalement hétérodoxe pour l'Éducation nationale. L'enseignement des langues prenait évidemment la première place avec l'enseignement pratique. Je me souviens d'avoir contribué à la rédaction de deux volumes, de deux gros cahiers, dont nous n'avons plus eu de nouvelles après… Mais ce travail m'avait encore conforté dans mon attitude critique par rapport aux traditions de l'enseignement secondaire » (*René Haby par lui-même*, *op. cit.*, p. 71).

Est-ce que ce rapport a servi de base pour élaborer les réformes Fontanet de l'année 1973, même si vous n'étiez plus directement présent ?
Oui, ça a eu un double rôle, ce rapport : un, ça a servi de base aux réformes Fontanet, absolument, et, deux, ça a servi de tremplin à Haby pour devenir ministre. Donc, Giscard, cherchant un ministre en 1974, a naturellement pris Haby.

Est-ce que ce rapport, et par là même, les réformes Fontanet, ont été l'aboutissement de ce que voulait Georges Pompidou ? Est-ce que c'était ce qu'il souhaitait pour l'éducation ou était-ce une étape franchie ?
Je ne peux pas dire que c'était ce qu'il voulait, mais je crois que c'était ce qu'il considérait comme possible, allant dans le sens qu'il pouvait souhaiter de lui-même.

Les réformes Fontanet[89]*, qu'est-ce qu'elles ont changé dans la structure du secondaire ? Vous vous souvenez de ça ?*
Il s'agissait de définir un corps unique de professeurs pour le premier cycle, de faire une seconde commune. Alors, corps unique de professeurs pour le premier cycle, réponse, oui. Les professeurs d'enseignement général de collège, réponse, oui. [...] Je crois que Pompidou était plutôt favorable au PEGC. La seconde commune, ça, je ne suis pas sûr du tout que Pompidou était chaud pour une seconde commune. Et il aurait probablement préféré que la diversification se fasse comme ça se faisait avant à partir de la seconde.

C'était une revendication constante de la spécialisation le plus tard possible, etc. Qu'est-ce qu'il y avait d'autre...? Il y avait également un problème peut-être plus crucial du tronc commun au niveau du collège avec des groupes de niveau. J'ai souvenir d'avoir fait un papier au président là-dessus en en étant plutôt partisan des classes homogènes.

[...] Il ne m'a rien mis en marge sur le second cycle. Moi, je lui mettais à moyen terme que peuvent subsister deux voies dans l'enseignement général long, l'une classique menant à un baccalauréat unique en terminale, l'autre moderne à l'enseignement léger en maths, physique, chimie, sans latin ni grec. Bénéfice d'enseignements commerciaux, par exemple, couronné par un

[89] Les objectifs pour le secondaire sont présentés au Conseil des ministres du 16 janvier 1974.

baccalauréat ne donnant pas accès à l'enseignement supérieur traditionnel. Je ne doutais de rien. Il ne m'a rien mis en marge. [...]

Je propose de mettre rapidement en place un office d'information. Alors, demander au ministère l'amélioration de l'enseignement des disciplines scientifiques à tous les niveaux du secondaire, l'introduction de connaissances économiques simples dans l'enseignement secondaire, l'ouverture de l'enseignement de la technologie dans l'enseignement secondaire. Tout cela me convient. Un plan préparé pour 70 de simplification précise du secondaire, regroupement en CES des enseignements généraux et d'enseignements type CEG. Donc, ça répond à la première chose. Simplification des filières de l'enseignement général. Mais je n'avais pas du tout parlé de seconde commune. Suppression des passerelles inutiles, simplification du technique, accrochage du technique sur l'industrie, mise en place de la formation postscolaire. Vous voyez. J'avais prévu des secondes diversifiées.

Donc, en fait, il y a une continuité, finalement, entre le rapport...
Oui.

Et puis, il n'y a pas eu de rupture avec les projets de réformes Fontanet
Non. D'ailleurs, Pompidou n'aurait jamais laissé passer quelque chose qu'il n'aimait pas.

Mais est-ce que les réformes Fontanet auraient été possibles sous Guichard, sans faire d'histoire prospective, mais finalement... Est-ce que le départ de Guichard n'a pas finalement accéléré un certain nombre de nouvelles orientations ?
Fontanet a certainement pu faire passer des choses que Guichard n'aurait pas pu faire passer, non pas qu'il n'aurait pas voulu les faire passer, parce qu'après tout, c'est lui qui a, par exemple, supprimé l'obligation d'enseigner des instituteurs le samedi matin. Il a simplement envoyé un petit mot au président en disant... C'est le dernier métier en France où l'on travaille encore le samedi après-midi. Donc Guichard est parfaitement accessible à la modernité. Mais simplement, ça aurait probablement donné une moins bonne coloration, tout simplement, alors que Fontanet arrivait, on ne savait pas très bien où il était, et pouvait faire passer pas mal de choses. J'ai une note ici qui est tout à fait importante, qui est la note que Pompidou a envoyée à Guichard, à Chaban-Delmas, en 71, pour lui donner des instructions en

matière d'enseignement : « Quelques réflexions que m'inspire la situation dans les lycées »[90]. Et c'est lui qui l'avait écrite. Au niveau des chefs d'établissement, « face à une situation qui se détériore à tous égards et dont les conséquences seront graves, il est nécessaire de prendre des mesures de redressement en profondeur. Rien ne serait plus illusoire que de croire que quelques actes d'autorité suffiront. Ils sont indispensables, mais ne peuvent être que le point de départ d'une action de longue haleine ». Alors, chef d'établissement, vous voyez, c'est le premier point qui arrive. Je vous l'ai dit à plusieurs reprises, c'était pour lui fondamental. Importance extrême de leur nomination. Persuader les faibles et timides, les nerveux de renoncer à leur fonction. Renforcer l'autorité par des avantages. Au niveau des enseignants, « l'immense majorité des enseignants, quelles que soient les idées politiques, souffrent d'être bafoués, insultés, ridiculisés, et d'être hors d'état de distribuer un enseignement profitable. L'autorité rétablie par les chefs d'établissement leur sera d'un grand secours. Mais après de longues enquêtes, je suis arrivé à la conclusion que rien ne sera fait tant qu'ils seront amenés à examiner les cas individuels en conseil de classe ou ailleurs en présence des parents, voire même des élèves ». Georges Pompidou ne voulait pas que les cas individuels fussent étudiés en conseil de classe devant des tiers. « Ne pas céder aux demandes démagogiques, dédoublement de classe, multiplication de travaux pratiques. Ce que veulent les professeurs, c'est le calme. Il est plus facile d'enseigner à 30 élèves qui écoutent qu'à 20 qui chahutent ». Il faut interdire l'entrée des classes à toute personne étrangère à l'établissement. Si des enseignants prennent la tête des excités, les foutre dehors. [Georges Pompidou envisage] une période pendant laquelle le jeune professeur serait stagiaire, pourrait être congédié et formé.

Au niveau des élèves, il faut rétablir la discipline. Il ne suffit pas de sévir. Il faut être ferme sur l'essentiel. Graduer la discipline. L'énervement des lycées a deux raisons : l'endoctrinement politique, la surcharge des programmes et des horaires. « Mettre la politique à la porte des lycées. Le principal est de vérifier le contenu des manuels et faire tomber des pans entiers des programmes et des horaires ».

À travers ces extraits, je pense qu'on a une bonne idée des relations entre enseignants et enseignés telles que les concevait Georges Pompidou.

---

[90] AN 555 AP/13. Note retranscrite en annexe.

Ça nous permet d'entrer directement dans les réformes de contenu entre 1969 et 1973. Premier point concernant les programmes. Vous venez d'en parler. Faire tomber des pans entiers des programmes, c'était le désir de Georges Pompidou. Est-ce que ça a été suivi d'effet ?
Je n'en suis pas bien sûr. « Il faut faire tomber des pans entiers dans les programmes, supprimer les heures inutiles, notamment des travaux dits pratiques, reclasser l'enseignement. Il y a une filière technique qui n'a besoin en termes de culture générale que d'une solide connaissance du français et d'histoire et géographie, d'une langue vivante ; les sections scientifiques doivent être à la portée d'un élève moyen, quitte à avoir une ou deux heures facultatives pour les plus forts. L'histoire de France doit être apprise à fond dans les classes élémentaires et du premier cycle. L'histoire ancienne doit être amenée à quelques faits essentiels, sauf pour ceux qui font latin et grec. L'histoire du monde extérieur doit être ramenée à l'essentiel, sauf pour les temps modernes, c'est-à-dire depuis la fin du XVIIIe siècle. On devra aborder la période qui va de 1940 à nos jours avec beaucoup de précaution. Il faut alléger les horaires. 5 heures par jour de classe peuvent être un maximum, jusqu'au bachot inclusivement, quelles que soient les réclamations de spécialistes. Les professionnels[91] n'ont en tête que de faire créer des postes pour les gens sortant de l'enseignement supérieur avec une formation vague et inutile et d'en créer d'autres ensuite pour améliorer cette formation. Il n'y a pas à leur céder. Un tel programme ne peut qu'être mis en application progressivement. Il faut l'entreprendre sans tarder. Le plus immédiatement nécessaire selon moi, c'est la qualité du chef d'établissement ».

Ceci est une note adressée à Chaban-Delmas le 9 avril 1971, deux ans après la prise de fonction de Chaban. On a une bonne idée des directions de travail qu'il avait préconisées pour les programmes. En fait, c'était donner une culture générale adaptée à chaque formation [...]

Tout ça avait été envoyé à Chaban. Il ne l'a pas fait. De la part du ministère de l'Éducation nationale, il y avait assez peu de retours sur les élaborations nouvelles des programmes [...]. Ça a été très très lent. [...]. Chaque fois que j'ai pu le faire, j'ai essayé de me placer à l'amont de la composition des commissions, etc., de façon à ce que les idées qu'on voulait faire passer soient prises en compte dès le début. Une fois que les inspecteurs généraux ont commencé

91 Les syndicats dans le projet de note.

à travailler, c'est impossible de les faire revenir sur ce qu'ils ont fait. Alors, je n'ai pas, pour vous dire la vérité, je n'ai pas de souvenirs vraiment très précis de programmes qui auraient été allégés sur ordre de l'Élysée.

Des universitaires avaient-ils été choisis par le Président pour faire des propositions ? A-t-il écouté des universitaires sur ces questions de programmes ?
Je n'en ai pas de souvenirs.

Vous nous avez parlé des commissions où vous avez travaillé sur ces programmes. Vous interveniez directement dans ces commissions. Comment se manifestait votre influence ?
Le cabinet de Guichard me passait les rapports, me passait les travaux et c'était par échange comme ça avec les membres du cabinet ou avec le directeur du cabinet ou alors avec quelques amis, professeurs en particulier. J'en avais un que j'aimais bien qui était Becker qui était mon ancien professeur de français latin et grec à Janson et qui était inspecteur général[92] et par lequel j'ai pu faire passer pas mal de choses. En mathématiques, j'avais également un prof de maths que j'avais eu en hypokhâgne, Lecomte, et par lequel j'ai aussi fait passer un certain nombre de choses. Mais c'était comme ça que ça se passait. En histoire et géographie, je n'ai pas de souvenirs.

Est-ce que les programmes étaient soumis au Président ? On peut retrouver dans les archives une de vos notes, datée de novembre 1970, où vous signalez que le cabinet d'Olivier Guichard prépare un programme d'histoire je cite, « tout autre que celui que [vous] désire[z] ». Et le Président a noté en marge, « le programme sera soumis ».
Écoutez, vous avez meilleur mémoire que moi. J'avais complètement oublié ça. C'est vrai qu'il y avait toujours la tendance lourde chez tous les gens qui entouraient le ministre. C'est-à-dire, l'histoire, c'est tout sauf l'histoire événementielle, c'est tout sauf l'histoire des hommes, l'histoire peut-être du blabla économique, l'histoire des idées, etc. Et ça, ça mettait le Président en fureur, et moi aussi. Parce que je continue à penser que quand on apprend la Grèce, c'est bien plus marrant d'apprendre les histoires d'Alcibiade ou de

[92] Georges Becker, né en 1916, ancien élève de l'École Normale Supérieure.

je ne sais pas qui ou de Lycurgue que d'apprendre l'histoire de la civilisation des zélotes. Au moins, on s'en souvient.

Non, alors là, vous avez raison, il est probable que sur des points comme celui-là, quand je sentais que les choses dérapaient, je le disais au Président pour avoir son autorité, et à ce moment-là, dire à Guichard attention, ça va chauffer.

Est-ce que, à un moment ou à un autre, Georges Pompidou a remis en cause le latin et le grec ?

Il ne s'est jamais passionné pour le grec, à ma grande tristesse, parce que je préférais largement le grec au latin, parce que c'est plus facile le grec que le latin. En revanche, il s'est toujours passionné pour le latin. J'ai souvenirs de tas de notes, au moins de deux ou trois notes, dans lesquelles il disait : la construction du latin était tellement différente de la construction française que ça obligeait à une gymnastique de l'esprit qu'aucune autre langue ne pouvait donner. Et j'étais arrivé à lui faire dire que l'allemand pouvait donner la même discipline. Parce que je me dis, on ne passera jamais avec le latin, c'est devenu un tel abcès de fixation qu'on ne passera pas. En revanche, si on arrivait à réintroduire l'allemand ou renforcer l'allemand, comme la construction de la phrase allemande est également en oméga comme celle du latin, et qu'elle est un peu plus compliquée que la française, ça ira.

Il avait cette idée-là. Le latin, ça obligeait à une gymnastique de l'esprit, c'est une syntaxe et une mécanique intellectuelle complètement différentes du français. C'est comme ça qu'il faut voir le latin, mais il faut aussi le voir comme étant à la racine du français. Donc, le latin doit être appris tout de suite dans le secondaire. Et au fond, pour lui, c'était également ce qui marquait la rupture entre le primaire et le secondaire. C'était l'arrivée de ces choses-là. Une espèce de gratuité, d'exercice gratuit, intellectuel. La suppression du latin en sixième. Dès le début, moi, je lui avais dit je voudrais qu'on fasse réintroduire le latin en sixième. Guichard n'en voulait pas, même pas en cinquième. Guichard voulait qu'on ne commence le latin que comme le grec, en quatrième.

Pourquoi ?

Vous savez, derrière ça, de la part de Guichard, il y avait beaucoup le souci de ramener le calme dans les esprits. Et… Je crois que Guichard analysait le problème du latin en politique beaucoup plus qu'en… contenu formateur. Donc, c'est à la demande du Président qu'on a introduit l'initiation au latin en cinquième. Vous vous souvenez, ça doit transparaître, il y a eu pendant un mois ou deux du flottement là-dessus jusqu'au moment où Pompidou a fini par accepter l'initiation au latin, comme un pis-aller. Le discours d'Albi, en avril 1970, est surprenant concernant la hiérarchie des matières. Georges Pompidou dit qu'il faut défendre les langues vivantes, la géographie. Les langues vivantes. Il n'y a pas là un tournant. [sic] Il dit que le latin a perdu énormément de valeur[93].

Est-ce que c'est une volonté de modernisation ? D'adaptation de la culture générale par rapport aux différentes filières ?
Je vais vous dire, je crois que c'est essentiellement un pragmatique. Il se rendait bien compte que le latin et le grec c'était réservé finalement à 1% de la population qui était effectivement capable d'en tirer profit. Et deuxièmement, ayant été amené à admettre l'initiation au latin en cinquième, ayant été amené à admettre tout cela, la première action de la politique c'était d'en tirer profit pour lui-même. C'est-à-dire, effectivement, de l'exprimer tout haut.

---

93 Georges Pompidou revient à Albi, ville où il a grandi, le 5 avril 1970. À l'occasion de ce voyage, le président de la République prononce un discours devant les anciens élèves du lycée Lapérouse, où il a étudié. Il y revient sur les transformations de l'enseignement secondaire, le latin et la signification du baccalauréat, estimant notamment que « les connaissances ont dans beaucoup de domaines fait des progrès considérables, en particulier en matière scientifique, et ne peut plus être ce qu'il était il y a vingt ou trente ans *[sic]*. […] La hiérarchie des connaissances s'est en quelque sorte modifiée, je n'entends non pas hiérarchie en valeur mais hiérarchie pratique, adaptation à la vie. Certes l'histoire, le latin ou le grec […] n'avaient pas il y a trente ans une utilité pratique très supérieure à celle d'aujourd'hui. Mais d'autres connaissances ont pris proportionnellement une utilité pratique plus grande au fur et à mesure du développement des moyens de transports et de l'interprétation générale des nations, de l'importance prise par les problèmes économiques. Des enseignements comme la géographie, les langues vivantes, un enseignement minimum économique ont pris une importance nouvelle et doivent avoir une part plus grande dans l'enseignement secondaire ».

Est-ce que ça correspondait chez lui à une véritable adhésion, à un changement de vision ?
Certainement pas. Pompidou continuait à penser que si tous les gens avaient pu faire du latin, ça aurait été largement préférable pour eux. On le voit très peu dans les archives.

Pourtant, est-ce que cela aurait été possible de revenir à l'instruction civique ? Est-ce que Georges Pompidou y avait pensé ? Est-ce qu'il voyait que c'était impossible à faire ?
Je n'ai pas de souvenirs là-dessus. Je n'ai pas de souvenirs d'avoir abordé ce thème dans mes notes, de l'instruction civique et même de l'instruction morale. Parce que dans le primaire, vous vous souvenez qu'il y avait des cours d'instruction morale. Et tout ceci avait passé par-dessus bord. On a confondu l'instruction civique avec l'apprentissage de la mécanique représentative ou de la mécanique de prise de décision. Ce n'est pas du tout cela, l'instruction civique. Mais je n'ai pas de souvenirs d'en avoir discuté avec lui. Je ne sais pas ce qu'il pensait.

Les méthodes d'apprentissage et on débordera ensuite sur les différentes méthodes pédagogiques. Il semblerait que Georges Pompidou était très attaché aux méthodes traditionnelles.
Très classique. Totalement classique. Pour lui, l'enseignement, c'est une relation maître-élève dans laquelle il n'y a absolument pas de réciprocité. La relation est descendante vers l'élève. Le maître a le devoir de comprendre l'élève. Il a le devoir de faire passer un contenu d'enseignement structuré. L'élève a le devoir d'écouter et de respecter son maître. Mais le maître a également le devoir d'écouter et de respecter l'élève auquel il enseigne. Mais c'est une hiérarchie extrêmement forte. Pompidou avait une extrême méfiance à l'égard des travaux pratiques, à l'égard de l'audiovisuel, à l'égard de tous ces trucs-là parce que ça lui paraissait toujours être la possibilité de dérapage vers toujours l'introduction de faux spécialistes, de moyens supplémentaires, de trucs comme ça qui font qu'on oublie complètement qu'on doit sortir du primaire et qu'on doit écrire et compter. Pour lui, c'est d'abord un contenu.

Le rôle de la mémoire ?
Considérable. La mémoire était, et ça, à plusieurs reprises, j'ai eu l'occasion de lui parler, la mémoire, pour lui, était la base même de la formation. L'apprentissage de la mémoire, c'est la base même de l'apprentissage de la formation. Pompidou avait une mémoire d'éléphant.

Vous nous avez parlé, dans un précédent entretien, du problème de l'interprétation, par exemple, en histoire. Vous nous avez dit que l'essentiel était d'acquérir d'abord les bases et ensuite de les interpréter. Tout est confirmé ?
Tout à fait. Complètement confirmé. Limiter, et d'ailleurs, dans le papier que je vous ai lu [adressé à] Chaban, c'est éclatant, limiter l'apprentissage de l'histoire aux faits et aux hommes essentiels et ne commencer à être plus précis et plus détaillé et plus interprétatif qu'à partir du XVIIIe siècle, pratiquement, mais avec toujours un côté évènementiel extrêmement fort, qui permet de supporter et de soutenir la mémoire.

Avez-vous quelque chose à dire sur le tiers-temps pédagogique, quand il semblerait d'ailleurs que Georges Pompidou n'était pas très informé, si on en juge du conseil restreint de septembre 1969 ?
C'est une réforme qui était en cours quand on est arrivé[94]. C'était Edgar Faure qui l'avait lancée. Tiers-temps pédagogique, c'était un moyen d'alléger les charges de travail des profs et de donner satisfaction aux syndicats pour réduire les horaires de travail. Pompidou n'était pas du tout informé de ça. Et dans une de mes premières notes, je lui en ai parlé. En gros, c'était : « mettez tant que vous pourrez le pied sur le frein sur cette histoire-là ». [...]

Il y a eu un certain nombre de commissions de travail qui avaient été mises en place. Comment circulait l'information jusqu'à l'Élysée concernant le travail de ces commissions ?
Je recevais à ma demande les comptes rendus de travail de ces commissions. Je recevais toujours les chargés de mission du cabinet qui s'occupaient de ça, puis je leur dis comment je pouvais travailler. J'ai les inspecteurs généraux que

---

94 Le « tiers temps » consiste à répartir de façon plus équilibrée le travail des enfants entre l'acquisition des outils intellectuels fondamentaux (français et calcul), les « activités d'éveil » de la personnalité et l'éducation physique et sportive.

je connaissais ou les quelques profs que je pouvais connaître. Je n'ai jamais reçu les présidents de commissions parce que, là encore, il y a toujours la règle non écrite, ne pas intervenir directement dans le fonctionnement des ministères. Donc je n'ai jamais reçu directement les directeurs en charge de ces questions-là ou les présidents des commissions en charge de ces questions-là. Mon intervention, c'était quoi ? Du côté des mathématiques, je m'en souviens bien parce que j'ai essayé tant que j'ai pu d'arrêter les mathématiques modernes et de revenir aux mathématiques plus traditionnelles.

Alors ça s'est traduit par quoi ? Il faudrait que je puisse retrouver les programmes, si vous voulez, mais on pourrait faire l'avant et l'après. On ne peut pas, évidemment, empêcher complètement les choses d'évoluer ou de revenir en arrière, mais on peut au moins essayer de les faire évoluer dans un sens plus favorable. Sur le français, autant j'ai souvenir de questions relatives à la réforme de l'orthographe, autant j'ai peu de souvenirs de la réforme de l'enseignement du français.

Les points, notamment autour de la lecture de la méthode globale ?
Ah, la méthode globale ! J'ai vraiment tout cassé. Oui. J'en suis très content. J'ai vraiment réussi, et je crois d'ailleurs que j'ai réussi à faire comprendre que la méthode globale était un désastre, et qu'il fallait absolument revenir à des méthodes plus traditionnelles, enfin classiques, des méthodes, peut-être pas le B.A.B.A., mais des choses qui s'en inspiraient complètement, des méthodes beaucoup plus analytiques dans l'apprentissage de la langue, et en tout cas certainement pas synthétiques. Je n'ai eu qu'à moitié satisfaction, parce qu'on a laissé passer la méthode dite semi-globale. [...]

Et la position d'Olivier Guichard par rapport à celle de Georges Pompidou, justement ?
Olivier Guichard est un produit de l'École libre des sciences politiques. Pompidou est un produit de l'École normale supérieure. Je crois que c'est ça qui les différencie complètement. [...] Donc, Guichard était a priori, je dirais, beaucoup plus expérimental, en quelque sorte, et acceptant beaucoup mieux les expérimentations. Alors que je dois dire que Pompidou et moi aussi, on trouvait que dans certains cas, on ne pouvait pas tenter, on n'avait pas le droit d'essayer. Louis Legrand écrivit en 1977 *Pour une politique démocratique de l'éducation*, et [estimait] que la présidence de la République avait pris le

parti de la conservation alors qu'Olivier Guichard paraissait souhaiter le mouvement[95].

Est-ce que c'est excessif ?
Non, ce n'est pas vrai. C'est dégueulasse de dire les choses comme ça. Ce n'est pas vrai. Olivier Guichard ne souhaitait pas le mouvement, il s'en foutait. Il souhaitait que les choses avancent harmonieusement, que, effectivement, on s'adapte à son temps, qu'on apprenne aux enfants des choses utiles, mais il acceptait des expérimentations. La finalité était tout à fait la même entre Pompidou et Guichard, mais là où, de temps en temps, Pompidou disait non, ça ne sera pas comme ça, Guichard disait, oui, ça peut être comme ça, et puis

95 Louis Legrand, *Pour une politique démocratique de l'éducation*, PUF, 1977. Louis Legrand (1921-2015), pédagogue français, docteur en philosophie (Paul Ricœur est le directeur de sa thèse), inspecteur d'académie, nommé en 1966 directeur de recherche à l'Institut pédagogique, lance à cette occasion une recherche sur les « collèges expérimentaux ». Professeur en sciences de l'éducation en 1980 à l'Université de Strasbourg, président des CEMEA, membre du Parti socialiste, il est l'auteur d'un rapport *Pour un collège démocratique*, La Documentation française, 1982. Dans *Pour une politique démocratique de l'éducation*, il rend hommage à l'esprit de concertation d'Olivier Guichard : « Olivier Guichard, qui succéda à Edgar Faure, joua franchement le jeu de la concertation. Certes, ces commissions n'avaient pas de compétences générales, mais elles furent composées de façon véritablement démocratique. Leurs débats furent libres, souvent houleux et politiquement passionnés comme dans la commission Emmanuel. Mais la liberté des commissions était entière et leurs travaux étaient connus du grand public, de celui du moins qui voulait bien s'y intéresser. La chute d'Olivier Guichard entraîna la mort des grandes commissions et en particulier, celle, à terme, de la commission Emmanuel dont les travaux ne furent finalement jamais pris au sérieux [...]. Avec le successeur s'accentua le glissement technocratique » (p. 229). C'est dans le chapitre VIII, « L'innovation sur les contenus et les méthodes : l'exemple du français à l'école élémentaire », où il revient sur les travaux de la commission Rouchette, puis sur ceux menés par la commission de réforme de l'enseignement du français formée en 1970 et présidée par l'académicien et poète Pierre Emmanuel, que se trouve la phrase visée par Jean-François Saglio : « La présidence de la République prit le parti de la conservation alors qu'Olivier Guichard paraissait souhaiter le mouvement » (p. 152). Il poursuit en notant : « Le cabinet du ministre était divisé. Il s'y livrait un combat obscur et feutré, mais opiniâtre et finalement efficace. La réforme officielle de l'enseignement du français à l'élémentaire va sortir de ces tractations et de ces conflits. Aux yeux des responsables politiques, il n'était plus possible de prendre en considération officielle le plan lui-même, définitivement marqué comme d'opposition, voire communiste ou gauchiste... ».

on le fera évoluer. C'est tout. Et dans un autre ouvrage concernant toujours cette réforme du français, en 1981, on peut lire ceci. Georges Pompidou est lui-même intervenu par personne interposée pour que le plan, sous-entendu, de rénovation de l'enseignement du français, ne soit pas réellement pris en compte pour de nouvelles instructions. Et il n'y a pas de citation sur cette personne interposée qui serait intervenue. C'est moi, oui. Oui, c'est possible.

Écoutez, en plus, en plus, ce n'était probablement pas la peine que j'intervienne parce que Guichard aurait fait capoter de la même manière. Mais vous voyez, il y a une chose que je regrette, par exemple. On n'a pas réussi à faire aboutir ce problème de la réforme de l'orthographe. Et pourtant, Dieu sait que je m'y suis attelé à ce truc-là. Parce que l'orthographe française me paraît inutilement compliquée, absurde. L'orthographe française me paraît avoir été inventée par des légistes, n'est-ce pas, de l'école de Guillaume de Nogaret, mais oui, bien sûr, c'étaient des corporatistes qui gagnaient de l'argent en compliquant l'orthographe à plaisir parce que ça leur faisait gagner de l'argent.

Et moi, je reste toujours persuadé que pour la peine d'avoir une orthographe compliquée, pourquoi est-ce que charrette prend deux R et chariot un R, par exemple ? Expliquez-moi pourquoi des tas de trucs comme ça, les accents, à quoi ça sert maintenant ? Enfin, grave et aigu, je veux bien. Il suffit de mettre un accent quand on veut. Bon, à la rigueur, le circonflexe, et encore pas partout. Des choses comme ça, que je ne comprends pas. Donc, ça conduisait à une modification assez substantielle de l'orthographe et j'ai complètement queuté devant l'Académie française, me suis planté. Et ça, je m'en veux. Eh bien, imaginez qu'on ait obtenu cette forme d'orthographe et que ça ait été porté au crédit de Pompidou, Pompidou passerait pour une espèce d'immense réformateur.

Guichard s'en foutait. Mais alors là, totalement.

Et pourquoi il s'en foutait ?
Parce que, à mon avis, parce qu'il se disait : « oh, ça va me créer bien du souci avec des gens qui m'embêteront par la suite ». Voilà.

La coopération est le dernier point de cet entretien. Quelle était l'attention portée par Georges Pompidou à ce sujet ? À l'éducation ?
Donc le problème de la coopération sous l'angle, effectivement, de l'éducation. Vous voulez dire.

La défense de la francophonie. Le personnel enseignant. Les échanges également. Extrême importance.

Qui était en charge plus spécifiquement ?
Michel Bruguière. Pompidou aimait beaucoup Bruguière. Et ils s'appréciaient énormément. Ils s'aimaient beaucoup. Bruguière était normalien. Sa femme était fille de Bastid, normalienne aussi[96]. Donc ils s'appréciaient beaucoup. D'ailleurs, Bruguière aurait dû être conseiller technique à l'éducation. Il ne l'était pas. C'est parce que Guichard ne pouvait pas le piffrer. Et… Et puis voilà. Mais c'est lui qui était chargé de ça. C'est lui qui suivait ça. Derrière ça, il y avait quelques agitateurs patentés. Je vous ai parlé de Rossillon qui était celui qu'on envoyait de temps en temps flanquer la pagaille pour embêter Trudeau au Canada ou dans d'autres pays[97]. Et Pompidou suivait ça personnellement. La direction générale de la coopération scientifique et technique au ministère des Affaires étrangères a été tenue par des gens que Pompidou connaissait. C'était Laurent[98]. Il n'aurait jamais accepté qu'elle ne le soit pas par des hommes de première qualité aussi bien sur le plan intellectuel que sur le plan, je dirais, de la rectitude administrative et politique. Quelles que soient les vertus de Pierre-Jean Remy, par exemple, il n'aurait jamais été nommé directeur général ou à plus forte raison Thierry de Beaucé[99]. Ça

---

96 La sinologue Marianne Bastid-Bruguière (née en 1940), fille de l'ancien ministre Paul Bastid (1892-1974), ancienne élève de l'École normale supérieure de Sèvres.

97 Philippe Rossillon (1931-1997), rapporteur général du Haut comité de la langue française, avait été pris à parti par le Premier ministre canadien Pierre-Elliott Trudeau en septembre 1968 dans un discours à la Chambre des communes d'Ottawa, l'accusant d'être « un agent plus ou moins secret de la France ».

98 Pierre Laurent (1919- ?), conseiller d'État, directeur général du travail et de la main-d'œuvre puis, à partir d'octobre 1963, secrétaire général du ministère de l'éducation nationale, avait été nommé en mars 1969 directeur général des affaires culturelles, scientifiques et techniques au ministère des Affaires étrangères (*Le Monde*, 13 mars 1969). Voir son témoignage dans Jean-Claude Groshens et Jean-François Sirinelli (dir.), *Culture et action chez Georges Pompidou*, Paris, PUF, 2000, p. 287-299.

99 Thierry de Beaucé (1943-2022) est directeur général des relations culturelles, scientifiques et techniques au ministère des Affaires étrangères de 1986 à 1987 avant de devenir Secrétaire d'État auprès du ministre des Affaires étrangères, chargé des relations culturelles internationales (1988-91) dans le gouvernement de Michel Rocard. Jean-Pierre Angremy (1937-2010), dont le nom de plume était Pierre-Jean Remy, occupe ce poste de 1987 à 1990.

aurait été absolument inconcevable. Ça devait être nécessairement à la fois un très haut fonctionnaire et un type ayant fait la preuve de ses qualités de formation intellectuelle.

J'ai souvenir de m'être personnellement occupé de la nomination des proviseurs des lycées français à l'étranger, en particulier d'avoir soumis au président de la République [...] la nomination du proviseur du lycée français de Rome [...] Un type épatant et vraiment de première qualité [...]

Et concernant, peut-être un dernier point, sur le Sénégal...
Alors le Sénégal, oui, bien sûr. Je suis allé passer 48 heures chez Senghor. Senghor m'avait dit qu'il était embêté, avait dit au président de la République qu'il était embêté et Pompidou lui avait dit, je t'envoie mon conseiller technique, tu verras. Et je suis donc allé chez lui. J'ai parlé avec lui, j'ai parlé longuement avec ses ministres. Je me souviens de lui avoir, à l'époque, donné un certain nombre d'orientations, en lui disant, maintenant, si vous souhaitez qu'on vous aide, qu'on vous envoie du monde, etc. On le fera bien volontiers. Alors je n'ai plus tellement souvenir de ce qu'on a fait par la suite.

Donc nous allons conclure cet entretien. Au total, quelle est la place de l'éducation dans la politique générale du président et quels sont les souvenirs que vous avez gardés de cette période, dans les grandes lignes ?
Je vais répondre en essayant de placer l'éducation par rapport aux grandes préoccupations du président. Les grandes préoccupations du président, c'était quoi ? C'était l'industrialisation de la France, c'était la modernisation de la France. Et ça, c'était sa première préoccupation. De très loin.

La deuxième préoccupation du président, c'était la position de la France dans le monde, c'est-à-dire les affaires étrangères, au sens large.

La troisième, c'était l'éducation. Le reste venait derrière. Il était intéressé, évidemment, par tout ce qui était la chose militaire, mais je pense que dans son cœur, l'éducation était plus importante que la chose militaire. Donc voilà. La justice lui importait aussi beaucoup, mais l'éducation lui importait plus. Comme c'est un type qui travaillait énormément, on ne peut pas tirer de conclusions. Ce n'est pas parce qu'il préférait ou qu'il était plus naturellement porté vers tel ou tel domaine qu'il délaissait les autres. Évidemment pas, parce que si vous interrogez le conseiller ou les conseillers chargés de la justice, ils vous diront qu'il y consacrait 25 heures par jour.

Et votre souvenir général en tant que chargé de mission sur les questions de l'éducation ?
Je ne connais rien de plus frustrant. L'éducation, c'est un domaine dont je ne conseillerais même pas à mon pire ami de s'occuper. C'est effrayant. C'est effrayant parce que c'est à la fois tellement porteur d'avenir et tellement porteur de catastrophes qu'on a l'impression de les voir se dessiner au fur et à mesure, les catastrophes. Ce qui est effrayant, c'est que pour une discussion sur le fond qu'on peut avoir avec l'un ou l'autre, tous les problèmes d'éducation sont toujours abordés par le tout petit bout du corporatisme, de la défense des droits acquis, du statut des uns et des autres, de la politisation, enfin toutes choses qui personnellement me font horreur.

Bibliographie

Georges Pompidou

Jean-Pierre Bat et Pascal Geneste, *Georges Pompidou. Une certaine idée de la modernité*, Paris, Belin, 2016.

Jean-Paul Cointet, Bernard Lachaise, Gilles Le Béguec et Jean-Marie Mayeur (dir.), *Un politique : Georges Pompidou*, Paris, Presses universitaires de France, 2001.

Bernard Lachaise, *Georges Pompidou : avec de Gaulle, 1944-1959*, Ploemeur, Éditions Codex, 2020.

Christine Manigand et Richard Vivien (dir.), *Dans l'intimité du pouvoir, la présidence de Georges Pompidou*, Paris, Nouveau Monde éditions, 2019.

Christine Manigand et Olivier Sibre (dir.), *Le dictionnaire Pompidou*, Paris, Robert Laffont / Institut Georges-Pompidou, 2023.

Éric Roussel, *Georges Pompidou*, Paris, Perrin, coll. « Tempus » 2004.

Stéphane Rials, *Les idées politiques du président Georges Pompidou*, Paris, Presses universitaires de France, 1977.

Sabrina Tricaud, *Les Années Pompidou*, Paris, Belin, 2014.

Histoire de l'éducation

Pierre Albertini, *L'école en France du XIXe siècle à nos jours*, Paris, PUF, 1992 (réed. 2006, 2014).

Julien Cahon et Bruno Poucet (dir.), *Réformer le système éducatif. Pour une école nouvelle, mars 1968*, Rennes, Presses universitaires de Rennes, 2021.

Jean-Noël Luc, Jean-François Condette et Yves Verneuil, *Histoire de l'enseignement en France, XIXe-XXIe siècle*, Paris, Armand Colin, 2020.

Bruno Poucet et David Valence, *La loi Edgar Faure, Réformer l'université après 1968*, Rennes, Presses universitaires de Rennes, 2016.

Antoine Prost, *Histoire de l'enseignement en France, 1800-1967*, Paris, Armand Colin, 1968.

Antoine Prost, *Éducation, société et politiques. Une histoire de l'enseignement en France de 1945 à nos jours*, Paris, Éditions du Seuil, 1992, 1997.

Antoine Prost, *Histoire de l'enseignement et de l'éducation. Tome IV. L'école et la famille dans une société en mutation (depuis 1930)*, Paris, Nouvelle librairie de France, 1981, Éditions Perrin, 2004.

Antoine Prost, *Regards historiques sur l'éducation en France, XIXe-XXe siècles*, Paris, Belin, 2007.

Antoine Prost (dir.), *La formation des maîtres de 1940 à 2010*, Rennes, PUR, 2014.

Antoine Prost, *Du changement dans l'école, les réformes de l'éducation de 1936 à nos jours*, Paris, Seuil, 2013.

André D. Robert, *L'école en France. De 1945 à nos jours*, Grenoble, PUG, 2010 (rééd. 2015).

Charles de Gaulle et l'éducation

Fondation Charles de Gaulle, *Charles de Gaulle et la jeunesse*, Paris, Plon, 2005.

Claude Lelièvre et Christian Nique, *L'École des Présidents. De Charles de Gaulle à François Mitterrand*, Paris, Odile Jacob, 1995, p. 17-88.

Françoise Mayeur, « De Gaulle et l'Éducation nationale », Actes du colloque « De Gaulle en son siècle », *Moderniser la France*, tome 3, Paris, Plon, 1992, p. 587-597.

Françoise Mayeur, « De Gaulle et l'éducation », *Espoir*, n° 163.

Bruno Poucet, « Les cadres de l'éducation nationale et les ambitions gaulliennes de réforme pour l'école et l'université », dans Serge Berstein, Pierre Birnbaum et Jean-Pierre Rioux, *De Gaulle et les élites*, Paris, La Découverte, 2008, p. 128-141.

Bruno Poucet, « De Gaulle et les enjeux scolaires », dans Fondation De Gaulle, *Charles de Gaulle, chrétien, homme d'État*, Paris, Les éditions du Cerf, 2011, p. 233-252.

Bruno Poucet, « La politique éducative de Charles de Gaulle sous la Cinquième République », *Sientific Bulletin*, Universty of Pitesti, 9e année, n° 1, p. 151-169.

Bruno Poucet, « Au ministère de l'Éducation nationale, Olivier Guichard : un réformateur malgré lui ? », dans Frédéric Fogacci et Gilles Le Béguec, *Olivier Guichard*, Paris, Nouveau monde éditions, 2018, p. 107-132.

Georges Pompidou et l'éducation

François Dubasque « Des collèges à la campagne : démocratiser l'enseignement par l'aménagement scolaire en milieu rural au début de la Ve République », dans Frédéric Chauvaud, Yves Jean et Laurent Willemez (dir.), *Justice et sociétés rurales*, Rennes, Presses universitaires de Rennes, 2019, p. 53-64.

Claude Lelièvre et Christian Nique, *L'École des Présidents. De Charles de Gaulle à François Mitterrand*, Paris, Odile Jacob, 1995, p. 89-154.

Vincent Léonard, *Georges Pompidou et l'Éducation nationale (1962-1974)*, mémoire de maîtrise sous la direction de Bernard Lachaise, université Bordeaux III, 1992.

Vincent Léonard, « Georges Pompidou et les mutations de l'enseignement secondaire », dans Jean-Claude Groshens et Jean-François. Sirinelli (dir.), *Culture et action chez Georges Pompidou*, Paris, PUF, 2000, p. 217-232.

Françoise Mayeur, « Les mutations et les réformes de l'enseignement supérieur », dans Jean-Claude Groshens et Jean-François. Sirinelli (dir.), *Culture et action chez Georges Pompidou*, Paris, PUF, 2000, p. 233-247.

Sabrina Tricaud, « L'éducation, un "domaine réservé" pour Georges Pompidou (1962-1968) », dans Bruno Poucet de David Valence, *La loi Edgar Faure*, Rennes, Presses universitaires de Rennes, 2016, p. 51-58.

Bruno Poucet, « Georges Pompidou », dans Bruno Poucet, Julien Cahon, Jean-François Condette, Maryse Cuvillier et Ismail Ferhat (dir.), *Dictionnaire des ministres de l'Instruction publique et de l'Éducation nationale*, Lille, Presses universitaires du Septentrion, 2025, notice 214.

Témoignages d'acteurs

Jean Ferrez, *Au service de la démocratisation. Souvenirs du ministère de l'Éducation nationale, 1943-1983*, préface d'Antoine Prost, Paris, Institut national de recherche pédagogique, 2004.

Joseph Fontanet, *Le social et le vivant. Une nouvelle logique politique*, Paris, Plon, 1977.

Christian Fouchet, *Mémoires d'hier et de demain. Tome 1. Au service du général de Gaulle*, Paris, Plon, 1971.

Christian Fouchet, *Mémoires d'hier et de demain. Tome 2. Les lauriers sont coupés*, Paris, Plon, 1973.

Lucien Geminard, *L'unification du système enseignant français (1963-1985). Souvenir d'un inspecteur général*, Paris, Institut national de recherche pédagogique, 2002.

Olivier Guichard, *Un chemin tranquille*, Paris, Flammarion, 1975.

Jacques Limouzy, *Qu'ai-je à dire en terminant un si long parcours ? Mémoires d'un aventurier de l'administration et de la politique*, Toulouse, Éditions Privat, 2022.

Jacques Narbonne, *De Gaulle et l'éducation. Une rencontre manquée*, Paris, Denoël, 1994.

François-Xavier Ortoli, « Témoignage », dans Éric Bussière (dir.), *Georges Pompidou face à la mutation économique de l'Occident, 1969-1974*, Actes du Colloque des 15 et 16 novembre 2001, Paris, Presses Universitaires de France, 2003, p. 173-185.

Alain Peyrefitte, *C'était de Gaulle*, Paris, éditions de Fallois/Fayard, 1997, 1997, 2000, 3 tomes.

Georges Pompidou, *Pour rétablir une vérité*, Paris, Flammarion, 1982.

Georges Pompidou, *Lettres, notes et portraits* (1928-1974), témoignage d'Alain Pompidou, préface d'Éric Roussel, Paris, Robert Laffont, 2012.

Georges Pompidou, *Entretiens et discours* (1968-1974), avant-propos d'Édouard Balladur, Paris, Plon, 1975, 2 tomes.

Pierre Sudreau, *Sans se départir de soi : quelques vérités sans concession*, Paris, Tirésias, 2004.

Les auteurs

Pierre Allorant, agrégé d'histoire et docteur en droit, est professeur d'histoire du droit et des institutions, doyen de la faculté de droit d'Orléans, président du Comité d'histoire parlementaire et politique et président des Amis de Jean Zay et président du CESER Centre-Val-de-Loire. Il travaille sur l'histoire du corps préfectoral, des ingénieurs des ponts-et-chaussées, de la société de législation comparée, de la décentralisation et des mémoires des guerres. Il a publié récemment (avec Olivier Loubes), *Jean Zay. Jeunesse de la République*, Bouquins, 2024, et *Jean Moulin, le préfet de la Résistance*, Calype, 2024. Il a co-dirigé *Étienne-Denis Pasquier (1767-1862). Un parlementaire gallican sous la Restauration et la monarchie de* Juillet, Mare & Martin, 2024 ; *Histoire d'Orléans*, PUR-PUFR, 2024 ; *La métropole-santé en faisceaux. Convergence d'acteurs en santé dans l'Orléanais*, Autrement, 2024 et *Procès politiques : tribune ou tremplin pour l'opposition ?* PUR, 2024.

Julien Cahon est professeur des universités en histoire de l'éducation à l'université de Picardie Jules Verne (UFR SHS, UR CAREF) et rédacteur en chef de la revue *Carrefours de l'éducation*. Il est spécialiste de l'histoire des politiques éducatives de la fin du XIXe à la fin du XXe siècle. Ses recherches portent sur l'histoire du ministère de l'éducation et des réformes scolaires, les institutions éducatives et leurs acteurs en contexte guerrier et l'action publique locale dans les territoires de difficultés scolaires. Il s'intéresse notamment à l'histoire de la laïcité, des rythmes et des constructions scolaires, ainsi qu'au rôle des organisations militantes. Parmi ses publications : *Madeleine Michelis. Correspondance d'avant-guerre et de guerre*, éditions du Félin, 2015 (avec J.-L. Crémieux-Brilhac et C.-L. Foulon) ; *Refus et refusés d'école*, PUG, 2020 (avec Y. Michel) ; *Réformer le système éducatif. Pour une école nouvelle, mars 1968*, PUR, 2021 (avec B. Poucet dir.) ; « L'école à l'épreuve des épidémies, XIXe-XXIe siècles », *Revue du Nord*, hors-série 45, 2023 (dir.).

Professeur d'histoire contemporaine à l'Université de Lille (Institut national supérieur du professorat et de l'éducation), **Stéphane Lembré** est membre du laboratoire IRHiS. Historien de l'éducation et du travail au XIXe et XXe siècles, ses recherches portent notamment sur l'histoire de la formation professionnelle et l'enseignement technique. Il est l'auteur de plusieurs ouvrages, dont *Histoire de l'enseignement technique*, La Découverte, 2016 et *Le retour de l'apprentissage. Comment la France a adopté l'alternance*, Presses des Mines, 2023. Il a aussi dirigé, avec Jérôme Krop, le volume collectif *Histoire des élèves en France, vol. 2 : Ordres, désordres et engagements XVIe-XXe siècles*, Presses universitaires du Septentrion, 2020. Co-rédacteur en chef de la revue *Histoire de l'éducation*, il dirige la collection Histoire de l'éducation aux Presses universitaires du Septentrion.

Philippe Nivet est professeur d'histoire contemporaine à l'Université de Picardie-Jules, où il dirige depuis 2004 le Centre d'histoire des sociétés, des sciences et des conflits (UR 4289). Ses recherches portent tout à la fois sur l'histoire des réfugiés et des occupés français pendant la Première Guerre mondiale et sur l'histoire politique de la France au XXe siècle. Membre du conseil scientifique de l'Institut Georges-Pompidou, il a co-dirigé, avec Matthieu Flonneau, *Le grand dessein parisien de Georges Pompidou*, Paris, Archives nationales, Association Georges-Pompidou, Somogy Éditions, 2010, et, plus récemment, a participé à : Christiane Manigand et Vivien Richard (dir.), *Dans l'intimité du pouvoir de la présidence de Georges Pompidou*, Nouveau Monde Éditions/Institut Georges Pompidou/Archives nationales, 2019 et à : Christine Manigand et Olivier Sibre (dir.), *Le Dictionnaire Pompidou*, Paris, Robert Laffont, Institut Georges-Pompidou, 2024.

Bruno Poucet est professeur émérite en histoire de l'éducation dans le département des sciences de l'éducation à l'Université de Picardie Jules Verne, référent laïcité de l'Université. Il est directeur honoraire fondateur du centre de recherche CAREF et ancien directeur de la revue *Carrefours de l'éducation* dont il est membre du comité de rédaction. Il est membre fondateur de l'ATHRE, co-fondateur du prix Robert Mallet d'histoire de l'éducation. Il a publié plusieurs ouvrages et de nombreux articles sur l'histoire des politiques éducatives et des disciplines scolaires. Dernières publications : *La dissertation de philosophie : histoire et enjeux*, Limoges, Lambert-Lucas, 2023, 344 p. Il a dirigé (avec J. Cahon, J.-F. Condette, M. Civillier, I. Ferhat) la publication du *Dictionnaire des ministres de l'Instruction publique et de l'Éducation nationale*, Lille, Presses universitaires du Septentrion, 2025 (à paraître) et avec Julien

Cahon et Alain Maillard, *Les sciences de l'éducation : genèse, devenir, finalités*, Lille, Presses du Septentrion, 2026 (à paraître). Il a par ailleurs rédigé les notices « Enseignant » et « Faure » dans le *Dictionnaire Pompidou* (dir. C. Manigand et O. Sibre), Robert Laffont, 2024.

Sabrina Tricaud est agrégée et docteure en histoire. Elle est professeure de chaire supérieure au lycée du Parc (Lyon). Elle a travaillé durant cinq ans comme chargée de recherches à l'Association Georges Pompidou. Elle a publié : *L'entourage de Georges Pompidou (1962-1974). Institutions, Hommes et Pratiques*, ainsi que *Georges Pompidou et mai 1968* en collaboration avec Bernard Lachaise aux éditions PIE-Peter Lang. Elle est également l'auteure d'un ouvrage sur *Les Années Pompidou* paru aux éditions Belin.

Agrégé d'histoire, **Yves Verneuil** est professeur en sciences de l'éducation à l'université Lumière Lyon 2 et spécialiste d'histoire de l'éducation. Il est membre du laboratoire ECP et co-rédacteur en chef de la revue *Histoire de l'éducation*. Il a publié notamment *Les agrégés. Histoire d'une exception française*, Belin, 2017 ; avec Jean-Noël Luc et Jean-François Condette, *Histoire de l'enseignement en France, XIX*^e^ *siècle-XXI*^e^ *siècle*, Armand Colin, 2020 ; *Une question « chaude » : histoire de l'éducation sexuelle à l'école (France, XX*^e^*-XXI*^e^*- siècle)*, Peter Lang, 2023 ; avec Lilian Mathieu, Vincent Porhel et Jean-Yves Seguy (dir.) *Écoles en révolte. Le moment 68 à Lyon du collège à l'université*, Presses universitaires de Lyon, 2023 ; avec Anne-Claire Husser et Philippe Martin (dir.), *Laïcité scolaire. La loi de 2004, vingt ans après*, Presses universitaires de Lyon, 2024.

Collection Georges Pompidou

Série Archives

La série Archives est consacrée à la publication de volumes thématiques représentatifs de l'action de Georges Pompidou. Les documents sont essentiellement issus des archives de la présidence de la République. Ils se composent de comptes rendus d'entretiens, de notes de collaborateurs, de correspondances, d'interventions dans la presse, etc. Pour l'essentiel, ces publications couvrent la période 1962-1968, où Georges Pompidou fut le Premier ministre du général de Gaulle, et la période 1969-1974, durant laquelle Georges Pompidou fut président de la République française. Chaque volume est mis en œuvre par un universitaire et un chargé de recherches de l'Association Georges Pompidou, qui proposent des analyses inédites de chacun de ces documents. La série est placée sous le patronage conjoint de l'Association Georges Pompidou, par l'intermédiaire de son conseil scientifique, et des Archives nationales.

Série Études

La série Études propose des monographies ainsi que des ouvrages collectifs issus de colloques scientifiques organisés par l'Association Georges Pompidou consacrés à un domaine de l'action de ce dernier. Ces travaux de grande qualité rassemblent contributions scientifiques et interventions de témoins majeurs ayant été associés à l'action de l'ancien président de la République française.

Directrice de collection : *Christine Manigand,*
Présidente du Conseil scientifique de l'Institut Georges Pompidou

Dans la série Archives

N° 1 Gilles Le Béguec et Frédéric Turpin, *Georges Pompidou et les institutions de la Ve République*, 2006, 281 p., ISBN 978-90-5201-056-4

N° 2 Gilbert Noël et Émilie Willaert, *Georges Pompidou, une certaine idée de la modernité agricole et rurale*, 2007, 481 p., ISBN 978-90-5201-057-1

N° 3 Bernard Lachaise, Jean-Paul Cointet et Sabrina Tricaud, *Georges Pompidou et les élections (1962-1974)*, 2008, 342 p., ISBN 978-90-5201-336-7

N° 4 Éric Bussière et Émilie Willaert, *Un projet pour l'Europe. Georges Pompidou et la construction européenne*, 2010, 447 p., ISBN 978-90-5201- 596-5

N° 5 Élisa Capdevila et Jean-François Sirinelli, *Georges Pompidou et la culture*, 2011, 253 p., ISBN 978-90-5201-685-6

N° 6 Sylvain Schirmann et Sarah Mohamed-Gaillard, *Georges Pompidou et l'Allemagne*, 2012, 408 p., ISBN 978-90-5201-058-8

N° 7 Éric Bussière et Pauline Massis Desmarest, *François-Xavier Ortoli et l'Europe : réflexion et action*, 2016, 267 p., ISBN 978-2-8076-0007-2

Dans la série Études

N° 1 Bernard Lachaise, Gilles Le Béguec et Frédéric Turpin (dir.), *Georges Pompidou, directeur de cabinet du général de Gaulle. Juin 1958 – Janvier 1959*, 2006 (2e tirage 2006), 183 p., ISBN 90-5201-316-0

N° 2 Pascal Griset (dir.), *Georges Pompidou et la modernité. Les tensions de l' innovation, 1962-1974*, 2006, 315 p., ISBN 90-5201-329-2

N° 3 Gilbert Noël et Émilie Willaert (dir.), *Georges Pompidou et le monde des campagnes, 1962-1974*, 2007, 347 p., ISBN 978-90-5201-357-2

N° 4 Bernard Lachaise et Sabrina Tricaud (dir.), *Georges Pompidou et Mai 1968*, 2009, 201 p., ISBN 978-90-5201-468-5

N° 5 Éric Bussière, François Dubasque, Robert Frank et Nicolas Vaicbourdt (dir.), *Georges Pompidou et les États-Unis. Une « relation spéciale » 1969-1974*, 2013, 238 p., ISBN 978-90-5201-337-4

N° 6 Sabrina Tricaud, *L'entourage de Georges Pompidou (1962-1974). Institutions, Hommes et Pratiques*, 2014, 453 p., ISBN 978-2-87574-128-8

N° 7 Frédéric Fogacci, Cédric Francille et Gilles Le Béguec (dir.), *L' élection présidentielle de 1969*, 2016, 266 p., ISBN 978-2-87574-341-1

N° 8 Mathieu Flonneau, Christine Manigand (dir.), *Georges Pompidou et une certaine idée de la France heureuse*, 2018, ISBN 978-2-8076-0845-0

N° 9 Frédéric Tristram et Gilles Le Béguec (dir.), *Penser l'avenir au temps de Georges Pompidou*, 2018, ISBN 978-2-8076-0881-8

N° 10 Gilles Le Béguec, Émilia Robin, Nicolas Rousselier (dir.), *Léo Hamon (1908-1993)*, 2018, ISBN 978-2-8076-0948-8

N° 11 Christine Manigand et Olivier Sibre (dir.), avec la participation de Cédric Francille, *Jean-Bernard Raimond, un diplomate en politique*, 2020, ISBN 978-2-8076-1327-0

N° 12 Christine Manigand et Olivier Sibre (dir.), *Georges Pompidou, Robert Poujade et les défis de l'environnement. Le « ministère de. l' impossible »*, 2023, ISBN 978-2-87574-736-5

N° 13 Christine Manigand et M. Pascal Griset (dir.), *La santé publique sous Georges Pompidou. Politique, recherche et société (1962-1974)*, 2024, ISBN 978-3-0343-4933-8

N° 14 Bruno Poucet et Philippe Nivet (dir.), *Georges Pompidou et l'éducation*, 2025, ISBN 978-3-0343-5501-8

www.peterlang.com

FSC
www.fsc.org
MIX
Papier | Fördert gute Waldnutzung
FSC® C083411

Kolibri 360 GmbH
Ferdinand-Jühlke-Straße 7
99095 Erfurt, Deutschland
produktsicherheit@kolibri360.de

Druck:
CPI Druckdienstleistungen GmbH
im Auftrag der
Kolibri 360 GmbH
Ferdinand-Jühlke-Str. 7
99095 Erfurt